CAUSERIES
# DU LUNDI

PARIS. — IMPRIMERIE E. CAPIOMONT ET C<sup>ie</sup>
6, RUE DES POITEVINS, 6

# CAUSERIES
# DU LUNDI

PAR

## C.-A. SAINTE-BEUVE
DE L'ACADÉMIE FRANÇAISE

TROISIÈME ÉDITION

TOME SEPTIÈME

PARIS
GARNIER FRÈRES, LIBRAIRES-ÉDITEURS
6, RUE DES SAINTS-PÈRES, 6

# CAUSERIES DU LUNDI

Lundi, 4 octobre 1852.

## REGNARD

    Les Français, à travers toutes les formes de gouvernement et de société qu'ils traversent, continuent, dit-on, d'être les mêmes, d'offrir les mêmes traits principaux de caractère. Il y a pourtant une chose qu'ils sont de moins en moins avec le temps : ils ne sont plus gais. Ils le sont bien encore à certains jours et par accidents. Allez aux petits théâtres, vous avez chance d'y rire; mais cet ordinaire de gaieté et de bonne humeur qui tenait à l'ancien fonds gaulois a disparu. Les gens occupés et ambitieux n'ont pas le temps d'être gais, et ils ont des fils qui leur ressemblent : on a tant d'examens à passer avant l'âge de vingt ans, que cela coupe la veine. La nature, je le sais, fait des exceptions encore : nous avons eu Désaugiers; sans trop chercher, nous trouverions après lui d'aimables gens qui mènent légèrement la vie et portent avec eux la joie. Pourtant, c'est de plus en plus rare, et cette gaieté franche, ronde, inépuisable, cette source qui n'avait rien de mince et qu'on voyait comme sortir à gros bouillons, qui nous la rendra?

    Regnard en est peut-être, chez nous, l'exemple le

plus parfait et le plus naïf, celui qui dispense le plus de toute autre définition. Il est proprement gai et plaisant sans complication aucune, et cette vive qualité naturelle, poussée jusqu'au génie, est ce qui lui assure la première place dans la comédie après Molière. Sa vie fut pleine de singularités pour son temps; c'est aux journaux qu'il a laissés qu'on doit d'en connaître les plus curieuses circonstances : il est à regretter que d'autres contemporains ne nous aient rien dit de plus particulier sur son compte, et n'aient pas joint leurs renseignements aux siens.

Regnard était de Paris, du vrai Paris. Il naquit sous les piliers des Halles, d'un père bon bourgeois, riche marchand de salines. M. Beffara, cet honorable commissaire de police, qui, dans sa retraite, et par un reste d'habitude investigatrice utilement appliquée à l'histoire littéraire, se mit à la piste des naissances illustres, a fixé avec beaucoup de probabilité la naissance de Regnard au 7 février 1655. Il serait piquant que Regnard fût né sous les piliers des Halles, tout à côté de Molière, de même que Voltaire naquit tout voisin de Boileau, dans la Cour du Palais; mais le même M. Beffara croit avoir prouvé que les parents de Molière demeuraient rue Saint-Honoré, et non sous les piliers des Halles, comme on le disait communément. Dans tous les cas, Regnard vint au monde non loin de Molière, et il était bien du même quartier.

On ne sait rien de son enfance et de ses premières études, sinon qu'avant l'âge de douze ans il faisait des vers. Il fut élevé avec distinction et en gentilhomme; il finissait ses exercices à l'Académie quand il perdit son père, et il se trouva maître d'une partie de sa fortune. Il fit le voyage d'Italie. On a le récit de ses aventures tant soit peu masquées et romancées dans une petite Nouvelle intitulée *la Provençale*. Il s'y met en scène sous le nom de *Zelmis*, et ne s'y montre pas à son désavantage : « Zelmis, comme vous savez, Mesdames, est-il dit dans le récit, est un cavalier qui plaît d'abord : c'est assez de le voir une fois pour le remarquer, et sa bonne mine est si avantageuse qu'il ne faut pas chercher avec soin des endroits dans sa personne pour le trouver aimable ; il faut seulement se défendre de le trop aimer. » Ce Zelmis a rencontré à Bologne, dans une fête, une belle Provençale, une Arlésienne, mariée à un sieur de Prade, et qui, dans le roman, s'appelle *Elvire*. Elle voit Zelmis, et, dès le premier instant, elle est touchée pour lui, comme lui pour elle : « Elle disait les choses avec un accent si tendre et un air si aisé, qu'il semblait toujours qu'elle demandât le cœur, quelque indifférente chose qu'elle pût dire ; cela acheva de perdre le cavalier. » Cette jolie phrase : *Il semblait toujours qu'elle demandât le cœur*, est prise textuellement d'un petit libelle romanesque du temps sur les Amours de Madame et du comte de Guiche. Regnard, quand il écrivait cette Nouvelle sentimentale, n'était pas encore tout à fait lui-même.

A Rome, Zelmis retrouve Elvire, mais toujours en compagnie de son jaloux et fâcheux mari. Il la quitte, et au moment où il se croit pour longtemps séparé d'elle, il la retrouve encore, par le plus heureux hasard, sur le vaisseau qui le porte de Gênes à Marseille. Ici, à moins d'être averti qu'il s'agit d'une histoire vraie, on croirait être en pure fiction, comme du temps de Théagène et Chariclée ; c'est la vie qui imite le roman à s'y méprendre. Un pirate survient en pleine mer et attaque le vaisseau. Zelmis se couvre de gloire dans la défense ; mais le corsaire naturellement l'emporte, et voilà les deux amants et le mari emmenés prisonniers par le Turc. C'est à Alger qu'on les transporte : la belle Elvire, donnée comme esclave au roi du pays, est respectée par lui et traitée mieux qu'à la française. Zelmis lui-même n'est pas trop maltraité par un certain Achmet, à qui il est vendu. Celui qui devait si heureusement ressembler à Plaute commençait par être esclave comme lui. On regrette en cet endroit que Regnard n'ait pas fait comme pour ses autres voyages, qu'il n'ait pas donné un récit tout nu et sans ombre d'art : ce serait aujourd'hui plus intéressant pour nous. Il paraît bien que, dans les premiers temps, son patron algérien l'employa tout simplement à ramer ; mais bientôt, ayant su que Regnard qui, dès cette époque sentimentale, avait déjà des dispositions pour la gastronomie, faisait très-bien les ragoûts, il l'occupa dans sa cuisine. Au lieu de cela, dans le roman, Regnard est présenté comme peintre (ce qui est infiniment plus noble), et comme jouissant, à la faveur de cet art, de quelque liberté. Bref, sans entrer dans les détails du récit qui, d'ailleurs, ne manque pas de grâce et de délicatesse, Regnard et la belle *Elvire* sont délivrés ; le mari qu'on croit mort est plus qu'oublié. On arrive à Arles dans la famille de la dame, et les deux amants sont prêts à y célébrer leurs noces, quant tout à coup celui qui passait pour mort depuis plus de huit mois, délivré très-mal à propos de captivité par des religieux, tombe des nues comme un revenant et un trouble-fête. Regnard, désespéré, navré, s'en revient à Paris, et, pour se distraire, il entreprend ses voyages du Nord.

Cette période tout amoureuse et presque platonique de Regnard dure peu ; il n'est pas homme à se fixer dans ce genre de d'Urfé, et il passera vite à Rabelais. Pourtant il lui en restera le sentiment vif de l'amour, de ses charmes et de ses tendresses, et, jusqu'en ses plus grandes gaietés, il aura de ces vers tout riants de fraîcheur :

> La jeunesse toujours eut des droits sur les belles ;
> L'Amour est un enfant qui badine avec elles...

Regnard n'a que vingt-six ans. Il part de Paris le 26 avril 1681, avec deux jeunes amis, MM. de Corberon et de Fercourt. Il ne songe d'abord qu'à faire un voyage de Hollande ; mais, après quelques mois passés à Amsterdam, apprenant que la Cour de Danemark était à quelques journées de là, lui et ses compagnons se décident à pousser vers le Nord. Sans dessein bien arrêté, ils vont ainsi jusqu'à Stockholm, partout bien reçus et avec une distinction particulière. Avoir été esclave à Alger, c'était alors une aventure qui provoquait bien des questions. Le roi de Suède à qui Regnard eut l'honneur d'être présenté, et qui le fit causer là-dessus, trouva que ce serait curieux à lui de compléter cette aventure barbaresque par un voyage en Laponie ; il le lui conseilla, et lui promit à cet égard toutes les facilités. Et voilà Regnard et ses compagnons s'embarquant à Stockholm pour aller toucher au fond du golfe de Bothnie, et pour percer de là aussi avant que possible vers le pôle nord dans le pays des Lapons.

Cette partie du voyage de Regnard est fort intéressante, et elle mériterait d'être réimprimée avec plus de correction. Le tour d'ironie et de plaisanterie qui s'y mêle n'empêche pas l'observateur de bien voir et de faire mille retours sur la singularité de la nature humaine selon les climats et les lieux. En décrivant les mœurs « de ce petit animal qu'on appelle Lapon, et de qui l'on peut dire qu'il n'y en a point, après le singe, qui approche le plus de l'homme, » et en se souvenant de ce qu'il a vu autrefois de tout opposé chez l'Algérien et chez le Turc, Regnard en tire la même conclusion que Montaigne, celle que Pascal aurait tirée également s'il n'avait pas été chrétien : « Trois degrés d'élévation du pôle renversent toute la jurisprudence. Un méridien décide de la vérité... Plaisante justice qu'une rivière borne ! vérité en deçà des Pyrénées, erreur au delà. »

Ces conclusions morales sceptiques, et où il s'égaie surtout en ce qui est de l'article du mariage, Regnard les a consignées expressément dans une Épître en vers :

> Je le dirai : non, non, il n'est point de folie
> Qui ne soit ici-bas en sagesse établie,
> Point de mal qui pour rien ne puisse être reçu,
> Et point de crime enfin qu'on n'habille en vertu.

De telles témérités exprimées si nettement et sans aucun correctif du côté de la religion, si elles étaient venues un peu plus tard, auraient tiré à conséquence; mais, à l'époque où écrivait Regnard et à cette fin de Louis XIV, elles ne passaient encore que pour les fusées d'un esprit qui s'amuse.

Chez lui-même, en effet, on ne voit rien de systématique, et l'esprit fort ne s'y pose point comme tel. Ayant à parler en un endroit d'une tempête qu'il essuie sur la Baltique, et où le vaisseau se trouve échoué sur un banc pendant une nuit obscure : « Il n'y a point de termes, confesse-t-il ingénument, qui puissent exprimer le trouble d'un homme qui se trouve dans ce misérable état; pour moi, Monsieur, je ne me ressouviens d'autre chose, sinon que, pendant tout le reste de la nuit, je commençai plus de cinq cents *Pater*, et n'en pus jamais achever aucun. » Y eût-il là-dedans encore un coin de légèreté, du moins il fait bon marché de lui-même.

Dans ce voyage extrême de Laponie, après avoir aperçu du haut d'une montagne la mer Glaciale et toute l'étendue de la contrée, après avoir laissé sur une pierre une inscription en vers latins, signée de ses compagnons et de lui, et destinée à n'être jamais lue que des ours, Regnard, qui s'est frotté, comme il dit, à l'essieu du pôle, songe au retour; il ne revient point pourtant en France directement, et il achève le cours de ses pérégrinations instructives par la Pologne et par l'Allemagne.

Durant les relâches forcées qu'il fait dans quelque île de la Baltique, il raconte qu'il allait tous les jours passer quelques heures sur des rochers escarpés où la hauteur des précipices et la vue de la mer n'entretenaient pas mal ses rêveries :

« Ce fut, dit-il, dans ces conversations intérieures que je m'ouvris tout entier à moi-même, et que j'allai chercher dans les replis de mon cœur les sentiments les plus cachés et les déguisements les plus secrets, pour me mettre la vérité devant les yeux sans fard, telle qu'elle était en effet. Je jetai d'abord la vue sur les agitations de ma vie passée, les desseins sans exécution, les résolutions sans suite et les entreprises sans succès. Je considérai l'état de ma vie présente, les voyages vagabonds, les changements de lieux, la diversité des objets et les mouvements continuels dont j'étais agité. Je me reconnus tout entier dans l'un et dans l'autre de ces états, où l'inconstance avait plus de part que toute autre chose, sans que l'amour-propre vînt flatter le moindre trait qui empêchât de me reconnaître dans cette peinture. Je jugeai sainement de toutes choses. Je conçus que tout cela était directement opposé à la société (?) de la vie qui consiste uniquement dans le repos, et que cette tranquillité d'âme si heureuse se trouve dans une douce profession qui nous arrête, comme l'ancre fait un vaisseau retenu au milieu de la tempête. »

Regnard esquisse là, dans cette suite de pensées, une véritable épître d'Horace, et cette philosophie, si elle n'est pas la plus difficile à inventer, n'est pas pour cela la moins bonne, ni surtout la plus aisée à pratiquer (1).

Il s'en revient en France après deux années d'absence environ, riche d'observations et mûr. Il était de ceux qui, à cette date, pouvaient se dire des plus éclairés dans le sens moderne; il avait causé à Dantzig avec l'illustre astronome Hévélius et avait recueilli de sa bou-

(1) Ces réflexions de Regnard retenu par l'orage sur les rochers de la Baltique m'en rappellent d'autres de Gourville moralisant, assis sur la souche d'un arbre dans les Ardennes (voir au tome V des *Causeries du Lundi*, article *Gourville*). Ces philosophes au naturel et de la famille de Gil Blas me plaisent, et font diversion à ces autres philosophes métaphysiques et superfins qui se consument à raisonner sur la cause et la substance, sur le *moi* et le *non-moi*.

che les notions les plus exactes de l'univers physique ; il avait acquis, chemin faisant, sur les différentes familles de langues et sur leur génération relative, des idées très-justes aussi et qui n'étaient pas communes en ce temps. Enfin Regnard était un des hommes d'alors qui, dans sa vue du monde, avait le plus ouvert son compas. Il ne songea plus désormais qu'à jouir de la vie en sage épicurien ou en *cynique mitigé* (c'est son expression), et à se livrer à ses goûts, où les sens se mêlaient agréablement à l'esprit.

Pendant qu'il crayonnait en vers quelques Épîtres ou Satires, et qu'il préludait à son génie comique par quelques farces données à la Comédie italienne en collaboration avec Dufresny, Regnard avait à Paris une maison qu'il nous a lui-même décrite ; elle était au bout de la rue de Richelieu, là où est aujourd'hui le faubourg Montmartre, c'est-à-dire située à peu près dans la campagne, ayant vue sur la butte et sur des marais. Lui, il n'était guère connu des gens du voisinage que par les récits de son valet de chambre, et comme un grand voyageur qui avait eu bien des aventures. Dans cette maison d'assez peu d'apparence, et où tout se réduisait à l'exquis et au solide, Regnard eut quelquefois l'honneur de recevoir comme convives, vers le temps de la victoire de Nerwinde, M. le Duc, petit-fils du grand Condé, et le prince de Conti, cet hôte plus sûr et plus aimable. C'était sans doute sa réputation de voyageur qui valait à Regnard les visites de ces princes curieux du plaisir et de l'esprit, et c'était le sel de sa conversation autant que sa bonne table qui les ramenait (1).

(1) On lit dans le portrait de M. le Duc, tracé par Saint-Simon : « D'amis, il n'en eut point, mais des connaissances plus familières, la plupart étrangement choisies, et la plupart obscures comme il l'était lui-même autant que pouvait l'être un homme de ce rang. Ces prétendus amis le fuyaient, il courait après eux pour éviter la solitude,

Cependant, au moment même où il sortait des parades italiennes et où il allait aborder la scène française (1694), Regnard s'amusa à briser une lance, et ce fut contre le grand critique Despréaux. Boileau vieillissait ; il venait de faire sa Satire contre les *Femmes*. Regnard, qui les connaissait mieux que lui, riposta par une satire contre les *Maris;* pour mieux défendre le beau sexe, il porta la guerre chez le sexe opposé. Il y montrait la jeunesse du temps telle qu'il l'a peinte d'ailleurs en maint endroit de ses comédies, les hommes *brutaux*, *peu complaisants*, *avares*, *négligés*, *débauchés*, ivrognes et joueurs. Les femmes, selon lui, n'étaient que des victimes et ne faisaient que leur rendre la pareille bien faiblement :

> Ce sexe plein d'attraits, sans secours et sans armes,
> Peut assez se défendre avec ses propres charmes ;
> Et les traits d'un critique affaibli par les ans
> Sont tombés de ses mains sans force et languissants.

Boileau, atteint, mit bientôt dans un des vers de son Épître X (1695) le nom de Regnard ; et celui-ci, à son tour, sous ce titre : *Le Tombeau de M. Boileau Despréaux*, fit une grotesque peinture de l'enterrement supposé du grand satirique, en qui il affectait de ne plus voir qu'un homme du quartier Latin et de l'Université. Il feignait que Boileau moribond avait exhalé son chagrin en ces mots :

> Moi qui me crus jadis à Regnier préféré,
> Que diront nos neveux ? Regnard m'est comparé !

et, quand il en découvrait quelques repas, il y tombait comme par la cheminée, et leur faisait une sortie de s'être cachés de lui. » Il n'est pas à croire que Regnard fût de ces *prétendus amis* qui fuyaient M. le Duc, mais il était de ces connaissances familières et encore obscures que celui-ci recherchait, et on conviendra que ce n'était pas une des moins bien choisies.

> Lui qui, pendant dix ans, du couchant à l'aurore,
> Erra chez le Lapon, ou rama sous le Maure,
> Lui qui ne sut jamais ni le grec ni l'hébreu,
> Qui joua jour et nuit, fit grand'chère et bon feu !
> Est-ce ainsi qu'autrefois, dans ma noire soupente,
> A la sombre lueur d'une lampe puante,
> Feuilletant les replis de cent bouquins divers,
> J'appris pour mes péchés l'art de forger des vers ?
> N'est-ce donc qu'en buvant que l'on imite Horace ?...

Évidemment, dans tout ceci, il y avait une méprise : Regnard jugeait Boileau plus grec et plus suranné qu'il n'était, et Boileau se figurait Regnard un peu trop mauvais sujet. On les rapprocha; ils se virent. Regnard, quand il eut produit quelques-uns de ses meilleurs ouvrages en vers, eut la bonne grâce de dédier sa pièce des *Ménechmes* à Boileau, en se professant son disciple et en lui disant :

> Le bon sens est toujours à son aise en tes vers;

et Boileau, à quelqu'un qui, pour lui faire la cour, traitait devant lui Regnard de poëte médiocre, eut la justice de répondre : « Il n'est pas médiocrement gai. »

« Qui ne se plaît pas à Regnard n'est pas digne d'admirer Molière, » a dit excellemment Voltaire. C'est ce texte que tout critique, parlant de ce second comique de notre scène, a désormais à développer. Les premières petites comédies en prose de Regnard à la Comédie-Française, *Attendez-moi sous l'Orme* et *la Sérénade* (1694), sont peu de chose, mais amusantes. *Attendez-moi sous l'Orme* n'est proprement qu'un petit proverbe avec des rôles très-animés, et semé dans le dialogue de mots excellents : « En une nuit il arrive de grandes révolutions dans le cœur d'un Français. » — « Oh! quand il s'agit de placer des fadaises, la tête d'une femme a plus d'étendue qu'on ne pense. » Dans *la Sérénade* il y a un certain Champagne qui est bien l'ivrogne le plus naturel et le plus franc. Dans *le Bal*, Regnard commence à employer le vers et nous donne le premier échantillon de cette jolie versification si vive, si nourrie, si petillante. On a plus d'esprit en vers, quand on en a, qu'en prose. C'est le cas de Regnard. Le couplet qui commence ainsi :

    Oui-da, l'état de veuve est une douce chose !...

rappelle un peu le mouvement de quelques beaux morceaux de Molière dans *le Misanthrope;* c'est de lui, non de Boileau, que Regnard est véritablement le disciple en poésie.

    Avec *le Joueur* (1696) la grande comédie commence. Le caractère est bien soutenu, l'intrigue bel et bien nouée, les scènes pleines et sans langueur, l'action attachante et jusqu'à la fin en suspens, le style surtout dru, ample, aisé, délicieux. Les valets et les soubrettes de Regnard dans *le Joueur*, dans *les Folies amoureuses*, dans *le Légataire*, partout, ont en eux des sources et des torrents de verve; ils ont de l'esprit pour ainsi dire au galop. Dans *le Joueur*, le caractère principal a beaucoup de vérité : cet homme, qui a joué, qui joue et qui jouera, qui, toutes les fois qu'il perd, sent revenir sur l'eau son amour, mais qui, au moindre retour de fortune, lui refait banqueroute de plus belle, cet homme est incurable; il a beau s'écrier dans sa détresse : *Ah! charmante Angélique!* il ne mérite pas de la posséder, et il a mérité au contraire de la perdre, non point tant encore pour avoir mis le portrait de sa maîtresse en gage que parce que, le pouvant et averti par son valet, il a refusé de le dégager et a répondu : *Nous verrons!* Ce mot-là le juge. Je m'étais dit d'abord : cette fin n'est pas naturelle; puisque Angélique aime réellement Valère, elle doit l'épouser malgré son défaut, et lui il continuera de jouer, sauf à la rendre malheureuse : ainsi les deux passions auront leur satisfaction et atteindront leur fin. Mais une femme me fait remarquer qu'à ce dénoûment du *Joueur*, lorsque Angélique a trouvé son portrait aux mains de la revendeuse, il y a quelque chose dans son âme qui domine à bon droit l'amour, c'est l'amour-propre. Elle aime Valère, mais en aimant elle souffrira, et ne l'épousera point. Voilà ce qu'il y a de plus naturel chez une femme, et Regnard l'a trouvé.

Dans sa comtesse bourgeoise et précieuse, dans son marquis fringant et freluquet, dont le *saute, Marquis!* est resté proverbial, et dans bien d'autres portraits qu'il introduit incidemment, Regnard a peint les anoblis, les enrichis, les fats de toutes sortes qui vont être bientôt le monde de la Régence. Il a fait de même dans le chevalier du *Distrait*, et en général dans ses personnages épisodiques. En lisant Regnard, on est frappé de cette idée qu'il donne des mœurs finales du règne de Louis XIV. Ce grand roi avait régné trop longtemps; il en était résulté, durant les quinze ou vingt dernières années, un régime convenu et hypocrite sous lequel couvaient et levaient déjà la tête les vices et les ridicules d'un certain genre, qui n'attendaient plus que le jour et l'heure pour déborder. Regnard, qui ne devait pas assister à ce débordement et qui mourut avant Louis XIV, voyait au naturel et peignait avec saillie ces générations affectées et grossières, dont nous trouvons également le portrait en vingt endroits des lettres de madame de Maintenon. Chose remarquable! la femme sensée et rigide, le comique riant et un peu dissolu disent la même chose; *madame Grognac* et *Lisette* chez Regnard, quand elles parlent des jeunes gens à la mode, font le pendant exact de ce que madame de Maintenon racontait à madame des Ursins sur les jeunes femmes à la mode au temps de la duchesse de Bourgogne : des deux côtés, c'est le jeu effréné, c'est le vin, le contraire en tout du sobre et du poli; l'orgie avait commencé à huis clos sous Louis XIV.

Regnard, qui menait à sa manière quelque chose de ces mêmes mœurs, en ne les corrigeant que par l'esprit, ne songeait pas trop, en les peignant, à faire une leçon; il donnait carrière à sa veine et à ce démon de gaieté qui l'animait. Placé à côté de Molière, Regnard s'en distingue en ce qu'il rit avant tout pour rire. Dans Molière, au fond du comique il y a un honnête homme qui n'est indifférent ni au bien ni au mal, ni au vice ni à la vertu, il y a même quelque peu un misanthrope : dans Regnard, au fond, il n'y a que le bon vivant et l'homme de plaisir le plus désintéressé et le plus libre, à qui la vie n'est qu'un pur carnaval. Chez Beaumarchais, si on le rapprochait de tous deux, qui sont ses maîtres, on rencontrerait, jusque dans le comique, un peu le charlatan, le prêcheur du jour et le faiseur.

Tel qu'il est, Regnard reste original et sans comparaison. Il est artiste même à travers ses négligences. Prenez-le dans ses quatre excellentes pièces en vers, *le Joueur* (1694), *les Folies amoureuses* (1704), *les Ménechmes* (1705) et *le Légataire* (1708) : ces pièces, au point de vue de l'action, sont mieux montées peut-être, plus intriguées et mieux dénouées que celles de Molière. Dans d'autres légers croquis tels que *le Retour imprévu*, la liaison et l'activité des scènes ne laissent pas un instant de trêve. Quant au style, il est égal à ce qu'il y a de mieux dans la comédie. Cette charmante pièce des *Folies amoureuses*, restée si jeune au théâtre, est d'une verve continuelle et toujours recommençante. Cette Lisette, ce Crispin, nous enlèvent par leur feu roulant d'esprit sans effort; ils ont coup sur coup des poussées de veine. Agathe, dans ses déguisements, est le plus ravissant lutin. Cette pièce des *Folies* est celle où Regnard a le plus développé peut-être sa qualité dominante :

l'imagination dans la gaieté. La comédie de Regnard a beau prendre des années, elle est comme Agathe dans son rôle de vieille, et, en riant aux éclats, elle a droit de dire avec elle :

> On peut voir dans ma bouche encor toutes mes dents.

Je n'ai pas à revenir ici sur des pièces qui sont dans toutes les mémoires, et qui ont été cent fois analysées par les critiques nos confrères. Heureux ces génies qui amusent tandis que nous raisonnons ! On n'analyse pas les causes du rire, et il en est de lui comme de l'amour : le meilleur est encore celui dont on ne peut dire la cause. Regnard en a souvent de tel ; ainsi, dans *les Ménechmes*, quand celui des deux jumeaux, fraîchement débarqué de Picardie, a affaire à un marchand fripier, syndic et marguillier, de plus créancier de son frère, et qui lui défile tous ses titres en le prenant pour son débiteur, le franc Picard s'irrite, il s'emporte contre ce faux créancier qu'il ne connaît pas et qu'il prend pour un imposteur : « *Laissez-moi lui couper le nez !* » s'écrie-t-il ; et Valentin lui répond avec sang-froid :

> Que feriez-vous, Monsieur, du nez d'un marguillier.

Le trait est lâché, le rire est parti du même coup : pourquoi ? Aristote ne le sait pas mieux que nous.

On a cité, dans les premiers ouvrages en vers de Regnard, dans ses Satires et Épîtres, de grandes négligences de rimes et de versification. Dans ses bonnes comédies en vers, son style est du meilleur aloi et du meilleur coin. Les images sont vives, les expressions puisées au vrai fond de la langue. Agathe, en vieille, dira :

> Je me porte encor mieux que tous tant que vous êtes ;
> Je fais quatre repas, et je lis sans lunettes ;

> Je sirote mon vin, quel qu'il soit, vieux, nouveau ;
> *Je fais rubis sur l'ongle*, et n'y mets jamais d'eau.

Comme tout cela brille et petille, et sans rien de cherché ! Hector, le valet du *Joueur*, dira dans son rêve de fortune :

> J'aurais un bon carrosse à ressorts bien liants ;
> De ma rotondité j'emplirais le dedans...

Et le fat marquis, s'étalant aussi tout à l'aise, lâchera ce couplet que chacun achève de mémoire, mais que nous ne pouvons nous empêcher de rappeler :

> Moi, j'aime à pourchasser des beautés mitoyennes ;
> L'hiver, dans un fauteuil, avec des citoyennes,
> Les pieds sur les chenets étendus sans façons,
> Je pousse la fleurette et conte mes raisons...

J'ai rendu toute justice et tout hommage à Boileau ; mais ici, dans cette large et copieuse façon de dire, Regnard remontait par-delà Boileau, et dérivait en droite ligne de Regnier.

Dans une scène du *Légataire*, Crispin, travesti en gentilhomme campagnard, et faisant le parent de Géronte pour dégoûter le bonhomme, arrive heurtant et frappant à tue-tête et bouleversant tout dans la maison :

> Bonne chère, grand feu ! que la cave enfoncée
> Nous fournisse, à pleins brocs, une liqueur aisée !

Voilà de ces vers encore, entre tant d'autres de Regnard, qui m'aideront à définir sa manière, et dans lesquels il se sent comme un rejaillissement de l'esprit de Rabelais. Le style de Regnard est comme le bon vin qu'il versait à ses hôtes dans sa maison d'auprès de Montmartre ou dans son château de Grillon ; il a le corps et le bouquet.

Regnard, pour attacher sa vie et jeter plus sûrement cette ancre dont il a parlé et qui devait le retenir doucement au rivage, avait acheté la charge de lieutenant des eaux et forêts et des chasses de Dourdan, à onze lieues de Paris, et en même temps il acheta, dans le voisinage de cette petite ville, la terre de Grillon, dont le château est situé dans un vallon agréable entre deux forêts. C'est là que, durant les années désastreuses de Louis XIV, dans ce temps même où madame de Maintenon disait qu'elle aimerait mieux vivre *dans une cave* avec la paix, qu'à Trianon par cette horrible calamité de la guerre générale (1), Regnard avait établi son riant séjour et fondé son abbaye, qui n'est autre que celle de Thélème. Deux demoiselles de ses amies, des plus belles, dit un contemporain, et des plus spirituelles, « qui ont fait longtemps l'ornement des spectacles et des promenades de Paris, » mesdemoiselles Loyson, — de plus, bonnes musiciennes, — allaient y passer les beaux jours et faisaient les honneurs du lieu; il les a célébrées dans plus d'une chanson gaillarde et fine, qui s'est conservée. Il recevait toute la jeunesse des environs, et lui-même a ainsi défini son hospitalité pleine de facilité et de noblesse :

> Grand'chère, vin délicieux,
> Bêlle maison, liberté tout entière ;
> Bals, concerts, enfin tout ce qui peut satisfaire
> Le goût, les oreilles, les yeux ;
> Ici, le moindre domestique
> A du talent pour la musique.
>
> . . . . . . . . . .
>
> Les hôtes même, en entrant au château,
> Semblent du maître épouser le génie.
> Toujours société choisie ;
> Et, ce qui me paraît surprenant et nouveau,
> Grand monde et bonne compagnie !

(1) Il faut citer les paroles mêmes de madame de Maintenon, qui font un si grand contraste avec l'épicuréisme insouciant de Regnard; c'est dans une lettre à la princesse des Ursins (19 juin 1707) : « Nous sommes dans un lieu délicieux. Je ne sais, Madame, si vous avez vu

C'est dans cettre retraite animée, et comme au son des violons, qu'il composa ses dernières comédies, qui ne se ressentent nullement de la mollesse et où la verve va plutôt croissant. *Le Légataire*, représenté en janvier 1708, eut un succès complet, et si complet même que la critique sérieuse s'en émut. On imprima dans le *Nouveau Mercure* de Trévoux une lettre critique développée. On discourut sur cette agréable folie (1); il n'y avait pas moyen de ne pas rire de la léthargie du bonhomme Géronte, mais on se rejeta sur les mœurs qu'on trouvait trop peu nobles (je le crois bien), sur les tours pendables de Lisette et de Crispin, sur la taille de M. Clistorel, sur ce que la prétendue nièce du Maine dit qu'elle a été *interloquée*. Regnard se défendit en homme qui a pour lui le public, il donna une petite pièce en prose qui a pour titre *la Critique du Légataire*. Un chevalier bel-esprit y fait solennellement appel au bon sens du siècle à venir et à la postérité; le comédien répond humblement : « Quelque succès qu'ait notre pièce, nous n'espérons pas, Monsieur, qu'elle passe aux siècles futurs; il nous suffit qu'elle plaise présentement à quantité de gens d'esprit, et que la peine de nos acteurs ne soit pas infructueuse. » Et encore, à toutes les minau-

Trianon dans cette saison-ci ; mais, il faut vous l'avouer, je serais plus à mon aise dans une cave, la paix étant faite à des conditions raisonnables, que je ne le suis dans un palais enchanté et parfumé comme celui-ci. » Qu'on pense ce qu'on voudra de madame de Maintenon, cette manière de sentir est plus honorable.

(1) Agréable *folie*, quel mot ai-je dit là en courant? un de mes amis, M. Rolle, a jugé à propos de me chapitrer là-dessus en plusieurs colonnes de son feuilleton du *Moniteur* (12 octobre 1852). Il y a longtemps que La Harpe avait parlé du *Légataire* comme « d'une pièce charmante, où tous les inconvénients possibles du célibat sont peints vivement, et où l'auteur n'a rien oublié, si ce n'est peut-être de résumer d'une manière précise et directe, en dix ou douze vers, la morale de son ouvrage. » Mais il m'a semblé que cette leçon se perd dans le rire ; on oublie de la tirer, et la folie de la forme emporte le fond.

deries et aux scrupules grimaciers d'une comtesse très-équivoque, M. Bredouille réplique par la grande raison de tous les poëtes heureux : « Pour moi, je n'y entends pas tant de façon; quand une chose me plaît, je ne vais point m'alambiquer l'esprit pour savoir pourquoi elle me plaît. » Regnard aurait pu se dispenser de cette petite pièce; *le Légataire* se défendait tout seul avec les rires qu'il provoquait. On en disait du mal, et on y courait en foule. Le poëte Palaprat répondait aussi aux censeurs de Regnard par un joli rondeau à la louange de son ami, commençant par ces vers :

> *Il est aisé* de dire avec hauteur,
> Fi d'une pièce, en faisant le docteur...

Et le premier mot du rondeau revient heureusement à la chute, en s'appliquant à Regnard :

> De notre scène il sait l'art enchanteur,
> Il y fait rire, il badine avec grâce,
> Il est aisé.

Il est *aisé*, en effet, c'est bien le mot, c'est sa devise; il est, par tempérament et par humeur, le plus gai des hommes, il a le rire le plus franc et le plus naturel, le style le plus naïf et du meilleur cru : ne lui en demandons pas davantage. Continuons d'aimer en lui un don de nature, une veine unique que rien n'altère ni ne mélange, et ne lui prêtons ni plus de portée morale ni plus de philosophie qu'il n'a prétendu en avoir. Il était de ceux qui sont nés avant tout pour se divertir eux-mêmes en divertissant les autres, et il en a usé largement. Regnard, « garçon et fameux poëte, » comme il est qualifié dans les actes de l'État civil, mourut subitement à son château de Grillon dans les premiers jours de septembre 1709; il était dans sa cinquante-cinquième année. On n'est pas d'accord sur les causes et les circonstances de sa mort. Voltaire l'attribue au chagrin et fait même entendre que cet homme si gai avança ses jours ; d'autres disent qu'il est mort d'indigestion et d'une médecine prise mal à propos. A la distance où nous sommes, il nous est impossible de nous décider entre ces diverses suppositions, dont aucune n'est contraire à l'idée qu'on peut se faire du régime ou même des principes de Regnard.

Lundi, 11 octobre 1852.

# M. MICHAUD

### DE L'ACADÉMIE FRANÇAISE

Tous ceux qui ont connu personnellement M. Michaud et qui ont joui à quelque degré de son entretien, doivent quelque chose à sa mémoire : il était de ces esprits dont l'accent ne se fixe pas tout à fait dans les ouvrages qu'ils composent, et dont la parole a un agrément fin qui s'évapore. Bien que les écrivains distingués (et quelques-uns d'un ordre élevé) qui ont eu à parler de M. Michaud à l'époque de sa mort, qui l'ont célébré à l'Académie française et ailleurs, l'aient fait dignement, il m'a semblé qu'il y avait moyen de revenir sur lui dans nos libres esquisses. Cela m'a semblé d'autant plus naturel, que je suis à côté de plus d'un ancien ami de M. Michaud, de ceux-là dont il a accueilli l'un des premiers et favorisé la jeunesse, et que moi-même je l'ai assez de fois écouté et vu pour pouvoir ressaisir et définir avec sûreté le genre de distinction de sa personne et le grain de son esprit.

Quand je dis que tous ceux qui ont écrit sur M. Michaud l'ont fait dignement, avec équité et bienveillance, je dois excepter un seul article, c'est celui qui a paru dans le Supplément de la *Biographie universelle*, publiée par le frère même de M. Michaud. Cet article signé *Pa-*

*risot*, mais qui a la valeur d'un acte de famille, est à demi hostile et empreint, surtout vers la fin, d'une singulière aigreur. La pièce reste précieuse, d'ailleurs, par les nombreuses particularités qu'elle renferme et auxquelles il ne manque que d'avoir été employées dans un esprit un peu plus doux et plus fraternel (1). Joseph Michaud naquit le 19 juin 1767, au bourg d'Albens en Savoie, d'une famille honorable et dont quelques membres avaient même acquis une notoriété historique. Son père, obligé de s'expatrier à la suite d'un malheur causé par une imprudence généreuse, s'était établi près de Bourg-en-Bresse; c'est là que Joseph Michaud, l'aîné des enfants, fit ses études : « Il fut, selon le témoignage de son frère, un excellent rhétoricien : son style avait l'abondance, la solennité semi-poétique, si recommandées par les professeurs aux élèves; il composait des vers français avec facilité. » Son père mort, et sa mère n'ayant que peu de bien avec beaucoup de famille, il entra dans une maison de librairie à Lyon. La comtesse Fanny de Beauharnais vint à passer dans cette ville en 1790. C'est elle que Le Brun a immortalisée dans cette épigramme souvent citée : *Églé, belle et poëte...* Cette reine de l'*Almanach des Muses* excita la veine des versificateurs du pays. M. Michaud s'enflamma, fit des vers qui furent accueillis, et, encouragé par un sourire, il ne tarda pas à venir à Paris tenter la fortune des Lettres. Ici commence sa vie de journaliste, mêlée, dans les intervalles, d'hommages et de retours à la poésie. Il avait au plus vingt-quatre ans.

Lancé à cet âge dans le *tourbillon des événements*

(1) Je ne prétends pas dire que M. Parisot, homme instruit et même savant, ne soit pas le rédacteur de l'article dont il est le signataire; mais il est trop évident qu'il s'est surtout inspiré de M. Michaud l'éditeur; et c'est ce qui donne à chacun le droit de dire que l'article est peu fraternel.

publics, on ne peut lui demander compte que de la ligne générale qu'il suivit, et non des accidents particuliers ; il eut quelques écarts de plume ou de parole : et qui donc n'en eut point dans ces temps de convulsion universelle ? M. Michaud fut de bonne heure royaliste, voilà le vrai. Mais ce fut chez lui un royalisme d'instinct, de sentiment ; ne lui demandez point d'abord de théorie politique préconçue ; il n'a rien de cette rigueur de logique et de doctrine qui signalera la marche inflexible des de Maistre et des Bonald. Lui, il arrive à Paris, après des études toutes littéraires, ayant lu Rousseau et Bernardin, épris de la nature, ayant fait son tour de Suisse et de Savoie, assez poëte par l'esprit et par la sensibilité, sinon par le talent ; il penche naturellement du côté de la monarchie et de Louis XVI, mais avec bien du mélange. Il est de ceux qui n'auraient pas songé à être royalistes, si l'on n'avait pas immolé Louis XVI et la reine, de même qu'il n'eût guère songé à se dire catholique, si l'on n'avait pris les biens du Clergé et persécuté les prêtres. Les opinions de M. Michaud, c'étaient des opinions de proscrit et d'honnête homme, des opinions humaines et non de système.

Déjà compromis à l'époque du 10 Août par sa collaboration dans des feuilles royalistes, il eut à se dérober aux dangers qui le menaçaient, et, dans les années qui suivirent, il plia la tête sous la nécessité. On a souvent essayé, dans les représailles de partis, de s'armer contre lui de quelques opuscules qu'il publia alors (1). J'ai sous les yeux une pièce de vers de M. Michaud, avec préface, publiée dans la *Décade* de la fin de 1794 (tome III,

---

(1) On ne manqua pas de le faire, dès le début de la seconde Restauration, dans un article très-calculé et très-perfide du *Journal général de France*, numéro du 19 août 1815. Il fut répondu à cet article par une lettre fort mesurée d'un ami de M. Michaud, et qui parut dans *la Quotidienne* du 21 août.

page 105), et qui a pour titre *Ermenonville, ou le Tombeau de Jean-Jacques*. La préface commence par ces mots : « Rousseau répandit la consolation sur ma vie, je dois jeter quelques fleurs sur sa tombe. » En faisant imprimer cet opuscule à part, et en le dédiant à son frère, l'auteur parlait du *Contrat social* avec enthousiasme. L'*Almanach des Muses* de 1795 contient deux fragments en vers de M. Michaud, dont l'un intitulé *l'Immortalité de l'âme* se termine par une sorte de vœu et de serment politique :

> Oh ! si jamais des rois et de la tyrannie
> Mon front républicain subit le joug impie,
> La tombe me rendra mes droits, ma liberté...

Si l'on se reporte au ton de l'époque et à l'âge de l'auteur, on n'attachera pas à ces cocardes d'un jour plus d'importance qu'il ne faut. Son compatriote Ducis, de trente-cinq ans plus âgé que M. Michaud et qui devait être mûr, s'en permettait alors tout autant et davantage, ce qui n'empêchait pas, nous a-t-on assuré depuis, son royalisme latent. Boissy-d'Anglas, si héroïque comme président de la Convention en Prairial, n'avait pas craint, lors de la fête de l'Être-Suprême, de comparer Robespierre à Orphée. M. Michaud, dans les opuscules qu'on lui reproche et où il flétrit la tyrannie de Robespierre, se rattachait surtout à Rousseau, comme à l'adversaire du matérialisme, au maître et au patron de ce qui formait alors le groupe des *hommes sensibles* ou de ce que nous appellerions l'école de la rêverie. Vers le même temps, enhardi par le mouvement d'alentour, il marquait son opinion par des actes plus significatifs : il adressait un volume d'*Adieux* à Madame Royale à sa sortie du Temple ; il prenait part à la rédaction de la première *Quotidienne*, et se voyait forcé de fuir après la victoire de la Convention en Vendémiaire. Caché aux environs de Chartres, il y fut arrêté par les ordres de Bourdon de l'Oise, lequel ordonna aux gendarmes d'attacher le prisonnier à la queue d'un cheval et de le faire marcher à coups de plat de sabre. Ces gendarmes furent plus humains que le conventionnel et n'obéirent pas à ce surcroît de rigueur. Les détails de cette arrestation, de ce voyage à Paris, de son évasion au Pont-Royal, ménagée par un ami, faisaient, dans la bouche de M. Michaud, un de ces récits attachants et légers comme il les aimait. Enfant, dans les voyages presque annuels qu'il faisait à Boulogne-sur-Mer, j'ai eu plus d'une fois le plaisir d'entendre au dessert son odyssée : et, ce qui me frappait déjà chez un homme qu'on était accoutumé à considérer comme un des chefs du parti royaliste et religieux, c'est qu'il ajoutait que dans sa prison, et se croyant à la veille de périr, il avait fait demander et avait lu, comme livre de consolation, les *Essais* de Montaigne.

M. Michaud, condamné à mort par contumace comme rédacteur de *la Quotidienne*, et exécuté en effigie sur la place de Grève, ne parvint que dix-huit mois après à faire révoquer ce jugement. Ayant à comparaître, soit dans cette occasion, soit dans une autre, devant un jury révolutionnaire, il aimait à raconter que, comme il se trouvait en qualité d'accusé à côté d'un homme de la Révolution, il dit à ce dernier : « Vous allez récuser les jurés de mon opinion, et moi je vais récuser ceux de la vôtre. » — « Gardez-vous-en bien, lui répondit le révolutionnaire; prenez les miens, et récusez plutôt les vôtres, car soyez sûr qu'ils ne manqueraient pas de vous condamner par peur. » M. Michaud avait de ces petits récits qui se terminaient par une morale pratique et fine, comme une fable de La Fontaine.

Les torts, les vivacités de polémique que M. Michaud put avoir dans ces années de colère et de guerre civile, je ne prétends les nier ni les excuser. Son plus grave excès fut envers Marie-Joseph Chénier à qui il lâcha l'accusation d'avoir laissé périr son frère : — un terrible *chat-en-jambe,* comme il disait. M. Michaud, aux approches de Vendémiaire, poursuivait en Marie-Joseph Chénier l'énergique défenseur de la Convention finissante ; aux approches de la journée de Fructidor, il poursuivait en lui l'ancien tribun devenu gouvernemental, l'orateur du Directoire, ardent adversaire de la liberté ou plutôt de la licence de la presse dont les royalistes profitaient alors si bien. M. Michaud était né journaliste : aux aguets chaque matin, il excellait à faire cette guerre à l'œil, à suivre en souriant les moindres mouvements de l'ennemi, à tomber sur lui par surprise; quand on sait si bien le point juste où il faut viser pour blesser, il est difficile, même aux moins méchants, un jour ou l'autre, de ne pas être cruels.

M. Michaud avait gardé également de ses souvenirs de Fructidor une aversion bien sincère, et qui devint par moments injurieuse et blessante, pour madame de Staël. Cette antipathie personnelle (et il en eut très-peu de ce genre) est un des traits à noter en lui (1).

La journée du 18 Fructidor refit de M. Michaud un proscrit, et le rendit pour un temps à la poésie, aux affections douces, au rêve. Parvenu à s'échapper de Paris, il alla passer ces années menacées sur les rivages de l'Ain et dans les montagnes du Jura; c'est ce retour

(1) Un jour, après les graves attaques qu'il s'était permises contre madame de Staël, M. Michaud se rencontra avec elle chez madame Suard qui, en bonne personne qu'elle était, se disposait à jouir de l'embarras; M. Michaud, apostrophé assez rudement par madame Suard sur ses anciennes vivacités de plume, se tira de sa position fausse en disant : « Que voulez-vous, Madame ? nous combattions dans la mêlée et dans les ténèbres ; je n'ai pas la fatuité de me comparer à l'un des héros de *l'Iliade,* il m'est pourtant arrivé le même malheur qu'à Diomède, j'ai blessé dans la nuit une déesse. » Madame de Staël sourit, et, ce que n'eût pas fait une déesse, elle pardonna.

consolant à la nature, cette première saison d'exil et de mélancolique douceur, qu'il a voulu consacrer dans *le Printemps d'un Proscrit*, poëme descriptif, qui n'a de joli que l'intention et le titre. Les descriptions sont monotones, et ne se distinguent par aucun tableau particulier, ni par aucune création de style. On y reconnaît pourtant de la sensibilité et quelque chose du poëte. Là où Delille emporte le prix, M. Michaud obtient l'accessit (1). Lorsque plus tard, sous le Consulat, M. Michaud publia son *Printemps d'un Proscrit*, précédé d'une préface sur le genre descriptif, et suivi de plusieurs Lettres à Delille sur la Pitié (1803), l'ouvrage eut un succès d'à-propos. Le poëme de *la Pitié* de Delille, qui venait de paraître, occupait et passionnait tous les esprits ; il traduisait en vers faciles les sentiments de cette société restaurée, rassurée et redevenue humaine à loisir ; il lui donnait satisfaction dans ses ressouvenirs royalistes et bourboniens, et dissimulait quelque retour d'espérance sous ce qui ne semblait qu'un culte de deuil pieux et de regrets. M. Michaud suivait alors cette ligne un peu vague de sentiments politiques. Deux brochures qu'il publia en 1800, sous le titre d'*Adieux à Bonaparte*, montrent combien il eut peine à entrer dans l'esprit et le génie de l'époque consulaire. La première de ces brochures, écrite avant la seconde campagne

---

(1) Pour ceux qui trouveraient que je n'en ai pas assez dit sur M. Michaud poëte, j'ajouterai cette remarque que je dois à un critique moraliste de ma connaissance : « Il y a des hommes qui n'ont pas assez de poésie pour l'exprimer par le talent et pour en faire preuve dans leur jeunesse : et pourtant cette poésie n'est pas entièrement perdue pour eux. Il en est comme d'un flacon d'essence qui se brise ; la goutte exhalée se répand sur l'ensemble de leur esprit et y laisse un petit parfum. Ils restent jeunes plus longtemps : on les retrouve frais et curieux, agréables et nullement chagrins dans leur vieillesse. Ainsi nous avons vu pour M. Michaud, l'auteur, d'ailleurs peu poétique, du *Printemps d'un Proscrit*. Sa poésie, qui n'était pas assez forte pour se produire toute seule, s'était comme répandue sur son esprit. »

d'Italie et avant le départ pour Marengo, accuse toutes les illusions que se faisaient alors les royalistes les plus modérés et les plus fins. En accordant de la réputation à Bonaparte, M. Michaud lui refuse la gloire ; il nie l'enthousiasme militaire de la jeunesse française, et montre le Consul menacé par ses compagnons d'armes et, peu s'en faut, par son armée. Il parle en un endroit de la *santé chancelante* du jeune général. Il ne reconnaît à son *frêle* Gouvernement ni ressources, ni avenir. Il lui conseille d'être au plus tôt un Monk, c'est-à-dire un restaurateur des rois légitimes : « Hâte-toi, s'écriait-il dans une apostrophe finale, de dissiper nos craintes et les tiennes ; hâte-toi de remplir nos vœux et d'achever ta gloire. Songe surtout que tu ne peux désormais t'élever qu'en descendant, et qu'il y a pour toi une place plus belle que la première, c'est la *seconde*. » Le canon de Marengo se chargea de répondre. Toute cette brochure pourrait aussi bien s'intituler de cet autre titre : *Comment un homme d'esprit se trompe au début d'un Gouvernement qui aura quatorze ans de durée.* Il est vrai que ces quatorze années paraissent n'être plus rien à l'auteur lorsque plus tard, au lendemain de la chute de l'Empire, il fit réimprimer sa brochure en 1814. « Ce n'est point, disait-il, que je recherche la vaine gloire d'avoir été prophète. » Il se flattait pourtant d'avoir prédit juste, à quelques années près. C'était une illusion nouvelle.

Quatorze années de gloire, de grandeur et de reconstruction sociale, avec même tous les désastres de la fin, ne se suppriment pas dans la mémoire et dans la vie d'une nation, comme une parenthèse dans une phrase trop longue.

L'attitude prise par M. Michaud dans ces petits écrits politiques de 1800, et cette première opposition au Gouvernement consulaire, l'envoyèrent passer quelques semains au Temple. On dit qu'il ne fut arrêté que par une méprise. Quoi qu'il en soit, il en sortit résolu d'être plus prudent désormais et de jouir au moins des bienfaits de la civilisation renaissante. Dans ses lettres à Delille sur la Pitié, qui accompagnaient l'édition du *Printemps d'un Proscrit* (1803), on le trouve servant à sa manière et dans sa mesure la restauration morale du pouvoir. Combattant, ainsi que nous avons vu faire aux Portalis et aux Rivarol, avec moins de vigueur qu'eux, mais dans le même sens, les philosophes et les sophistes qui avaient décomposé le cœur humain comme le corps social et voulu disséquer toutes choses, il disait : « La société doit avoir son côté mystérieux comme la religion, et j'ai toujours pensé qu'il fallait quelquefois *croire* aux lois de la patrie comme on croit aux préceptes de Dieu. » Il remarquait que « dans le cours ordinaire de la vie, et même sur la scène politique, il est des choses qu'on fait mieux lorsqu'on ne songe point à la cause qui nous fait agir : l'homme est souvent porté à la vertu et à l'héroïsme par un mouvement irréfléchi. — La nature, disait-il encore, a mis dans l'âme et dans le caractère de celui qu'elle destine aux grandes actions une sorte de verve semblable à celle qui crée les chefs-d'œuvre. » Insistant sur les ressorts inexpliqués du cœur humain, sur ces mobiles d'amour-propre et d'honneur ou même de vanité, que l'orgueil de la raison s'attache à détruire, mais que les hommes d'État savent créer et faire mouvoir, il les montrait en action sous Louis XIV, et regrettait que le temps fût passé où le grand roi, pour récompenser les services d'un maréchal de Villars, n'avait qu'à lui permettre simplement de paraître à son lever *demi-heure* avant les autres. Le vainqueur de Denain, par cette faveur, s'estimait suffisamment payé de ses exploits : « On ne pourra s'empêcher d'avouer ici, ajoutait M. Michaud, que cette espèce d'enchantement politique, ce mobile des grandes actions, est une des merveilles de l'ordre social ; et plus nous sommes éloignés aujourd'hui de ces idées, plus nous devons en sentir le prix. » Passant à la morale, il y suivait les mêmes formes, les mêmes jeux de l'amour-propre, et reconnaissait qu'elle a, comme la politique, « ses rubans et sa broderie : ce sont les illusions, et je n'entends par illusion que la manière d'envisager les choses sous leurs formes les plus attachantes. » Fontenelle, à la fin de sa vie, disait : « Je suis effrayé de l'horrible certitude que je trouve à présent partout. » En citant ce mot que Fontenelle disait à quatre-vingts ans, M. Michaud regrettait de voir qu'on pût le dire aujourd'hui dès l'âge de vingt. Dans ces considérations ingénieuses et qui avaient leur à-propos social, M. Michaud ne s'attachait plus à une cause royaliste particulière, mais il aidait et favorisait en général tout établissement monarchique.

Ce qu'il ne disait pas et ce que peut-être il ne voyait pas assez, c'est que beaucoup de ces choses qu'il jugeait perdues n'étaient pas si éloignées de renaître dans le temps même où il les regrettait. Quand les raisonneurs et les beaux-esprits ont ainsi abusé et que les conséquences ruineuses sont sorties de toutes parts, l'instinct de la conservation se réveille puissamment dans le gros de la société. Qu'alors un homme se présente, la force des choses ramènera les nations à refaire sous lui en grand un cours de politique élémentaire (1).

(1) On a l'opinion un peu brusque de Napoléon sur M. Michaud ; je la trouve dans une lettre à Fouché, datée de Chambéry le 17 avril 1805 : « *Le Bulletin de l'Europe*, écrit l'Empereur, est animé d'un mauvais esprit. Je suis étonné cependant de voir là Esménard. Faites-leur dire, pour leur bien, que les temps de *la Quotidienne* sont passés. Ils n'osent se livrer à leur mauvais génie ; on voit qu'ils sont contenus ; mais le bout de l'oreille perce... J'entends que les journaux servent le Gouvernement, et non contre. Esménard est homme de mérite, mais Michaud est toujours un mauvais sujet. » — Esménard,

Sous l'Empire et jusqu'au moment où il entreprit son *Histoire des Croisades*, M. Michaud parut hésiter et tâtonner dans l'application de son esprit. Je supprime ces divers essais sans importance. Nous l'entrevoyons très-lié avec madame de Krüdner dont il patronna le roman de *Valérie* (1803), puis avec madame Cottin pour laquelle il écrivit l'Introduction historique du roman de *Mathilde* (1805). Ami de ces deux dames, je ne sais s'il a été amant; mais surtout il a été aimé; madame Cottin l'appelait du petit nom de *Ferdinand*. Lui, il restait plutôt fidèle à son nom de Joseph et se dérobait plus encore qu'il ne se livrait. M. Michaud, avec sa petite santé, sa longue taille fluette et sa complexion délicate, n'eut jamais la force d'être tout à fait jeune. En ces années où il l'était encore un peu, ceux qu'il rencontrait dans le monde ne le trouvaient pas toujours en veine comme on l'a vu depuis; son esprit semblait souvent las et fatigué, et comme prêt à tomber en défaillance. Il n'est rien de tel pour un homme d'une organisation chancelante, que de franchir ces âges indécis, et de ne plus être tout bonnement et franchement qu'un jeune vieillard qui se sent frêle et qui l'est sans partage, qui renonce aux demi-passions et ne songe plus qu'à vivre par la pensée. C'est dans ce dernier âge seulement que se déclara tout entier l'esprit de M. Michaud.

Il lui a encore été reproché d'avoir, sous l'Empire, payé tribut à la puissance par deux morceaux en vers qu'on peut lire insérés dans le Recueil des Poésies impériales et royales en l'honneur du Roi de Rome (1812). Rattaché en effet à l'Empire par goût de la stabilité, M. Michaud fit alors comme Étienne, comme Campenon, comme Lemercier, comme tout le monde, son petit

cet *homme de mérite*, devint homme de police et a mérité qu'on dît de lui ce qu'on peut lire à la page 59 des *Mémoires* du comte de Senfft. Mieux vaut encore être et rester un *mauvais sujet* comme Michaud.

chant sur l'*Hymen* et sur la *Naissance*. L'excuse de tous ces chants, notez-le bien, et le grain d'indépendance qui s'y glissait, c'était de prononcer le mot de *paix* et d'en exprimer le vœu. M. Michaud n'y manqua pas. Il connaissait M. de Montalivet, alors ministre de l'intérieur. On voulait lui donner quelque gratification, quelque faveur à ce sujet ; il demanda à M. de Montalivet, comme encouragement, qu'on lui ouvrît des sources pour l'Histoire qu'il avait entreprise, et que le Gouvernement fît l'acquisition de certains manuscrits orientaux où l'on devait trouver les témoignages des historiens arabes sur les Croisades. Sa corruption à lui, toute décente, c'était qu'on le mît à même d'être vrai dans l'histoire et de louer dignement le passé.

1814 et 1815 furent une épreuve pour tout le monde ; M. Michaud s'y laissa trop renflammer. Le journaliste en lui, le pamphlétaire reprit le mousquet. Il écrivit en juillet 1815 l'*Histoire des Quinze Semaines* que je voudrais effacer. En même temps il se remit avec M. Fiévée et d'autres amis à la rédaction de *la Quotidienne*, et dès lors sa vie se partage entre cette guerre de journaux et la composition de sa grave Histoire. Cette Histoire pour lui, c'était son devoir, son titre à l'estime, cet ouvrage solide que tout écrivain qui se respecte doit faire une fois dans sa vie ; le journal, c'était son plaisir, son second vin de Champagne, sa malice et sa gaieté.

L'*Histoire des Croisades* par M. Michaud, sous sa dernière forme, n'a pas moins de six volumes, auxquels il faut joindre les quatre volumes de la *Bibliothèque des Croisades*, contenant toutes les pièces justificatives et les extraits des chroniqueurs et historiens, y compris les historiens arabes, dont les extraits et les traductions sont dus à la collaboration de M. Reinaud. Si l'on joint à ces dix volumes les sept qui forment la *Correspondance d'Orient*, et qui ne sont bien souvent qu'un commentaire et une discussion de quelques points importants de cette Histoire, on verra que M. Michaud n'a rien négligé pour compléter ce qu'il appelle l'*enquête* entreprise par lui au sujet des Croisades. La matière s'est étendue évidemment à mesure qu'il avançait, et c'est au moment où il terminait la rédaction de son récit, qu'il embrassait toute la masse de faits et de réflexions qui y devait rentrer. Cette Histoire de M. Michaud est bonne et saine, bien qu'elle n'ait rien de très-supérieur dans l'exécution. L'auteur a procédé dans son sujet graduellement, avec bon sens et bonne foi ; il n'a point de vue absolue ; il cherche ce qu'il croit la vérité, « abandonnant, dit-il, les dissertations aux érudits, et les conjectures aux philosophes. » C'est exact, suivi, grave ; mais il n'y a rien qui morde ni qui prenne vivement l'attention. Bien qu'il se prononce dans un sens plutôt favorable aux Croisés et à l'inspiration religieuse qui les a poussés, l'auteur ne dissimule rien des désordres ni des brigandages ; il reste tout philosophique dans son mode d'examen et d'explication. Comparant les jugements contradictoires qui ont été exprimés sur les Croisades, il suit une voie moyenne et d'entre-deux, et s'attache à adopter ce que « tous ces jugements divers ont de modéré et de raisonnable. » On voit déjà les qualités et les défauts que ce parti amène avec soi. M. Michaud est élégant, jamais éloquent ; il n'a rien du faux-brillant de l'école académique ; il n'a rien du hasardé ni du tranchant de l'école moderne. S'il reste philosophique, c'est à la manière de Robertson plutôt qu'à celle de Montesquieu. Bien des documents ne lui étant survenus que *pendant* qu'il composait, l'auteur n'a été maître de son sujet que successivement. Bien des parties, qui ont été rejetées dans la *Bibliothèque* finale, auraient pu se fondre heureusement dans le récit, en l'animant. Le judicieux et louable historien n'a pas été en cela un artiste : mais même eût-il tout possédé sous sa main dès l'abord, il n'avait pas en lui la force de le devenir. De tous ces styles d'autrefois traduits et transcrits dans le sien, il ne fait nulle part une seule trame ; son style n'a pas la trempe. Il n'a jamais de ces mots qui font feu et qui illuminent. L'art de faire passer l'esprit des anciens chroniqueurs dans un récit moderne, ferme et neuf, n'était pas trouvé à cette date de 1814, à laquelle M. Michaud commençait de publier son travail; l'honneur en appartient à M. Augustin Thierry, qu'on a pu appeler « un traducteur de génie des anciens chroniqueurs, » et qui a porté dans cette mise en œuvre le sentiment simple de l'épopée. Mais à M. Michaud revient cet autre honneur solide d'avoir eu, le premier chez nous, l'instinct du document original en histoire, d'en avoir de plus en plus apprécié l'importance en écrivant, d'avoir eu l'idée de l'enquête historique au complet, faite sur des pièces non-seulement nationales, mais contradictoires et de source étrangère. M. Michaud a le rare mérite de la bonne foi qui épuise sa recherche, de l'ordonnance raisonnable et de l'étendue (1).

A *la Quotidienne*, M. Michaud était tout autre, et c'est ici que je le puis peindre d'après ses amis. Il y a eu pourtant plus d'une époque à *la Quotidienne*. Il l'avait recommencée avec M. Fiévée en 1814; il la continua avec M. Laurentie presque toujours. Merle, Malte-Brun, Mély-Janin, J.-B. Soulié, Nodier, le marquis de La Maisonfort, appartenaient à la première *Quotidienne* que je sais peu. La jeune *Quotidienne* ne commence guère qu'à

---

(1) Un homme qui est des plus compétents pour avoir un avis sur M. Michaud historien, et qui l'a vu de près comme collaborateur, M. Reinaud me fait remarquer, entre autres choses, qu'il y a dans les premiers volumes de l'*Histoire des Croisades* un mouvement et même une chaleur de récit dont je n'ai pas assez tenu compte. M. Michaud avait beaucoup étudié les belles parties de Gibbon.

partir de 1822 avec MM. Malitourne, Bazin, Véron, Audibert, Capefigue; plus tard, MM. Poujoulat, Paulin Paris, Janin, Rabou, s'y joignirent; je ne nomme que ceux de notre connaissance. Après avoir donné dans les vivacités de 1815 et avoir servi le mouvement du parti ultra-royaliste soit au dehors, soit au dedans du pouvoir, jusque vers le moment où M. de Chateaubriand rompit avec M. de Villèle, *la Quotidienne*, à cette date de 1824-1827, rentra dans la contre-opposition, c'est-à-dire dans l'opposition qui se faisait à droite. C'était son rôle de prédilection et son élément. Car notez bien que M. Michaud, si royaliste qu'il fût sous la Restauration, n'était ministériel que le moins possible; il était toujours prêt à être de la contre-opposition. Le journaliste du temps du Directoire avait gardé des guerres de plume de la Révolution et de sa persécution de Fructidor un certain goût pour la liberté de la presse; il l'aimait comme un Vendéen qui aurait continué d'aimer la guerre des haies et des buissons. Il la défendit vivement, en ce qui le concernait, contre les atteintes ou contre les offres du ministère Villèle. « Qu'il soit permis aux journaux, disait-il, de faire l'office d'un réverbère. C'est un office modeste; les ministres ne sauraient en être jaloux... On ne dit pas d'un réverbère qui brille dans la nuit, qu'il exerce son influence sur la marche des passants. » La situation d'un homme d'esprit aussi libre que M. Michaud, aussi dégagé de fanatisme pour les choses et de prévention contre les personnes, était extrêmement piquante dans un camp violent et enflammé tel qu'était alors l'opinion royaliste extrême. Je me figure que, s'il y resta si longtemps, ce fut surtout par curiosité et pour son amusement. Il assistait avec sourire à ces excès de passion de ses amis; même quand il les servait dans l'attaque, il choisissait entre les traits. Il s'était fait un cercle à son image, en partie composé d'hommes jeunes que le libéralisme repoussait par ses lieux-communs et qui n'étaient royalistes que par préférence politique. Dans la province et à distance, on ne discernait pas bien entre ces divers groupes et ces diverses nuances de l'armée royaliste; plus d'un abonné de *la Quotidienne* croyait dévotement que les rédacteurs très-mondains dont il lisait les articles étaient tous des abbés. Cette idée amusait beaucoup M. Michaud. Plus tard, quand il se décida à ouvrir le feu contre M. de Villèle, en qui il n'appréciait pas assez le côté d'homme d'affaires, et qui le choquait par son manque d'attention et de soins pour l'esprit, il disait en souriant à quelques-uns de ses nouveaux alliés : « Nous autres, nous tirons par les fenêtres de la sacristie. » — Je ne donne pas cette guerre de Fronde pour de la haute et très-prudente politique; mais je la montre telle qu'elle était.

M. Michaud écrivait peu. Ses articles étaient courts pour la plupart; ce sont de simples entre-filets. Ces entre-filets, précédés d'ordinaire de trois petites étoiles $_*^*{}_*$, ressemblaient assez à un petit couplet de sa conversation, et étaient proportionnés à son haleine. Par exemple, à propos de la Loi de la presse, proposée en janvier 1827, il écrivait (3 janvier) :

« Combien faut-il de poudre pour charger une pièce de 24? — Deux livres. — Eh bien! mettez-en quatre pour qu'elle fasse plus de bruit et plus d'effet. On en met quatre, et bientôt la pièce éclate au milieu de ceux qui l'ont chargée, sans faire le moindre mal à l'ennemi. L'histoire de ce canon chargé si imprudemment deviendra l'histoire du dernier Projet de loi sur la presse. »

Dans le numéro du 10 janvier suivant, on trouverait un autre petit apologue sur le même ton. M. Michaud avait dans la politique de ces formes de La Fontaine. Un jour, on parlait devant lui de Machiavel : « Sans aller si loin, dit-il, il y a quelqu'un que vous devriez plutôt étudier, c'est La Fontaine; on l'appelle un fabuliste, on devrait l'appeler plutôt un publiciste. »

S'il écrivait peu pour son compte, M. Michaud excitait à écrire; il avait des idées, et il en donnait. Sous l'Empire, étant l'un des propriétaires de *la Gazette de France*, il eut l'idée, par exemple, de *l'Ermite de la Chaussée-d'Antin*, dont les chapitres parurent d'abord en feuilletons dans *la Gazette* (1811-1812); il avait même pris la plume pour la mise en train, et il y a, m'assure-t-on, des chapitres qui sont de lui et de Merle. Mais, en général, il conseillait plus qu'il n'exécutait. Il lui était pénible d'écrire; le souffle et les muscles lui manquaient, et son peu de force physique, il le mettait en entier dans son histoire.

Quant à la conversation, elle ne le fatiguait pas. Causer avec lui était intarissable. Les plus éloquents avaient à profiter de ses aperçus, et l'on sortait d'auprès de lui plus aiguisé chaque fois et plus fin. Notre illustre confrère M. Berryer lui rendait cette justice. M. Michaud aimait fort à causer avec ceux du parti royaliste qui avaient du mouvement et de l'indépendance. M. de Vitrolles, qu'il croyait un homme d'État et qui n'a pas eu son jour, était un de ceux avec qui il aimait le mieux s'animer et remuer les dés de la politique. Cette conversation, pleine de chaleur et de projets, l'inspirait à son tour.

On n'avait pas impunément de l'esprit devant lui. Quand un de ses collaborateurs lui lisait un article et que cela devenait ennuyeux, il fallait le voir agiter sa tabatière, y puiser du tabac à force, salir son jabot, tousser, avoir toutes ses infirmités à l'instant et tous ses nerfs (il avait une petite toux entre autres, qu'il plaçait très à propos); mais l'esprit revenait-il dans l'article, M. Michaud revenait aussi, et on le voyait renaître comme à un rayon.

Il eut, en janvier 1827, sa destitution et son heure de popularité. L'Académie française, cédant à l'entraînement universel de l'opinion, avait fait, par l'organe généreux de M. Lacretelle, un projet d'appel au roi au sujet de la Loi sur la presse : M. Michaud, avec toute la Compagnie, adhéra, et le lendemain il fut destitué de sa place de Lecteur du roi. Il écrivit dans *la Quotidienne* du 19 janvier quelques lignes nobles et senties, bien d'accord avec son rôle de fidélité gémissante. C'était là le côté extérieur de M. Michaud, et qu'il soutint fort dignement. Comme il faut qu'un coin de faiblesse se mêle à nos qualités mêmes, on a remarqué que ce rôle de proscrit et de persécuté était devenu chez lui un goût et, vers la fin, un peu une manie, une idée fixe. Il avait volontiers l'œil aux aguets, et n'était pas fâché de croire que la police surveillait ses démarches : cela le reportait à sa date idéale de *Fructidor*, à l'un des plus doux printemps de sa jeunesse.

M. Michaud n'avait jamais considéré sa place de Lecteur du roi comme un lien; il comprenait très-bien les conditions de la presse, en ce sens que, pour avoir action sur le public, il ne faut rien accepter du pouvoir. Les gens subordonnés et dépendants, tous ceux qui avaient une attache ministérielle quelconque, il ne les admettait pas dans les luttes publiques, et l'un de ses mots était : « La livrée ne se bat pas. »

A l'avénement du ministère de M. de Martignac, il s'abstint et se retira bientôt définitivement de *la Quotidienne*, dont il céda la direction à M. Laurentie. Au point où en étaient les choses, il lui devenait également pénible, il lui semblait également périlleux d'appuyer ou de combattre. — La plupart des jeunes rédacteurs politiques que j'ai nommés sortirent de *la Quotidienne* à ce moment, et se rallièrent, eux, au ministère Martignac, qui exprimait alors le vœu de la France modérée.

M. Michaud sage, aimable, occupé et honoré, vivait ainsi. Il s'était logé à Passy dans une maison agréable, entourée d'un jardin; il s'était uni depuis des années à une jeune, à une belle et aimable personne qui animait son intérieur et réjouissait son regard. Il avait des amis jeunes et dévoués qui étaient prêts à le servir de leurs recherches et de leurs études. C'est alors qu'il conçut l'idée de faire le voyage d'Orient et de Jérusalem pour vérifier quelques points restés douteux de son histoire, et pour visiter les lieux témoins des grandes scènes qu'il avait racontées. Il partit en mai 1830. Peut-être au fond, à cette date du ministère Polignac, prévoyait-il quelque catastrophe, et il n'était pas fâché d'être éloigné. On s'étonnait de le voir, à son âge et avec son peu de santé, s'exposer à de si grandes fatigues, et surtout étant marié, lui disait-on. — « Je le suis si peu ! » répondait-il. Il avait de ces mots à la Fontenelle. Tous les mots qu'on cite de Fontenelle, M. Michaud, je crois, les aurait trouvés (1).

La *Correspondance d'Orient*, qui est le journal de ce voyage entrepris par M. Michaud de compagnie avec M. Poujoulat, parut en sept volumes (1833-1835), et elle offre un intérêt très-varié et très-doux, quoiqu'on y pût désirer plus de naturel et de familiarité encore. Ces lettres tournent quelquefois au discours, et j'y voudrais un peu moins de périphrase; par exemple, dès les premières lettres : « Quand nous avons passé devant Messine, le soleil était au milieu de son cours. » Pourquoi ne pas dire : Il était *midi?* A part cette légère critique qui ne me vient à l'esprit que parce que ce sont des lettres, on se laisse aller agréablement à ce voyage, fait

(1) On voulait faire le portrait de Voltaire; d'Alembert le lui demandait. Voltaire, en lui répondant sur d'autres articles, avait oublié celui-là : « Je rouvre ma lettre, ajoute-t-il en se le rappelant; je me suis à grand'peine souvenu de ma face; j'en ai si peu ! »

en toute bonne foi et sincérité. Quand le pèlerin arrive à Jérusalem, il ne s'exalte point pour trouver des paroles plus grandes que son impression ; il n'a point de cri à la manière des Croisés. M. Michaud n'a jamais le cri, il reste dans ses nuances ; il dit ce qu'il sent, il confesse ce qu'il est, et les émotions rêveuses ou pieuses qu'il exprime nous arrivent dans une sorte de douceur et de modération d'autant plus persuasives. Il a une belle et touchante page sur la *Voie Douloureuse*, sur ce chemin ensanglanté que parcourut l'Homme-Dieu portant sa croix dans sa marche au Calvaire. Après en avoir, l'Évangile en main, rappelé les stations principales et sacrées qui sont dans la mémoire des petits enfants :

« Je ne suis, continue M. Michaud, ni un apôtre, ni un docteur, je ne suis pas même un disciple bien fervent ; je suis venu à Jérusalem, je dois l'avouer, non pour réformer les erreurs de ma vie, mais pour corriger les fautes d'un livre d'histoire. L'objet de mon voyage lointain pourrait bien ne pas trouver grâce devant une piété sévère, et, si j'avais la dévotion et les scrupules de nos vieux pèlerins, peut-être me faudrait-il revenir une seconde fois aux saints lieux et faire un nouveau pèlerinage pour expier ce qu'il y a de mondain et de profane dans celui que j'achève maintenant. Mais, quels que soient les motifs qui m'ont conduit, je n'ai point traversé cette Voie Douloureuse sans éprouver une vive émotion et sans m'élever à de religieuses pensées. »

Après avoir visité l'Égypte au retour, et avoir touché Malte au passage, M. Michaud revint en France à la fin de juillet 1831. Une révolution s'était accomplie pendant son absence, et avait emporté dans l'exil les rois de sa prédilection. Il continua de vivre en sage, ne s'étonnant de rien, fidèle à son passé, mais sans amertume, et accordant jusqu'à la fin aux choses un sourire doucement moqueur et désintéressé. Ceux qui l'ont vu à Passy, dans ses dernières années, savent combien il était resté aimable, indulgent, bon et malin, accueillant pour l'esprit, de quelque part qu'il vînt. Dès qu'il en reconnaissait dans quelqu'un, fût-ce d'un bord même opposé, l'épigramme cessait à l'instant sur ses lèvres : il avait de l'amitié pour l'esprit. On ne lui voyait aucun de ces préjugés qui isolent les vieillards et les préviennent contre les nouveaux venus qui arrivent par d'autres sentiers. J'en ai, pour ma part, éprouvé quelque chose. Il avait à tout instant de ces mots dont le caractère était la bonhomie et l'extrême finesse. Il était ce qu'on aurait nommé autrefois un gentil esprit, narquois, un peu risqué et pourtant de très-bonne compagnie, d'une élégance naturelle, bien que très-négligé sur sa personne; il avait beau se couvrir de tabac et garder au doigt sa tache d'encre, on le sentait essentiellement distingué, fait pour plaire, et ayant tout le meilleur goût de l'ancienne société. A force même de regarder de son coin et d'observer, il trouvait des mots politiques assez forts et assez pénétrants. Il mourut et s'éteignit le 30 septembre 1839, à l'âge de soixante-douze ans, ayant gagné beaucoup à la vieillesse, et ayant fait de la santé la plus frêle et du souffle le plus mince un merveilleux usage pour la vie sociale et pour la pensée (1).

(1) Je suis revenu sur M. Michaud en quelques traits, au tome IV des *Nouveaux Lundis*, à l'occasion de l'*Histoire de la Restauration* par M. de Viel-Castel.

Lundi, 18 octobre 1852.

# MONTESQUIEU

« Le grand tort qu'ont les journalistes, c'est qu'ils ne parlent que des livres nouveaux, comme si la vérité était jamais nouvelle. Il me semble que jusqu'à ce qu'un homme ait lu tous les livres anciens, il n'a aucune raison de leur préférer les nouveaux. » C'est Usbek ou plutôt c'est Montesquieu qui dit cela dans les *Lettres Persanes*, et il est juste de le lui appliquer. En parcourant en bien des sens le champ du dix-huitième siècle, j'ai mainte fois rencontré le grand nom et l'imposante figure de Montesquieu, et je ne m'y suis pas arrêté. Pourquoi? pour bien des raisons. La première est qu'il est un de ces hommes qu'on n'aborde qu'avec crainte, à cause du respect réel qu'ils inspirent et de l'espèce de religion qui s'est faite autour d'eux. La seconde raison, c'est qu'il en a été excellemment parlé par des maîtres, et qu'il est inutile de venir répéter faiblement ce qui a été bien dit une fois. Une autre raison enfin, et qui est particulière à cet ordre d'esquisses, c'est qu'en écrivant dans les journaux, on est toujours quelque peu journaliste par un endroit; on cherche l'à-propos, on attend l'occasion, et, sans s'attacher précisément à ne parler que des ouvrages *encore tout chauds de la forge* (autre expression de Montesquieu), on désire du moins que quelque circonstance naturelle nous ramène aux ouvrages anciens et y dirige l'attention.

J'avais toujours espéré quelque chose de tel pour Montesquieu. On a sur lui de bons et d'éloquents Éloges : une Histoire complète de sa vie et de ses ouvrages n'existe pas. On sait sur son compte bien des détails, mais pas autant qu'on en aurait pu recueillir et qu'on en désirerait. Il avait laissé un grand nombre de manuscrits : on avait dit d'abord « que M. de Secondat, son fils, vers la fin de 1793, lorsque le sang commençait à couler à Bordeaux, avait jeté au feu les papiers et manuscrits de son père, dans la crainte qu'on ne vînt à y découvrir des prétextes pour inquiéter sa famille. » C'était un cas de mort, en ce temps-là, que d'être le fils de Montesquieu ou de Buffon, et le plus sûr était de le faire oublier. Un des premiers actes des écervelés des clubs, à Paris, avait eu pour objet de déclarer Montesquieu aristocrate et imbécile. Mais cette nouvelle de la destruction des manuscrits se trouva fausse, et M. Walckenaer, le grand investigateur biographe, eut le plaisir d'en faire part, dans le temps, au public lettré. Vers 1804, la principale portion de ces manuscrits fut même apportée à Paris, et M. Walckenaer, pour prix de son zèle, put alors les examiner pendant quelques heures ; il écrivit à ce sujet une lettre insérée dans un Recueil périodique et accompagnée de quelques extraits (1). Depuis lors, M. Lainé, l'ancien ministre, avait obtenu de la famille Secondat de faire des recherches dans ces précieuses archives ; il méditait un travail sur Montesquieu qui ne fut jamais qu'un projet. Espérons que cet héritage de famille subsiste toujours, et qu'il en sera finalement tiré parti dans l'intérêt de tous, dans celui de la gloire de l'illustre an-

---

(1) Voir le tome II, page 301, des *Archives littéraires de l'Europe* (1804).

cêtre. Montesquieu n'est pas de ces hommes qui aient à craindre la familiarité : il est un grand esprit de près comme de loin, il n'a point de repli du cœur à cacher; tous ceux qui l'ont approché ont loué sa bonté, sa bonhomie autant que son génie même. Le peu de notes qu'on a publiées de lui, et où il fait son portrait, ont donné à sa physionomie une vie et un naturel qui est mieux que de la majesté : « Plutarque me charme toujours, disait-il; il y a des circonstances attachées aux personnes qui font grand plaisir. »

Né le 18 janvier 1689, au château de La Brède, près de Bordeaux, il sortait d'une famille de robe et d'épée, de bonne noblesse de Guyenne : « Quoique mon nom ne soit ni bon ni mauvais, disait-il, n'ayant guère que deux cent cinquante ans de noblesse prouvée, cependant j'y suis attaché. » Son père, qui avait servi, après s'être retiré de bonne heure, soigna fort son éducation; le jeune Montesquieu fut destiné à la magistrature. Le goût de l'étude fut de tout temps sa grande passion. On parle d'ouvrages précoces et assez hardis qu'il composa et qu'il eut la prudence de retenir. Il lisait plume en main et en réfléchissant : « Au sortir du collège, on me mit dans les mains des livres de droit; j'en cherchai l'esprit. » Cet esprit des choses du droit et de l'histoire fut la recherche de toute sa vie : il ne se reposa que quand il crut l'avoir trouvé. Il avait le génie essentiellement tourné à ce genre de Considérations. Il y joignait un tour d'imagination prompte qui revêtait aisément la pensée et la maxime d'une forme poétique, comme faisait son compatriote Montaigne; mais il était moins aisé que Montaigne, et n'avait pas la fleur comme lui. Les anciens lui étaient un culte. Il ne connut jamais beaucoup cette première antiquité simple, naturelle, naïve, de laquelle Fénelon était parmi nous comme un contemporain dépaysé : l'antiquité de Montesquieu était plutôt cette seconde époque plus réfléchie, plus travaillée, déjà latine; ou, pour mieux dire, il les confondait ensemble, et dans toutes les époques, à tous les âges des anciens, depuis Homère jusqu'à Sénèque et Marc-Aurèle, il allait demander des traits ou des allusions faites pour rehausser la pensée moderne. C'étaient comme des vases de Corinthe ou des bustes d'airain qu'on place aux endroits manifestes et qui sont un glorieux témoignage. Un trait d'Homère, un vers de Virgile, fondus rapidement dans sa pensée, lui paraissaient la mieux achever et la consacrer sous forme divine. L'œuvre de Montesquieu est tout incrustée de ces fragments d'autels : « J'avoue mon goût pour les anciens, s'écrie-t-il; cette antiquité m'enchante, et je suis toujours prêt à dire avec Pline : *C'est à Athènes que vous allez, respectez les Dieux* (1) ! »

Et lui-même, en sentant ainsi, il a mérité d'être traité comme un ancien : citer Montesquieu, en détacher un mot qu'on place dans un écrit, cela honore.

Conseiller au Parlement de Bordeaux depuis 1714, la mort d'un oncle lui laissa la charge de Président à mortier en 1716 : il avait vingt-sept ans. Parlant de son ami le maréchal de Berwick et le montrant, dès l'adolescence, à la tête d'un régiment et gouverneur d'une province, Montesquieu disait : « Ainsi, à l'âge de dix-sept ans, il se trouva dans cette situation si flatteuse pour un homme qui a l'âme élevée, de voir le chemin de la gloire tout ouvert, et la possibilité de faire de grandes choses. » Sans prétendre rien dire de pareil de cette charge de Président à mortier obtenue de bonne heure, Montesquieu du moins fut dès lors sur le pied de tout voir, de juger les hommes à leur niveau, et de n'avoir pas à faire d'effort pour arriver et s'insinuer

---

(1) Voir la noble lettre de Pline le Jeune, la 24ᵉ du livre VIII.

jusqu'à eux ; il n'eut qu'à choisir entre les relations qui s'offraient. C'est alors qu'il connut intimement le maréchal de Berwick lui-même, nommé gouverneur de la Guyenne. Né sans ambition de fortune, il se trouva placé à un rang qui pouvait sembler médiocre entre les rangs élevés, mais qui n'en était que plus propre à son rôle d'observateur politique. Il put appliquer, sans en rien perdre, toute sa jeunesse.

Montesquieu fit en conscience pendant dix années son métier de magistrat ; mais, s'y trouvant plus resserré à mesure que ses études s'étendaient davantage, il vendit sa charge en 1726. Il reconnaît lui-même qu'il était peu propre aux emplois et à ce qu'on appelle une profession ou un état: « Ce qui m'a toujours donné une assez mauvaise opinion de moi, disait-il, c'est qu'il y a fort peu d'états dans la république auxquels j'eusse été véritablement propre. Quant à mon métier de Président, j'ai le cœur très-droit ; je comprenais assez les questions en elles-mêmes ; mais, quant à la procédure, je n'y entendais rien. Je m'y suis pourtant appliqué ; mais ce qui m'en dégoûtait le plus, c'est que je voyais à des bêtes le même talent qui me fuyait, pour ainsi dire. » Montesquieu, on le voit, était peu praticien, et on peut, sans se hasarder, ajouter qu'en général il était peu pratique. Eût-il été plus à sa place dans la charge de Chancelier de France que dans celle de Président à mortier ? Honnête homme comme Daguesseau, et homme de Lettres philosophe comme Bacon, eût-il été plus capable d'affaires que tous deux ? Une lettre écrite au début de ses voyages montre qu'il eut un instant l'idée de devenir ambassadeur et d'être employé dans les Cours étrangères ; mais le plus sûr est qu'il soit resté ce que nous le savons et ce que nous l'admirons, le grand, l'immortel investigateur, souvent hasardeux mais toujours fécond, de l'esprit de l'histoire.

Les premiers écrits qu'on a de lui sont des Discours qu'il composa pour l'Académie de Bordeaux, dont il fut membre dès 1716 : le talent s'y montre; on y surprend même à son origine la forme qu'affectionnera Montesquieu, l'image ou l'allusion antique appliquée à des objets et à des idées modernes. Mais ici on y voit trop d'apprêt; il y a luxe de mythologie. A propos d'un rapport sur la cause physique de l'Écho ou sur un travail d'anatomie, Montesquieu fait trop intervenir les nymphes et les déesses. A ce début, il imite visiblement Fontenelle, dont les Rapports ingénieux à l'Académie des Sciences étaient faits pour séduire. Est-ce de Fontenelle, est-ce de Montesquieu que sont les phrases suivantes?

(Il s'agit des découvertes de physique, qui, après s'être fait attendre durant des siècles, ont éclaté coup sur coup depuis Galilée jusqu'à Newton) : « On dirait que la Nature a fait comme ces vierges qui conservent longtemps ce qu'elles ont de plus précieux, et se laissent ravir en un moment ce même trésor qu'elles ont conservé avec tant de soin et défendu avec tant de constance. »

Et cette autre pensée encore, qui vient singulièrement dans un Rapport de Montesquieu *sur l'Usage des Glandes rénales :* « La vérité semble quelquefois courir au-devant de celui qui la cherche; souvent il n'y a point d'intervalle entre le désir, l'espoir et la jouissance. » Montesquieu, comme académicien des Sciences de Bordeaux, paya donc un léger tribut à la mode et à son admiration pour Fontenelle.

Ce qu'on aime mieux remarquer dans ces premiers essais de Montesquieu, c'est l'amour de la science, et de l'étude appliquée à tous les objets. On a de lui non pas seulement des Rapports sur les travaux des autres, mais des Observations directes d'histoire naturelle, lues en novembre 1721. Il avait observé au microscope un petit insecte rouge, la plante du gui, des mousses de chêne; il avait disséqué une grenouille; il avait fait des recherches sur la qualité nutritive de divers végétaux L'auteur annonçait qu'il n'attachait point à ces observations et à ces expériences une importance plus grande qu'elles n'en méritaient : « C'est le fruit de l'oisiveté de la campagne. Ceci devait mourir dans le même lieu qui l'a fait naître; mais ceux qui vivent dans une société ont des devoirs à remplir; nous devons compte à la nôtre de nos moindres amusements. » Il semble même qu'en terminant ce Mémoire, Montesquieu s'attache trop à diminuer le mérite de l'observateur, lequel a souvent besoin de toute sa subtilité d'esprit et de son invention ingénieuse pour amener le fait sous son regard :

« Il ne faut pas avoir beaucoup d'esprit, disait Montesquieu, pour avoir vu le Panthéon, le Colisée, des Pyramides; il n'en faut pas davantage pour voir un ciron dans le microscope ou une étoile par le moyen des grandes lunettes; et c'est en cela que la physique est si admirable : grands génies, esprits étroits, gens médiocres, tout y joue son personnage. Celui qui ne saura pas faire un système comme Newton fera une observation avec laquelle il mettra à la torture ce grand philosophe. Cependant Newton sera toujours Newton, c'est-à-dire le successeur de Descartes, et l'autre un homme commun, un vil artiste, qui a vu une fois et n'a peut-être jamais pensé. »

Il faut voir dans ces paroles, non pas le mépris du fait, mais la subordination du fait à l'idée, ce qui est un caractère chez Montesquieu. Il rendra ailleurs plus de justice aux observations quand il en dira « qu'elles sont l'histoire de la physique, et que les systèmes en sont la fable. » — Ainsi Montesquieu, à ses débuts, s'occupait de sciences comme bientôt le fera Buffon, comme Gœthe le fera plus tard; il fournissait les fonds d'un prix d'anatomie, et semblait ne viser qu'à des succès tout sérieux, d'accord avec la gravité de son état.

Mais, dans le temps même où il travaillait à ce petit

Mémoire sur des objets d'histoire naturelle, il laissait échapper un autre ouvrage pour lequel il n'avait pas eu besoin de microscope, et où son coup d'œil propre l'avait naturellement servi. Les *Lettres Persanes* parurent sans nom d'auteur en 1721, et elles eurent à l'instant un succès qui marquait une date et qui en fit le livre de l'époque.

Les *Lettres Persanes* sont un livre capital dans la vie de Montesquieu : il n'a fait véritablement que trois ouvrages, — ces *Lettres* (1721), l'admirable livre sur *la Grandeur et la Décadence des Romains* (1734), qui n'est que comme un épisode détaché à l'avance de son *Esprit des Lois,* et cet *Esprit* même (1748). La manière de ces trois ouvrages diffère, pas autant toutefois qu'on le croirait. Le fond des idées diffère encore moins. Le livre sur les Romains est celui où l'auteur se contient le plus; il est maître de lui d'un bout à l'autre; il a le ton ferme, élevé, simple, et tout à la hauteur de la majesté du peuple-roi. Dans l'*Esprit des Lois,* il a souvent mêlé, on ne sait comment, l'épigramme à la grandeur. Dans les *Lettres Persanes,* Montesquieu, jeune, s'ébat et se joue; mais le sérieux se retrouve dans son jeu ; la plupart de ses idées s'y voient en germe, ou mieux qu'en germe et déjà développées : il est plus indiscret que plus tard, voilà tout; et c'est en ce sens principalement qu'il est moins mûr. Car il gardera la plupart de ses idées; seulement, dans ses futurs ouvrages, il ne les rendra pas de même, il les réfléchira autrement et ne parlera qu'avec sérieux, sentant de plus en plus la grandeur de l'invention sociale et désirant l'ennoblissement de la nature humaine.

Quand on veut apprécier la nature et la forme d'esprit de Montesquieu, il faut se souvenir de ce qu'il écrivait lui-même, vers la fin de sa vie, à d'Alembert qui lui demandait pour l'*Encyclopédie* certains articles qu'il avait déjà traités dans l'*Esprit des Lois* : « J'ai, disait-il, tiré, sur ces articles, de mon cerveau tout ce qui y était. L'esprit que j'ai est un moule; on n'en tire jamais que les mêmes portraits : ainsi je ne vous dirais que ce que j'ai dit, et peut-être plus mal que je ne l'ai dit. » Cette unité fondamentale du moule, chez Montesquieu, se sent même dans sa plus grande variété de productions, et de son premier à son dernier ouvrage.

Ce qui donne bien aux *Lettres Persanes* leur date et le cachet de la Régence, c'est la pointe d'irrévérence et de libertinage qui vient là pour relever le fond et l'assaisonner selon le goût du jour. D'où Montesquieu a-t-il pris l'idée de faire ainsi parler des Persans, et de mettre sous ce léger déguisement ses propres pensées? On a dit qu'il devait cette idée à Dufresny qui, dans un livre intitulé les *Amusements sérieux et comiques*, suppose, pour plus de variété, un Siamois à Paris, tombé des nues en pleine rue Saint-Honoré, et faisant ses réflexions à sa manière. Des personnes qui ont étudié la littérature anglaise aiment mieux que Montesquieu se soit souvenu d'une lettre censée écrite de Londres par un Indien de l'île de Java, et qui se lit dans *le Spectateur* d'Addison (1). Quoi qu'il en soit du Siamois ou de l'homme de Java, l'idée est devenue originale chez Montesquieu par le développement qu'il y a donné, et la hardiesse avec laquelle il l'a naturalisée à Paris. Les *Lettres Persanes*, avec tous leurs défauts, sont un des livres *de génie* qu'a produits notre littérature.

Usbek et Rica, deux amis, deux Persans de qualité, quittent leur pays et font le voyage d'Europe. Usbek, le personnage principal, a un sérail à Ispahan, et il le laisse en partant à la garde du grand Eunuque noir,

---

(1) Voir dans les *Etudes critiques*, par M. Maurice Meyer (1850), page 174; M. Meyer a fait un travail sur les *Lettres Persanes*.

auquel il rappelle de temps en temps ses recommandations sévères. Dans ce sérail sont des femmes qu'il distingue et qu'il aime particulièrement, et l'auteur ne serait pas fâché de nous intéresser à cette partie romanesque, d'un goût asiatique très-recherché et très-étudié. Il y parvint sans doute à la date de 1721 : la partie libertine et, pour ainsi dire, libidineuse des *Lettres Persanes*, ces détails continuels d'eunuques, de passions, de pratiques et presque d'ustensiles de sérail, sur lesquels on arrêtait avec complaisance l'imagination des lecteurs, purent prendre une société qui allait s'engouer pour les romans de Crébillon fils. Aujourd'hui, cette partie nous paraît morte, artificielle ; et, pour peu qu'elle se prolongeât davantage, elle ennuierait. Ce qui nous plaît et ce que nous cherchons dans ces Lettres, c'est Montesquieu lui-même se partageant légèrement entre ses divers personnages, et jugeant sous un masque transparent les mœurs, les idées et toute la société de sa jeunesse. Rica est l'homme moqueur, Parisien dès le premier jour et peignant avec badinage les travers et les ridicules des originaux qui passent sous ses yeux et desquels il s'accommode : Usbek, plus sérieux, résiste et raisonne ; il aborde les questions, il les pose et les discute dans les lettres qu'il adresse aux théologiens de son pays. L'art de l'ouvrage et ce qui, dans le mélange apparent, décèle le talent de composition, c'est qu'à côté d'une lettre du sérail, il y en aura une autre sur le libre arbitre. Un ambassadeur de Perse en Moscovie écrira à Usbek sur les Tartares une demi-page, qui serait aussi bien un chapitre de l'*Esprit des Lois* (Lettre LXXXI) ; Rica, tout à côté, fera la critique la plus fine du babillage des Français et des diseurs de riens en société : puis Usbek dissertera sur Dieu et sur la justice dans une lettre fort belle et qui porte loin. L'idée de justice, indépendante en elle-même, y est exposée d'après les vrais principes de l'institution sociale. Montesquieu (car c'est lui ici qui parle, ainsi qu'il parlera en son nom jusqu'à la fin de sa vie), tâche d'y établir en quoi *cette* idée de justice ne dépend point des conventions humaines : « Et quand elle en dépendrait, ajoute-t-il, ce serait une vérité terrible qu'il faudrait se dérober à soi-même. »

Montesquieu va plus loin : il tâche même de rendre cette idée et ce culte de justice indépendants de toute existence supérieure à l'homme; il va jusqu'à dire, par la bouche d'Usbek : « Quand il n'y aurait pas de Dieu, nous devrions toujours aimer la justice, c'est-à-dire faire nos efforts pour ressembler à cet Être dont nous avons une si belle idée, et qui, s'il existait, serait nécessairement juste. Libres que nous serions du joug de la religion, nous ne devrions pas l'être de celui de l'équité. »

Nous touchons ici au fond de la pensée de Montesquieu et à tout son procédé habituel intérieur ; ne soyons pas faible ni indécis, et n'hésitons pas à l'exposer avec nudité. C'est lui encore qui a dit :

« Quand l'immortalité de l'âme serait une erreur, je serais fâché de ne pas la croire : j'avoue que je ne suis pas si humble que les athées. Je ne sais comment ils pensent; mais, pour moi, je ne veux pas troquer l'idée de mon immortalité contre celle de la béatitude d'un jour. Je suis charmé de me croire immortel comme Dieu même. Indépendamment des idées révélées, les idées métaphysiques me donnent une très-forte espérance de mon bonheur éternel, à laquelle je ne voudrais pas renoncer. »

On a dans ces paroles la mesure de la croyance de Montesquieu et de son noble désir : jusque dans l'expression de ce désir, il se glisse toujours cette supposition que, même *quand la chose n'existerait pas*, il serait mieux d'y croire. Je ne blâme point cet hommage rendu, *en tout cas*, à l'élévation et à l'idéalisation de la nature humaine; mais je ne puis m'empêcher de remarquer que c'est prendre et accepter les idées de justice et de religion plutôt par le côté politique et social que virtuellement et en elles-mêmes (1). Montesquieu, à mesure qu'il se dégagera de l'ironie des *Lettres Persanes*, entrera de plus en plus dans cette voie respectueuse pour les objets de la conscience et de la vénération humaine : je ne crois pas qu'il y soit entré pour cela plus intimement. Qu'en résulte-t-il? C'est qu'au milieu de ses parties majestueuses, une sorte de sécheresse percera. Il a des idées, mais il n'a pas, on l'a remarqué, de sentiments politiques. Une sorte de vie manque, un lien, et l'on sent un puissant cerveau plus qu'un cœur. — Je tiens à noter, sinon ce côté faible en un grand homme, du moins ce côté froid.

Une de ses pensées m'a toujours frappé :

« Fontenelle, a-t-il dit, autant au-dessus des autres hommes par son cœur qu'au-dessus des hommes de Lettres par son esprit. » Je lis et relis cette pensée, et, me rappelant ce qu'a été Fontenelle, je crois d'abord qu'il faut lire : « Fontenelle autant *au-dessous* des autres hommes par son cœur que..., etc. » Mais non : il paraît bien que c'est un éloge que Montesquieu a voulu faire de Fontenelle; il lui reconnaît ailleurs une qualité excellente pour un homme tel que lui : « Il loue les autres sans peine. » Montesquieu admirait réellement en Fontenelle l'égalité, l'absence d'envie, l'étendue et la prudence, l'indifférence même peut-être. La seule conclusion que j'en veuille tirer, c'est que, très-supérieur à Fontenelle en talent et en manière d'écrivain, il était un peu de la même religion morale que lui.

(1) Montesquieu est de la même religion que Polybe lorsque ce dernier parle si bien de la bonne influence de l'opinion religieuse sur .a moralité des Romains : « C'est donc avec grande raison que les anciens ont répandu parmi le peuple qu'il y avait des Dieux, etc. »

On a souvent cité ces aveux mémorables de Montesquieu :

« L'étude a été pour moi le souverain remède contre les dégoûts de la vie, n'ayant jamais eu de chagrin qu'une heure de lecture n'ait dissipé.

« Je m'éveille le matin avec une joie secrète de voir la lumière ; je vois la lumière avec une espèce de ravissement, et tout le reste du jour je suis content. Je passe la nuit sans m'éveiller, et le soir, quand je vais au lit, une espèce d'engourdissement m'empêche de faire des réflexions.

« Je suis presque aussi content avec des sots qu'avec des gens d'esprit... etc. »

Homme d'étude et de pensée, détaché d'assez bonne heure des passions et n'ayant du moins jamais été entraîné par elles, il habita et vécut dans la fermeté de l'intelligence. Très-bon dans le particulier, naturel et simple, il mérita d'être aimé de tout ce qui l'entourait autant qu'un génie peut l'être ; mais, même dans ses parties les plus humaines, on retrouverait ce côté ferme, indifférent, une équité bienveillante et supérieure plutôt que la tendresse de l'âme.

Qui ne sait le beau trait de sa vie, lorsqu'à Marseille où il allait souvent visiter sa sœur, il voulut un jour se promener hors du port dans une barque ? Il rencontre un jeune homme appelé Robert, qui n'a rien du ton ni des manières d'un marinier : ce jeune homme, tout en se promenant et en ramant, lui apprend qu'il ne fait ce métier que les fêtes et dimanches, et qu'il le fait pour tâcher d'amasser de quoi racheter son père emmené prisonnier par un corsaire et pour lors esclave à Tétuan. Montesquieu s'informe de tout avec précision, quitte le jeune homme en rentrant au port, et, quelques mois après, le père, délivré, est de retour dans sa famille, sans savoir d'où le secours inespéré lui est venu. Vous versez des larmes ; prenez garde ! admirez, mais ne pleurez pas. Un ou deux ans après, le jeune homme qui sent bien que c'est à l'inconnu qu'il doit la délivrance de son père, le rencontre sur le port, se jette à ses pieds avec effusion, en le bénissant, en le suppliant de se laisser reconnaître et de venir voir les heureux qu'il a faits. Montesquieu se dérobe brusquement; il nie tout, il se refuse et s'arrache sans pitié à une si légitime reconnaissance. Ce ne fut qu'à sa mort que le bienfait fut révélé. Ici, il me semble voir dans Montesquieu un de ces dieux bienfaiteurs de l'humanité, mais qui n'en partagent point la tendresse. C'est ainsi que dans l'*Hippolyte* d'Euripide, Diane, au moment où le jeune héros va mourir, s'éloigne, quoiqu'il semble qu'elle l'ait aimé : mais, si amie que soit des mortels une divinité ancienne, *les larmes sont interdites à ses yeux.* — L'Homme-Dieu n'était point venu.

Dans cette vue que je me suis permise sur la nature morale de Montesquieu, et à laquelle a donné jour sa définition de la justice dans les *Lettres Persanes*, loin de moi l'idée de diminuer la beauté sévère et humaine du caractère ! Je me borne à la définir, et à considérer cette humanité stoïque, en tant qu'elle se distingue de la charité selon Pascal et Bossuet.

Toutes les questions à l'ordre du jour sous la Régence sont abordées dans les *Lettres Persanes*, la dispute des anciens et des modernes, la révocation de l'Édit de Nantes et ses effets, la querelle de la bulle *Unigenitus*, etc.; l'auteur y sert l'esprit du jour, en y mêlant et y enfonçant ses vues; le règne de Louis XIV y est vivement attaqué à revers. Dans le fameux épisode des Troglodytes, Montesquieu y donne à sa manière son rêve de Salente. Dans les portraits du *Fermier*, du *Directeur*, du *Casuiste*, de l'*Homme à bonnes fortunes*, de la *Femme joueuse*, Montesquieu égale La Bruyère en s'en ressouvenant. Il lui ressemble par la langue, mais sans y viser. La sienne, tout en étant aussi neuve, est peut-être moins compliquée; elle est d'une netteté et d'une propriété pittoresque singulière. Le Casuiste veut montrer qu'un homme de son état est nécessaire à certaines gens, qui, sans viser à la perfection, tiennent à faire leur salut : « Comme ils n'ont point d'ambition, dit-il, ils ne se soucient pas des premières places ; aussi entrent-ils en Paradis *le plus juste qu'ils peuvent*. Pourvu qu'ils y soient, cela leur suffit. » Ailleurs, parlant de ces gens dont la conversation n'est qu'un miroir où ils montrent sans cesse leur impertinente figure : « Oh ! que la louange est fade, s'écrie-t-il, lorsqu'*elle réfléchit vers le lieu d'où elle part!* » Tout ce style est net, piquant, plein de traits, un peu mince ou aigu. Il y a des incorrections, par exemple : « La plus grande peine n'est pas de se divertir, c'est *de le paraître*. » Mais Montesquieu, sur le style, a des idées fort dégagées : « Un homme qui écrit bien, pense-t-il, n'écrit pas comme on écrit, mais comme il écrit ; et c'est souvent en parlant mal qu'il parle bien. » Il écrit donc à sa manière, et cette manière, toujours fine et vive, devient forte et fière et grandit avec les sujets. J'ai dit qu'il aime et affectionne un genre d'images ou de comparaisons pittoresques pour éclairer sa pensée ; par exemple, voulant faire dire à Rica que le mari d'une jolie femme en France, s'il est battu chez lui, prend sa revanche sur les femmes des autres : « Ce titre de mari d'une jolie femme, qui se cache en Asie avec tant de soin, écrit-il, se porte ici sans inquiétude. On se sent en état de faire diversion partout. Un prince se console de la perte d'une place par la prise d'une autre : *dans le temps que le Turc nous prenait Bagdad, n'enlevions-nous pas au Mogol la forteresse de Candahar?* »

C'est exactement de la même manière que, dans l'*Esprit des Lois*, montrant un utopiste anglais qui a sous les yeux l'image de la vraie liberté, et qui va en imaginer une autre dans son livre, il dira « qu'*il a bâti Chalcédoine, ayant le rivage de Byzance devant les yeux.* »

Dans la pensée de Montesquieu, au moment où l'on s'y attend le moins, tout d'un coup la cime se dore.

Au milieu des hardiesses et des irrévérences des *Lettres Persanes*, un esprit de prudence se laisse entrevoir par la plume d'Usbek; en agitant si bien les questions et en les perçant quelquefois à jour, Usbek (et c'est une contradiction peut-être à laquelle n'a pas échappé Montesquieu) veut continuer de rester fidèle aux lois de son pays, de sa religion : « Il est vrai, dit-il, que, par une bizarrerie qui vient plutôt de la nature que de l'esprit des hommes, il est quelquefois nécessaire de changer certaines lois : mais le cas est rare; et, lorsqu'il arrive, il n'y faut toucher que *d'une main tremblante.* » Rica lui-même, l'homme badin et léger, remarquant que dans les tribunaux de justice, pour rendre la sentence, on prend les voix *à la majeure* (à la majorité), ajoute par manière d'épigramme : « Mais on dit qu'on a reconnu par expérience qu'il vaudrait mieux les recueillir à la mineure : et cela est assez naturel, car il y a très-peu d'esprits justes, et tout le monde convient qu'il y en a une infinité de faux. » C'est assez pour montrer que cet esprit qui a dicté les *Lettres Persanes* ne poussera jamais les choses à l'extrémité du côté des réformes et des révolutions populaires.

Après avoir touché les questions qui sont proprement de la philosophie de l'histoire, après s'être étonné que les Français aient abandonné des lois anciennes faites par les premiers rois dans les assemblées de la nation, et être ainsi arrivé presque au seuil du grand ouvrage que sans doute il entrevoyait déjà dans l'avenir, Montesquieu continue de s'égayer sur maint sujet, et, quand il en a assez, il coupe court. Les *Lettres Persanes*, ayant épuisé le tableau et la satire des mœurs présentes, tournent au romanesque : Usbek reçoit la nouvelle que son sérail, profitant de son absence, **a fait sa révolution**; on s'y révolte, on s'y égorge, on s'y tue. C'est une fin voluptueuse et délirante, une fin *à feu et à sang*, qui n'a rien de touchant pour nous. Toute cette partie sensuelle est sèche, et marque que Montesquieu n'avait toute son imagination que dans l'ordre de l'observation historique et morale.

Encore une fois, il y a dans les *Lettres Persanes*, au commencement et à la fin, et dans tout l'ensemble, une pointe de roman de Crébillon fils.

*Le Temple de Gnide* (1725) est une erreur de goût et une méprise de talent. Montesquieu crut imiter les Grecs en faisant ce petit poëme en prose par complaisance pour une princesse du sang de Condé, Mademoiselle de Clermont. Il avait trente-cinq ans à cette date, et il a écrit : « A l'âge de trente-cinq ans, j'aimais encore (1). » Mais les amours de Montesquieu ne paraissent pas l'avoir jamais beaucoup troublé ni attendri. Il a beau peindre sa *Thémire*, il reste pour nous plus sensuel en amour que sentimental : « J'ai été dans ma jeunesse assez heureux, disait-il, pour m'attacher à des femmes que j'ai cru qui m'aimaient; dès que j'ai cessé de le croire, je m'en suis détaché soudain. » Et il ajoute : « J'ai assez aimé à dire aux femmes des fadeurs, et à leur rendre des services qui coûtent si peu. » *Le Temple de Gnide* est une de ces fadeurs, mais qui a dû lui coûter du travail. M. Lainé racontait que, lorsqu'il avait obtenu de la famille Secondat de faire des recherches dans les papiers de Montesquieu, il avait trouvé dans le secrétaire, que personne n'avait ouvert depuis la mort du grand écrivain, une masse de brouillons de tous ses billets doux. L'auteur du *Temple de Gnide* travaillait et

---

(1) « Il aimait beaucoup les femmes, » a dit l'abbé de Voisenon, qui ajoute ce malin propos que je donne sans commentaire : « *Le Temple de Gnide* lui valut de bonnes fortunes, à condition qu'il les cacherait. »

raturait même ses billets doux; on le sent aisément en lisant ce poëme. Chez Montesquieu, ce qui est de la vigueur et du nerf dans les grandes choses est de la roideur dans les petites. Il n'a pas la grâce.

Vers le même temps, Montesquieu était bien mieux dans sa voie lorsqu'il faisait, à l'Académie de Bordeaux (novembre 1725), un petit Discours à la louange de l'Étude et des Sciences. Il y venge les Sciences, dont il avait mis l'utilité en question dans un endroit des *Lettres Persanes*; il y avance d'une manière spirituelle et originale qu'une connaissance acquise, un résultat d'un ordre intellectuel est souvent la cause indirecte et lointaine du salut de la société. Si les Mexicains, par exemple, avaient eu un Descartes avant le débarquement des Espagnols, Fernand Cortez ne les aurait point conquis; car l'effroi qu'ils eurent des Espagnols, et cette idée que ces étrangers étaient des dieux, n'était « qu'un simple effet de l'ignorance d'un principe de philosophie. » Le courage ne manqua jamais aux Mexicains ni aux Péruviens, « mais seulement l'espérance du succès. Ainsi un mauvais principe de philosophie, l'ignorance d'une cause physique, engourdit dans un moment toutes les forces de deux grands empires. » Montesquieu, dans ce petit Discours, parle magnifiquement de l'étude et des motifs qui doivent nous y porter : « Le premier, c'est la satisfaction intérieure que l'on ressent lorsque l'on voit augmenter l'excellence de son être, et que l'on rend plus intelligent un être intelligent. » Un autre motif encore, et qu'il n'allait pas chercher loin de lui, « c'est, disait-il, notre propre bonheur. L'amour de l'étude est presque en nous la seule passion éternelle; toutes les autres nous quittent à mesure que cette misérable machine qui nous les donne s'approche de sa ruine... Il faut se faire un bonheur qui nous suive dans tous les âges : la vie est si courte, que l'on doit compter pour rien une félicité qui ne dure pas autant que nous. » Enfin il y donne un autre mobile encore et qu'il ressentait également, l'utilité du public et du monde : « N'est-ce pas un beau dessein que de travailler à laisser après nous les hommes plus heureux que nous ne l'avons été? » Montesquieu, par droiture de cœur et par direction d'intelligence, était naturellement citoyen, de cette race des Vauban, des Catinat, des Turenne, des L'Hôpital, de ceux qui veulent sincèrement le bien et l'honneur de la patrie et du genre humain : « J'ai toujours senti une joie secrète, lorsqu'on a fait quelque règlement qui allait au bien commun. »

Les *Lettres Persanes* l'avaient rangé, bon gré mal gré, parmi les littérateurs; il en ressentait les avantages pour sa réputation, et les inconvénients pour sa carrière. Une impulsion puissante l'appelait désormais à remplir toute sa destinée d'écrivain. Il se dégagea de ses liens, vendit sa charge, fut reçu en 1726 à l'Académie française, bien qu'il s'en fût beaucoup moqué comme tout le monde, avant d'en être, et il entreprit, au printemps de 1728, ses voyages en commençant par l'Allemagne, la Hongrie : à Vienne, il vit assidûment le prince Eugène; en arrivant à Venise, il eut le plaisir d'y rencontrer Bonneval qui n'était pas encore passé chez les Turcs; il visita Turin, Rome, l'Italie, revint par la Suisse, les bords du Rhin et la Hollande, et acheva son cours d'observations par l'Angleterre (octobre 1729). Il eut pour introducteur dans ce dernier pays lord Chesterfield, le guide le plus éclairé; il vit tout et il vit bien. Avant d'y arriver, voyageant sur le continent avec un Anglais, lord Waldegrave, il disait déjà « qu'il n'y avait de gens de vrai bon sens que ceux qui étaient nés en Angleterre. » On a publié quelques *Notes* de son Journal de Voyage, qui se rapportent à son séjour de Londres. Il remarque que, de son temps, les ambassadeurs ou ministres étrangers ne connaissaient pas plus l'Angleterre qu'un enfant de six mois; la liberté de la presse les abusait : « Comme on voit le diable dans les papiers périodiques, on croit que le peuple va se révolter demain; mais il faut seulement se mettre dans l'esprit qu'en Angleterre comme ailleurs le peuple est mécontent des ministres, et que le peuple y écrit ce que l'on pense ailleurs. » Montesquieu apprécie cette liberté dont chacun veut là-bas et sait jouir : « Un couvreur se faisait apporter la gazette sur les toits pour la lire. » Il ne se fait point d'ailleurs d'illusion en beau sur l'état du pays et des institutions; il juge au vrai la corruption des mœurs politiques, la vénalité des consciences et des votes, le côté positif et calculateur, cette peur d'être dupe, qui mène à la dureté. Il paraît n'être pas éloigné lui-même de croire à une révolution prochaine; mais on sait comment les mœurs politiques, très-abaissées au temps de Robert Walpole, se relevèrent patriotiquement et se retrempèrent avec Chatham. S'il voit le mal, Montesquieu apprécie très-bien les avantages qui le compensent; ce qu'il exprime ainsi : « L'Angleterre est à présent le pays le plus libre qui soit au monde, je n'en excepte aucune république... Quand un homme, en Angleterre, aurait autant d'ennemis qu'il a de cheveux sur la tête, il ne lui en arriverait rien : c'est beaucoup, car la santé de l'âme est aussi nécessaire que celle du corps. »

Un coup d'œil de divination perce comme un éclair dans cette phrase jetée en passant, et qui prédit l'émancipation de l'Amérique anglaise : « Je ne sais pas ce qui arrivera de tant d'habitants que l'on envoie d'Europe et d'Afrique dans les Indes occidentales; mais je crois que, si quelque nation est abandonnée de ses colonies, cela commencera par la nation anglaise. »

Je l'avouerai en toute humilité, dussé-je faire tort à

mon sentiment de l'idéal. si l'on pouvait avoir dans toute sa suite ce Journal de Voyage de Montesquieu, ces Notes toutes simples, toutes naturelles, dans leur jet sincère et primitif, je les aimerais mieux lire que l'*Esprit des Lois* lui-même, et je les croirais plus utiles.

Dans le grand ouvrage de Montesquieu, l'artiste en effet est pour beaucoup : il y est dit bien des choses qui sont sujettes au doute. Cet auteur artiste est là en présence de son sujet, de sa vaste lecture; il veut une loi et il la cherche, il la crée quelquefois. Au milieu des textes et des notes nombreuses qu'il accumule devant lui et qui le pressent jusqu'à l'accabler, il se relève et prend son parti; il fait jaillir son œuvre; il ouvre hardiment, péniblement parfois, sa Considération et sa perspective, il la façonne à son gré. Et n'est-ce pas lui qui, dans le secret du cabinet, a dit : « Les histoires sont des faits faux composés sur des faits vrais, ou bien à l'occasion des vrais. »

Et n'est-ce pas lui qui a dit encore : « On trouve dans les histoires les hommes peints en beau, et on ne les trouve pas tels qu'on les voit. » Qu'est-ce donc quand on ne s'attache qu'au génie de l'histoire? Les hommes n'y sont vus que de loin; l'étoffe humaine, dont la politique est faite, disparaît trop chez Montesquieu.

J'ai parlé tout à l'heure de l'utile : Montesquieu y joignait une idée du beau. Il avait un divin exemplaire en lui : il a élevé un temple, la foule y a couru. Mais n'y a-t-il pas introduit quelques idoles?

Laissons les regrets, et acceptons avec respect cette forme unique et souveraine de Considérations qui est proprement la sienne, cette forme née d'un esprit si haut et si ferme, et portant l'empreinte d'un moule qui, avec les beaux accidents qui le caractérisent, ne s'est rencontré qu'une fois. — De retour en France, Montesquieu se retira à son château de La Brède, loin des sou-

pers de Paris, pour y recueillir et y ordonner se
sées; il y resta deux ans, ne voyant que ses livres
arbres. Il était plein de l'Angleterre en arrivan
dut repousser et ajourner l'idée de publier d'abc
livre sur ce Gouvernement original et si peu sem
au nôtre, qui le tentait : il donna de préférence se
*sidérations sur les Causes de la Grandeur des Rom
de leur Décadence* (1734), qui sont restées le plu
sique et le plus parfait de ses ouvrages, le seul
qui nous paraisse aujourd'hui sorti tout d'un jet c
une statue.

Lundi, 25 octobre 1852.

# MONTESQUIEU

## (FIN)

Les ouvrages de Montesquieu ne sont guère que le résumé philosophique et la reprise idéale de ses lectures : on ne raisonne pas mieux que lui de l'histoire, quand il a fermé le livre où en est le récit. Il en exprime la pensée ; il y met la suite, l'enchaînement, le conseil ; et ce qui fait le beau de son discours, c'est la manière dont il est jeté. Montesquieu s'avance d'un pied ferme, par une suite de réflexions serrées et vives, et dont l'ensemble a l'air grand ; il a le trait prompt, court, et qui porte haut.

Cette façon de voir et de dire était faite pour s'appliquer merveilleusement aux Romains. Pour juger du livre de *Considérations* qu'il leur a consacré, il y aurait à examiner ce qui a été dit avant lui sur ce sujet, à rendre à Machiavel, à Saint-Évremond, à Saint-Réal, ce qui leur est dû ; et, pour la forme, on aurait à rapprocher du discours historique de Montesquieu le discours même de Bossuet.

La nature de l'esprit de Montesquieu est tellement de raisonner sur l'histoire, qu'il le fait là où il n'y a pas lieu encore et où la base est insuffisante : ainsi pour les commencements de Rome. Avant de tirer une réflexion de ses lectures, il faudrait se demander si les historiens disent vrai; il y a une critique à faire sur les textes et sur les traditions à demi fabuleuses : Montesquieu ne la fait pas. De ce que Romulus prit, dit-on, le bouclier des Sabins, qui était large, au lieu du petit bouclier argien dont il s'était servi jusqu'alors, Montesquieu en conclut déjà à un certain usage et à une certaine politique des Romains, qui consistait à emprunter successivement des vaincus ce que ceux-ci avaient de meilleur.

Ce n'est qu'à partir d'Annibal et des guerres puniques que la pensée de Montesquieu se déploie à l'aise et qu'il trouve toute sa matière. Le chapitre VI sur la politique des Romains et sur leur conduite dans la soumission des peuples est un chef-d'œuvre où la prudence et la majesté se combinent; la grande manière commence pour ne plus cesser. En parlant des Romains, la langue de Montesquieu s'est faite comme latine, et elle a un caractère de concision ferme qui la rapproche de la langue de Tacite ou de Salluste. Il nous montre le Sénat, « pendant que les armées *consternaient tout*, » tenant à terre ceux qu'il trouvait abattus. Ce mot, *consternaient*, est pris ici dans l'acception propre, ce que Montesquieu fait volontiers. Il excelle à retremper ainsi les expressions et à leur redonner toute leur force primitive, ce qui permet à son style d'être court, fort, et d'avoir l'air simple. Il dira encore : « Rien ne servit mieux Rome que le respect qu'elle imprima à la terre. Elle mit d'abord les rois dans le silence et les rendit comme *stupides*. » *Stupides* est pris là aussi dans le sens latin et primitif pour signifier la stupeur physique. Et encore : « Des rois qui vivaient dans le faste et dans les délices n'osaient jeter des *regards fixes* sur le peuple romain. » Je pourrais multiplier ces remarques et montrer comment Montesquieu affecte de rendre leur sens exact et propre à quantité de mots (*ajuster, engourdir*, etc.), et comment il double leur effet en les appliquant nettement à de grandes choses. Pour marquer que les soldats, à mesure qu'ils faisaient la guerre plus loin de Rome, sentaient s'affaiblir en eux l'esprit du citoyen, il dira : « Les soldats commencèrent donc à ne reconnaître que leur général, à fonder sur lui toutes leurs espérances, et à *voir de plus loin la ville*. » La ville par excellence, *Urbs*, c'est Rome ; on ne peut dire d'une manière en apparence plus simple une chose plus forte. Si l'on disait que Montesquieu n'y visait pas, on n'en croirait rien. C'est ici seulement qu'il est inférieur comme écrivain à Bossuet, en ce qu'il a une *manière*, une préméditation constante. Chez Bossuet, la parole grande et simple sort et se répand par un cours naturel, irrésistible, et en déroulant à grands flots ses largeurs, ses audaces ou ses négligences : chez Montesquieu, il y a eu étude, combinaison profonde, effort, comme chez Salluste, pour revenir à une propriété expressive de termes et à une concision mémorable ; comme chez Tacite, pour faire l'image à la fois magnifique et brève, et imprimer à toute sa diction je ne sais quoi de grave et d'*auguste*.

Il y atteint dans tout ce volume, et, en restant dans son ordre de Considérations, il a, à tout moment, de ces expressions à la Bossuet et à la Corneille. Montrant les Romains habiles à isoler les rois qu'ils veulent abattre, à détacher leurs alliés, et à se faire de longue main des amis de toutes parts autour de l'ennemi puissant :« Il semblait, dit-il, qu'ils ne conquissent que pour donner ; mais ils restaient si bien les maîtres que, lorsqu'ils faisaient la guerre à quelque prince, ils l'accablaient, pour ainsi dire, du poids de tout l'univers. »

Nul n'est mieux entré que Montesquieu dans l'idéal du génie romain ; il est, par inclination, favorable au Sénat, et un peu patricien de l'antique République. Il est à remarquer que lui qui a si admirablement parlé

4.

d'Alexandre, de Charlemagne, de Trajan et de Marc-Aurèle, il est moins généreux au sujet de César; il n'en parle pas du moins comme de ces autres grands mortels avec une sorte d'enchantement. Il lui en veut encore d'avoir été l'instrument puissant de la grande transformation du monde romain. Montesquieu (si l'on excepte les *Lettres Persanes*) a toujours eu pour le Christianisme de belles paroles, et, en avançant, il en a de plus en plus accepté et comme épousé les bienfaits en tout ce qui est de la civilisation et de l'humanité. Pourtant il a pour la nature romaine pure et antérieure à toute action chrétienne, pour la nature romaine stoïque, une prédilection qu'il ne dissimulera pas. Ces suicides des Caton, des Brutus, lui inspirent des réflexions où il entre peut-être quelque idolâtrie classique et quelque prestige : « Il est certain, s'écrie-t-il, que les hommes sont devenus moins libres, moins courageux, moins portés aux grandes entreprises qu'ils n'étaient lorsque, par cette puissance qu'on prenait sur soi-même, on pouvait, à tous les instants, échapper à toute autre puissance. » Il le redira jusque dans l'*Esprit des Lois*, à propos de ce qu'on appelait *vertu* chez les anciens : « Lorsqu'elle y était dans sa force, on y faisait des choses que nous ne voyons plus aujourd'hui, et qui étonnent nos petites âmes. »

Montesquieu a deviné bien des choses antiques ou modernes, et de celles même qu'il avait le moins vues de son temps, soit pour les gouvernements libres, soit pour les guerres civiles, soit pour les gouvernements d'empire; on ferait un extrait piquant de ces sortes de prédictions ou d'allusions prises de ses œuvres. Gardons-nous de cette méthode qui tire à soi un grand esprit et qui le détourne de sa large et propre voie. Mais, au milieu de tout ce qu'a prévu et deviné Montesquieu, il y a une chose qui lui a manqué pour être tout à fait lui-même, et pour achever l'éducation de son génie : il lui a manqué d'avoir vu une révolution. Il ne croyait plus, de nos temps, à des proscriptions possibles ni à des spoliations en masse. Parlant de celles des Romains : « Nous tirons cet avantage, disait-il, de la médiocrité de nos fortunes, qu'elles sont plus sûres : nous ne valons pas la peine qu'on nous ravisse nos biens. » Montesquieu ne concevait pas qu'il y eût un jour possible, un jour prochain, où le Clergé en masse serait dépossédé, où la Noblesse le serait en grande partie, où les premières têtes du Parlement de Paris monteraient en ordre sur l'échafaud : un 1793, cela ne se devine pas.

A côté de Montesquieu j'ai voulu lire du Machiavel : c'en est la vraie réfutation, ou du moins la vraie correction. Avec Machiavel, on est toujours plus voisin de la corruption naturelle, de la cupidité première; Machiavel se méfie, et Montesquieu ne se méfie pas. C'est Machiavel qui a dit qu'il y a toujours dans les hommes une disposition vicieuse cachée, qui n'attend que l'occasion pour sortir, et qu'il faut toutes les lois civiles, armées de la force, pour réprimer. Les hommes, selon lui, ne font le bien que quand ils ne peuvent faire autrement : « Mais, dès qu'ils ont le choix et la liberté de commettre le mal avec impunité, ils ne manquent jamais de porter partout la confusion et le désordre. » Machiavel est très-persuadé que les hommes ont beau avoir l'air de changer pendant des durées de régime, qu'au fond ils ne changent pas, et que, certaines occasions se reproduisant, on les retrouve absolument les mêmes. Montesquieu n'est pas assez convaincu de cette vérité. Au début de l'*Esprit des Lois*, il va jusqu'à dire que les premiers hommes supposés sauvages et purement naturels sont avant tout timides et ont besoin de la *paix :* comme si la cupidité physique, le besoin et la faim, ce sentiment aveugle que toute jeunesse a de sa force, et aussi « cette rage de la domination qui est innée au cœur humain, » ne devaient pas engendrer dès l'abord les rixes et les guerres. Cette critique est fondamentale et porte, selon moi, sur tout l'*Esprit des Lois*. Montesquieu accorde trop non-seulement en dehors, mais en secret et dans sa propre pensée, au décorum de la nature humaine. Ce défaut de Montesquieu est infiniment honorable, mais n'en est pas moins très-réel. Admirable explicateur et ordonnateur du passé et de ces choses accomplies qui ne tirent plus à conséquence, il est propre à induire en erreur ceux qui le prendraient au mot pour l'avenir. Né sous un gouvernement doux, vivant dans une société éclairée où le souvenir des factions était lointain, et où le despotisme qui les avait réprimées n'était plus présent ou du moins sensible, il accommoda légèrement l'humanité à son désir. Il oublia ce qu'avaient su et ce qu'avaient eu à faire Richelieu ou Louis XIV au début. Il aurait eu besoin, je le répète, d'une révolution (ne fût-ce que d'une Fronde comme en vit Pascal) pour lui rafraîchir l'idée de la réalité humaine, cette idée qui se recouvre si aisément durant les temps calmes et civilisés.

Machiavel, au contraire (ne l'oublions pas dans la comparaison des deux génies), vivait dans un temps et dans un pays où il y avait par jour, pour les individus comme pour les cités, plus de trente manières d'être détruit et de périr. Un tel état de société est fait pour tenir en éveil et pour donner toute la prudence.

Je reviens au livre des *Considérations* d'où je me suis écarté. Partagé entre les vieux Romains de la résistance et celui qui passa le premier le Rubicon, Montesquieu ne comprend donc pas César au même degré qu'il a fait pour les autres grands hommes; il ne le suit qu'avec une sorte de regret. Montesquieu a tellement vécu en idée parmi ces Romains, qu'il a sur eux un avis, une impression directe, personnelle, qui se produit parfois d'une manière assez naïve. Parlant du triumvir Lépide sacrifié par Octave : « On est bien aise, s'écrie-t-il, de voir l'humiliation de ce Lépide. C'était le plus méchant citoyen qui fût dans la République... » *On est bien aise...* Montesquieu, en écrivant, a tout d'un coup de ces petits mots familiers qui lui échappent, et qui dénotent toute son intimité avec ces grands sujets : il entre dans ces chapitres quelque chose du brusque et de l'imprévu de sa conversation. Ainsi sur Alexandre, il dira : « Parlons-en tout à notre aise. » Ainsi encore : « On ne peut jamais quitter les Romains... » Ou bien : « Je ne saurais quitter ce sujet... » Ou bien : « Je prie qu'on fasse un peu d'attention..., » etc. J'y vois comme une espèce de geste d'un homme vif qui est plein de son sujet, qui craint en causant d'en laisser échapper quelque chose, et qui prend le bras de celui qui l'écoute. Tel était volontiers Montesquieu.

Quelquefois le geste est plus grand, moins familier ; l'orateur se lève : « C'est ici qu'il faut se donner le spectacle des choses humaines... » Et il énumère dans un mouvement digne de Bossuet tout ce travail du peuple romain et du Sénat, tant de guerres entreprises, tant de sang répandu, tant de triomphes, tant de sagesse et de courage, le tout pour arriver finalement « à assouvir le bonheur de cinq ou six monstres. » Tout ce passage est du Bossuet pur.

Il y a un point capital, pourtant, par lequel Montesquieu se sépare de Bossuet. Tous deux croient à un conseil souverain dans les choses humaines ; mais Bossuet met ce conseil en Dieu et dans la Providence, qui a son secret et son but : Montesquieu le met ailleurs :

« Ce n'est pas, dit-il, la fortune qui domine le monde ; on peut le demander aux Romains, qui eurent une suite continuelle de prospérités quand ils se gouvernèrent sur un certain plan, et une suite non interrompue de revers lorsqu'ils se conduisirent sur un autre. Il y a des causes générales, soit morales, soit physiques, qui agissent dans chaque monarchie, l'élèvent, la maintiennent, ou la précipitent; tous les accidents sont soumis à ces causes; et, si le hasard d'une bataille, c'est-à-dire une cause particulière, a ruiné un État, il y avait une cause générale qui faisait que cet État devait périr par une seule bataille : en un mot, l'allure principale entraîne avec elle tous les accidents particuliers. »

Toute la philosophie de l'histoire de Montesquieu est dans cette parole, et il faut convenir qu'en ce qui concerne les Romains, à voir les choses après coup, il semble avoir raison. Les Romains, en effet, se prêtent merveilleusement à l'application de ce système si enchaîné : on dirait, en vérité, qu'ils sont venus au monde exprès pour que Montesquieu les considérât.

Et pourtant, si l'on ne reporte pas directement, comme fait Bossuet, le conseil et la loi du monde historique au sein de la Providence même, il me semble qu'il est fort difficile et fort périlleux d'y trouver cette suite et cet enchaînement que Montesquieu, après coup, se flatte d'y découvrir; et Machiavel, sur ce point, me paraît plus sage encore et plus dans le vrai que Montesquieu, en nous rappelant toujours, au milieu de ses réflexions mêmes, combien il entre de hasard, c'est-à-dire de causes à nous inconnues dans l'origine et dans l'accomplissement de ces choses de l'histoire et dans la vie des empires. Là encore il a manqué à Montesquieu de vivre hors de son cabinet et de voir l'histoire se faire devant lui. Il se serait dit alors plus souvent : « A combien peu ont tenu les grandes choses ! » — On rapporte du cardinal Albéroni une critique de Montesquieu qui est dans ce sens : « Il y a de la témérité, disait cet ancien premier ministre, à chercher les causes de la grandeur et de la décadence des Romains dans la Constitution de leur État. Les événements où la prudence humaine n'eut que la plus petite part sont des époques plutôt que des conséquences. »

Le fameux *Dialogue de Sylla et d'Eucrate*, qui parut quelques années après les *Considérations sur les Romains* (1745), ne s'en sépare guère : il fut composé pour l'espèce d'Académie des Sciences morales et politiques en germe, qui s'assemblait dans un entre-sol de la place Vendôme, chez l'abbé Alary. Ce Dialogue est beau, mais un peu tendu ; ce n'est pas tout à fait ainsi que des héros et des hommes d'État causent dans leur chambre, même avec des philosophes. Ce Sylla de Montesquieu est un peu un Sylla de tragédie; il est académique de l'école de David; il y a du drapé, du nu et des cambrures.

Montesquieu avait soixante ans quand il publia l'*Esprit des Lois* (fin de 1748). Dans les années qui précédèrent, et quand il n'était pas à son château de La Brède, il vivait à Paris, fort répandu dans le grand monde, particulièrement dans le cercle de la duchesse d'Aiguillon, de madame Du Deffand, et fort désiré partout, fort souhaité ; simple, bonhomme même, payant de sa personne sans chercher à briller. « J'ai eu le bonheur de vivre dans les mêmes sociétés que lui, disait Maupertuis; j'ai vu, j'ai partagé l'impatience avec laquelle il était toujours attendu, la joie avec laquelle on le voyait arriver. » — «Et qui n'aimerait, écrivait le chevalier d'Aydie à madame Du Deffand, qui n'aimerait pas cet homme, ce bonhomme, ce grand homme, original dans ses ouvrages, dans son caractère, dans ses manières, et toujours ou digne d'admiration ou adorable? » Et le marquis d'Argenson, qui le juge très-bien à cette date, disait : « Comme il a infiniment d'esprit, il fait un usage charmant de ce qu'il sait; mais il met plus d'esprit dans ses livres que dans sa conversation, parce qu'il ne cherche pas à briller et ne s'en donne pas la peine. Il a conservé l'accent gascon qu'il tient de son pays, et trouve en quelque façon au-dessous de lui de s'en corriger. Il ne soigne point son style, qui est bien plus spirituel, et quelquefois même nerveux, qu'il n'est pur. » Et parlant du grand ouvrage que Montesquieu préparait depuis vingt ans, M. d'Argenson ajoutait :

« J'en connais déjà quelques morceaux qui, soutenus par la réputation de l'auteur, ne peuvent que l'augmenter ; mais je crains bien que l'ensemble n'y manque, et qu'il n'y ait plus de chapitres agréables à lire, plus d'idées ingénieuses et séduisantes, que de véritables et utiles instructions sur la façon dont on devrait rédiger les lois et les entendre... Je lui connais tout l'esprit possible ; il a acquis les connaissances les plus vastes, tant dans ses voyages que dans ses retraites à la campagne ; mais je prédis encore une fois qu'il ne nous donnera pas le livre qui nous manque, quoique l'on doive trouver dans celui qu'il prépare beaucoup d'idées profondes, de pensées neuves, d'images frappantes, de saillies d'esprit et de génie, et une multitude de faits curieux, dont l'application suppose encore plus de goût que d'étude. »

M. d'Argenson ne se trompait pas dans un sens, mais il se trompait dans un autre : le livre de Montesquieu, avec tous ses défauts, allait déjouer les craintes et surpasser les espérances de ses amis mêmes. Il y a des ouvrages qu'il ne faut pas voir de trop près : ce sont des monuments. Le mot de madame Du Deffand : « Ce n'est pas *l'Esprit des Lois*, c'est *de l'esprit sur les lois*, » est un mot qui pouvait être vrai dans la société particulière de Montesquieu, mais qui cessait de l'être au point de vue du public et du monde. Le public voit les choses plus dans leur ensemble, et quand il y a un souffle supérieur et une haute empreinte dans une œuvre, il suppose à l'auteur de la raison sur tous les points, et il se prête à l'impulsion qu'il en reçoit. C'est de ce même *Esprit des Lois* que le studieux Gibbon disait, en parlant de ses lectures : « Je lisais Grotius et Puffendorf ;... je lisais Barbeyrac ;... je lisais Locke et ses traités ;... mais mes délices, c'était de lire et de relire Montesquieu, dont l'énergie de style et les hardiesses d'hypothèses furent si puissantes pour éveiller et stimuler le génie du siècle. » Et Horace Walpole, parlant de l'ouvrage dans sa nouveauté, écrivait de même : « Je le considère comme le meilleur livre qui ait jamais été écrit, — au moins je n'ai jamais appris la moitié autant de tout ce que j'ai jamais lu. Il y a autant d'esprit que de connaissances pratiques. » Ce dernier point est devenu douteux pour nous : « Il n'y a aucun livre, a dit au contraire un critique anglais moderne, qu'on puisse citer comme ayant autant fait pour la race humaine dans le temps où il parut, et duquel un lecteur de nos jours puisse tirer si peu d'idées positives applicables. » Mais c'est là la destinée de presque tout ouvrage qui a fait marcher l'esprit humain.

Montesquieu, aux abords de sa publication, nous paraît, par sa correspondance, dans toute la douleur et la fatigue extrême de l'enfantement. Il avait passé en dernier lieu presque trois années de suite dans ses terres (1743-1746), travaillant sans relâche. Ses yeux le trahissaient ; il y voyait peu, et son œil le meilleur était affligé d'une cataracte. Son secrétaire et sa fille lui faisaient les lectures qu'il ne pouvait plus faire lui-même : « Je suis accablé de lassitude, écrivait-il (31 mars 1747); je compte de me reposer le reste de mes jours. » L'idée d'ajouter à son ouvrage une digression sur l'origine et les révolutions des Lois civiles en France, ce qui forme les quatre derniers livres de l'*Esprit des Lois,* ne lui vint que tout à la fin : « J'ai pensé me tuer depuis trois mois, disait-il (28 mars 1748), afin d'achever un morceau que je veux y mettre, qui sera un livre de l'origine et des révolutions de nos Lois civiles de France. Cela formera trois heures de lecture; mais je vous assure que cela m'a coûté tant de travail, que mes cheveux en sont blanchis. » Et l'ouvrage terminé et publié à Genève, il s'écriait : « Mais j'avoue que cet ouvrage a pensé me tuer : je vais me reposer, je ne travaillerai plus. »

Quelque chose de cet effort, si vivement accusé par Montesquieu, a passé dans son ouvrage. Le premier livre qui traite des lois en général, en les prenant dans l'acception la plus étendue, et par rapport à tous les êtres de l'univers, est bien vague; et, si l'on osait dire, on sent dans ce premier livre un homme embarrassé, de même qu'on sent un homme fatigué et un peu haletant dans les derniers. En tête de son second volume et comme à mi-chemin (la première édition de l'*Esprit des Lois* se fit à Genève en deux volumes), il avait dessein d'abord de placer une *Invocation aux Muses* selon le mode antique :

« Vierges du mont Piérie, entendez-vous le nom que je vous donne? inspirez-moi ! Je cours une longue carrière ; je suis accablé de tristesse et d'ennui. Mettez dans mon esprit ce charme et cette douceur que je sentais autrefois, et qui fuit loin de moi. Vous n'êtes jamais si divines que quand vous menez à la sagesse et à la vérité par le plaisir.

« Mais, si vous ne voulez point adoucir la rigueur de mes travaux, cachez le travail même : faites qu'on soit instruit et que je n'enseigne pas; que je réfléchisse, et que je paraisse sentir ; et, lorsque j'annoncerai des choses nouvelles, faites qu'on croie que je ne savais rien, et que vous m'avez tout dit... »

Toute cette *Invocation* est pleine de beauté, et le sentiment de jouissance de la raison, qui y est définie « le plus parfait, le plus noble et le plus exquis de nos sens, » y est élevé jusqu'à la poésie. L'ami de Genève, chargé de faire imprimer l'ouvrage et d'en revoir les épreuves, fit des objections contre cet hymne trop antique jeté dans un ouvrage moderne, et en demanda la suppression; Montesquieu, après quelque résistance, y consentit.

On n'attend pas que je me donne ici les airs de critiquer l'*Esprit des Lois* : il y faudrait plusieurs volumes et le prendre livre par livre, chapitre par chapitre. Je connais trois réfutations de ce genre : celle de M. de Tracy, car, malgré le titre, c'est une réfutation logique et une rectification plutôt qu'un *Commentaire;* celle du fermier-général Dupin, qui n'est pas à mépriser (1); et enfin j'ai vu une autre réfutation manuscrite remarquable par le cardinal de Boisgelin, ancien archevêque d'Aix. On peut arrêter à chaque pas Montesquieu sur ses divisions générales de gouvernement, sur le principe qu'il assigne à chacun d'eux, sur les climats et le degré d'influence qu'il leur attribue, sur les citations de détail dont il a semé son ouvrage. Il arrive souvent qu'il cite inexactement et pour l'effet, comme Chateaubriand le fera plus tard : cela arrive aux hommes d'imagination qui se servent de l'érudition sans pouvoir s'y assujettir ni la maîtriser. On prend, en lisant, une note avec esprit, avec saillie, et ensuite, en composant, on se donne une peine infinie pour faire passer sa route royale par l'endroit de la note illustre ou même quelquefois de l'historiette légère. Montesquieu abuse de ces historiettes de l'antiquité et des petits exemples équivoques qu'elle lui fournit. Que nous fait à nous, je vous prie, ce que put faire *Arribas,* roi d'Épire, pour tempérer le gouvernement d'un seul? Que nous fait telle ou telle mesure de police qu'adoptèrent les *Épidamniens,* et qu'en peut-on raisonnablement conclure? Les fréquentes cou-

---

(1) On a dit que M. Dupin n'était pas l'auteur de cette réfutation, et qu'il la devait à un homme de lettres du temps. On a ajouté que Montesquieu, dès qu'il en eut connaissance, fut au désespoir, qu'il alla trouver madame de Pompadour et qu'il obtint qu'on arrêtât l'édition : « Elle fut hachée tout entière, dit Chamfort, et on n'en sauva que cinq exemplaires. » Cette anecdote, qui ferait tort au caractère de Montesquieu, et dont Fréron avait déjà touché quelque chose dans *l'Année littéraire,* me paraît suspecte. M. Dupin dit, dans sa préface, que, dès que l'*Esprit des Lois* parut, deux de ses amis et lui se mirent à le lire en l'examinant; il ajoute que ce n'est pas pour le public qu'on a fait imprimer ces Observations, qu'on ne les destine qu'à un certain nombre d'amis, et que pour cette raison on n'a tiré l'édition qu'à un petit nombre d'exemplaires. Ainsi tombe l'explication maligne de Chamfort.

pures de l'*Esprit des Lois*, le morcellement des chapitres, composés quelquefois d'une seule phrase, annoncent aussi ou un certain embarras d'ordonnance, ou une certaine prétention. Buffon, si opposé à cette manière d'écrire, l'expliquait chez Montesquieu par le physique : « Le Président, disait-il, était presque aveugle, et il était si vif, que la plupart du temps il oubliait ce qu'il voulait dicter, en sorte qu'il était obligé de se resserrer dans le moindre espace possible. » Montesquieu est convenu lui-même qu'en causant, s'il sentait qu'il était écouté, il lui semblait dès lors que toute la question s'évanouissait devant lui. Il avait besoin d'être appuyé d'un interlocuteur : « Quant aux conversations de raisonnement, ajoutait-il, où les sujets sont toujours coupés et recoupés, je m'en tire assez bien. » L'*Esprit des Lois* s'offre bien souvent à nous *coupé* et *recoupé*, comme ces conversations dont parle Montesquieu. Tout cela dit, il reste l'œuvre de génie : des chapitres comme ceux d'Alexandre et de Charlemagne consolent de tout. Les chapitres comme ceux de la Constitution, et principalement des mœurs politiques de l'Angleterre (livre XIX, ch. 27), sont des découvertes dans le monde de l'histoire. On sent à tout moment en Montesquieu un de ces esprits rapides et perçants qui remuent les premiers toute une masse et qui l'éclairent.

J'ai dit le défaut radical que je crois à la politique de Montesquieu : il met la moyenne de l'humanité, considérée dans ses données naturelles, un peu plus haut qu'elle n'est. Ce n'est pas mal qu'un législateur pousse les hommes, fût-ce même moyennant un peu d'illusion, à toutes leurs facultés et à toute leur vertu ; mais il doit savoir au dedans à quelles conditions cela est possible et prendre ses précautions en conséquence. Non-seulement Montesquieu n'avertit pas assez son lecteur, mais il ne s'avertit pas assez lui-même. En peignant si en beau le gouvernement des Anglais, qu'il avait pourtant vu de près avec ses ombres, il ne paraît pas s'être demandé de quel effet ces tableaux seraient en France. Il ne voulait certainement pas la ruine de la monarchie même de Louis XV; il la considérait comme tempérée par les Parlements et réformable en elle-même : « Je n'ai point naturellement, disait-il, l'esprit désapprobateur; » tant il était loin de l'avoir révolutionnaire. Bien loin en cela de Jean-Jacques, il voulait que chacun, après l'avoir lu, eût « de nouvelles raisons pour aimer ses devoirs, son prince, sa patrie, ses lois; » et pourtant il ne s'est nulle part inquiété du résultat de la comparaison qu'il présentait aux imaginations de ses compatriotes. Dans l'*Esprit des Lois*, Montesquieu paraît trop oublier que les hommes, les Français restent tels qu'il les a vus et peints dans les *Lettres Persanes*, et, bien qu'il parle continuellement, et avec une conviction vertueuse, de gouvernement modéré, il ne se dit pas assez tout bas que cette modération n'est pas de ces qualités qui se transplantent.

On citera de Montesquieu, sans doute, tel chapitre où il avertit le législateur en France qu'il ne faut pas tout corriger, et combien il faut être attentif à ne point changer l'esprit général d'une nation (1); il rapproche les Français des Athéniens, et fait entendre qu'avec les qualités et les défauts, ils doivent rester ce qu'ils sont. Mais là encore Montesquieu fait comme un Athénien qui, sans le vouloir, aurait si bien parlé de Lacédémone à Athènes, qu'il aurait beau dire ensuite à ses compatriotes : Ne l'imitez pas! c'est à qui prendra bientôt à l'envi la mode de Lycurgue.

Quand on a beaucoup lu Montesquieu et qu'on est

---

(1) Voir notamment le chapitre 5 du livre XIX, qui commence ainsi : « S'il y avait dans le monde une nation qui eût une humeur sociable, etc. »

Français, une tentation vous prend : « Il semble, a dit de lui un critique sagace (1), enseigner l'art de faire des empires; on croit l'apprendre en l'écoutant ; et, toutes les fois qu'on le lit, on est tenté d'en construire un. » Montesquieu ne dit pas assez à ceux qui le lisent : « Pour considérer l'histoire avec cette réflexion et avec cette suite, et pour en raisonner si à l'aise et de si haut, vous n'êtes pas, je ne suis pas moi-même un homme d'État. » Le premier mot et le dernier de l'*Esprit des Lois* devrait être : « La politique ne s'apprend point par les livres. »

Que nous tous, esprits qui formons le commun du monde, nous tombions dans ces erreurs et dans ces oublis d'où nous ne sommes tirés que rudement ensuite par l'expérience, rien de plus naturel et de plus simple : mais que le législateur et le génie qui s'est levé comme notre guide y soit jusqu'à un certain point tombé lui-même, ou qu'il n'ait point paru se douter qu'on y pût tomber, là est le côté faible et une sorte d'imprudence. Jean-Jacques Rousseau, qui ne craint pas une révolution, ne sera que hardi et téméraire : mais Montesquieu, qui n'en veut pas, est-il prévoyant?

Prenons l'*Esprit des Lois* pour ce qu'il est, pour une œuvre de pensée et de civilisation. Ce qu'il y a de beau chez Montesquieu, c'est l'homme derrière le livre. Il ne faut pas demander à ce livre plus de méthode, plus de suite, plus de précis et de positif dans le détail, plus de sobriété dans l'érudition et dans l'imagination, plus de conseils pratiques qu'il n'y en a en réalité; il faut y voir le caractère de modération, de patriotisme et d'humanité que l'auteur a porté dans toutes les belles parties, et qu'il a revêtu de mainte parole magnanime. Il a de ces mots qui, transportés ailleurs, illustrent la

---

(1) M. Joubert.

matière. C'est bien en ce sens qu'il a eu raison de parler de la *majesté* de son sujet et d'ajouter : « *Je ne crois pas avoir totalement manqué de génie.* » Partout, à ces beaux endroits si souvent cités, on sent l'homme qui désire la liberté véritable, la véritable vertu **du** citoyen, toutes choses dont il n'avait vu nulle part l'image parfaite chez les modernes, et dont il achevait de se former l'idée dans l'étude du cabinet et devant les bustes des anciens.

L'*Esprit des Lois* est un livre qui n'a plus guère d'autre usage que ce noble usage perpétuel de porter l'esprit dans la haute sphère historique et de faire naître une foule de belles discussions. Dans l'habitude et dans l'ordre des gouvernements libres et modérés, on continuerait d'y trouver des inspirations générales et des textes mémorables. Quant à des oracles, ceux qui les aiment peuvent les y chercher. Le cercle des choses humaines, qui a tant de tours et de retours, et duquel on ne peut jamais dire qu'il est clos et terminé, a semblé déjà bien des fois donner tort ou raison à Montesquieu. Bien habile et bien confiant serait celui qui y verrait la confirmation d'un certain ordre annoncé par lui, et non l'éternelle vicissitude.

L'*Esprit des Lois*, à peine publié, excita de grandes clameurs qui n'étaient que le signal de la révolution qu'il allait produire dans les idées. Le succès d'abord ne se décida que parmi l'élite des esprits. « J'entends, disait l'illustre auteur, quelques frelons qui bourdonnent autour de moi; mais, si les abeilles y cueillent un peu de miel, cela me suffit. » Montesquieu vécut six années encore : il était vieilli avant le temps. Il disait un jour à Suard jeune et à d'autres qui l'écoutaient : « Je suis fini, moi; j'ai brûlé toutes mes cartouches; toutes mes bougies sont éteintes. » — Il écrivait vers le même temps cette pensée d'une mélancolie haute et sereine : « J'avais conçu le dessein de donner plus d'étendue et de profondeur à quelques endroits de mon *Esprit*, j'en suis devenu incapable; mes lectures m'ont affaibli les yeux, et il me semble que ce qui me reste encore de lumière n'est que l'aurore du jour où ils se fermeront pour jamais. »

On peut se faire quelque idée de la conversation de Montesquieu : dans une *Défense* qu'il daigna faire de l'*Esprit des Lois* et où il répondait à la Gazette janséniste (car il était des plus sensibles à la critique), il y a, vers la fin, une page très-animée, qui nous représente assez bien, au dire de d'Alembert, ce qu'il était en causant. Sa manière de causer était vive, fréquente, saccadée et figurée. Marmontel a remarqué qu'il attendait volontiers que la *balle* lui vînt, pour la prendre au bond; il avait naturellement du trait. Parlant des critiques étroits qui s'attaquent à un grand ouvrage par des chicanes d'école et des scrupules de secte :

« Cette manière de critiquer, disait-il, est la chose du monde la plus capable de borner l'étendue et de diminuer la somme du génie national... Rien n'étouffe plus la doctrine que de mettre à toutes les choses une robe de docteur... Vous ne pouvez plus être occupé à bien dire, quand vous êtes effrayé par la crainte de dire mal... On vient nous mettre un béguin sur la tête, pour nous dire à chaque mot : « Prenez garde de tomber! Vous voulez parler comme vous, je veux que vous parliez comme moi. » — Va-t-on prendre l'essor, ils vous arrêtent par la manche. A-t-on de la force et de la vie, on vous l'ôte à coups d'épingle. Vous élevez-vous un peu, voilà des gens qui prennent leur pied ou leur toise, lèvent la tête, et vous crient de descendre pour vous mesurer. Courez-vous dans votre carrière, ils voudront que vous regardiez toutes les pierres que les fourmis ont mises sur votre chemin. »

Ajoutez-y ce léger accent gascon qu'il avait conservé, et vous croirez entendre Montesquieu. Il semble aussi, dans ce feu roulant d'images, qu'on lise du Montaigne.

« Son maintien modeste et libre, a dit de Montesquieu un contemporain (1), ressemblait à sa conversation. Sa taille était bien proportionnée. Quoiqu'il eût perdu presque entièrement un œil, et que l'autre eût toujours été très-faible, on ne s'en apercevait point; sa physionomie réunissait la douceur et la sublimité. » Sa figure maigre et longue, élégante, a bien le type du pays où il est né, le type bordelais; son profil bien dessiné est d'un beau caractère et semble fait pour la médaille.

Montesquieu, dans le monde, ne se laissait pas aller aux coteries qui devenaient impérieuses; on a retenu sur lui les jugements de madame Geoffrin et de la duchesse de Chaulnes, c'est-à-dire de deux femmes qui aimaient assez à tirer parti de ceux qu'elles voyaient et à en jouer à leur gré. Madame Geoffrin peignait Montesquieu comme un homme distrait, « ne connaissant pas le nom de ses gens, ayant un carrosse qui faisait le bruit d'un fiacre, etc. » Madame de Chaulnes disait : « Cet homme venait faire son livre dans la société; il retenait tout ce qui s'y rapportait; il ne parlait qu'aux étrangers dont il croyait tirer quelque chose d'utile. » Elle disait encore : « A quoi cela est-il bon, un génie? » Montesquieu a répondu à toutes deux, quand il a dit dans ses *Pensées :* « J'aime les maisons où je puis me tirer d'affaire avec mon esprit de tous les jours. » Voilà pour la duchesse de Chaulnes. Et encore (ceci est pour madame Geoffrin) : « Je n'ai pas été fâché de passer pour distrait; cela m'a fait hasarder bien des négligences qui m'auraient embarrassé. »

Cet esprit supérieur et qui, sans le vouloir, a donné naissance ou prétexte à cette quantité de demi-Montesquieu qui sont si tranchants d'ordinaire et si suffisants, était, lui, la modestie même : « Hommes modestes,

---

(1) Maupertuis.

s'écriait-il dans les *Lettres Persanes*, venez, que je vous embrasse! vous faites la douceur et le charme de la vie. Vous croyez que vous n'avez rien, et moi je vous dis que vous avez tout. Vous pensez que vous n'humiliez personne, et vous humiliez tout le monde ; et, quand je vous compare dans mon idée avec ces hommes absolus que je vois partout, je les précipite de leur tribunal, et je les mets à vos pieds. » Il avait la bonhomie de croire qu'il avait négligé de faire la fortune de son nom et l'illustration de sa maison : « J'avoue, disait-il, que j'ai trop de vanité pour souhaiter que mes enfants fassent un jour une grande fortune ; ce ne serait qu'à force de raison qu'ils pourraient soutenir l'idée de moi ; ils auraient besoin de toute leur vertu pour m'avouer. » Ainsi il croyait, par exemple, que si l'un de ses enfants devenait ministre, chancelier, ou quelque chose de tel, ce serait un embarras à un personnage si considérable que d'avoir un père ou un aïeul comme lui qui n'aurait fait que des livres. Ceci même est un excès de modestie ou un reste de préjugé qu'on a peine à comprendre.

Montesquieu mourut à Paris le 10 février 1755. Les circonstances de sa fin et les obsessions qui la signalèrent ont été souvent racontées. Ce qu'on sait moins, c'est que son convoi funéraire se fit sans presque personne ; Diderot (au rapport de Grimm) est, de tous les gens de Lettres, le seul qui s'y soit trouvé. Le dix-huitième siècle, qui allait marcher bientôt avec ensemble et prosélytisme comme un seul homme, et qui se donnera tout entier son rendez-vous final aux funérailles solennelles de Buffon (avril 1788), n'était pas encore enrôlé ni même debout à la date où mourut Montesquieu.

---

Un contemporain de Montesquieu, mais qu'on ose à peine citer à son sujet, le frivole abbé de Voisenon, a pourtant sur lui quelques traits heureux et bien rendus : « Il était si bon père qu'il croyait de bonne foi que son fils valait mieux que lui. Il était ami doux et solide; sa conversation était rompue comme ses ouvrages. Il avait de la gaieté et de la réflexion; il savait raisonner et en même temps bien causer. Il était extrêmement distrait : il partit un jour de Fontainebleau et fit aller son carrosse devant lui, afin de le suivre à pied pendant une heure pour faire de l'exercice; il alla jusqu'à Villejuif croyant n'être qu'à Chailly. » Et Garat, dans ses Mémoires sur la vie de Suard, a montré Montesquieu dans son domaine de La Brède, « parmi les pelouses, les fontaines et les forêts dessinées à l'anglaise, courant du matin au soir, un bonnet de coton blanc sur la tête, un long échalas de vigne sur l'épaule : ceux qui venaient lui présenter les hommages de l'Europe lui demandèrent plus d'une fois, en le tutoyant comme un vigneron, si c'était là le château de Montesquieu. » Tous les témoignages concordent. Un jeune Anglais de distinction, lord Charlemont, se trouvant à Bordeaux en compagnie d'un de ses amis, fut invité par Montesquieu à l'aller voir à La Brède, et dans son Journal de voyage il a rendu compte de cette visite en ces termes : « Le premier rendez-vous d'une maîtresse chérie ne nous aurait pas tenus plus éveillés toute la nuit que ne fit cette flatteuse invitation ; et le lendemain matin nous nous mîmes en route de si bonne heure, que nous arrivâmes à sa campagne avant qu'il fût levé. Le domestique nous fit entrer dans la bibliothèque, où le premier objet qui s'offrit à notre curiosité fut un livre ouvert sur une table à laquelle il s'était probablement assis le soir précédent : la lampe éteinte était encore à côté. Impatients de connaître les lectures de nuit de ce grand philosophe, nous allâmes aussitôt au livre : c'était le volume des OEuvres d'Ovide contenant les *Élégies*, et ouvert à l'une des plus galantes pages de ce maître de l'amour. Nous n'étions pas revenus de notre surprise, elle augmenta encore lorsque nous vîmes entrer le Président, dont l'aspect et les manières étaient tout à fait opposés à l'idée que nous nous étions faite de lui : au lieu d'un grave et austère philosophe dont la présence aurait pu intimider des enfants comme nous étions, la personne qui s'adressait à nous était un Français gai, poli, plein de vivacité, qui, après mille agréables compliments et mille remerciements pour l'honneur que nous lui faisions, désira savoir si nous ne voudrions pas déjeuner ; et comme nous nous excusions (car nous avions déjà mangé en route) : « Venez donc, nous dit-il, promenons-nous; il fait une belle journée, et je désire vous montrer comme j'ai tâché de pratiquer ici le goût de votre pays et d'arranger mon habitation à l'anglaise. » Nous le suivîmes, et, du côté de la ferme, nous arrivâmes bientôt à la lisière d'un beau bois coupé en allées, clos de palissades, et dont l'entrée était fermée d'une barrière mobile d'environ trois pieds de haut, attachée avec un cadenas : « Venez, dit-il après avoir cherché dans sa poche; ce n'est pas la peine d'attendre la clef; vous pouvez, j'en suis sûr, sauter aussi bien que moi, et ce n'est pas cette barrière qui me gêne. » Ainsi disant, il courut à la barrière et sauta par-dessus le plus lestement du monde. Nous le suivîmes avec surprise, et non sans un secret plaisir de voir le philosophe si prêt à devenir notre camarade de jeux. » A Paris, lord Charlemont revit Montesquieu, et fut surtout frappé de le trouver la galanterie même auprès des dames. — Enfin, le naturaliste genevois Trembley, ayant rencontré Montesquieu en Angleterre, fut invité par lui à le visiter en France dans sa terre de La Brède. Trembley, nous dit M. Sayous à qui nous devons ce détail, comptait les trois jours qu'il avait passés avec ce grand homme excellent parmi les plus délicieux de sa vie; c'était dans l'automne de 1752 : « Je ne puis, écrivait-il à Bonnet, vous exprimer, mon cher ami, les délices que j'ai goûtées pendant ce séjour. Que de belles, que d'agréables choses j'ai entendues ! Que penserez-vous de conversations qui commençaient à une heure après midi et qui ne finissaient qu'à onze heures du soir ? Tantôt vous auriez entendu traiter les sujets les plus relevés, et tantôt vous auriez entendu rire de grand cœur à l'occasion de quelque conte exquis. Nous avons traité quelques matières qui m'ont bien fait penser à vous. J'ai beaucoup parlé agriculture avec M. de Montesquieu. Si mademoiselle votre sœur savait comment il pense sur la vie des champs, elle serait bien glorieuse. Dans une conversation que nous avions sur ce sujet, il s'écria : *O fortunatos!...* Il ajouta ensuite : « J'ai souvent pensé à mettre ces paroles au frontispice de ma maison. »

Lundi, 1ᵉʳ novembre 1852.

# LE PRÉSIDENT DE BROSSES

Sa Vie, par M. Th. Foisset, 1842 ;

Ses Lettres sur l'Italie, publiées par M. Colomb, 1836.

Il s'agit cette fois encore d'un Président à mortier comme l'était Montesquieu, mais d'un tout autre caractère. Le Président de Brosses, avec un esprit prodigieux, un goût vif et fin, et des parties de génie, n'est pas connu aussi généralement qu'il devrait l'être. Célèbre et populaire en Bourgogne, ce nom n'a pas pris dans la mémoire de tous en France le rang qui lui est dû. L'historien du Président de Brosses, M. Foisset, en a très-bien vu et assigné les causes. Le Président n'a pas vécu à Paris; il a été l'un des derniers grands représentants de l'érudition et de la littérature provinciale de l'ancienne France. Partagé jusqu'à la fin entre des fonctions graves et le goût des Lettres, dispersé avec originalité dans des études diverses, il n'a jamais donné à aucun de ses ouvrages ce feu continu, cette fusion égale, ce poli qui fait l'éclat; avec des idées de tout genre, des vues vastes, des saillies pénétrantes, et une masse de connaissances précises, il n'a jamais eu la mise en œuvre et la mise en valeur, ce soin de la forme et de l'achèvement par où le talent s'accommode avec bonheur au goût de la société présente, et la ravit ou la domine en s'en rapprochant. Son monument à lui, sa restitution de l'Histoire romaine selon Salluste, est venu plus d'un siècle trop tard, à la fin d'une époque empressée et rapide à laquelle suffisaient de reste les Considérations de Montesquieu. Il en est résulté que de Brosses, l'ami de Buffon, n'est resté grand homme que dans sa province; et, pour l'apprécier aujourd'hui en quelques-unes de ses qualités rares, c'est à ses Lettres écrites d'Italie qu'il faut s'adresser, Lettres de jeunesse, écrites pour l'intimité et entre camarades, avec toute la liberté bourguignonne et le sel du pays natal, mais remplies aussi d'observations excellentes, de libres et fins jugements sur les arts, sur les mœurs et sur les hommes. Ces Lettres d'Italie, dont la seule bonne édition a été publiée de nos jours, font véritablement du Président de Brosses notre abbé Galiani, mais un Galiani plus sérieusement aimable, et, si je puis dire, plus considérable.

J'ai nommé cet abbé, parce qu'indépendamment de l'esprit hardi, rabelaisien, philosophique, qui a sa ressemblance chez tous deux, le Président de Brosses était à peu près de la même taille que lui, c'est-à-dire remarquablement petit. Né à Dijon le 7 février 1709, d'une ancienne et noble famille originaire de Savoie, et qui n'avait pris la robe qu'après avoir porté l'épée, le jeune de Brosses fit des études brillantes en sa ville natale, qui avait alors toutes ses ressources au complet, et qui sentait de tout point sa capitale. Son père, conseiller au Parlement de Bourgogne, était un grand lecteur des anciens et très-occupé de géographie et d'histoire; sa mère, femme forte, était petite-fille du grand jurisconsulte Fevret, et faite aussi pour transmettre à son fils le zèle des nobles et solides traditions. Il eut pour professeur de rhétorique un savant jésuite, le Père Oudin, à qui il fit d'abord plus d'honneur que

Buffon moins précoce. Il se distingua également dans ses Cours de droit : « Lorsqu'il soutint sa dernière épreuve, dit M. Foisset, on fut obligé de le faire monter sur un escabeau, sans lequel il n'eût point été aperçu derrière le pupitre affecté aux récipiendaires. Cette thèse fit événement à l'Université ; le Corps des professeurs, le Doyen à leur tête, vint solennellement féliciter la mère du jeune licencié, et, le 13 février 1730, à peine âgé de vingt et un ans, de Brosses était assis sur le banc des Conseillers au Parlement de Bourgogne. »

Un homme du premier ordre dans le droit et dans les Lettres avait alors toute autorité à Dijon, et il exerça la plus grande influence sur la direction d'esprit du jeune de Brosses. Le Président Bouhier, qui prolongeait les grandes études du seizième siècle jusque dans le dix-huitième, érudit, critique, antiquaire, créateur de vastes collections et possesseur libéral de la plus belle bibliothèque, continuait la race des magistrats illustres qui unissaient l'amour de leur état au culte de l'antiquité. De Brosses fut séduit par ce noble et grave exemple ; il oublia trop que le Président Bouhier, comme l'évêque d'Avranches Huet, était déjà un oracle d'un autre âge, et qu'il regardait le passé ; il oublia que le dix-septième siècle, dans toute sa gloire moderne et désormais vulgaire, était venu. Le premier grand projet littéraire du jeune homme, cet idéal suprême qui ne prend bien qu'une fois dans notre imagination, comme le parfait amour ne prend peut-être qu'une seule fois dans notre cœur, se forma pour de Brosses sous le regard et sous l'influence du Président Bouhier. Il conçut l'idée d'un ouvrage qui pût sourire à ce grand homme (comme on disait alors) par l'assemblage de connaissances nécessaires à l'exécution. Après avoir hésité entre Suétone et Salluste, et avoir quelque temps songé à les mener de front l'un et l'autre, il se fixa au dernier, non pas seulement pour une édition et une traduction, mais pour une restitution complète des parties détruites et manquantes; il eut même l'idée d'abord de les rédiger en latin, et, dans tous les cas, comme si c'était Salluste qui se retrouvât tout d'un coup et qui se mît à parler en son nom. Il résolut, à cet effet, de consulter et de collationner tous les manuscrits existants de cet historien latin, de réunir à son sujet tous les renseignements et les accompagnements désirables, en géographie, en médailles, en portraits des hommes célèbres dont il avait parlé. Cet ouvrage, conçu dès la jeunesse du Président, et qui ne parut que l'année même de sa mort (trois volumes in-4°, 1777), fut l'œuvre savante à laquelle il revint toujours à travers ses digressions nombreuses. De telles études, ennoblissement et délices de la vie, ne sont jamais une erreur; mais celle-ci, avec la forme qu'il y donna, fut au moins un anachronisme. Le dix-huitième siècle s'était ouvert par les *Lettres Persanes :* il allait se continuer par des œuvres qui, même sérieuses, et dans l'ordre historique le plus régulier, n'auraient plus cet appareil érudit. De Brosses le sentait bien, et, dans son voyage d'Italie, voyant à quels détails sa recherche le conduisait, il se disait qu'il tournait le dos au goût du siècle, et peut-être à celui de l'avenir :

« Tout ce qui est du ressort de la littérature, disait-il (prenant ici la *littérature* comme on l'entendait du temps de Casaubon), n'est plus guère du goût de notre siècle, où l'on semble vouloir mettre à la mode les seules sciences philosophiques, de sorte que l'on a quasi besoin d'excuses quand on s'avise de faire quelque chose dans un genre qui était si fort en vogue il y a deux cents ans. A la vérité, nous n'en avons plus aujourd'hui le même besoin ; mais, en négligeant autant qu'on le fait les connaissances littéraires, n'est-il pas à craindre que nous ne retournions peu à peu vers la barbarie, dont elles seules nous ont retirés? Si je ne me trompe, nous avons déjà fait quelques pas de ce côté-là. »

Il allait un peu loin, ce me semble, dans ce dernier pronostic, qui n'est vrai que dans un sens. A mesure qu'on s'éloigne de l'époque de la Renaissance et de l'âge de cette grande invasion classique, il est bien clair que le monde tend à se dégager de plus en plus du poids de l'antiquité, qui avait d'abord été accablant. L'humanité, ce voyageur pressé, choisit de plus en plus dans son bagage, et rejette ce qui lui serait trop embarrassant. L'intérêt qui se porte à tel ou tel ordre de la connaissance humaine, voyage et se déplace, en quelque sorte, avec la société même et avec les besoins nouveaux; mais on n'est point, pour cela, barbare.

De Brosses qui, à plus d'un égard, était bien du dix-huitième siècle, dut à ce retour vers une époque antérieure et vers des sources plus hautes, de n'être point engagé dans les partis et dans les ligues philosophiques de son temps; il en eut plus de largeur de vues et d'indépendance. Non plus que Buffon, il ne prit le mot d'ordre de personne. Amateur déclaré de la science et de son accroissement, zélateur de la gloire de sa patrie et du bien de l'humanité, il procédait, dans ses plans généreux, de la libre impulsion de Bacon, et nullement de l'*Encyclopédie;* il était patriote comme on l'eût été encore du temps de Colbert. Aussi n'attaqua-t-il jamais à fond rien d'essentiel dans l'ordre de la société; ses plaisanteries même et ses licences, nées de son humeur et du génie du terroir, n'eurent rien de systématique ni d'hostile; et, en mêlant à ses propos de tous les jours bien des grains de Rabelais, il n'y mit jamais le venin qui blesse malignement et qui tue. Mais, pour le mieux connaître, il est plus simple de le suivre dans son voyage d'Italie.

Il partit de Dijon le 30 mai 1739, avec un sien cousin géomètre, M. Loppin, « ami intime des lignes droites, » et personnage, ce semble, un peu roide. Il rejoignit en Avignon les deux inséparables frères, Lacurne et Sainte-Palaye, ce dernier grand amateur de sonnets, de vieux manuscrits gaulois, et s'enflammant pour le gothique autant que de Brosses s'en souciait peu. Cette diverse et joyeuse bande prit tout d'une voix de Brosses pour secrétaire, le chargeant d'écrire les détails du voyage aux amis de Dijon, à toute une aimable et franche coterie bourguignonne, le *gros Blancey*, le *bon Quintin* et d'autres encore, même d'aimables dames, qui savaient, comme autrefois, être de très-honnêtes femmes et entendre le mot pour rire. Avignon, Aix, Marseille, sont les premières stations, et je ne puis m'arrêter à toutes les badineries du chemin. En Italie, il commence par Gênes, par Milan; son goût pour la peinture et pour les marbres se déclare. Pourtant, quand il aura vu Rome, c'est-à-dire la grande et suprême beauté, il regrettera plus d'une de ses exclamations premières et superlatives, qui lui sont échappées : « A mesure qu'on se forme le goût, on devient plus difficile. » Il ne regarde pas seulement ce qui est de l'art, il fait attention aux hommes, beaucoup aux dames, à la société, aux conversations, à la nature. En allant visiter les îles Borromées, il nous parle du saint si vénéré, de Charles Borromée, ce grand personnage, bienfaiteur du pays, et qui a partout laissé sa trace : « Il est singulier qu'un homme qui a si peu vécu ait pu faire tant de choses de différents genres, toutes exécutées dans le grand, et marquant de hautes vues pour le bien public. » Il traite assez lestement ce *petit faquin* de lac Majeur qui s'avise de singer l'Océan et d'avoir des tempêtes : « Les bords du lac, dit-il, sont garnis de montagnes fort couvertes de bois, de treilles disposées en amphithéâtre, avec quelques villages et maisons de campagne, qui forment un aspect assez amusant. Nous voyions près de nous des montagnes couvertes de neige, *qui nous faisaient frais aux yeux...* » On a dit du Président de Brosses qu'il savait peu écrire : le fait est qu'il n'y songe pas : son style en lui-même n'est rien, mais l'esprit lui donne à tout moment de ces expressions heureuses, pittoresques, qui disent tout en deux mots. Par exemple, quand il passe en Dauphiné, il dira de l'Isère : « Nous passâmes ensuite à l'embouchure de l'Isère, rivière infâme s'il en fut jamais : c'est *une décoction d'ardoise.* » Et à Marseille : « On trouve en cette province, à chaque pas, l'agréable et jamais le nécessaire ; aussi, à vous parler net, *la Provence n'est qu'une gueuse parfumée.* » A propos d'une danseuse qu'il voit à Vérone, et qui surpasse tous les maîtres en entrechats : « De sorte, ajoute-t-il, qu'à l'égard de la légèreté, la Camargo est auprès d'elle une danseuse de pierre de taille. » Parlant du Giorgione à Venise, et le comparant, pour le coloris, à ce qu'est Michel-Ange pour le dessin, il dira : « Ces deux maîtres sont les czars Pierre de la Peinture, qui en ont banni la barbarie ; mais ce n'a pas été sans férocité. » Et en débarquant à Livourne : « Figurez-vous une petite ville de poche, toute neuve, jolie à mettre dans une tabatière, voilà Livourne. » Je cite ces mots au hasard, non comme des mots (car quelques-uns pourraient sembler maniérés, s'ils étaient faits pour être détachés et mis en relief), mais comme faisant partie du mouvement et du petillement d'esprit ordinaire au Président de Brosses. Son bon sens vif et pétulant se revêtait de ces formes frappantes et gaies qui avaient tout leur prix dans la conversation, et qui ne perdaient pas tout sur le papier.

Son goût n'a rien d'exclusif et se prend à quoi que ce soit qui en vaille la peine, tableaux, statues, jolies boiseries, vieux livres, raretés bibliographiques : « Car je suis comme les enfants, *les chiffonneries me délectent.* »

En toute rencontre, et principalement dans le Cabinet du Grand-Duc à Florence, devant « cet abîme de véritables curiosités, » il s'arrête à « tous les chefs-d'œuvre d'art, de sciences, de curiosités, et de *douces chiffonneries*, qui en font véritablement la chose la plus surprenante du monde. » Et c'est le même qui, à Rome, en se trouvant pour la première fois au milieu de ces augustes solitudes du Colisée et des *Terme Antoniane*, ne pourra s'empêcher « de ressentir dans l'âme quelque petit saisissement, à la vue de la vieille majesté de leurs antiques masses révérées et abandonnées; » c'est le même qui aura sur les marbres antiques et sur leur magnificence grandiose une page pleine de majesté et presque d'amour : « On peut dire qu'en France nous ne savons presque ce que c'est que des marbres, et qu'on n'en a point vu si l'on n'est venu dans ce pays-ci... » (Tome II, page 109.)

Venise et son originalité de site et de mœurs, *le sang si doux* de ses heureux habitants, cette vie molle et de volupté silencieuse qui se berce et glisse sur les eaux, y est délicieusement retracée. Si une ville d'Italie pouvait se plaindre de de Brosses, ce serait Florence, à laquelle il rend d'ailleurs bien des hommages, mais pas autant peut-être qu'il lui en est dû : il était malade et avait légèrement la fièvre dans le séjour qu'il y fit. Après un premier passage très-rapide à Rome, d'où il est parti pour visiter Naples et ses environs, il revient dans cette capitale du monde chrétien, et c'est là que pendant des mois il vit chaque jour de jouissance en jouissance et achève de se former au grand goût, dont elle offre seule l'entier modèle. S'il a pu souvent paraître accorder trop à l'esprit gaulois et à la gausserie gaillarde de toutes choses, il sait ici s'élever à un sentiment digne du spectacle qu'il a sous les yeux, et il s'inspire des mânes d'autrefois. Les Italiens modernes eux-mêmes, quand ils s'en mêlent, lui paraissent entendre le faste mieux que les Français :

« Ce que nous appelons le plus communément en France, dit-il, faire une grande figure, avoir une bonne maison, c'est tenir une grande table. Un homme riche, qui représente, a force cuisiniers, force services d'entrées et d'entremets, des fruits montés d'une manière élégante (dont l'usage, par parenthèse, nous vient d'Italie). La profusion des mets doit toujours être au triple de ce qu'il en faut pour les convives... Un Italien ne fait rien de tout cela : sa manière de paraître, après avoir amassé par une vie frugale un grand argent comptant, est de le dépenser à la construction de quelque grand édifice public, qui serve à la décoration ou à l'utilité de sa patrie, et qui fasse passer à la postérité d'une manière durable son nom, sa magnificence et son goût. Ce genre de vanité n'est-il pas mieux entendu que l'autre ? »

Ses jugements, ses impressions sur Michel-Ange et la chapelle Sixtine, sur Raphaël et les Chambres du Vatican, sont de l'homme de goût que la nature a doué avant tout d'organes délicats, et qui ne mêle à son sentiment direct rien d'étranger ni de littéraire. Quand de Brosses visita le Vatican, il y trouva les élèves de notre Académie de peinture occupés à copier les tableaux de Raphaël, et il n'en fut point satisfait du tout : leur dessin lui parut correct, le contour exact : « Mais on n'y retrouve plus, disait-il, ce feu ni ce trait hardi des originaux. Outre ceci, ils les défigurent de plus en plus par un maudit coloris plâtreux à la française. » Il se montre partout sévère pour cette négligence de notre École de peinture à l'égard du coloris ; il regrette de ne point trouver cette qualité attachante au milieu des ordonnances sévères et judicieuses qu'il reconnaît à Le Brun, Jouvenet, Boullongne et Bourdon : « Tous nos Français sont si mauvais coloristes ! » Il sent qu'on est, par ennui, à la veille d'une réaction ; que les Hollandais et les Flamands, non pas seulement les plus grands comme Van Dyck et Rubens, mais ceux d'une moindre manière, vont l'emporter et prendre le dessus dans l'estime : « Ne serait-ce pas l'extrême platitude du coloris de nos peintres français qui aurait contribué à jeter notre goût dans l'excès opposé? » Il propose lui-même une manière de faire copier avec éclat et durée les plus fameux ouvrages à fresque d'Italie. C'est une certaine manière *en mosaïque* qui n'est pas ici à disuter; je ne prends que l'idée, qui est grande :

« Ce serait une magnificence bien digne d'un aussi puissant roi que le nôtre, dit de Brosses, de faire construire exprès un vaste bâtiment en galerie, pour y réunir les copies en mosaïque (1) des plus fameux ouvrages à fresque qui sont en Italie, tant en tableaux qu'en plafonds, en les distribuant dans un bel ordre et dans un beau jour, au milieu d'une riche architecture. Vis-à-vis de ce bâtiment, en un clin d'œil, avec ma baguette de fée, j'en construis un autre, où je réunis à la file les modèles tirés des creux de toutes les plus fameuses statues. Croyez-vous qu'on puisse rien imaginer de mieux pour l'honneur des arts et de leur protecteur? Croyez-vous que la curiosité des étrangers qui trouveraient ici réunies les principales choses qu'ils vont chercher de côté et d'autre à grands frais, ne rendrait pas au triple à l'État la dépense que lui auraient coûtée de tels monuments? Communiquez, je vous prie, de ma part, ce projet aux mânes du grand Colbert. »

J'ai voulu citer ce plan grandiose de de Brosses, et dans lequel il n'a fait que devancer de son vœu ce qui s'est en partie exécuté depuis. De Brosses, en laissant de côté les plaisanteries et les gaietés dont il assaisonne son propos, est fécond en de telles idées patriotiques, où il se montre précurseur et promoteur. C'est ainsi que, dans son *Histoire des Navigations aux Terres australes* (1756), il tracera le plan d'un voyage de circumnavigation qui inspirera Bougainville. C'est ainsi que dans un genre tout différent et dans une pensée toute parisienne, après avoir discuté avec impartialité des deux musiques italienne et française, il ajoutera : « Je souhaiterais seulement voir établir à Paris un Opéra

(1) Ce procédé de mosaïque en verre coloré est expliqué en détail au tome II, pages 296 et suiv., des Lettres de de Brosses.

italien, en laissant subsister le nôtre tel qu'il est. »
C'est ainsi encore qu'en visitant le Forum, et en se rappelant que la première pierre milliaire était au milieu, et que c'était de là que partaient toutes les grandes routes dans l'Empire, il proposera quelque chose de pareil dans notre pays : « En France, où nous avons fait sous ce règne-ci, disait-il, tant de beaux grands chemins, ne ferait-on pas bien de placer, de lieue en lieue, de pareilles petites colonnes numérotées, à commencer par la première, placée au centre de Paris sur le Pont-Neuf, au pied de la statue de Henri IV? » De Brosses, on le voit, abondait en projets de toutes sortes pour l'utilité publique, comme nous en avons vu faire à Perrault, le commis de Colbert; mais il y portait plus de science et un plus grand goût que Perrault. Je joindrai ici quelques-uns de ses jugements divers qui ont particulièrement trait au goût français : sur la musique, par exemple, — il jugeait la nôtre ce qu'elle était alors. Non plus dans ses Lettres d'Italie, mais dans d'autres lettres écrites de Paris en 1754, il disait de l'opéra de Rameau, *Castor et Pollux :* « Pièce à la française, noble, belle, triste, assez ennuyeuse; » et il met en regard la musique italienne des Bouffons : « Combien tout ceci est au-dessus de notre musique française!... La musique leur doit beaucoup à Paris, ils ont commencé d'y apprendre (d'y enseigner) ce que c'était que du coup d'archet, des nuances et de l'accompagnement, choses dont on n'avait pas même de soupçon. Il est étonnant combien ils ont perfectionné l'orchestre de l'Opéra, qui commence à être un bon écolier. » Du *Devin du Village* de Rousseau dont tout le monde raffolait alors, il juge sans hésiter et en homme qui sait de quoi il s'agit : « C'est une petite misère villageoise, qui est jolie et agréable la première fois, quand on ne la sait pas : quand on la sait, ce n'est plus qu'un lam-

pon et un pont-neuf. Il n'y a point d'étoffe là-dedans. »

En architecture, en sculpture, il est contre le contourné, qui était alors à la mode : « Les Italiens nous reprochent qu'en France, dans les choses de mode, nous redonnons dans le goût gothique ; que nos cheminées, nos boîtes d'or, nos pièces de vaisselle d'argent sont contournées et recontournées, comme si nous avions perdu l'usage du rond et du carré ; que nos ornements deviennent du dernier baroque : cela est vrai. » Il y voit aussi lui-même un retour au goût gothique, lequel « étant petit, délicat et détaillé, peut convenir aux petits objets, et jamais aux grands. » Ce goût gothique, il ne l'a pas étudié, et il ne le sent pas. Il est sévère en général pour les peintres antérieurs à Raphaël, et même injuste pour les pauvres rénovateurs si méritants de l'art en Italie, les Cimabuë, les Orcagna. Michel-Ange, peintre, ne l'enlève jamais ; tout en le saluant, il ne lui passe point sa *furie d'anatomie*, son goût *outré* et *féroce :* « Il muscle ses femmes comme des Hercules. » Raphaël seul a toutes ses admirations, et encore sa tendresse est plutôt pour le Corrége. De même en littérature, le poëte qu'il aime par-dessus tout est l'Arioste :

« L'Arioste fait mes délices perpétuelles ; je ne puis le quitter depuis que je suis en état de l'entendre. Quel poëte est plus poëte que celui-ci ? Quel autre a jamais possédé le talent de narrer avec plus de grâce, de naturel et de facilité ? Quel homme a jamais mieux su manier sa langue dans tous les tons, sublime, moral, tendre, noble ou badin ? Qui a su mieux peindre les situations, enchaîner les événements, perdre et retrouver d'une façon plus naturelle un si grand nombre de personnages, et, par une transition de deux vers, remettre son lecteur au fait de la suite d'une longue histoire racontée dans les Chants précédents ? Plus je le lis, plus je m'y plais ; il vaudrait lui seul, à mon gré, la peine que l'on apprît la langue pour le lire. »

Dante, au contraire, lui est pénible et difficile ; il le trouve d'un *sublime dur :* « Il me paraît plein de gravité, d'énergie et d'images fortes, mais profondément tristes ; aussi je n'en lis guère, car il me rend l'âme toute sombre. » Le Moyen-Age répugne à de Brosses ; il lui refuse le nom d'antiquité ; il visite au retour, à la bibliothèque de Modène, le docte Muratori, avec *ses quatre cheveux blancs* et sa tête chauve, travaillant malgré le froid extrême, sans feu et nu-tête, dans cette galerie glaciale, au milieu *d'un tas d'antiquités ou plutôt de vieilleries italiennes* : « Car, en vérité, dit-il, je ne puis me résoudre à donner le nom d'antiquités à tout ce qui concerne ces vilains siècles d'ignorance... Sainte-Palaye, au contraire, s'extasiait de voir ensemble tant de paperasses du dixième siècle. » — Tous ces jugements se tiennent, on le sent, et s'accordent soit en littérature, soit en peinture ou en musique ; et celui qui aime tant l'Arioste pourra se déclarer de la sorte en faveur de Pergolèse : « Parmi tous ces musiciens, mon auteur d'affection est Pergolèse. Ah ! le joli génie, simple et naturel ! On ne peut pas écrire avec plus de facilité, de grâce et de goût. Consolez-moi dans mon affliction, j'en ai grand besoin ; mon pauvre favori vient de mourir de la poitrine, à l'âge de trente-trois ans. »

En pénétrant si bien dans le secret des beautés étrangères et de l'art immortel, de Brosses se montre à la fois tout à fait lui-même ; il reste bien Français, de son pays et de sa race. Il goûte certes la gaieté italienne et le comique de Machiavel ; mais il ne trouve pas, comme Algarotti, qu'on puisse mettre sa *Mandragore* en comparaison avec les bonnes pièces de Molière « qui sont excellentes par toute l'Europe et des chefs-d'œuvre pour nous :

« En effet, s'écrie-t-il avec quelque chose de cet enthousiasme qu'il portait dans les Chambres du Vatican, quiconque, *à jour et à jamais*, voudra connaître à fond la nation française du siècle passé, n'aura qu'à lire Molière pour la savoir sur le bout du doigt ; aussi dans ma dispute avec Algarotti, lui soutins-je que nul homme n'était jamais allé aussi loin dans son art que Molière dans le sien, c'est-à-dire qu'il était encore plus grand comique qu'Homère n'était grand épique, que Corneille n'était grand tragique, que Raphaël n'était grand peintre, que César n'était grand capitaine. Là-dessus il m'arrêta en me disant que César entendait mieux le dénoûment que Molière ; qu'il avait eu l'esprit de se faire tuer au moment du comble de sa gloire, dans le temps qu'il allait peut-être la risquer contre les Parthes, et qu'il était mort la montre à la main. Là-dessus finit notre dispute. »

Mais ne pourrait-on pas ajouter un dernier mot ? C'est que Molière, lui aussi, est mort la montre à la main, au comble de sa gloire et sans déclin, après *le Misanthrope*, le *Tartufe* et *les Femmes savantes*.

On sent bien que je cause avec le Président de Brosses, ou plutôt que je le fais causer devant nous, et que je ne prétends pas analyser son Voyage. En même temps que, dans sa seconde visite à Rome, de Brosses voit chaque jour quelque belle et grande chose, il ne néglige pas du tout de vivre de la vie romaine de société. Dès son arrivée, il s'est logé, lui et ses amis, dans un palais qu'ils ont loué, au bas de l'escalier de marbre de la *Trinité-du-Mont*. Deux autres compatriotes sont encore venus les rejoindre, si bien que « depuis l'invasion des Barbares, disait en riant le cardinal Passionei, on n'avait jamais vu tant de Bourguignons à Rome. » Ces jeunes Bourguignons de qualité ont leur carrosse, font bonne chère, jouent gros jeu et se mêlent aux mœurs du pays. Il faut lire cette jolie chronique dans les Lettres mêmes. Ils sont à Rome depuis des mois, lorsque le pape (Clément XII) se laisse mourir ; un Conclave se forme. De Brosses nous donne, à cette occasion, un signalement piquant de chacun des membres du Sacré-Collége, y compris son ami Lambertini, précédemment archevêque de Bologne et qui va être pape sous le nom de Benoît XIV. Je résisterai à la tentation de rien citer de ces parties folâtres et un peu irrévérentes de de Brosses, parce qu'en les détachant, on paraîtrait leur donner un sens qu'elles n'ont pas et qui les dénature. En général, sa gaieté, je le répète, et sa liberté même de propos est comme celle de nos bons aïeux, comme celle du respectable Lambertini lui-même : elle est innocente.

« J'aime bien pis que les rois, écrivait un jour le Président à Voltaire : j'aime les papes. J'ai vécu près d'un an à Rome; je n'ai pas trouvé de séjour plus doux, plus libre, de gouvernement plus modéré. » Telle était la Rome des Médicis, même celle des Barberini, celle des Corsini et des Lambertini, la bonne ville pontificale d'avant les révolutions.

On ne peut quitter Rome quand on y est resté au delà de quelques semaines; c'est un charme connu de tous les voyageurs, et auquel de Brosses n'échappe pas : « Car il faut que vous sachiez, écrit-il aux amis de Dijon, que les gens ne sont jamais croyables quand ils disent qu'ils vont partir de Rome. On y est si bien, si doucement, il y a tant à voir et à revoir, que ce n'est jamais fait. » Pourtant de Brosses se décide; il a ses amis, ses devoirs qui le rappellent; durant ce voyage, ses yeux sont satisfaits, son cœur est ennuyé. Il a bien du cœur en effet, un foyer d'affection vraie et sincère; et, après un an environ d'absence, il y a quelque chose qu'il aime encore mieux que de visiter le Capitole, « c'est d'en parler avec ce qu'on aime. »

De retour à Dijon (1740), il devient Président de simple Conseiller qu'il était; il se marie; il vit plus en plein que jamais de sa vie de magistrat, de sa vie d'homme du pays, et aussi d'homme de Lettres au sens d'autrefois. Il est un des principaux de la petite Académie qui s'assemble dans la maison du Président Bouhier, et plus tard dans celle du Président de Ruffey, en attendant que l'Académie des Inscriptions et Belles-

Lettres se l'associe. Il lit des Mémoires sur toutes sortes de sujets. Je n'essaierai pas d'en donner une complète idée : entre autres projets, par exemple, il avait celui d'une Histoire des temps incertains et fabuleux jusqu'au règne de Cyrus : « Car, vous savez, disait-il en riant, que je traite tous les siècles postérieurs de petits jeunes gens. »

L'histoire du Président de Brosses comme magistrat, comme érudit, durant les trente-sept années qui s'écoulèrent depuis son retour d'Italie jusqu'à sa mort, est tout entière dans l'ouvrage de M. Foisset, et c'est là qu'il faut la lire. Le Salluste monumental, par lequel il a couronné sa carrière (1777), a été supérieurement apprécié par M. Villemain, juge si compétent. Son Mémoire sur le *Culte des Dieux fétiches* (1760), sur cette idolâtrie brute qu'il considère comme un des âges naturels de l'humanité ignorante et grossière en tout pays (en la considérant depuis le Déluge, dit-il, et depuis la dispersion), atteste un esprit philosophique qui, sur ce point, n'est pas allé à toutes ses conséquences. Son livre intitulé : *Traité de la Formation mécanique des Langues et des Principes physiques de l'Étymologie* (1765), rempli de remarques physiologiques extrêmement ingénieuses et ténues, participe de l'esprit du dix-huitième siècle, de son ambition, et un peu de sa chimère : avant de reconstruire idéalement les langues, et d'en rechercher à force d'analyse et de simplification conjecturale les racines primitives, il est plus humble et plus sûr de les étudier telles qu'elles nous sont données dans l'infinie variété de l'histoire, et de les comparer dans leurs diverses branches. De telles conceptions pourtant sur les origines et la fabrique intérieure des choses et sur les méthodes humaines naturelles, témoignent d'un esprit qui, de bonne heure, selon l'expression de Buffon, s'était trouvé porté au plus haut point de la métaphysique des sciences, et en avait occupé les sommets : de là sa vue s'étendait sur l'ensemble, et les détails se rangeaient à ses yeux sous de certaines lois. La dispersion d'études chez le Président de Brosses n'était donc pas celle d'un érudit ordinaire qui ne gouverne pas ses idées et que la poursuite même égare, mais plutôt le signe d'activité d'un amateur ardent et libre, qui travaillait selon l'occasion et la veine, pour son plaisir et non pour la gloire.

Les contemporains nous l'ont peint tel qu'il était dans la société et dans l'habitude ordinaire, très-vif, extrêmement aimable, plein de saillies originales, plaisant, mais sans causticité, « facilement ému par la résistance et par la contradiction; » ayant « de petites colères qui faisaient rire ceux qui en étaient témoins, et dont il ne tardait pas aussi à rire lui-même : » il avouait qu'il lui était plus facile de se contenir sur de grands objets que sur de petits. Dans un voyage à Paris, en 1754, il fit la connaissance de Diderot, et Buffon, son introducteur, était en tiers ce jour-là. Qu'on se figure cette diversité de physionomies, d'esprits, et même de tailles : de Brosses plein de trait et gesticulant à sa manière, entre Diderot qui s'échauffe et Buffon qui écoute. Diderot, qui vit sans doute un jour de Brosses dans son appareil de magistrat, a dit quelque part de lui : « Le Président de Brosses, que je respecte en habit ordinaire, me fait mourir de rire en habit de Palais. Et le moyen de voir sans que les coins de la bouche ne se relèvent (pourquoi ne pas dire tout simplement *sans rire?*) une *petite tête gaie*, *ironique et satyresque*, perdue dans l'immensité d'une forêt de cheveux qui l'offusque; et cette forêt descendant à droite et à gauche, qui va s'emparer des trois quarts du reste de la petite figure? » S'il y avait dans ce portrait quelque chose d'un peu moqueur et d'un peu léger pour de

Brosses, celui-ci, sans y viser, l'aurait bien rendu à Diderot; car, s'étant figuré d'abord, avant de le connaître, qu'il allait trouver en lui une *furieuse tête métaphysique*, il écrivait, après l'entrevue et au bout de quelques visites : « C'est un gentil garçon, bien doux, bien aimable, grand philosophe, fort raisonneur, mais faiseur de digressions perpétuelles. Il m'en fit bien *vingt-cinq* hier, depuis neuf heures qu'il resta dans ma chambre jusqu'à une heure. Oh! que Buffon est bien plus net que tous ces gens-là ! »

Au milieu des luttes diverses auxquelles il assista et dans lesquelles il eut sa part comme l'une des têtes du Parlement de sa province, de Brosses, tout en tenant son rôle, resta modéré et clairvoyant. Exilé pendant le triomphe et le règne du Parlement Maupeou, il revint sous Louis XVI et fut nommé alors Premier Président (1775). Turgot, qu'il avait connu et qu'il estimait, ne le rassurait que médiocrement en qualité de ministre : « Je le connais fort, écrivait de Brosses en apprenant son élévation; homme honnête, instruit, dur et tranchant, encyclopédiste, grand sectateur de la philosophie nouvelle. » Et ailleurs : « C'est une terrible besogne. Il est très-instruit et fort homme de bien. Pourvu qu'il ne veuille pas nous mener d'une manière tranchante, par système encyclopédique ! *Je ne donnerais pas le royaume d'Ithaque à administrer à l'abbé Raynal.* Le Corps politique est trop affaibli pour supporter les remèdes brusques. » Et bientôt, voyant Turgot à l'œuvre, il trouvait dans sa politique et dans ses Édits « plus d'Encyclopédie que de ministère; » de même, au reste, que dans les discours et Remontrances opposés, il trouvait « plus d'envie de contredire que de bien public. »
Il ne vécut pas assez pour assister aux avortements successifs de réforme qui signalèrent la première époque de Louis XVI, et qui amenèrent de si violentes

conséquences; il mourut assez brusquement dans un voyage qu'il fit à Paris, le 7 mai 1777, à l'âge de soixante-huit ans.

La ligne du Président de Brosses se dessine suffisamment à nos yeux : il est, dans le dix-huitième siècle, au premier rang des hommes indépendants, éclairés et spirituels de la province. Dans un temps où ces provinces s'effaçaient de plus en plus et où il fallait que les hommes éminents fissent acte d'adhésion et d'hommage à la vie de Paris et, pour ainsi dire, à la politesse générale et convenue de la France, il resta hardiment fidèle à sa Bourgogne. On a cité quelques-uns des noms qui furent les derniers tenants et demeurants de la féodalité déjà détruite : lui, il est le dernier et le plus considérable des grands littérateurs provinciaux qui gardèrent jusque dans les idées nouvelles quelque chose de l'allure des siècles précédents. En même temps, et si son style laisse à désirer pour un certain poli, nul plus que lui n'eut le goût fin et délicat des arts, la sensibilité italienne unie à la malice et à la naïveté gauloise. Par ce dernier côté, ses Lettres sur l'Italie ont sur celles de Paul-Louis Courier et sur les livres du spirituel *Stendhal* (Beyle) un avantage durable. Venu avant eux, il est plus naturel qu'eux. Ce sentiment du beau et de l'antique, ou des merveilles pittoresques modernes, qui fait l'honneur de leur jugement, de Brosses ne se donne aucune peine pour l'avoir et pour l'exprimer : il l'a du premier bond et le rend par une promptitude heureuse. Dans cette course rapide et ce séjour de dix mois à travers l'Italie, il y a certes des côtés qu'il n'a fait qu'entrevoir en courant, et où d'autres talents trouveront matière à conquête; la Campagne romaine, par exemple, les collines d'alentour, Tibur, la Villa Adriana, sont des lieux dont Chateaubriand un jour évoquera le génie attristé et nous peindra les mélancoliques splendeurs : de Brosses reste le premier critique pénétrant, fin, gai et de grand coup d'œil, qui a bien vu dans ses contradictions et ses merveilles ce monde d'Italie.

Dans tout ce qui précède, c'est à dessein que je n'ai fait que nommer Voltaire et que je n'ai pas dit un mot de la grosse querelle qu'il fit à de Brosses, querelle de locataire à propriétaire, d'acheteur à vendeur, à l'occasion du château de Tourney, que le Président lui avait cédé à bail sa vie durant. Cet épisode mérite un chapitre à part; la conséquence fut que de Brosses ne put jamais être de l'Académie française. Il faut voir Voltaire sous bien des jours; ce monarque absolu et capricieux, qui était sans foi ni loi, du moment qu'on le contrariait, rencontra une fois dans sa vie quelqu'un d'aussi spirituel que lui, qui lui dit son fait, et qui ne fléchit pas.

Lundi, 8 novembre 1852.

# VOLTAIRE
## ET LE PRÉSIDENT DE BROSSES

ou

UNE INTRIGUE ACADÉMIQUE AU XVIII<sup>e</sup> SIÈCLE

Je suppose, pour ne pas être injuste, qu'on a présent à l'esprit *le Siècle de Louis XIV*, l'*Histoire de Charles XII*, ce qu'il y a d'inspiration chevaleresque dans la tragédie de *Tancrède*, l'*Épître à Horace*, *les Tu et les Vous*, *le Mondain*, *les Systèmes*, les jolies Stances : *Si vous voulez que j'aime encore...;* je suppose qu'on a relu, il n'y a pas longtemps, bon nombre de ces jugements littéraires exquis et naturels, rapides et définitifs, qui sont partout semés dans la Correspondance de Voltaire et dans toutes ses OEuvres, et, bien assuré alors qu'il ne saurait y avoir d'incertitude sur l'admiration si due au plus vif esprit et au plus merveilleux talent, je serai moins embarrassé à parler de l'homme et à le montrer dans ses misères.

Voltaire revenait de Berlin où il était allé étourdiment se mettre dans l'antre du lion; l'aventure de Francfort était faite pour le rendre méfiant, en même temps que l'éclat de cette brouille avec Frédéric le faisait paraître à tous plus dangereux encore. Il était fort indécis sur le choix d'une retraite ; on le voit successivement à Strasbourg (août 1753), à Colmar, à l'abbaye de Sénones, à Plombières dans les Vosges, puis derechef à Colmar ; il tâtait de loin, sur son compte, l'opinion de Paris, et, en attendant, il cherchait un pays de frontière pour s'y asseoir en liberté. Une année se passa ainsi dans l'observation et dans l'inquiétude : il avait soixante ans. Il se rendit à Lyon, en novembre 1754, pour y conférer avec son ami le maréchal de Richelieu ; le froid accueil qu'il y reçut de l'archevêque, le cardinal de Tencin, oncle pourtant de son ami d'Argental, lui fit sentir à quel point il était compromis en Cour de France. C'est alors qu'il prit le parti de se rendre incontinent en Suisse avec sa nièce. Il s'établit d'abord à Lausanne, puis aux *Délices* aux portes de Genève. Ces premières années de séjour en Suisse sont marquées par beaucoup de joie, de gaieté ; Voltaire sent qu'il est redevenu libre ; il se mêle à la vie du pays, et y fait accepter la sienne ; il fait jouer chez lui la comédie, la tragédie, et trouve sous sa main des acteurs de société, et point du tout mauvais, pour les principaux rôles de ses pièces. En même temps il se remet en correspondance étroite avec ses amis de Paris, et se lie plus particulièrement avec d'Alembert, avec lequel il engage un commerce de lettres qui ne cessera plus. Cette Correspondance de Voltaire avec d'Alembert est essentielle pour avoir la clef de sa vie ; il faut la lire à part et dans toute sa suite, telle qu'elle a été donnée dans les anciennes éditions, et non pas telle qu'elle a été publiée dans l'édition-Beuchot où elle est fondue dans la Correspondance générale. La vie de Voltaire est une comédie : la Correspondance avec d'Alembert nous en fait voir les coulisses et le fond ; le reste n'est plus ou moins que de l'avant-scène.

Voltaire, à peine assis en Suisse, envoie à d'Alembert des articles pour l'*Encyclopédie,* qui se poursuivait jusque-là avec concert et sans trop d'obstacles. Il lui donne d'excellents conseils littéraires sur la méthode à suivre dans une semblable entreprise, mais il ne tarde pas à y mêler des conseils plus généraux et d'un autre ordre ; par exemple : « Pendant la guerre des Parlements et des Évêques, les gens raisonnables ont beau jeu, et vous aurez le loisir de farcir l'*Encyclopédie* de vérités qu'on n'eût pas osé dire il y a vingt ans ; quand les pédants se battent, les philosophes triomphent. » Les tracasseries commencent. D'Alembert, qui a fait l'article Genève dans l'*Encyclopédie* et qui a révoqué en doute la foi sincère en Jésus-Christ des ministres protestants, soulève l'opinion à Genève, et Voltaire, qui est sur les lieux, s'en ressent. Il écrit pourtant à d'Alembert : « Ne vous rétractez jamais, et ne paraissez pas céder à ces misérables en renonçant à l'*Encyclopédie.* » D'Alembert, en effet, est dégoûté, et l'entreprise commence à rencontrer à Paris une opposition sérieuse. Ici Voltaire, tandis qu'il mène en Suisse une vie de grand seigneur et d'homme en apparence tout occupé des seuls plaisirs de l'esprit, se montre, dans ses lettres à d'Alembert, l'organisateur ardent de tout ce qui est du ressort et de l'intérêt de la cause commune. A chaque instant, c'est le fervent zélateur, le grand-maître ou le général en chef qui harangue ses lieutenants, desquels d'Alembert est là-bas le premier : « Je ne conçois pas comment tous ceux qui travaillent (à l'*Encyclopédie*) ne s'assemblent pas et ne déclarent pas qu'ils renonceront à tout si on ne les soutient... Faites un corps, Messieurs ; un corps est toujours respectable... Ameutez-vous, et vous serez les maîtres. »

J'ai dit qu'à la mort de Montesquieu l'armée des gens de Lettres n'était pas encore debout ni enrégimentée :

c'est à la mettre sur pied que travaille ardemment Voltaire.

Voltaire jeune a été seul, sans partisans, sans appui; ce souvenir de sa vie si souvent brisée et agitée lui a fait sentir l'importance d'avoir à soi un parti et une armée; il les voudrait organiser de loin sans trop aller au feu de sa personne; il y pousse d'Alembert et ses amis. L'*Encyclopédie,* qui rallie les gens de Lettres, lui paraît une excellente occasion; quand l'existence de cette grosse machine est menacée, il ne parle que de mettre, tous, l'épée à la main et de faire « un bataillon carré » pour la défendre. En attendant, il mène large et joyeuse vie dans ses maisons de campagne aux bords du lac; il donne à dîner à ces mêmes ministres de Genève dont d'Alembert a blessé la susceptibilité et la conscience : « Ce n'est pas tout de se moquer d'eux, écrit-il, il faut encore être poli. Moquez-vous de tout, et soyez gai. »

D'Alembert, d'un autre côté, moins pétulant, mais plus fixe, jouant sec et serré, retient Voltaire et le maintient; souvent excité par lui, il l'excite à son tour s'il le voit faiblir, et le remonte; il l'irrite par ses petites passions et fomente avec soin ses colères; il lui recommande nommément ses victimes. Toute cette Correspondance est laide; elle sent la secte et le complot, la confrérie et la société secrète; de quelque point de vue qu'on l'envisage, elle ne fait point honneur à des hommes qui érigent le mensonge en principe, et qui partent du mépris de leurs semblables comme de la première condition pour les éclairer : « *Éclairez et méprisez le genre humain!* » Triste mot d'ordre, et c'est le leur. — « Marchez toujours *en ricanant,* mes frères, dans le chemin de la vérité! » C'est le refrain perpétuel.

Mais Voltaire qui y a été pris plus d'une fois, pense

à se mettre en garde. Sa maison des *Délices* est bien voisine de Genève, et il ne serait pas glorieux pour lui qu'après avoir été sous la griffe d'un roi à Berlin, il retombât sous celle d'une petite république et de ses bourgeois souverains : « J'ai une maison dans le voisinage, qui me coûte plus de cent mille francs aujourd'hui, écrit-il en janvier 1757 ; on n'a point démoli ma maison. » Cela prouve du moins que l'idée qu'on pût lui faire quelque mauvais parti lui était venue. C'est alors qu'il songe à s'assurer plus d'un gîte et à tenir le pays en plus d'un endroit : il acquiert la terre de Ferney (octobre 1758) ; et, dans le même temps, il s'adresse au Président de Brosses pour lui proposer d'acheter de lui, sous une forme ou sous une autre, sa terre de Tourney, qui est à l'extrême frontière de la Franche-Comté, et qui lui donnait un pied en France. Il lui fait la proposition comme voisin et par manière de fantaisie : « Vous n'êtes pas homme à faire valoir votre terre de Tourney ; votre fermier Chouet en est dégoûté, et demande à résilier son bail. Voulez-vous me vendre votre terre à vie? Je suis vieux et malade ; je sais bien que je fais un mauvais marché ; mais ce marché vous sera utile et me sera agréable. Voici quelles seraient les conditions que ma fantaisie, qui m'a toujours conduit, soumet à votre prudence. » Et il propose un petit Contrat tout engageant et tout idéal. Le Président répond à ses propositions point par point, avec exactitude et précision, en homme d'affaires et en y mêlant de l'homme d'esprit ; il touche très-bien l'endroit délicat, et qui fait désirer à Voltaire de n'être pas tout entier à la merci de Genève : « Il faut être chez soi... Il ne faut pas être chez les autres... Vous ne sauriez croire combien cette république me fait aimer les monarchies. » A la réponse précise et catégorique du Président, Voltaire semble oublier ce qu'il a proposé lui-même; il recule, il hésite, et substitue comme par négligence d'autres propositions aux premières. Il ajoute pourtant : « Je persiste toujours dans le dessein d'avoir des possessions en France, en Suisse, à Genève, et même en Savoie. On dit, je ne sais où, qu'on ne peut servir deux maîtres; j'en veux avoir quatre pour n'en avoir point du tout, et pour jouir pleinement du plus bel apanage de la nature humaine, qu'on nomme liberté. »

Quand, après quelques débats, le marché fut conclu et que Voltaire eut acheté à vie le château et la terre de Tourney avec les droits seigneuriaux et les priviléges, il revient plus d'une fois sur cette idée que son indépendance est désormais complète et assurée. Thieriot venait de le féliciter d'avoir joint Ferney aux *Délices*, et d'avoir pied en deux endroits : « Vous vous trompez, lui répond joyeusement Voltaire, j'ai quatre pattes au lieu de deux : un pied à Lausanne, dans une très-belle maison, pour l'hiver; un pied aux *Délices*, près de Genève, où la bonne compagnie vient me voir : voilà pour les pieds de devant. Ceux de derrière sont à Ferney et dans le comté de Tourney, que j'ai acheté par bail emphytéotique du Président de Brosses. » Une légère ivresse le prend, à se voir si savamment et si politiquement arrondi, et à cheval, comme un baron émancipé, sur tant de frontières; c'est pour le coup qu'il bondit et fait des gambades : « Si vous allez dans le pays du pape, écrit-il à d'Alembert, passez par chez nous. Vous verrez que les prédicants de Genève respectent les tours de Ferney, les fossés de Tourney, et même les jardins des *Délices*. » — « Écrivez-moi par la poste, et mettez hardiment : *A Voltaire, gentilhomme ordinaire du Roi, au château de Ferney, par Genève;* car c'est à Ferney que je vais demeurer quelques semaines. Nous avons Tourney pour jouer la comédie, et les

*Délices* sont la troisième corde à notre arc. Il faut toujours que les philosophes aient deux ou trois trous sous terre, contre les chiens qui courent après eux. »

En faisant son marché avec le Président de Brosses, Voltaire a stipulé expressément qu'il jouirait de tous les droits seigneuriaux de Tourney; on le voit en ce temps signer quelques-unes de ses lettres : *Voltaire, comte de Tourney*. Il a deux curés à ses ordres, et il en jouit : « J'ai deux curés dont je suis assez content. Je ruine l'un, je fais l'aumône à l'autre. » Et encore : « Mes curés reçoivent mes ordres, et les prédicants génevois n'osent me regarder en face. » Une furieuse tempête s'élève à Paris contre les Encyclopédistes; d'Alembert quitte décidément l'entreprise; Palissot va mettre sur la scène les philosophes; mais Voltaire qui, dès son entrée en possession, a fait bâtir un petit théâtre à Tourney, et qui y fait jouer la comédie pour narguer Genève et Rousseau, s'écrie dans son exaltation et son triomphe : « Si quelqu'un est en souci de savoir ce que je fais dans mes chaumières, et s'il me dit : *Que fais-tu là, maraud?* je lui réponds : *Je règne;* et j'ajoute que je plains les esclaves. » Le zèle du philosophe disparaît ici et se confond dans l'orgueil du riche. Voltaire a le bonheur insolent.

Ce moment est décisif dans la vie de Voltaire, et signale en effet son véritable avénement à la monarchie littéraire universelle : il *règne* et régnera durant les vingt années qui lui restent encore à vivre; mais nous n'avons aujourd'hui qu'à le suivre dans sa relation avec le Président de Brosses avec qui il est entré en affaires d'intérêts.

La Correspondance de tous deux, publiée par M. Foisset en 1836, a produit sous les yeux du lecteur toutes les pièces du procès. J'ai dit qu'après quelques débats sur les termes du marché, Voltaire acheta du Président la terre et le château de Tourney sa vie durant ; il avait de grands projets d'abattre, de reconstruire et d'embellir, et il s'y mit aussitôt avec sa vivacité naturelle, en commençant comme de juste par le théâtre. Il avait été stipulé que Voltaire userait de tout en bon usufruitier, et comme ferait un bon père de famille, ménageant les arbres qui étaient sur pied, et se modérant lui-même dans ses devis, dans ses plans d'embellissements et d'avenues. Je fais grâce des pièces authentiques que chacun peut lire, et je ne vais qu'à l'esprit des choses. Il faut convenir que cette vente viagère, qui se faisait sous forme extérieure de bail à vie, prêtait à bien des chicanes, du moment qu'on en voulait faire ; c'était un bail bien enchevêtré. A peine entré en possession, Voltaire commence, sous tous les prétextes, à recourir au Président et à le harceler : il est curieux de voir, dans cette suite de lettres, comme les intérêts de l'humanité et du genre humain interviennent et sont toujours invoqués à côté des intérêts particuliers les plus minces. Le curé de Moëns, paroisse voisine de Ferney, a soutenu un procès à Dijon contre les pauvres de sa paroisse, qui se croyaient en possession de je ne sais quelle dîme (bien que, d'après l'ancien droit, une communauté d'habitants fût incapable de posséder une dîme) ; Voltaire prend feu, il fait appel au Président : « Ayez compassion des malheureux, vous n'êtes pas prêtre. Voyez, au nom de l'humanité, ce qu'on peut faire pour les idiots de Ferney. Instruisez-moi, je vous en conjure. » Les *idiots de Ferney*, c'est-à-dire les paroissiens ; notez cette perpétuelle et cruelle méthode de mépriser ceux qu'on prétend servir, et de substituer l'insolente satisfaction de l'orgueil en lieu et place de l'humaine charité. A côté de cela, Voltaire n'a garde d'oublier quatre mille petits ceps de Bourgogne que le Président doit lui envoyer, et s'il peut même, au lieu de quatre mille auxquels il a droit, en tirer cinq mille, il n'en sera pas fâché : « Pour Dieu ! quatre mille ceps, et plutôt cinq mille ! vous gagnerez le centuple. Je ne veux que le bien de la chose ; ce sera votre fils qui en boira le vin avec vous. »

Ces gentillesses, entremêlées de tiraillements et de méfiances sur les avantages du marché, sont perpétuelles. Le Président le rassure du mieux qu'il peut : « Nous avons traité en gentilshommes et en gens du monde, non en procureurs ni en gens de chicane. De votre côté, vous êtes incapable d'user de ceci autrement qu'en galant homme, comme vous feriez de votre propre bien patrimonial, en bon propriétaire et bon père de famille. Ainsi, fiez-vous à moi, je me fie à vous ; que les deux mots soient dits pour jamais entre nous. »

Mais les choses ne vont point ainsi. Voltaire ne se laisse point tranquilliser, et il n'est point d'humeur à laisser les autres tranquilles : « Je lis et je relis votre Contrat, et plus je le relis, plus je vois que vous m'avez dicté la loi en vainqueur ; mais j'en suis fort aise ; j'aime à embellir les lieux que j'habite, et je fais à la fois votre bien et mon plaisir. J'ai déjà ordonné qu'on jetât à bas la moitié du château, et qu'on changeât l'autre. » Il veut, au château, des fossés grands et réguliers, des ponts tournants ; il abat sans pitié les vieux arbres : « Vos arbres de Dodone seront mieux employés à ces embellissements qu'à chauffer la ville de Genève. » Cependant les gens d'affaires qui sont sur les lieux, le notaire M. Girod (grand-oncle de M. Girod de l'Ain), avertissent le Président. Celui-ci ne se presse pas ; on est convenu de faire un inventaire et une reconnaissance de la terre. Au moment où les gens d'affaires vont commencer cette reconnaissance, Voltaire coupe court et l'élude. Il propose au Président d'acheter tout de bon sa terre, non plus à vie, mais à perpétuité ; tant que ce nouveau projet, qui n'est qu'un leurre, est sur le tapis, la reconnaissance ne se fait pas, et il gagne du temps pour changer l'état des lieux avant qu'on ait constaté le point de départ. Cette ruse de tactique est très-sensible quand on lit la suite des pièces.

Si on ne lisait qu'une ou deux de ces lettres et sans y faire grande attention, on pourrait dire que cette mobilité de Voltaire est très-naturelle à un homme d'esprit et d'imagination comme lui, qu'il n'est pas maître de la retenir, et qu'il n'y faut voir qu'une erreur de ses nerfs. Mais, à y regarder de plus près, on distingue très-bien que c'est une inquiétude à la fois nerveuse et intéressée qui le possède ; il sait à merveille pourquoi il fait tous ces maniements et remaniements au Contrat ; il a l'air de citer comme textuels des articles qu'il sait ne point exister et que de parti pris il altère. Il plaide, il chicane, il crie tout d'abord, le tout pour ne point payer aux gens du Domaine *le demi-droit de mutation*.

Il en écrit au Président, il le somme d'agir comme si le Président était convenu avec lui de le faire exempter du payement de ce *demi-droit* (qui n'avait rien de commun avec l'exemption d'impôt foncier et les autres franchises maintenues à la terre de Tourney). Voltaire, qui ne veut point payer, affecte de tout confondre, et il remue ciel et terre plutôt que de céder : « *Il faut se remuer, se trémousser, agir, parler et l'emporter* (Voilà bien sa devise). J'ai embelli Tourney, j'ai amélioré la terre ; mais je brûlerai tout, si on me vole le moindre de mes droits. Je suis Suisse, je n'entends point raison quand on me vexe. J'ai de quoi vivre sans Tourney, et j'aime mieux y laisser croître des ronces que d'y être persécuté. » Le voilà redevenu Suisse quand il s'agit de ne point payer à Tourney, tandis qu'à Genève il reste seigneur et comte de Tourney, et recevant les honneurs comme tel.

Ces honneurs sont une grande affaire. Le jour où Voltaire a fait son entrée seigneuriale en son château de Tourney, il était en habit de gala, avec ses deux nièces (madame de Fontaine et madame Denis), *toutes en diamants;* le curé l'avait harangué, le fermier lui avait offert un repas splendide, les *sujets* avaient fait des décharges de mousqueterie, et tiré boîtes, canons, grenades; on avait emprunté pour cela l'artillerie de Genève et l'homme pour la servir. Les filles avaient apporté des oranges dans des corbeilles garnies de rubans. Tout cela est bien, le cas est beau et triomphant; mais si, à quelques mois de là, le seigneur haut-justicier se trouve responsable des frais pour une affaire criminelle supportée par un des *sujets* dans un petit endroit appelé La Perrière, sur le territoire de Genève, Voltaire prétendra que ce lieu de La Perrière ne relève point de la terre de Tourney, et que le délit qu'y a pu commettre son sujet, et très-mauvais sujet, ne le concerne en rien. Il travaillera à dépouiller sa terre d'un droit plutôt que de payer ce qui est la conséquence de ce droit. Il faut voir, ces jours-là, comme il a renoncé philosophiquement à tout privilége du seigneur : « Plus je connais cette terre, et plus je vois qu'il ne faut songer qu'au rural et très-peu au seigneurial. Mon occupation est d'améliorer tout; et je ne songe à faire pendre personne. Un honneur qui ne produit rien est un bien pauvre honneur au pied du mont Jura... Voilà une belle ambition d'être seigneur du trou de Jeannot-Lapin! » Jamais esprit ne s'est transformé plus habilement, et ne s'est retourné plus vite à vue d'œil selon son intérêt.

Et c'est toujours en homme lésé et dupé, en homme généreux et désintéressé, ne visant qu'au bien d'autrui et ne marchandant pas d'ailleurs son plaisir, que Voltaire fait des siennes dans cette terre de Tourney, et qu'il se passe tous ses dégâts et toutes ses lésines : « Je mets mon plaisir à rendre fertile un pays qui ne l'était guère, et je croirai, en mourant, n'avoir point de reproches à me faire de l'emploi de ma fortune... Je continue très-certainement à faire le bien de la terre en agrandissant les prés aux dépens de quelques arbres... J'ai tout lieu de me flatter que vous ne me troublerez pas dans les services que je vous rends, à vous et votre famille. » Au moment le plus vif de la contestation, il poussera la bouffonnerie et la parodie jusqu'à dire : « J'ai fait le bien pour l'amour du bien même, et le Ciel m'en récompensera; je vivrai longtemps, parce que j'aime la justice. »

On ne peut tout dire en détail, et il faut bien en venir à la plus grosse et à la misérable affaire qui fit la rupture. Lorsque Voltaire prit possession de Tourney (décembre 1758), il y avait des coupes de bois antérieurement faites et vendues par le Président à un paysan du lieu, marchand de bois de son état, nommé Charlot Baudy. Un jour que Voltaire, causant avec le Président, se plaignait de manquer de bois de chauffage, le Président lui indiqua Charlot comme pouvant lui en procurer sur place, et il se chargea lui-même d'en parler à l'homme : de là livraison à Voltaire par ledit Charlot de quatorze moules de bois, mesure du pays. Le bois livré et brûlé, l'envie prit à Voltaire de ne le point payer au marchand et de supposer que le Président le lui devait ou le lui avait donné en cadeau. Cette chétive affaire, qui vint couronner les autres, prit des proportions extrêmes par l'opiniâtreté de Voltaire et la mauvaise foi qu'il mit à défendre son dire. Mais, au moment où elle allait éclater et où déjà le Président lui avait écrit une lettre polie et ferme, Voltaire, selon un procédé qui lui était habituel, se jeta dans une question plus générale, et qui semblait intéresser l'humanité : « Il ne s'agit plus ici, Monsieur, écrivait-il de Ferney (30 janvier 1764), il ne s'agit plus de Charles Baudy et de *quatre* moules de bois (notez comme, sans en avoir l'air, il glisse *quatre* au lieu de *quatorze*), il est question du bien public, de la vengeance du sang répandu, de la ruine d'un homme que vous protégez, du crime d'un curé qui est le fléau de la province, et du sacrilége joint à l'assassinat... » Hélas! ce mot de *curé* nous dit tout : ce n'était qu'une autre passion chez Voltaire, qui venait à la traverse, et qui suspendait un moment l'autre passion moins forte et moins emportée. Ce curé, qui était toujours celui du village de Moëns, avait eu, il paraît, un tort grave, en faisant bâtonner par des paysans apostés le fils d'un habitant notable, un soir que le jeune homme sortait de chez une femme de mauvaise vie. Mais Voltaire ne voulait pas seulement réparation et justice, il voulait du bruit; dans une lettre à d'Alembert de cette date, il nous dit le secret de son acharnement, lorsqu'il écrit cette affreuse parole : « Je m'occupe à faire aller un prêtre aux galères. » Après avoir cherché assez inutilement à mettre M. de Brosses en mouvement pour cette affaire qui flattait sa passion dominante et sa haine, Voltaire revint à sa passion plus sourde, aux quatorze moules de bois et à l'avarice. Et puis il avait été piqué. Dans la lettre très-sage que le Président lui répondait sur l'affaire du curé de Moëns et sur le mauvais effet, en pareil cas, des déclamations *extra-judicielles*, il y avait un mot final qui se rapportait à ces malheureux fagots : « Je ne pense pas, lui disait M. de Brosses, qu'on ait jamais ouï dire qu'on ait fait à personne un présent de quatorze moules de bois, si ce n'est à un couvent de Capucins. » Voltaire comparé à un couvent de Capucins, au moment où il menaçait un prêtre des galères! Il y avait de quoi le faire damner et lui donner toute sa colère et toute sa rage.

Il entra alors dans un de ces accès violents auxquels il avait le malheur de toujours céder. Il écrivit à tous ses amis du Parlement de Bourgogne pour les prendre comme arbitres entre le Président et lui. Dans l'exposé qu'il leur envoyait et où il mêlait des choses fort diverses, il dénaturait les faits, il les falsifiait à son gré, et mentait hardiment selon la facilité détestable qu'il en avait contractée. A l'entendre, c'était à son corps défendant qu'il était amené à une telle querelle. Fi donc! un écrivain comme lui descendre à ces misères! Et comme il était occupé, en ce temps, de son Commentaire sur Corneille : « Corneille, s'écriait-il, me reproche de le quitter pour des fagots. » Passant toutes les limites dans son invective contre le Président, il en venait aux menaces : « Qu'il tremble! il ne s'agit plus de le rendre ridicule, il s'agit de le *déshonorer*. » C'est ainsi qu'il s'apprêtait à mettre en jeu contre son ennemi toutes les ressources d'un grand esprit furibond et sans droiture.

Une lettre qu'il écrivit dans ce train d'idées au Président, lui valut une réponse qui restera mémorable dans l'histoire de sa vie, et qu'il faut mettre à côté de la noble lettre que le grand Haller lui adressa un jour pour faire cesser les manéges et les intrigues où il essayait de l'immiscer :

« Souvenez-vous, Monsieur, lui disait de Brosses, des avis prudents que je vous ai ci-devant donnés en conversation, lorsqu'en me racontant les traverses de votre vie, vous ajoutâtes que vous étiez d'un caractère *naturellement insolent*. Je vous ai donné mon amitié; une marque que je ne l'ai pas retirée, c'est l'avertissement que je vous donne encore de ne jamais écrire dans vos moments d'aliénation d'esprit, pour n'avoir pas à rougir dans votre bon sens de ce que vous avez fait pendant le délire. »

Et après un exposé de l'état vrai de leurs relations premières :

« Il faut être prophète pour savoir si un marché à vie est bon ou mauvais : ceci dépend de l'événement. Je désire, en vérité, de très-bon cœur que votre jouissance soit longue, et que vous puissiez continuer encore trente ans à illustrer votre siècle : car, malgré vos faiblesses, vous resterez toujours un très-grand homme... dans vos écrits. Je voudrais seulement que vous missiez dans votre cœur le demi-quart de la morale et de la philosophie qu'ils contiennent. »

Sur la demande d'arbitrage, le Président déclare qu'il n'y a pas lieu : Voltaire doit les quatorze moules de bois au marchand qui les lui a livrés, et, s'il ne les paye, ledit marchand et paysan le fera assigner, voilà tout :

« De vous à moi il n'y a rien, et, faute d'affaires, point d'arbitrage. C'est le sentiment de M. le Premier Président, de M. de Ruffey, et de nos autres amis communs que vous citez, et qui ne peuvent s'empêcher de lever les épaules en voyant un homme si riche et si illustre se tourmenter à tel excès pour ne pas payer à un paysan 280 livres pour du bois de chauffage qu'il a fourni. Voulez-vous faire ici le second tome de l'histoire de M. de Gauffecourt, à qui vous ne vouliez pas payer une chaise de poste que vous aviez achetée de lui? En vérité, je gémis pour l'humanité de voir un si grand génie avec un cœur si petit, sans cesse tiraillé par des misères de jalousie ou de lésine. C'est vous-même qui empoisonnez une vie si bien faite d'ailleurs pour être heureuse. Lisez souvent la lettre de M. Haller, elle est très-sage. »

Voltaire avait insinué que le Président comptait sur son crédit pour l'en accabler lui, ou un jour sa nièce et héritière, devant les tribunaux ; à quoi le Président répond comme un homme accoutumé à siéger sur les fleurs de lys :

« C'est très hors de propos que vous insistez sur le crédit que vous dites que j'ai dans les tribunaux. Je ne sais ce que c'est que le crédit en pareil cas, et encore moins ce que c'est que d'en faire usage. Il ne convient pas de parler ainsi : soyez assez sage à l'avenir pour ne rien dire de pareil à un magistrat. »

Toute cette réponse de M. de Brosses fut écrite *en marge* même de la lettre insolente de Voltaire auquel il renvoya le tout, et avec ce dernier mot pour compliment :

« Tenez-vous pour dit de ne m'écrire plus ni sur cette matière, ni surtout de ce ton. — Je vous fais, Monsieur, le souhait de Perse : *Mens sana in corpore sano* (1). »

Pour en finir avec les impressions que fait naître cette affaire, je dirai que peut-être, à certains moments, le Président fut un peu strict, et se montra plus juste que généreux. Il me semble que, dans ses lettres à Voltaire, et quand il est question des chances plus ou moins favorables du marché à vie, il revient un peu trop fréquemment sur l'éventualité, toujours désagréable, de la mort. Mais quant au fond et à l'exactitude du procédé, on ne saurait rien lui contester; et, dans son insistance finale, il fut poussé lui-même à bout par les importunités incessantes et le jeu hypocrite de son adversaire. — J'ajouterai qu'après la mort de tous deux, madame Denis, alors madame Duvivier, héritière de Voltaire, dut payer au fils de M. de Brosses une somme de quarante mille francs environ, après estimation faite par les experts des diverses dégradations et détériorations qu'avait subies la propriété ; ce qui prouve que Voltaire n'avait pas ménagé l'usufruit.

Tout cet éclat passé et non oublié, Voltaire reste donc propriétaire à vie et usufruitier de Tourney, mais il s'en dégoûte bientôt et n'est plus et ne veut plus être que le patriarche de Ferney. Des années s'écoulent ; on est en 1770 ; il meurt coup sur coup quantité d'académiciens, Moncrif, le Président Hénault, l'abbé Alary ; Mairan lui-même est bien malade et va les suivre. Les candidats abondent. Le Président de Brosses a l'idée

(1) Le souhait n'est pas de Perse, mais de Juvénal (Satire X).

bien naturelle de se présenter pour remplacer le Président Hénault; mais ici il retrouve Voltaire. On lui avait dit dans le temps de sa querelle : « Prenez garde! c'est un homme dangereux! » A quoi il avait répondu : « Et à cause de cela faut-il donc le laisser être méchant impunément? Ce sont, au contraire, ces sortes de gens-là qu'il faut châtier. Je ne le crains pas; je n'ai pas fait le Pompignan. On l'admire, parce qu'il fait d'excellents vers. Sans doute il les fait excellents; mais ce sont ses vers qu'il faut admirer. Je les admire aussi, mais je mépriserai sa personne s'il la rend méprisable. » Il avait pourtant oublié ce qu'un honnête homme oublie si aisément, c'est que l'adversaire peut avoir recours au mensonge et à la calomnie. Voltaire ne s'en fit faute. D'Alembert et lui s'étaient de plus en plus ligués et confédérés durant ces neuf années. Voltaire avait réalisé son vœu : « Je voudrais que les philosophes pussent faire un corps d'initiés, et je mourrais content. — O Frères, soyez unis! — Que les philosophes véritables fassent une confrérie comme les Francs-maçons, qu'ils s'assemblent, qu'ils se soutiennent, qu'ils soient fidèles à la confrérie, et alors je me fais brûler pour eux. — Non, mais je ferai brûler ou du moins exclure qui je voudrai. » — Au premier vent qu'eut Voltaire de la candidature du Président de Brosses, il écrivit à d'Alembert (10 décembre 1770) :

« On dit que le Président de Brosses se présente. Je sais qu'outre les *Fétiches* et les *Terres australes*, il a fait un livre sur les Langues, dans lequel ce qu'il a pillé est assez bon, et ce qui est de lui détestable.

« Je lui ai d'ailleurs envoyé une Consultation de neuf avocats, qui tous concluaient que je pouvais l'arguer de dol à son propre Parlement (*faux*). Il a eu un procédé bien vilain avec moi, et j'ai encore la lettre dans laquelle il m'écrit en mots couverts que, si je le poursuis, il pourra me dénoncer comme auteur d'ouvrages suspects que je n'ai certainement point faits (*faux*). Je puis produire ces belles choses à l'Académie, et je ne crois pas qu'un tel homme vous convienne. »

D'Alembert, comme tout homme de parti, sans examiner, sans discuter, entre dans la prévention de son chef et confrère. Le plus grand crime aux yeux de toute confrérie et de tout parti est de ne pas en être. Rester indépendant et *faire bande à part* (1), surtout quand on a été tout à côté, cela équivaut presque à dénoncer et à trahir. Le Président de Brosses, qui touchait par plus d'un point à l'école philosophique, n'avait pas fait alliance avec elle, et s'était refusé même à entrer dans la ligue. Lorsqu'il avait publié son Mémoire sur le culte idolâtrique des *Fétiches*, Voltaire, se hâtant d'y voir plus que le Président n'avait prétendu y laisser paraître, lui avait écrit : « Je trouve que les *anti-fétichiers* devraient être unis comme l'étaient autrefois les initiés; mais ils se mangent les uns les autres. » Le mot était jeté à propos d'une affaire très-secondaire et comme en courant; on n'a l'air que de plaisanter, et, en attendant, l'on tâte son monde. Le Président n'avait pas donné dans l'ouverture et avait fait la sourde oreille. C'était assez pour que les chefs de l'ordre, ceux même qui n'avaient nul grief personnel contre lui, se crussent dispensés à son égard, dans l'occasion, de tout procédé et de toute justice. D'Alembert s'empresse d'avertir Voltaire que le Président compte en effet beaucoup de partisans dans l'Académie; il s'agit donc à tout prix de les détacher. Dans toutes les lettres de cette date, il n'est question entre eux que du *plat* Président, du Président *nasillonneur*, du *petit persécuteur nasillonneur*, du *fripon* de Président. On cherche qui on lui opposera avec succès. On songe à un M. Marin, secrétaire-général de la librairie, et que Beaumarchais a stigmatisé depuis

(1) Voltaire le dit nettement dans une lettre à d'Alembert (19 mars 1761) : « C'est contre votre Jean-Jacques que je suis le plus en colère. Cet archi-fou, qui aurait pu être quelque chose s'il s'était laissé conduire par vous, s'avise de *faire bande à part*. »

dans ses Mémoires ; on songe à l'abbé Delille, alors bien jeune, et qui venait de traduire *les Géorgiques :* « Si vous ne le prenez pas, dit Voltaire, ne pourriez-vous pas avoir quelque espèce de grand seigneur ? » Il s'agit non-seulement d'écarter de Brosses, mais de le *dégoûter pour toujours.* Voltaire fait jouer toutes ses machines ; on essaie, en son nom, de ralentir et d'intimider le docte Foncemagne, qui pousse le Président. Voltaire écrit lettre sur lettre au maréchal de Richelieu, qui le favorise également : « Vous ne le connaissez point du tout, et moi je le connais pour m'avoir trompé, pour m'avoir ennuyé, et pour m'avoir voulu dénoncer. » Trouvant de la résistance à son vœu d'exclusion, Voltaire autorise enfin d'Alembert à dire de sa part tout ce qu'il voudra ; il lui donne carte blanche et procuration pour fulminer au besoin, en son nom, tous les anathèmes : « Je passe le Rubicon pour chasser le nasillonneur délateur et persécuteur ; *et je déclare que je serai obligé de renoncer à ma place, si on lui en donne une.* J'ai si peu de temps à vivre, que je ne dois point craindre la guerre. »

J'abrége ces ignominies. L'excommunication eut son plein effet ; on nomma aux quatre places vacantes M. de Roquelaure, évêque de Senlis, l'historien Gaillard, le prince de Beauvau et l'abbé Arnaud. Le Président de Brosses, pour n'avoir pas voulu faire cadeau à Voltaire des quatorze moules de bois livrés par Charlot Baudy, ne put jamais être de l'Académie française ; et (ce qui est plus grave) sa mémoire, à l'heure qu'il est, resterait encore entachée de ces odieuses imputations de dol, insinuées avec tant d'impudeur par Voltaire, si la Correspondance mise au jour ne montrait nettement de quel côté est l'honnête homme, de quel côté le calomniateur et le menteur.

Notez que ces calomnies secrètes et dites à l'oreille

de tant de gens n'empêchèrent pas, cinq ans après, Voltaire renouant avec M. de Brosses, devenu alors Premier-Président du Parlement de Bourgogne, de lui écrire au sujet de quelque affaire qu'il lui recommandait (novembre 1776) : « Pour moi, à l'âge où je suis, je n'ai d'autre intérêt que celui de mourir dans vos bonnes grâces. »

Littérairement, de Brosses eut une fois à juger Voltaire; c'est à la fin de sa Vie de Salluste, et il le fit avec équité, sans qu'on y puisse découvrir trace de ressentiment. Parlant des écrivains latins qui imitèrent le style de Salluste et forcèrent sa manière, il fait un retour sur les écrivains modernes qui se piquent aussi d'imiter les deux plus beaux esprits du siècle (Fontenelle et Voltaire), et qui veulent prendre notamment à ce dernier « le ton philosophique, la manière brillante, rapide, superficielle, le style tranchant, découpé, heurté; les idées mises en antithèses et si souvent étonnées de se trouver ensemble. Mais celui-ci, s'empresse-t-il d'ajouter de Voltaire, le plus grand coloriste qui fut jamais, le plus agréable et le plus séduisant, a sa manière propre qui n'appartient qu'à lui, qu'il a seul la magie de faire passer, quoiqu'il emploie toujours la même à tant de sujets divers lorsqu'ils en demanderaient une autre. C'est un original unique, qui produit un grand nombre de faibles copistes. » Si de Brosses accorde beaucoup trop à Voltaire quand il l'appelle le plus grand coloriste du monde, il touche très-juste en observant qu'il applique indifféremment la même manière à tous les ordres de sujets. Voltaire, en effet, n'a qu'une prose : que ce soit une histoire, un roman, une lettre qu'il écrive, il y porte le même ton.

Il faut une morale à tout; il en faut surtout à un point d'étude qui est si affligeant et qui a pour résultat d'étaler à nu les laideurs et les vices de l'âme, associables avec les plus beaux dons de l'esprit. Ma morale serait donc (et je ne sais si, en la dégageant, je ne songe pas involontairement à quelques-uns des beaux esprits d'un temps plus voisin, à quelques-uns des héritiers mêmes de Voltaire), ma morale, c'est qu'en ayant tous nos défauts, le pire de tous encore est de ne pas être sincère, véridique, et de se rompre à mentir. « Le mensonge n'est un vice que quand il fait du mal, écrivait Voltaire à Thieriot; c'est une très-grande vertu quand il fait du bien. » Il ne songeait, en écrivant ainsi, qu'à désavouer son *Enfant prodigue* et à tâcher que l'ouvrage ne passât point pour être de lui : « Si vous avez mis Sauveau du secret, ajoutait-il, mettez-le du mensonge. Mentez, mes amis, mentez, je vous le rendrai dans l'occasion. » Quand on joue ainsi de bonne heure et si gaiement avec le mensonge, il nous devient un instrument trop facile dans toutes nos passions; la calomnie n'est qu'un mensonge de plus; c'est une arme qui tente; tout menteur l'a dans le fourreau, et on ne résiste pas à s'en servir, surtout quand l'ennemi n'en saura rien. Nous nous flattons de valoir beaucoup mieux à cet égard que les chefs de l'École encyclopédique; je crains fort pourtant que dans toutes les coalitions et confédérations d'école, de secte et de parti, les hommes ne se ressemblent aujourd'hui comme alors, et qu'ils ne se permettent, à leur manière et dans leur mesure, autant qu'ils le peuvent et autant qu'ils l'osent, ce que se refusaient si peu Voltaire et d'Alembert. Être sincère et de bonne foi, fût-ce dans notre erreur, ce serait déjà avoir beaucoup fait pour éviter le mal et pour conserver l'honnête homme en nous. Quant à Voltaire, il est impossible, lorsqu'on le connaît bien et qu'on l'a vu en ses divers accès, de le prendre pour autre chose que pour un démon de grâce, d'esprit, et bien souvent aussi (il faut le dire) de bon sens et de raison, pour un élément aveugle et brillant, souvent lumineux, un météore qui ne se conduit pas, plutôt que pour une personne humaine et morale. Je comparerais encore de tels esprits à des arbres dont il faut savoir choisir et savourer les fruits; mais n'allez jamais vous asseoir sous leur ombre (1).

(1) Depuis que ceci est écrit, lisant la Correspondance du grand Frédéric avec Darget (tome XX des *OEuvres de Frédéric le Grand*, Berlin, 1852), j'y trouve des jugements d'une précision définitive et terrible : « Voltaire s'est conduit ici en faquin et en fourbe consommé ; je lui ai dit son fait comme il mérite... Voltaire est le plus méchant fou que j'aie connu de ma vie, il n'est bon qu'à lire... Je suis indigné que tant d'esprit et de connaissances ne rendent pas les hommes meilleurs... Son caractère me console des regrets que j'ai de son esprit... Croiriez-vous bien que Voltaire, après tous les tours qu'il m'a joués, a fait des démarches pour revenir? mais le Ciel m'en préserve ! Il n'est bon qu'à lire, et dangereux à fréquenter, etc., etc. »

Lundi, 15 novembre 1852.

# FRANKLIN

Il y a des noms étrangers qui, à quelques égards, appartiennent ou du moins touchent de près à la France. Le dix-huitième siècle en a plusieurs qui ont été, à certains moments, accueillis et presque adoptés par nous; on en formerait toute une liste depuis Bolingbroke jusqu'à Franklin. En nommant ces deux-là, j'ai nommé deux grands inoculateurs dans l'ordre moral ou philosophique; mais Bolingbroke en exil, et venu au début du siècle, n'a agi que sur quelques-uns, tandis que Franklin, venu tard, et à une époque de fermentation générale, opéra sur un grand nombre. L'histoire des idées et de l'opinion, dans les années qui ont précédé la Révolution française, ne serait pas complète si l'on ne s'arrêtait à étudier Franklin. Je tâcherai de le faire en m'aidant de quelques travaux publiés récemment sur lui, et surtout en l'écoutant directement lui-même (1).

Franklin a écrit ses Mémoires, qu'il n'a malheureusement point achevés. La première partie, adressée à son fils, fut écrite pendant son séjour en Angleterre, en 1771; il y donne son histoire détaillée et intime

(1) Voir la dernière et la seule complète édition de ses OEuvres publiée par M. Jared Sparks à Boston (10 volumes, 1840).

jusqu'à l'âge de vingt-cinq ans. Les grandes affaires, dans lesquelles il fut bientôt engagé de plus en plus, lui ôtant tout loisir, il ne reprit son récit que sur les instances de quelques amis, dans son séjour à Passy, en 1784. Cette seconde partie de ses Mémoires, qui le montre s'occupant des affaires d'intérêt public et du ménage politique de la Pensylvanie, s'étend jusqu'à l'époque de sa première mission en Angleterre (1757), lorsque, âgé déjà de cinquante et un ans, il est chargé par ses compatriotes d'aller y plaider leurs intérêts contre les descendants de Penn, qui abusaient de leurs droits. A partir de là, on n'a plus que des fragments de récits et la Correspondance, laquelle, il est vrai, est aujourd'hui des plus complètes et ne laisse rien à désirer. Toutefois le judicieux, le fin et l'aimable guide ne nous tient plus par la main jusqu'au bout, et cela manque. Les deux parties des Mémoires qu'on possède sont, d'ailleurs, bien suffisantes pour nous donner tout l'homme, et pour faire une des lectures les plus originales et les plus fructueuses qui se puissent procurer dans ce genre familier et tout moderne.

Franklin est un des hommes les mieux nommés, et qui a le plus justifié son nom; car ce mot de *Franklin* signifiait primitivement un homme libre, un franc-tenancier, jouissant dans un petit domaine à lui de la vie naturelle et rurale. Sa famille était originaire du comté de Northampton, et y possédait, au moins depuis trois cents ans, un petit bien auquel se joignait le produit d'une forge. Ces forgerons cultivateurs étaient des protestants de vieille roche; ils étaient restés fidèles au dogme anglican, même sous le règne persécuteur de la reine Marie. Vers la fin du règne de Charles II, un oncle de Franklin et son père adoptèrent les dogmes de quelques prédicants non-conformistes. Le père de Franklin émigra jeune, en 1682, et emmena femme et enfants en Amérique, dans la Nouvelle-Angleterre. Il s'établit à Boston. Benjamin Franklin y naquit le 17 janvier 1706, le dernier garçon de sa nombreuse famille; il n'avait que deux sœurs plus jeunes que lui, et en tout seize frères ou sœurs de deux lits différents. Son père, qui était teinturier en Angleterre, s'était fait à Boston fabricant de chandelles et de savon. Il avait d'abord pensé à consacrer Benjamin au service de l'Église, comme étant *la dîme* de sa famille; mais, son peu de fortune s'y opposant, il le mit simplement dans son état, l'occupant à couper des mèches et à remplir des moules de suif. Le jeune Franklin avait un goût prononcé pour la marine; il y eût trouvé une carrière bien propre à exercer ses qualités de hardiesse, de prudence et d'observation continuelle. Son père s'y opposa. Ce père, simple artisan, était, au dire de son fils, un homme de grand sens et d'un esprit solide, bon juge en toute matière d'intérêt privé ou général qui demandait de la prudence. Son avis comptait pour beaucoup, et les personnages du pays ne se faisaient faute, au besoin, de le consulter. Il mourut à quatre-vingt-neuf ans, et la mère de Franklin mourut à quatre-vingt-cinq. Benjamin, dans son humble sphère première, tenait donc d'une forte et saine race; il en fut le rejeton émancipé, et il la perfectionna en lui.

Cette émancipation de son intelligence semble n'avoir souffert aucune gêne ni aucun retard. Il avait dès l'enfance un goût passionné pour la lecture; la bibliothèque de son père, on peut le croire, n'était guère riche ni bien fournie; elle consistait surtout en livres de polémique religieuse. Il les lut; il lut surtout les Vies de Plutarque, qui, par un heureux hasard, s'y étaient mêlées. Il acheta quelques livres de voyages; un peu plus tard, un volume dépareillé du *Spectateur* d'Addison lui tomba sous la main et lui servit à se former au style. Moitié souvenir, moitié invention, il essayait ensuite de traiter à sa manière quelques-uns des mêmes sujets ; puis, en comparant avec l'original, il corrigeait ses fautes, et il lui semblait même quelquefois que, sur des points de détail, il n'était pas toujours battu.

Quand il lisait ce volume dépareillé du *Spectateur*, il n'était plus dans la boutique de son père. Celui-ci voyant son dégoût pour l'état de fabricant de chandelles, et après avoir essayé de le diriger vers quelque profession mécanique proprement dite (menuisier, tourneur, etc.), le fit engager comme apprenti chez un autre de ses fils imprimeur. Benjamin avait douze ans, et il devait y rester jusqu'à vingt et un. Son grand souci cependant était de se procurer des livres et de se ménager du temps pour les lire, tout en faisant exactement son travail. Ayant lu vers l'âge de seize ans un livre qui recommandait de se nourrir exclusivement de végétaux, il voulut essayer de cette diète toute végétale comme plus philosophique et plus économique. Tandis que ses compagnons étaient hors de l'imprimerie pour prendre leur repas, il y faisait vite le sien qu'il préparait frugalement de ses mains, et il lisait le reste du temps, se formant à l'arithmétique, aux premiers éléments de géométrie, lisant surtout Locke sur *l'Entendement humain*, et *l'Art de Penser* de Messieurs de Port-Royal.

Jamais esprit plus vigoureux et plus sain ne s'éleva à moins de frais lui-même, et ne réagit sur lui d'une façon plus libre, avec moins de préjugés d'école. Qu'on se représente ce que pouvait être Boston ou toute autre ville de l'Amérique du Nord à cette date. Il y avait tel État où les quakers faisaient à peu près le tiers de la population ; les diverses sectes presbytériennes ou chrétiennes dissidentes avaient la majorité. Dès le premier regard qu'il porta autour de lui sur ces congrégations plus ou moins émanées de Calvin, Franklin ne put en accepter les dogmes anti-naturels et écrasants; il fut esprit-fort et déiste, et d'abord il le fut avec ce premier feu et ce besoin de prosélytisme qu'a aisément la jeunesse. Il aimait les disputes sur ces matières et y aiguisait sa subtilité dialectique; mais il s'efforça peu à peu de s'en corriger. S'étant procuré les *Dits mémorables* de Socrate par Xénophon, il y prit plaisir et s'appliqua à en reproduire la méthode; il avoue que ce ne fut point sans en abuser quelquefois. Il s'amusait à tirer de celui avec qui il causait des concessions dont l'interlocuteur ne prévoyait pas les conséquences, et il triomphait bientôt de l'embarras inextricable où il l'avait mis. Un des maîtres imprimeurs chez qui il travailla plus tard à Philadelphie (Keimer) y avait été pris si souvent, qu'il se refusait vers la fin à répondre aux questions les plus simples de Franklin avant de lui demander d'abord : « Que prétendez-vous en conclure? » Cette méthode un peu scotique et sophistique, à laquelle Socrate lui-même ne me paraît pas avoir entièrement échappé, fut un des travers de jeunesse de Franklin; il s'en guérit peu à peu, se bornant à garder volontiers dans l'expression de sa pensée la forme dubitative et à éviter l'apparence dogmatique. Il avait beaucoup réfléchi sur la manière de prendre les hommes dans leur propre intérêt, et il avait reconnu qu'il ne faut pas pour cela sembler trop certain et trop assuré de son opinion; les hommes agréent plus aisément et consentent mieux à recevoir de vous ce qu'ils peuvent croire avoir trouvé en partie eux-mêmes.

Montesquieu, dans les *Lettres Persanes*, a parlé d'un de ces personnages au ton tranchant et absolu comme nous en connaissons encore : « Je me trouvai l'autre jour, écrit Rica à Usbek, dans une compagnie où je vis un homme bien content de lui. Dans un quart d'heure il décida trois questions de morale, quatre problèmes historiques, et cinq points de physique. Je n'ai jamais vu un *décisionnaire* si universel. » Franklin était tout le contraire de cet homme-là ; il avait fini par supprimer dans son vocabulaire ces mots *Certainement, Indubitablement :* « J'adoptai en place, dit-il, *Je conçois, Je présume, J'imagine* que telle chose est ainsi ou ainsi ; ou bien *Cela me paraît ainsi quant à présent.* Lorsqu'un autre avançait quelque chose que je croyais une erreur, je me refusais à moi-même le plaisir de le contredire brusquement et de démontrer à l'instant quelque absurdité dans sa proposition ; et, en répondant, je commençais par faire observer que, dans certains cas ou circonstances, son opinion pouvait être juste, mais que, dans le cas présent, *il me paraissait, il me semblait* qu'il y avait quelque différence, etc. J'éprouvai bientôt l'avantage de ce changement de ton. Les conversations où j'entrais en étaient plus agréables ; la manière modeste dans laquelle je proposais mes opinions leur procurait un plus facile accueil et moins de contradiction ; j'avais moins de mortification moi-même quand je me trouvais dans mon tort, et je venais plus à bout de faire revenir les autres de leurs erreurs et de les faire tomber d'accord avec moi quand je me trouvais avoir raison. Et cette méthode, que je n'adoptai pas d'abord sans faire quelque violence à mon inclination naturelle, me devint à la longue aisée et si habituelle que, peut-être, depuis ces cinquante dernières années, personne n'a jamais entendu une expression dogmatique échapper de ma bouche. » Il attribue à cette précaution, après son caractère reconnu d'intégrité, le crédit qu'il obtint auprès de ses compatriotes dans ses diverses propositions d'intérêt public. Il nous dit son secret ; l'artifice est simple et innocent, il vient primitivement de Socrate; gardons-nous de le confondre, dans aucun cas, avec le mensonge d'Ulysse.

Le frère de Franklin commença vers 1720 ou 1721 à imprimer un Journal; c'était le second qui paraissait en Amérique. Benjamin, qui le voyait faire, qui entendait causer ceux qui y contribuaient de leur plume, et qui lui-même travaillait à l'imprimer, eut l'idée de donner quelques articles; mais, sentant bien qu'on les refuserait avec dédain à cause de sa jeunesse, si on l'en savait l'auteur, il les fit arriver d'une manière anonyme et en déguisant son écriture. Les articles réussirent; il en jouit intérieurement, et retint assez longtemps son secret jusqu'à ce qu'il eût épuisé ce qu'il avait à dire. Cependant son frère fut arrêté et emprisonné par ordre du président de l'Assemblée générale du pays pour avoir inséré un article politique d'opposition : il ne fut relâché que moyennant défense de continuer à imprimer son Journal. Il éluda cette défense en passant le Journal sous le nom de son frère, le jeune Benjamin, auquel il remit à cet effet, et pour la forme, son brevet d'apprentissage avec libération; il fut convenu toutefois, par un nouvel engagement destiné à rester secret, que Benjamin continuerait de le servir comme apprenti jusqu'au terme primitivement convenu. Ici, nous trouvons l'aveu d'une faute de Franklin, et ce qu'en son langage d'imprimeur il appelle l'un des premiers errata de sa vie. Maltraité par son frère, qui était violent et qui en venait quelquefois aux coups, en l'un de ces jours de querelle il résolut de le quitter, et il s'autorisa pour cela du certificat d'acquittement, sachant bien qu'on n'oserait produire contre lui le second engagement secret.

Les aveux que Franklin nous fait de ses fautes (et nous en trouvons trois ou quatre dans ces années de jeunesse) ont un caractère de sincérité et de simplicité qui ne laisse aucun doute sur la disposition qu'il exprime. Quand Rousseau, dans ses *Confessions*, nous fait de tels aveux, il s'en vante presque, au même moment où il s'en accuse. Franklin, qui n'a, du reste, à se reprocher que des fautes assez légères, s'accuse moins fort et ne se vante pas du tout. Il dit d'une manière charmante, au début de ses Mémoires, que, si la Providence lui en laissait le choix, « il n'aurait aucune objection pour recommencer la même carrière de vie depuis le commencement jusqu'à la fin, réclamant seulement l'avantage qu'ont les auteurs de corriger dans une seconde édition les fautes de la première. »

Au sortir de l'imprimerie de son frère, ne pouvant trouver d'ouvrage à Boston, il part pour New-York, et de là pour Philadelphie, qui va devenir sa patrie d'adoption. Il y arrive dans un assez piteux état, en habit d'ouvrier, mouillé par la pluie, ayant ramé durant la traversée; il ne lui restait que bien peu d'argent en poche, et il voulut pourtant payer son passage aux bateliers. Ceux-ci refusèrent d'abord, disant qu'il avait payé en ramant; il insista pour donner son shilling de cuivre : « L'homme, remarque-t-il, est quelquefois plus généreux quand il a peu d'argent que quand il en a beaucoup: peut-être pour empêcher qu'on ne soupçonne qu'il n'en a que peu. » Il fit son entrée dans la ville, tenant trois gros pains qu'il venait d'acheter, un sous chaque bras, et mangeant à même du troisième; il passa ainsi devant la maison de sa future femme, miss Read, qui était à sa porte, et qui lui trouva l'air un peu extraordinaire. Il avait dix-sept ans, et le voilà seul à faire son chemin dans le monde.

Il entra chez un des deux imprimeurs de la ville, et reconnut bientôt que ces deux imprimeurs entendaient peu leur métier. Il fut remarqué du gouverneur, sir William Keith. En ces pays neufs, il y a moins de dislance entre les classes que dans les pays anciens. Ce gouverneur, qui semble le prendre en gré, lui fait de belles promesses et de grandes offres sous main pour l'engager à s'établir à son compte. Après un an de séjour, Franklin va faire une visite à Boston pour obtenir de son père la permission de s'établir; il est bien vêtu, il a de l'argent en poche et le fait sonner devant ses anciens compagnons d'imprimerie dans une visite à son frère, qui ne le lui pardonne pas. Le père de Franklin, qui ne le trouve pas assez mûr, et qui se méfie d'un certain penchant qu'il lui suppose pour le pamphlet et pour la satire, résiste à la lettre du gouverneur Keith, mais permet toutefois à son fils de retourner à Philadelphie. Franklin y retourne et, tout en restant ouvrier imprimeur, il continue de se former à l'étude, à la composition littéraire; il se lie avec les jeunes gens de la ville qui aiment comme lui la lecture; il fait un peu la cour à miss Read; puis, tenté de nouveau par les promesses du gouverneur, qui lui parle sans cesse d'un établissement, il se décide à faire le voyage d'Angleterre pour y acheter le matériel d'une petite imprimerie.

Il s'embarque pour ce premier voyage d'Angleterre à la fin de l'année 1724; il n'avait pas dix-neuf ans. Il trouve en arrivant que les prétendues lettres de recommandation du gouverneur Keith ne sont que des leurres et des mystifications. Il entre dans une grande imprimerie, chez Palmer, puis chez Watts, s'y perfectionne dans son métier, cherche à y moraliser ses compagnons, à leur inculquer une meilleure hygiène, un régime plus sain, et à les prêcher d'exemple. Il voit cependant quelques gens de lettres; en *composant*, comme imprimeur, un livre sur la *Religion naturelle* de Wollaston, il a l'idée d'écrire une petite Dissertation métaphysique pour le réfuter en quelques points. Cet ouvrage, tiré à un petit nombre d'exemplaires, le met en relation avec quelques esprits-forts. Bref, dans ce séjour de dix-huit mois à Londres, il se lance en plus d'un sens, il fait quelques écoles, mais aussi il se mûrit vite dans la connaissance pratique des hommes et de la vie.

En partant de Philadelphie, il avait échangé des promesses avec miss Read qu'il comptait épouser. Une des erreurs, un des *errata* de sa vie, c'est que, dans les premiers temps de son séjour à Londres, il écrit une seule lettre à cette jeune et digne personne, et pour lui annoncer qu'il n'est pas probable qu'il retournera à Philadelphie de sitôt : il résulta de cette indifférence que la jeune fille, sollicitée par sa mère, se maria à un autre homme, fut d'abord très-malheureuse, et que Franklin ne l'épousa que quelques années plus tard, lorsqu'on eut fait rompre ce premier mariage et qu'elle eut recouvré sa liberté.

Ici une réflexion commence à naître. Il manque à cette nature saine, droite, habile, frugale et laborieuse de Franklin un idéal, une fleur d'enthousiasme, d'amour, de tendresse, de sacrifice, tout ce qui est la chimère et aussi le charme et l'honneur des poétiques natures. Dans ce que nous allons dire de lui, nous ne prétendons nullement le diminuer ou le rabaisser, mais simplement le définir. Prenons-le en amour. Jeune, il n'éprouve aucun sentiment irrésistible ni entraînant; il voit miss Read ; elle lui convient, il conçoit pour elle du respect et de l'affection, mais le tout subordonné à ce qui est possible et raisonnable. Arrivé en Angleterre et nonobstant les promesses échangées, il doute de pouvoir les réaliser, et il la prévient honnêtement, sans autrement s'en chagriner beaucoup : « Dans le fait, dit-il par manière d'excuse, les dépenses que j'étais obligé de faire me mettaient dans l'impossibilité de payer mon passage. » Lorsque plus tard il sera de retour à Philadelphie, déjà établi, et qu'il verra miss Read triste, mélancolique, veuve ou à peu près, il reviendra à elle, mais seulement après avoir manqué lui-même un autre mariage, et parce que l'état de célibat lui paraît plein de vices et d'inconvénients (1). Il cherchera à corriger de son mieux sa première faute, et il y réussira. Marié à vingt-quatre ans, il trouvera en elle durant des années une tendre et fidèle compagne, et qui l'aidera beaucoup dans le travail de sa boutique. C'est l'idéal; ne lui demandez pas davantage. Vieux, ayant passé une journée, à Auteuil, à dire des folies avec madame Helvétius, à lui conter qu'il voulait l'épouser et qu'elle était bien dupe de vouloir être fidèle à feu son mari le philosophe Helvétius, Franklin écrit le lendemain matin de Passy, à sa voisine, une très-jolie lettre, dans laquelle il suppose qu'il a été transporté en songe dans les Champs-Élysées; il y a trouvé Helvétius en personne, qui s'y est remarié, et qui paraît très-étonné que son ancienne compagne prétende lui être fidèle sur la terre. Pendant qu'il cause agréablement avec Helvétius, survient la nouvelle madame Helvétius apportant le café qu'elle vient de préparer : « A l'instant, continue l'enjoué vieillard, je l'ai reconnue pour madame Franklin, mon ancienne amie américaine. Je l'ai réclamée, mais elle me disait froidement : J'ai été votre bonne femme quarante-neuf années et quatre mois, presque un demi-siècle: soyez

---

(1) « Le mariage, après tout, est l'état naturel de l'homme. Un garçon n'est pas un être humain complet : il ressemble à la moitié dépareillée d'une paire de ciseaux qui n'a pas encore trouvé son autre branche, et qui, par conséquent, n'est pas même à moitié aussi utile que les deux pourraient l'être ensemble. » (Lettre de Franklin à M. Jourdan, du 18 mai 1787.) Il a redit la même pensée, à quelques variantes près, à toutes les époques de sa vie.

content de cela. J'ai formé ici une nouvelle connexion qui durera à l'éternité. — Mécontent de ce refus de mon Eurydice, j'ai pris tout de suite la résolution de quitter ces ombres ingrates, et de revenir en ce bon monde revoir le soleil et vous. Me voici : vengeons-nous. » Tout cela est gai, d'une douce et piquante plaisanterie de société, mais le fond du sentiment s'y découvre.

Il y a une fleur de religion, une fleur d'honneur, une fleur de chevalerie, qu'il ne faut pas demander à Franklin. Il n'est pas obligé de comprendre la chevalerie par exemple, et il ne se donne non plus aucune peine pour cela. Quand il s'agira de fonder l'Ordre de Cincinnatus, il y sera opposé avec grande raison, mais il ne fera aucune réserve en faveur de la chevalerie, considérée historiquement et dans le passé. Il oubliera lord Falckland, ce chef-d'œuvre de la délicate et galante morale entée sur l'antique loyauté. Il appliquera à l'examen de la chevalerie une méthode d'*arithmétique morale* qu'il aime à employer, et partant de ce principe « qu'un fils n'appartient qu'à moitié à la famille de son père, l'autre moitié appartenant à la famille de sa mère, » il prouvera par chiffres qu'en neuf générations, à supposer une pureté de généalogie intacte, il ne reste dans la personne qui hérite du titre de chevalier que la *cinq cent douzième* partie du noble ou chevalier primitif. C'est ainsi qu'il ramène tout à l'arithmétique et à la stricte réalité, sans faire sa part à l'imagination humaine.

De même pour la religion. Il y reviendra, après ses premières licences, d'une manière sincère et touchante : je ne sais aucun déiste qui témoigne un sentiment de foi plus vif que Franklin; il paraît croire, en toute occasion, à une Providence véritablement présente et sensible; mais là encore, qu'est-ce qui a le plus contribué à le ramener? Ç'a été de voir que, dans le temps où il était décidément esprit-fort, il a manqué à la fidélité d'un dépôt, et que deux ou trois autres libres penseurs de sa connaissance se sont permis des torts d'argent ou de droiture à son égard : « Je commençai à soupçonner, dit-il, que cette doctrine, bien qu'elle pût être vraie, n'était pas très-profitable. » Il revient donc à la religion elle-même par l'utilité. L'utile en tout est volontiers sa mesure.

Franklin est par nature au-dessus de tous les soucis des Childe-Harold, au-dessus de toutes les susceptibilités des Chateaubriand. Nous autres qui sommes de race française et prompte, nous voudrions qu'il en eût quelque peu en lui. Le dévouement d'un chevalier d'Assas, la passion d'un chevalier Des Grieux, la poésie de *Parisina* où d'Ariel, tout cela se tient dans la pensée, et il nous semble, au moins dans la jeunesse, que c'est manquer d'ailes et d'essor que de ne point passer à volonté d'un de ces mondes à l'autre. Voyons Franklin pourtant tel qu'il est dans sa beauté morale et dans sa juste stature. Cet homme judicieux, ferme, fin, entendu, honnête, sera inébranlable quand l'injustice l'atteindra lui et ses compatriotes. Il fera tout pendant des années, auprès de la mère-patrie, pour éclairer l'opinion et conjurer les mesures extrêmes ; jusqu'au dernier moment, il s'efforcera d'atteindre à une réconciliation fondée sur l'équité; un jour qu'un des hommes influents de l'Angleterre (lord Howe) lui en laissera entrevoir l'espérance à la veille même de la rupture, on verra une larme de joie humecter sa joue : mais, l'injustice s'endurcissant et l'orgueil obstiné se bouchant les oreilles, il sera transporté de la plus pure et de la plus invincible des passions; et lui qui pense que *toute paix est bonne*, et que *toute guerre est mauvaise*, il sera pour la guerre alors, pour la sainte guerre d'une défense patriotique et légitime.

Dans l'ordre habituel de la vie, Franklin reste le plus gracieux, le plus riant et le plus persuasif des utilitaires. « J'approuve, pour ma part, qu'on s'amuse de temps en temps à la poésie, dit-il, autant qu'il faut pour se perfectionner le style, mais pas au delà. » Il a pourtant lui-même, sans y songer, des formes d'imagination et des manières de dire qui font de lui non-seulement le philosophe, mais quelquefois le poëte du sens commun. Dans un petit Journal de voyage écrit à l'âge de vingt ans (1726), pendant son retour de Londres à Philadelphie, parlant de je ne sais quelle peinture atroce qu'on lui fait d'un ancien gouverneur de l'île de Wight : « Ce qui me surprit, dit-il, ce fut que le vieux bonhomme de concierge qui me parlait de ce gouverneur eût une si parfaite notion de son caractère. En un mot, je crois qu'il est impossible qu'un homme, eût-il toute la ruse d'un démon, puisse vivre et mourir comme un misérable, et pourtant le cacher si bien qu'il emporte au tombeau la réputation d'un honnête homme. Il arrivera toujours que, par un accident ou un autre, il se démasquera. La vérité et la sincérité ont un certain lustre naturel distinctif qui ne peut jamais bien se contrefaire; *elles sont comme le feu et la flamme, qu'on ne saurait peindre.* »

Indiquant un moyen d'économie pour avoir toujours de l'argent dans sa poche, moyen qui consiste, indépendamment du conseil fondamental du travail et de la probité, « à dépenser toujours un sou de moins que le bénéfice net, » il ajoute : « Par là ta poche si plate commencera bientôt à s'enfler et n'aura plus jamais à crier qu'elle a le ventre vide. Tu ne seras pas insulté de tes créanciers, pressé par le besoin, rongé par la faim, transi par la nudité. *L'horizon tout entier brillera plus vivement à tes regards, et le plaisir jaillira dans chaque recoin de ton cœur.* » Si jamais la doctrine de l'économie est arrivée, à force de contentement et d'allégresse, à une sorte de poésie familière d'expression, c'est dans Franklin qu'il la faut chercher. Une chaleur intérieure de sentiment anime sa prudence; un rayon de soleil éclaire et égaie sa probité.

Franklin revient de ce premier voyage d'Angleterre à Philadelphie, et, après quelques essais encore, il s'y établit imprimeur à vingt et un ans (1727), d'abord avec un associé et bientôt seul. Il nous fait en quelque sorte son inventaire moral à ce moment décisif de sa vie; il y énumère ses principes dont il ne se départira jamais : « Je demeurai convaincu que la *vérité*, la *sincérité* et l'*intégrité* dans les relations entre les hommes étaient de la dernière importance pour la félicité de la vie, et je formai la résolution écrite, qui est toujours consignée dans mon livre-journal, de les pratiquer tant que je vivrais. » A cette probité réelle et fondamentale, Franklin tenait aussi à joindre le profit social légitime qui en revient; mais, en remarquant les petites adresses et les petites industries qu'il mettait à se rendre de plus en plus vertueux au dedans et à être de plus en plus considéré au dehors, on ne saurait jamais séparer chez lui l'apparence d'avec la réalité. C'était, si l'on veut, le plus fin et le plus prudent des honnêtes gens, mais aussi le moins hypocrite des hommes.

« Afin d'assurer, dit-il, mon crédit et ma réputation comme commerçant, je pris soin non-seulement d'être *en réalité* laborieux et économe, mais aussi d'éviter les apparences du contraire. Je m'habillais simplement, et on ne me voyait dans aucun des lieux de réunion oisive. Je ne faisais jamais de parties de pêche ni de chasse : il est bien vrai qu'un livre me débauchait quelquefois de mon travail, mais c'était rarement, c'était au logis et sans donner de scandale. Et pour montrer que je n'étais pas au-dessus de mon métier, j'apportais quelquefois à la maison le papier que j'avais acheté dans les magasins, à travers les rues, sur une brouette. » On a quelquefois cité cette brouette de Franklin par contraste avec sa destinée future ; mais, on le voit, elle était plutôt, de sa part, une petite adresse très-légitime qu'une nécessité de sa position.

En même temps, Franklin formait un club composé des jeunes gens instruits de sa connaissance, pour s'entretenir et s'avancer dans la culture de l'esprit et la recherche de la vérité. Après avoir donné quelques articles dans le Journal déjà existant à Philadelphie, il ne tarda pas à avoir lui-même sa Gazette, dont il était l'imprimeur, et à disposer ainsi des principaux moyens d'influence et de civilisation dans la ville et dans la province.

Pour juger Franklin littérateur, économiste et auteur de différentes inventions utiles, il convient de se bien représenter ce jeune homme à sa date et à sa place, au milieu de ses compatriotes si rudes, si inégalement instruits et si peu faits à tous les arts de la vie. Franklin parmi eux apparaît comme un éducateur infatigable et un civilisateur. Dans les premiers articles qu'il donnait une fois par semaine dans les Gazettes du lieu, il s'efforçait de polir les mœurs, les usages, de corriger les mauvaises et inciviles habitudes, la grosse plaisanterie, les visites trop longues et importunes, les préjugés populaires superstitieux et contraires aux bonnes pratiques. Il ne faut point demander à ces Essais une portée générale qu'ils n'ont pas. Plus tard, dans les relations diplomatiques, lord Shelburne, traitant avec Franklin, observait que son caractère principal en affaires était « de ne point s'embarrasser de faire naître les événements, mais seulement de bien profiter de ceux qui arrivaient ; » et il lui reconnaissait la science de la *médecine expectative*. Dans la première partie de sa vie, bien qu'il paraisse plein d'inventions et un grand promoteur en toute matière d'utilité publique, Franklin ne l'est jamais que dans la mesure immédiate qui est applicable; il ne sort point du cadre; il est avant tout pratique.

« Chose étonnante! a remarqué un des écrivains de l'école de Franklin (1), une des passions que l'homme a le moins et qu'il est le plus difficile de développer en lui, c'est la passion de son bien-être. » Franklin fit tout pour l'inoculer à ses compatriotes, pour leur faire prendre goût à ces premiers arts utiles et pour améliorer la vie. Il ne contribua pas seulement à fonder par souscription la première bibliothèque commune, la première société académique (qui deviendra l'Université de Philadelphie), le premier hôpital; il leur apprenait à se chauffer au logis par des poêles économiques, à paver leurs rues, à les balayer chaque matin, à les éclairer de nuit par des réverbères de forme commode. Ce qu'il n'invente pas directement, il le perfectionne, et l'idée, en passant par lui, devient à l'instant plus ingénieuse et plus simple. En entrant dans des détails si minutieux, il sent le besoin de s'excuser, mais il pense que rien n'est à dédaigner de ce qui sert à tout le monde et tous les jours : « Le bonheur des hommes est moins le résultat de ces grands lots de bonne fortune qui arrivent rarement, que de mille petites jouissances qui se reproduisent tous les jours. » Pendant ces années de sa jeunesse et de la première moitié de sa vie, il ne se fait pas un seul projet d'intérêt public en Pensylvanie sans qu'il y mette la main. Ses compatriotes le savaient bien, et, lorsqu'on leur proposait quelque nouvelle entreprise par souscription, le premier mot était : « Avez-vous consulté Franklin? qu'est-

---

(1) M. Charles Dunoyer.

ce qu'il en pense? » Et lui, avant de rien proposer directement, avait soin d'y préparer l'esprit public en en écrivant quelque chose là-dessus dans sa Gazette. Il évitait pourtant de signer et de mettre son nom en avant, afin de ménager l'amour-propre des autres. Jamais on n'a mieux usé du journal, ni plus salutairement que lui. En tout, il était rusé pour le bien. Le conseiller, l'instituteur et le bienfaiteur de la cité, voilà, en résumé, son rôle avant la collision des colonies avec la métropole.

Avec cela il a soin de nous avertir que cette application au bien général se faisait sans dommage pour ses intérêts particuliers; il ne croit nullement que la première condition pour bien faire les affaires du public soit de commencer par mal faire les siennes propres. Il arrivait, par une voie laborieuse, à une fortune honnête et à une indépendance qui allait le mettre en état de se livrer à ses goûts pour l'étude et pour les sciences.

Franklin eut, pendant toute sa vie, une marche constante, progressive, et qui tenait à un plan invariable. Vers l'âge de vingt-quatre ans, il conçut le projet hardi et difficile de parvenir à la *perfection morale*; et, pour y atteindre, il s'y prit comme un physicien habile qui, moyennant des procédés très-simples et de justes mesures qu'il combine, obtient souvent de très-grands résultats. Il nous a exposé en détail sa méthode presque commerciale, son *livret* des treize vertus (*tempérance, silence, ordre, résolution, économie,* etc.), et le petit tableau synoptique sur lequel il *pointait* ses fautes chaque jour de la semaine, s'occupant chaque semaine plus spécialement d'une seule vertu, puis passant à une autre, de manière à en faire un cours complet en treize semaines, ce qui faisait juste quatre cours de vertu par an. « Et de même, dit-il, que celui qui a un jardin à sarcler n'entreprend point d'arracher toutes les mauvaises herbes à la fois (ce qui excéderait sa portée et sa force), mais travaille sur un seul carré d'abord, et, ayant fini du premier, passe à un second, de même j'espérais bien avoir l'encourageant plaisir de voir sur mes pages le progrès fait dans une vertu, à mesure que je débarrasserais mes lignes de leurs mauvais points, jusqu'à ce qu'à la fin, après un certain nombre de tours, j'eusse le bonheur de voir mon livret clair et net. »

Il nous est difficile de ne pas sourire en voyant cet *art de vertu*, ainsi dressé par lui pour son usage individuel, et en l'entendant nous dire que de plus, à cette même époque, il avait conçu le plan de former, parmi les hommes de toutes les nations, un *parti uni pour la vertu*. Franklin eut là son coin de chimère et d'ambition morale excessive, dont les hommes les plus pratiques ne sont pas toujours exempts. Il était très-frappé de ce que peut faire de prodigieux changements dans le monde un seul homme d'une capacité raisonnable, quand il s'applique avec suite et fixité à son objet, et quand il *s'en fait une affaire*. A ses heures de spéculation, il laissait volontiers aller sa pensée, tant dans l'ordre moral que dans l'ordre physique, à des conjectures et à des hypothèses très-hardies et très-lointaines. Mais, pour lui qui maîtrisait ses passions et qui se gouvernait par prudence, ces sortes d'aventures d'un moment et d'échappées à travers l'espace n'avaient point d'inconvénients; il revenait dans la pratique de chaque jour à l'expérience et au possible : ce que ses disciples, nous le verrons, ne firent pas toujours.

Rien donc ne vint à la traverse de ses premiers projets d'amélioration si bien calculés pour l'état social et moral de ses compatriotes. Parmi ses moyens d'action, il faut mettre les *Almanachs* qu'il publia, à partir de

1732, sous le nom de *Richard Saunders,* autrement dit *le Bonhomme Richard.* Franklin avait naturellement ce don populaire de penser en proverbes et de parler en apologues ou paraboles. Je ne rappellerai parmi les proverbes qu'il a frappés et mis en circulation que les plus connus :

« L'oisiveté ressemble à la rouille, elle consume plus vite que le travail n'use. La clef dont on se sert est toujours claire. »

« Pour peu que vous aimiez la vie, ne gaspillez pas le temps, car c'est l'étoffe dont la vie est faite. »

« Un laboureur sur ses jambes est plus haut qu'un gentilhomme à genoux. »

« Si vous êtes laborieux, vous ne mourrez jamais de faim : car la faim peut bien regarder à la porte de l'homme qui travaille, mais elle n'ose y entrer. »

« Le second vice est de mentir, le premier est de s'endetter. Le mensonge monte à cheval sur la dette. »

« Le carême est bien court pour ceux qui doivent payer à Pâques. »

« L'orgueil est un mendiant qui crie aussi haut que le besoin, et qui est bien plus insolent. »

« La pauvreté prive souvent un homme de tout ressort et de toute vertu : il est difficile à un sac vide de se tenir debout. »

Plus d'un de ces proverbes, par le sens comme par le tour, rappelle Hésiode ou La Fontaine, mais surtout Hésiode parlant en prose et à la moderne, chez une race rude et positive, que n'avaient pas visitée les Muses.

Quant aux apologues et aux contes, c'était une forme habituelle chez Franklin; tout lui fournissait matière ou prétexte. Dans sa vieillesse, il ne parlait même un peu de suite que quand il faisait des contes. Il y en a quelques-uns qui, écrits, peuvent sembler un peu enfantins; il y en a d'autres agréables; mais la plupart perdent à ne plus être sur sa lèvre à demi souriante. — En voici un, entre les deux, qui peut donner idée des autres :

« La dernière fois que je vis votre père, écrivait-il, vieux, à l'un de ses amis de Boston (le docteur Mather), c'était au commencement de 1724, dans une visite que je lui fis après ma première tournée en Pensylvanie. Il me reçut dans sa bibliothèque ; et, quand je pris congé de lui, il me montra un chemin plus court pour sortir de la maison à travers un étroit passage, qui était traversé par une poutre à hauteur de tête. Nous étions encore à causer comme je m'éloignais, lui m'accompagnant derrière, et moi me retournant à demi de son côté, quand il me dit vivement : « Baissez-vous ! baissez-vous ! » Je ne compris ce qu'il voulait me dire que lorsque je sentis ma tête frapper contre la poutre. C'était un homme qui ne manquait jamais une occasion de donner une leçon utile, et là-dessus il me dit : « Vous êtes jeune, et vous avez le monde devant vous ; baissez-vous pour le traverser, et vous vous épargnerez plus d'un bon choc. » Cet avis, ainsi inculqué, m'a été fréquemment utile, et j'y pense souvent quand je vois l'orgueil mortifié et les mésaventures qui arrivent aux gens pour vouloir porter la tête trop haute. »

Il commença à entrer dans les affaires publiques proprement dites en 1736, à l'âge de trente ans, en qualité de secrétaire de l'Assemblée générale. C'était une place pour lui très-importante en elle-même, et en raison des affaires d'impression qu'elle lui procurait. La première année il fut choisi sans opposition ; mais, à la seconde, un membre influent parla contre lui, et il s'annonçait comme devant le contrecarrer à l'avenir. Franklin imagina un moyen de le gagner sans sollicitation ni bassesse, et ce moyen, ce fut de se faire rendre un petit service par lui : « Ayant appris, dit-il, qu'il avait dans sa bibliothèque un certain livre très-rare et curieux, je lui écrivis un mot où je lui exprimais mon désir de parcourir ce volume, et où je demandais qu'il me fît la faveur de me le prêter pour peu de jours : il me l'envoya immédiatement, et je le lui renvoyai au bout d'une semaine avec un autre billet qui lui exprimait vivement ma reconnaissance pour cette faveur. La prochaine fois que nous nous rencontrâmes à la Chambre, il me parla (ce qu'il n'avait jamais fait auparavant), et avec beaucoup de civilité ; et il témoigna toujours depuis un empressement à me servir en toute occasion, si bien que nous devînmes grands amis, et que notre amitié dura jusqu'à sa mort. C'est une nouvelle preuve de la vérité d'une vieille maxime que j'avais apprise, et qui dit : *Celui qui vous a une fois rendu un service sera plus disposé à vous en rendre un autre, que celui que vous avez obligé vous-même.* »

C'est par ces degrés de sagacité morale, de sagesse de conduite, de rectitude et d'adresse, d'amour du bien public et de bonne entente de toutes choses, que Franklin se préparait peu à peu, et sans le savoir, au rôle considérable que lui réservaient les événements. Si digne d'estime qu'il fût parmi les siens, il eût pourtant été difficile de deviner en lui, à cette date, celui dont lord Chatham un jour, pour le venger d'une injure, parlera si magnifiquement à la Chambre des lords, comme d'un homme « qui faisait honneur non-seulement à la nation anglaise, mais à la nature humaine. »

Lundi, 2 novembre 1852.

# FRANKLIN

(SUITE.)

Les *Mémoires* de Franklin sont d'une lecture pleine d'intérêt pour tous ceux qui ont eu les débuts laborieux, qui ont éprouvé de bonne heure les difficultés des choses et le peu de générosité des hommes, qui ne se sont pourtant ni aigris ni posés en misanthropes et en vertueux méconnus, ni gâtés non plus et laissés aller à la corruption intéressée et à l'intrigue, qui se sont également préservés du mal de Jean-Jacques et du vice de Figaro, mais qui, sages, prudents, avisés, partant d'un gain pénible et loyal, mettant avec précaution, et avec hardiesse quand il le faut, un pied devant l'autre, sont devenus, à divers degrés, des membres utiles, honorables, ou même considérables, de la grande association humaine; pour ceux-là et pour ceux que les mêmes circonstances attendent, ces *Mémoires* sont d'une observation toujours applicable et d'une vérité qui sera toujours sentie.

Je n'écris point la vie de Franklin; elle est écrite par lui-même, et, là où il s'arrête, il faut en chercher la continuation dans l'excellent complément qu'a publié M. Sparks et qu'on ferait bien de traduire. Je tiens pourtant à montrer le philosophe et le politique américain dans ses conditions antérieures, avec son existence déjà si remplie avant son arrivée et sa faveur en France, avant qu'il embrasse Voltaire. C'est seulement ainsi qu'on sentira combien diffèrent ces deux hommes et les deux races qu'ils représentent.

Franklin avait près de soixante et onze ans quand il vint en France à la fin de 1776. Il en avait cinquante et un quand ses compatriotes de Philadelphie le choisirent pour être leur agent en Angleterre, en 1757. C'était le second voyage qu'il y faisait. La première fois qu'il était allé à Londres, ç'avait été en 1724, comme simple ouvrier imprimeur, et il y était resté dix-huit mois. Cette seconde fois, en 1757, Franklin y paraissait comme un homme des plus distingués de son pays, et déjà connu en Europe par ses expériences sur l'électricité, qui dataient de dix ans. La mission dont ses compatriotes le chargèrent, et qu'il ne faut pas confondre avec la seconde mission politique dont il sera chargé en 1764, était toute provinciale et particulière. Penn, le colonisateur et le législateur de la Pensylvanie, dans les Chartes et conventions fondamentales qu'il avait ou obtenues de la Couronne, ou octroyées à son tour à la population émigrante, avait su très-bien stipuler ses intérêts particuliers et ceux de sa famille en même temps que les libertés religieuses et civiles des colons. Ses fils, propriétaires de grandes possessions territoriales, et qui étaient investis du droit exorbitant de nommer les gouverneurs du pays, prétendaient que leurs terres fussent exemptées des taxes communes. L'Assemblée de Pensylvanie s'opposait à une si criante inégalité, et Franklin fut chargé par elle d'aller plaider pour le droit commun contre les fils du colonisateur et en faisant appel aux officiers de la Couronne. L'intérêt de la Pensylvanie était alors, en effet, que la Couronne intervînt plus directement qu'elle ne faisait dans l'administration coloniale, et qu'elle affranchît le pays de cette espèce de petite féodalité qui renaissait au profit d'une famille.

Dans les dernières années de son séjour à Philadelphie, Franklin était devenu de plus en plus considérable dans sa province. Nommé membre de l'Assemblée dont il avait été longtemps secrétaire, chargé, de plus, de l'organisation et de la direction des Postes, il avait rendu de grands services à l'armée anglaise dans la guerre du Canada (1754). S'interposant entre l'Assemblée peu belliqueuse en principes (car elle était en majorité composée de quakers) et le général anglais, il avait procuré des chariots, des vivres, avait contracté des marchés, et s'était constitué le fournisseur de l'armée sans autre motif que de sauver au pays des exactions militaires et de faire son devoir de sujet fidèle. Les désastres qui avaient suivi ne l'avaient pas étonné, et, en voyant le caractère présomptueux ou l'incapacité des chefs employés d'abord à l'expédition, il en avait prédit quelque chose. Après son arrivée en Angleterre, il fut consulté sur cette guerre du Canada et sur les moyens de la mieux conduire. Il ne vit point M. Pitt, ministre, qui était alors un personnage trop considérable et peu accessible, mais il communiqua avec ses secrétaires, et ne cessa d'insister auprès d'eux sur la nécessité et l'urgence d'enlever à la France le Canada, indiquant en même temps les voies et moyens pour y réussir. Il écrivit même une brochure à ce sujet. Prendre et garder le Canada, c'était pour lui la conclusion favorite, comme de détruire Carthage pour Caton ; il le demandait non-seulement en qualité de colon, mais aussi d'Anglais de la vieille Angleterre, ardent à travailler à la future grandeur de l'empire. A cette époque, Franklin ne distinguait point entre ses deux patries;

il avait le sentiment des destinées croissantes et illimitées de la jeune Amérique; il la voyait, du Saint-Laurent au Mississipi, peuplée de sujets anglais en moins d'un siècle; mais, si le Canada restait à la France, ce développement de l'empire anglais en Amérique serait constamment tenu en échec, et les races indiennes trouveraient un puissant auxiliaire toujours prêt à les rallier en confédération et à les lancer sur les colonies.

A voir l'ardeur que mit Franklin à cette question qu'il considérait comme nationale, on comprend que quinze ans plus tard, lorsque la rupture éclata entre les colonies et la mère patrie, il ait eu un moment de vive douleur, et que, sans en être ébranlé dans sa détermination, il ait du moins versé quelques larmes; car il avait, en son âge le plus viril, contribué lui-même à consolider cette grandeur; et il put dire dans une dernière lettre à lord Howe (juillet 1776) : « Longtemps je me suis efforcé, avec un zèle sincère et infatigable, de préserver de tout accident d'éclat ce beau et noble vase de porcelaine, l'Empire britannique; car je savais qu'une fois brisé, les morceaux n'en pourraient garder même la part de force et la valeur qu'ils avaient quand ils ne formaient qu'un seul tout, et qu'une réunion parfaite en serait à peine à espérer désormais. » Ce dernier mot, *à peine*, qui semblait laisser une légère lueur d'espérance, était, à la date de 1766, une pure politesse.

Mais, en 1759, Franklin n'était qu'un Anglais de l'autre côté de l'Atlantique, à qui la mère patrie faisait honneur par un accueil distingué. Dans les intervalles de loisir que lui laissaient les incidents prolongés et les lenteurs de sa mission, il cultivait les sciences et les savants. Il visita l'Écosse dans l'été même de cette année 1759, et il s'y lia avec les hommes de premier mérite dont cette contrée était alors si pourvue, et qui y formaient un groupe intellectuel ayant un caractère particulier, l'historien Robertson, David Hume, Ferguson et plusieurs autres : « En somme, je dois dire, écrivait-il en revenant sur ce voyage d'Édimbourg, que ces six semaines que j'y ai passées sont, je le crois, celles du bonheur le mieux rempli et *le plus dense* que j'aie jamais eu dans aucun temps de ma vie; et l'agréable et instructive société que j'y ai trouvée en telle abondance a laissé une si douce impression dans ma mémoire, que, si de forts liens ne me tiraient ailleurs, je crois que l'Écosse serait le pays que je choisirais pour y passer le reste de mes jours. » Cette sympathie et cette prédilection étaient réciproques, et, trois ans après, David Hume, remerciant Franklin de lui avoir envoyé, à sa demande, quelques instructions sur la manière de construire des paratonnerres, terminait sa lettre en disant : « Je suis très-fâché que vous pensiez à quitter bientôt notre hémisphère. L'Amérique nous a envoyé beaucoup de bonnes choses, or, argent, sucre, tabac, indigo, etc.; mais vous êtes le premier philosophe et véritablement le premier grand homme de lettres dont nous lui soyons redevables. C'est notre faute que nous ne vous ayons pas gardé, et cela prouve que nous ne sommes pas d'accord avec Salomon que *la sagesse est au-dessus de l'or,* car nous avons grand soin de ne renvoyer jamais une once de ce métal lorsqu'une fois nous y avons mis les doigts. » Sur quoi Franklin répondait spirituellement à Hume, et en style d'économiste : « Votre compliment d'*or* et de *sagesse* est très-obligeant pour moi, mais un peu injuste pour votre pays. La valeur diverse de chaque chose dans chaque partie du monde est en proportion, vous le savez, de la quantité de la demande. On nous dit que, du temps de Salomon, l'or et l'argent étaient en si grande abondance qu'ils n'avaient pas plus de valeur dans son pays que les pierres dans la rue. Vous avez ici aujourd'hui précisément une pareille abondance de sagesse. Il ne faut donc pas blâmer vos compatriotes s'ils n'en désirent pas plus qu'ils n'en ont, et, si j'en ai *quelque peu,* il est juste certainement que je la porte là où, en raison de la rareté, elle trouvera probablement un débit meilleur. »

On conçoit bien cette prédilection de Franklin pour le monde lettré d'Édimbourg; il a en lui de cette philosophie à la fois pénétrante et circonspecte, subtile et pratique, de cette observation industrieuse et élevée; comme auteur d'Essais moraux, et aussi comme expérimentateur et physicien, comme *expositeur* si clair et si naturel de ses procédés et de ses résultats, il semble que l'Écosse soit bien sa patrie intellectuelle. Il a écrit quelque chose sur les *vieilles mélodies écossaises,* et sur l'impression délicieuse qu'elles font sur l'âme. Il a essayé, par une analyse très-déliée, et comme l'eût fait plus tard un Dugald Stewart, d'expliquer pourquoi ces vieilles mélodies sont si agréables. Ses remarques, à ce sujet, portent le cachet, a-t-on dit, de cette « ingénieuse simplicité de pensée qui est le signe d'un esprit véritablement philosophique. » Pourtant, en fait de musique comme en tout, il est évident que Franklin n'aime que la partie simple; il veut une musique toute conforme au sens des mots et du sentiment exprimé, et avec le moins de frais possible. Or, il y a un royaume des Sons comme il y en a un de la Couleur et de la Lumière; et ce royaume magnifique où s'élèvent et planent les Handel et les Pergolèse, comme dans l'autre on voit nager et se jouer les Titien et les Rubens, Franklin n'est pas disposé à y entrer : lui, qui a inventé ou perfectionné l'*harmonica,* il en est resté par principes à la musique élémentaire. Il n'aime le luxe en rien; et, en fait de beaux-arts, le luxe, c'est la richesse et le talent même. C'est ainsi encore que, dans la religion et dans le culte d'adoration publique que rendent les peuples à la Divinité, il y a, si j'ose dire, le royaume de la Prière et des Hymnes. Franklin, là aussi, a essayé d'appliquer sa méthode : prenant le livre des *Prières communes* à l'usage des Protestants, il a voulu le rendre plus raisonnable selon lui, et de plus en plus moral; et pour cela il en a retranché et corrigé plus d'une partie; il a touché aux Psaumes, il a abrégé David. Lui qui, à certains égards, a paru si bien sentir et a même imité en quelques paraboles le style de l'Évangile, il ne sent bien ni Job ni David. Leurs obscurités le gênent; leur parole, qui éclate en partie dans le nuage, l'offusque; il veut que tout se comprenne, et il aplanit de son mieux le Sinaï. Et pourtant, du moment qu'on admet, comme il avait la sagesse de le faire, l'adoration publique et le culte, n'y a-t-il donc pas dans l'âme humaine des émotions, dans la destinée humaine des mystères et des profondeurs, qui appellent et justifient l'orage de la parole divine? Quoi qu'il en soit, il n'en admirait pas le désordre sublime, et il faisait tout son possible pour empêcher les tonnerres de Moïse d'arriver jusqu'à nous, absolument comme pour l'autre tonnerre. Job, David, Bossuet, le vieil Handel et Milton, dépassent Franklin; ou plutôt, chef et introducteur zélé de la race rivale et positive, si vous le laissez faire, il va vouloir doucement les obliger à compter avec lui.

Ce serait ici le cas, si j'avais quelque compétence pour cela, de parler de lui comme physicien et de bien marquer sa place et, en quelque sorte, son niveau entre les grands noms. Un excellent critique anglais (Jeffrey) en a touché un mot dans le sens où il est permis à des littérateurs comme nous d'aborder ce sujet. Franklin n'est pas géomètre, il est purement physicien; ses travaux en ce genre ont un caractère de simplicité, d'analyse fine et curieuse, d'expérience facile et décisive, de raisonnement clair et à la portée de tous, de démonstration lumineuse, graduelle et convaincante : il va aussi loin qu'on le peut avec l'instrument du langage vulgaire et sans l'emploi du calcul et des formules. La science chez lui est inventive, et il la rend familière : « Un singulier bonheur d'induction, a dit sir Humphry Davy, guide toutes ses recherches, et par de très-petits moyens il établit de très-grandes vérités. » Il ne se retient point dans ses conjectures et dans ses hypothèses, toutes les fois qu'il s'en présente de naturelles à son imagination, et il s'en est permis de fort hardies pour l'explication de certains grands phénomènes de la nature, mais sans y attacher d'autre importance que celle qu'on peut accorder à des conjectures et à des théories spéculatives. Le tour de son esprit pourtant le ramène toujours à la pratique et à l'usage qu'on peut tirer de la science pour la sûreté ou le confort de la vie. C'est ainsi que ses découvertes générales sur l'électricité aboutirent à l'invention du paratonnerre. Il n'a jamais fait, en aucun temps, la traversée de l'Atlantique sans se livrer à des expériences sur la température de l'eau marine ou sur la vitesse de marche des vaisseaux, expériences qui devaient servir après lui aux futurs navigateurs. Il aimait surtout et recherchait les applications usuelles, domestiques. En même temps qu'il garantissait les édifices du tonnerre, il inventait, pour l'intérieur des maisons des cheminées commodes, économiques et sans fumée. Le savant, chez Franklin, se souvenait toujours de l'homme de main et d'industrie, et de l'ouvrier. On a défini l'homme en général de bien des manières, dont quelques-unes sont royales et magnifiques; **lui**, il se

bornait à le définir « *un animal qui fait des outils.* »
Il avait foi à la science expérimentale et à ses découvertes croissantes; il regrettait souvent, vers la fin de sa vie, de n'être pas né un siècle plus tard, afin de jouir de tout ce qu'on aurait découvert alors : « Le progrès rapide que la *vraie* science fait de nos jours, écrivait-il à Priestley (8 février 1780), me donne quelquefois le regret d'être né sitôt. Il est impossible d'imaginer le degré auquel peut être porté dans mille ans le pouvoir de l'homme sur la matière. Nous apprendrons peut-être à dégager de grandes masses de leur pesanteur et à leur donner une légèreté absolue, pour en faciliter le transport. L'agriculture pourra diminuer son travail et doubler son produit. Toutes les maladies pourront, par des moyens sûrs, être prévenues ou guéries, sans excepter même celle de la vieillesse, et notre vie s'allongera à volonté, même au delà de ce qu'elle était avant le Déluge. » Franklin, en parlant ainsi, sourit un peu, mais il est bien certain qu'il en croit au fond quelque chose. Il a, quand il se met à rêver, de ces horizons infinis et de ces éblouissements de perspective. C'est le genre d'illusion de bien des savants. Une partie du moins de ses prédictions quant au monde matériel est en train de se réaliser. En même temps, il a le bon sens de regretter que la science morale ne soit pas dans une voie de perfectionnement parallèle, et qu'elle fasse si peu de progrès parmi les hommes.

Après un séjour de cinq ans en Angleterre, ayant obtenu, sinon tous les points de ses demandes, du moins la reconnaissance du principe essentiel pour lequel il était venu plaider au nom de ses compatriotes, Franklin s'embarqua, à la fin d'août 1762, pour l'Amérique. Au moment de mettre le pied sur le vaisseau, il écrivait agréablement à lord Kames, l'un de ses amis d'Écosse : « Je ne puis quitter cette île heureuse et les amis que j'y laisse, sans un extrême regret, bien que ce soit pour aller dans un pays et chez un peuple que j'aime. Je vais partir du vieux monde pour le nouveau, et je me figure que je sens quelque chose de pareil à ce qu'on éprouve quand on est près de passer de ce monde à l'autre : *chagrin au départ; crainte du passage; espérance de l'avenir.* » Franklin est revenu souvent sur cette vue de la mort, et toujours d'une manière douce et presque riante. Il la considérait comme une navigation dont la traversée est obscure et dont le terme est certain, ou encore comme un sommeil d'une nuit, aussi naturel et aussi nécessaire à la constitution humaine que l'autre sommeil : « Nous nous en lèverons plus frais le matin. »

Arrivé en Amérique, salué de ses compatriotes et ressaisi par le courant des affaires publiques, Franklin porte souvent un regard de souvenir vers ces années si bien employées, et où l'amitié et la science avaient tant de part. Il fait tout d'abord, en arrivant dans son monde de Philadelphie, la différence des deux sociétés et des deux cultures; il écrivait à l'aimable miss Mary Stevenson, sa gracieuse et sérieuse élève, et dans la famille de laquelle il était logé à Londres (mars 1763) : « De toutes les enviables choses que l'Angleterre possède, ce que je lui envie le plus, c'est sa société. Comment cette toute petite île, qui, si on la compare à l'Amérique, ne fait l'effet que d'une pierre posée en travers pour passer un ruisseau, n'ayant à peine au-dessus de l'eau que ce qu'il faut pour empêcher qu'on ne se mouille le soulier; comment, dis-je, cette petite île fait-elle pour réunir à souhait, dans presque chaque voisinage, plus d'esprits sensés, ingénieux et élégants que nous n'en pouvons recueillir en franchissant des centaines de lieues dans nos vastes forêts? » Et il finit pourtant par exprimer l'espoir que les arts, allant toujours vers l'Occident, franchiront un jour ou l'autre la grande mer, et qu'après avoir pourvu aux premières nécessités de la vie, on en viendra à songer à ce qui en est l'embellissement.

Franklin, élu membre de l'Assemblée de Pensylvanie et directeur général des Postes, passe un peu plus de deux années à prendre la part la plus active aux affaires locales. Il est dans l'Assemblée le chef de l'opposition, c'est-à-dire qu'il continue d'y parler pour les intérêts de la population contre les priviléges des propriétaires, fils de Penn, représentés par le gouverneur. Il est nommé, vers la fin, président de l'Assemblée. En même temps, il s'occupe de son administration des Postes; il forme une association militaire pour résister à de graves désordres qui s'étaient produits. Les habitants des frontières, souvent exposés aux attaques des Indiens et fanatisés par le désir de la vengeance, attaquèrent à l'improviste et exterminèrent des tribus d'Indiens alliés et inoffensifs. Ces sortes d'exécutions sommaires, quand l'idée en vient en Amérique (et elle vient quelquefois), ne rencontrent que peu de résistance, par l'absence de force armée. Franklin contribua alors de tout son pouvoir et de toute son énergie à suppléer à l'impuissance du gouverneur. Il sent bien que c'est là le côté faible de la démocratie et de la forme de gouvernement qui en découle; il le redira à la fin de sa vie et quand l'Amérique se sera donné sa Constitution définitive (1789) : « Nous nous sommes mis en garde contre un mal auquel les vieux États sont très-sujets, l'*excès de pouvoir* dans les gouvernants; mais notre danger présent semble être le *défaut d'obéissance* dans les gouvernés. »

Enfin, au milieu des luttes politiques déjà très-vives que Franklin a à soutenir dans la Chambre et dans les élections de Philadelphie, survient la nouvelle du fameux *acte du Timbre* (1764). En en dressant le plan, le ministère anglais faisait assez voir qu'il attribuait au Parlement britannique le droit de taxer à volonté les colonies et de leur signifier un impôt non consenti par elles. En cette circonstance, Franklin fut de nouveau choisi par ses compatriotes pour être leur agent et leur organe auprès de la Cour de Londres et du ministère. Il sort de Philadelphie, entouré d'une cavalcade d'honneur de trois cents concitoyens qui l'accompagnent jusqu'au port; et, laissant derrière lui beaucoup d'amis dévoués et aussi bon nombre d'ennemis politiques, il s'embarque encore une fois pour l'Angleterre (novembre 1764). Il ne prévoyait pas qu'il allait y rester dix ans, ce qui, avec le précédent séjour, ne fait pas moins de quinze années de résidence.

Ici la scène s'agrandit, et la question prend une portée plus haute. Dans la précédente mission de Franklin, il ne s'agissait en quelque sorte que d'un procès de famille à suivre entre la colonie et les fils du colonisateur. Dans cette nouvelle mission, où l'envoyé de la Pensylvanie devient bientôt l'agent général et le chargé d'affaires des autres principales colonies, il commence à exprimer les vœux et les plaintes d'une nation très-humble d'abord et très-filiale, mais qui sent déjà sa force et qui est décidée à ne point aliéner ses franchises. L'Amérique, à cette date, est comme un adolescent robuste, qui est lent à se dire et même à comprendre qu'il veut être décidément indépendant; l'instinct, longtemps contenu, le lui dit tout bas, et le jour vient où, en se levant un matin, il se sent tout d'un coup un homme. Pendant les dix années de résidence de Franklin, la question passa par bien des phases, par bien des variations successives avant l'explosion finale; mais on peut dire pourtant qu'elle ne recula jamais. Il n'y eut aucun moment où l'Angleterre fut disposée sincèrement à fléchir, ni l'Amérique à céder. Le mérite de Franklin dans cette longue et à jamais mémorable affaire, fut de ne jamais devancer l'esprit de ses compatriotes, mais, à cette distance, de le deviner et de le servir toujours dans la juste mesure où il convenait. Sa perspicacité, d'assez bonne heure, dut l'éclairer sur l'avenir inévitable; mais il n'en continua pas moins jusqu'au bout, et avec une patience inébranlable, de tenir pied et de tirer parti des moindres circonstances qui pouvaient procurer l'accord et donner jour à l'arrangement. En ce qui le concerne particulièrement, trois faits principaux se détachent et le montrent publiquement en scène avec son caractère de force, de prudence et de haute fermeté.

La première de ces circonstances est son interrogatoire devant la Chambre des Communes en février 1766. Le nouveau ministère du marquis de Rockingham semblait s'adoucir pour l'Amérique et se décider à lui donner quelque satisfaction en retirant l'acte du Timbre : Franklin fut mandé devant la Chambre pour répondre à toutes les questions qui lui seraient faites, tant sur ce point particulier que sur la question américaine en général, soit de la part des ministres anciens et nouveaux, soit de la part de tout autre membre du Parlement. Son attitude, son sang-froid, la promptitude et la propriété de ses réponses, sa profonde connaissance de la matière et des conséquences politiques qu'elle recélait, son intrépidité à maintenir les droits de ses compatriotes, ses expressions pleines de trait et de caractère, tout contribue à faire de cet interrogatoire un des actes historiques les plus significatifs et l'un de ces grands pronostics vérifiés par l'événement :
« Si l'acte du Timbre était révoqué, lui demanda-t-on en finissant, cela engagerait-il les Assemblées d'Amérique à reconnaître le droit du Parlement à les taxer,

et annuleraient-elles leurs résolutions? » — « Non, répondit-il, jamais ! » — « N'y a-t-il aucun moyen de les obliger à annuler leurs résolutions? » — « Aucun que je connaisse. Elles ne le feront jamais, à moins d'y être contraintes par la force des armes. » — « Y a-t-il un pouvoir sur terre qui puisse les forcer à les annuler? » — « Aucun pouvoir, si grand qu'il soit, ne peut forcer les hommes à changer leurs opinions. » — Et sur la détermination qu'on avait prise dans les colonies de ne plus recevoir, jusqu'à révocation des taxes, aucun objet de fabrique anglaise : « A quoi les Américains étaient-ils accoutumés jusqu'ici à mettre leur amour-propre? » demanda-t-on encore à Franklin; et il répondit : « A se servir des modes et des objets de manufacture anglaise. » — « Et à quoi mettent-ils maintenant cet amour-propre? » — « A porter et à user jusqu'au bout leurs vieux habits, jusqu'à ce qu'ils sachent eux-mêmes s'en faire de neufs. »

Franklin parlant ainsi devant le Parlement de la vieille Angleterre, était un peu comme le Paysan du Danube, un paysan très-fin à la fois et très-digne d'être docteur en droit dans l'Université d'Écosse, libre pourtant et à la parole fière comme un Pensylvanien.

La seconde circonstance célèbre où il fut en scène eut un caractère tout différent. Franklin, que j'ai rapproché, pour la forme d'esprit littéraire et scientifique, de ses amis de l'école d'Édimbourg, avait un coin par lequel il en différait notablement : il était passionné et convaincu à ce point que le froid et sceptique David Hume lui trouvait un coin d'esprit de faction, touchant de près au fanatisme. Cela veut dire que Franklin avait une religion politique qu'il servait ardemment. Pour l'intérêt de sa cause, et par un procédé qui tenait plus du citoyen que du gentilhomme, il crut, un jour, devoir envoyer à ses amis de Boston des lettres confidentielles qu'on lui avait remises avec assez de mystère, et qui prouvaient que les mesures violentes adoptées par l'Angleterre étaient conseillées par quelques hommes même de l'Amérique, notamment par le gouverneur de l'État de Massachusetts Hutchinson, et par le lieutenant gouverneur Olivier. L'effet de ces lettres circulant dans le pays, puis produites dans l'Assemblée à Boston, et reconnues pour être de la main du gouverneur et de son lieutenant, fut prodigieux, et amena une Pétition au roi qui fut transmise à Franklin, et pour la défense de laquelle il fut assigné à jour fixe devant le Conseil privé, le 29 janvier 1774. C'était là que l'attendaient ses ennemis (car à cette date Franklin en avait beaucoup, et les passions des deux parts étaient à leur comble). Une foule de conseillers privés, qui ne venaient jamais, y furent conviés comme à une fête; il n'y en avait pas moins de trente-cinq, sans compter une foule immense d'auditeurs. Après un discours que fit d'abord l'avocat de Franklin à l'appui de la pétition, discours qui s'entendit à peine parce que cet avocat était très-enroué ce jour-là, l'avocat général Wedderburn (depuis lord Longborough) prit la parole, et, déplaçant la question, se tourna contre Franklin qui n'était nullement en cause; il l'insulta pendant près d'une heure sur le fait des lettres produites, le présentant comme l'incendiaire qui attisait le feu entre les deux pays. Il y mêla des sarcasmes et des railleries qui firent plus d'une fois rire à gorge déployée tous les membres du Conseil. Franklin, immobile, essuya toute cette bordée sans montrer la moindre émotion, et se retira en silence. Le lendemain, il fut destitué de sa place de maître général des Postes en Pensylvanie, pour laquelle on lui avait, à plus d'une reprise, insinué de donner sa démission : mais il avait pour principe de ne jamais *demander*, *refuser*, ni *résigner* aucune place. En pareil cas, il aimait à laisser à ses adversaires la responsabilité de l'acte par lequel on le frappait.

Cette scène devant le Conseil privé laissa une impression profonde dans l'âme de Franklin. Il s'est plu à remarquer qu'un an, jour pour jour, après cette avanie, le dimanche 29 janvier 1775, il reçut chez lui à Londres la visite de lord Chatham qui avait fait une motion à la Chambre des lords sur les affaires d'Amérique : « La visite d'un si grand homme et pour un objet si important, dit-il, ne flatta pas peu ma vanité, et cet honneur me fit d'autant plus de plaisir que cette circonstance arriva, jour pour jour, un an après que le ministère s'était donné tant de peine pour me faire affront devant le Conseil privé. » Le jour de cette affaire devant le Conseil, Franklin était vêtu d'un habit complet de velours de Manchester. On raconte que, présenté à la Cour de France quatre années plus tard, et dans l'une des premières circonstances solennelles de sa négociation heureuse et honorée, il mit à dessein ce même habit de cérémonie, afin de le venger et de le laver en quelque sorte de l'insulte de M. Wedderburn. On a discuté sur l'exactitude de ce dernier fait, qui est devenu une sorte de légende ; j'incline à le croire exact, et à supposer que cet habit est le même que madame du Deffand a mentionné, quand elle écrivait en mars 1778 : « M. Franklin a été présenté au roi : il était accompagné d'une vingtaine d'insurgents, dont trois ou quatre avaient l'uniforme. Le Franklin avait un habit de velours mordoré, des bas blancs, ses cheveux étalés, ses lunettes sur le nez, et un chapeau blanc sous le bras. » Ce fut après l'un des premiers actes décisifs de son entrevue avec les ministres français, ou de sa présentation à la Cour, que Franklin put dire : « Cet habit m'est désormais précieux ; car je le portais quand j'ai été grossièrement insulté par Wedderburn, et, sous ce même habit, j'ai pris ma revanche complète (1). »

La troisième circonstance où j'ai dit que Franklin revient en scène avec éclat pendant sa mission à Londres, ce fut le jour même où lord Chatham développa et soutint sa motion à la Chambre des lords, le 1er février 1775. Il assistait à la discussion comme spectateur ; une nouvelle insulte imprévue fut dirigée contre lui par l'un des orateurs, lord Sandwich, qui nia que la proposition pût venir en réalité d'un pair d'Angleterre : « Se tournant vers moi, qui étais appuyé sur la barre, nous dit Franklin, il ajouta qu'il croyait avoir devant les yeux la personne qui l'avait rédigée, l'un des ennemis les plus cruels et les plus malfaisants qu'avait jamais eus ce pays ! Cette sortie fixa sur moi les regards d'un grand nombre de lords ; mais, comme je n'avais aucune raison de la prendre pour mon compte, je gardai ma physionomie aussi immobile que si mon visage eût été de bois. » Quand ce fut au tour de lord Chatham de répliquer, il s'exprima sur Franklin en des termes que j'ai indiqués déjà, et si magnifiques, que celui-ci eut peine, il l'avoue, à conserver ce même air indifférent et ce *visage de bois* qu'il avait opposé tout à l'heure à l'injure.

Franklin, après ce séjour de dix années à Londres, et quand la rupture irréparable se consomme, retourne

(1) Le docteur Priestley, qui tenait le fait d'un témoin, dit positivement que Franklin mit à dessein cet habit le jour où il signa à Paris le traité entre la France et l'Amérique, c'est-à-dire le 6 février 1778. M. Sparks, en discutant ce point (tome II, page 488 de sa publication de Franklin), ne s'est pas souvenu du témoignage de Priestley, et s'est borné à réfuter une assertion de lord Brougham, qui, par une méprise mêlée d'embellissement, avait reporté la petite scène, devenue par là plus dramatique, au moment même de la signature du traité de paix entre l'Angleterre et l'Amérique, novembre 1782. (Voir aussi le *Moniteur* du 10 février 1790.)

en Amérique (mars 1775). Désormais, le *beau vase de porcelaine*, comme il l'appelait, est brisé; il en fait son deuil. L'homme de la vieille Angleterre en lui n'existe plus. Les hostilités s'allument, le sang a coulé; il perd sa dernière étincelle d'affection pour l'antique patrie de ses pères : on ne voit plus dans tous ses actes et toutes ses pensées que l'homme et le citoyen du continent nouveau, de cet empire jeune, émancipé, immense, dont il est l'un des premiers à signer l'acte d'indépendance et à présager les grandeurs, sans plus vouloir regarder en arrière, ni reculer jamais. La position des États-Unis est critique, mais l'énergique bon sens de Franklin lui dit que l'heure est venue pour la prudence elle-même d'être téméraire. Franklin, à cette date, est âgé déjà d'environ soixante-dix ans. Après plus d'une année passée dans les travaux les plus actifs et les missions les plus fatigantes, après avoir été envoyé, au sortir à peine de l'hiver, pour tenter d'insurger le Canada, il est choisi pour aller traiter auprès de la Cour de France et pour s'efforcer de la rallier à la cause américaine. Il part en octobre 1776 sur un sloop de guerre, n'oublie pas durant la traversée de faire, selon son usage, des observations physiques sur la température marine, et arrive sur la côte de Bretagne, dans la baie de Quiberon, d'où il se rend par terre à Nantes, puis à Paris (fin de décembre). C'est ici que pour nous le patriarche de Passy commence; mais nous ne l'aurions que trop peu compris si nous ne l'avions vu jeune homme et homme mûr dans l'ensemble de sa carrière et dans quelques-uns de ses traits principaux.

Lundi, 29 novembre 1852.

# FRANKLIN A PASSY

(FIN)

Lorsque Franklin arrivait à Paris à la fin de décembre 1776, et que son voyage, qui allait devenir un séjour de huit années et demie, faisait à l'instant le sujet de tous les commentaires, ce n'était pas la première fois qu'il voyait la France : il y était venu déjà passer quelques semaines en septembre 1767 et en juillet 1769. Dans le premier voyage qu'il avait fait à Paris et dont il a rendu compte dans une lettre enjouée, adressée à sa jeune amie miss Mary Stevenson, il ne remarque que les dehors, les routes, la politesse des gens, les coiffures, le rouge des femmes, le mélange de somptuosité et de misère dans les bâtiments. Il était allé à Versailles, il avait été présenté au roi; il avait assisté au *grand couvert;* Louis XV lui avait adressé la parole : « C'est assez en parler comme cela, ajoute-t-il en plaisantant et au moment de s'étendre davantage; car je ne voudrais pas que vous pussiez croire que je me suis assez plu avec ce roi et cette reine pour rien diminuer de la considération que j'ai pour les nôtres. Aucun Français ne saurait me surpasser dans cette idée, que mon roi et ma reine sont les meilleurs qui soient au monde et les plus aimables. » — « Voyager, dit-il encore dans cette lettre, est une manière d'allonger la vie. Il n'y a guère qu'une quinzaine que nous avons quitté Londres, mais la variété des scènes que nous avons parcourues fait que ce temps paraît égal à six mois passés à la même place. Peut-être que j'ai subi aussi un plus grand changement dans ma personne que je n'aurais fait en six ans à la maison. Je n'étais pas ici de six jours que mon tailleur et mon perruquier m'avaient transformé en gentilhomme français. Pensez seulement quelle figure je fais avec une petite bourse à cheveux et avec mes oreilles découvertes. On m'a dit que j'en étais devenu de vingt ans plus jeune, et que j'avais l'air tout à fait galant. »

Ce Franklin de 1767, ainsi frisé, poudré et accommodé à la française, et qui s'étonnait d'avoir quitté pour un instant sa perruque plus grave, différait tout à fait du Franklin pur Américain qui reparaissait en 1776, et qui venait demander l'appui de la Cour dans un costume tout républicain, avec un bonnet de fourrure de martre qu'il gardait volontiers sur la tête ; car c'est ainsi qu'il se montra d'abord dans les salons du beau monde, chez madame du Deffand, à côté de mesdames de Luxembourg et de Boufflers, et autres puissances : « Figurez-vous, écrit-il à une amie, un homme aussi gai qu'autrefois, aussi fort et aussi vigoureux, seulement avec quelques années de plus; mis très-simplement, portant les cheveux gris clair-semés tout plats, qui sortent un peu de dessous ma seule *coiffure*, un beau bonnet de fourrure qui descend sur mon front presque jusqu'à mes lunettes. Pensez ce que cela doit paraître parmi les têtes poudrées de Paris. » Pourtant il supprima bientôt le bonnet, et il demeura sous sa forme dernière, nu-tête, avec les cheveux rares au sommet, mais descendant des deux côtés de la tête et du cou jusque près des épaules; en un mot, tel que son portrait s'est fixé définitivement dans le souvenir, et *à la Franklin.*

Franklin savait le français depuis longtemps; il s'était mis à l'apprendre dès 1733, et lisait très-bien les livres écrits en notre langue; mais il la parlait avec difficulté, et ç'avait été un obstacle à ce qu'il connût mieux la société française dans ses voyages de 1767 et de 1769. Madame Geoffrin, pour qui il avait une lettre de David Hume, n'avait pu l'initier (1). Dans les premiers temps de son nouveau séjour, Franklin eut à triompher de cette difficulté de conversation, et, malgré son âge avancé, il en vint à bout par sa persévérance. On raconte pourtant, de sa part, quelques méprises. Assistant à une séance de lycée ou d'académie, où l'on faisait des lectures, et entendant mal le français déclamé, il se dit, pour être poli, qu'il applaudirait toutes les fois qu'il verrait madame de Boufflers donner des marques de son approbation; mais il se trouva que, sans le savoir, il avait applaudi plus fort que tout le monde aux endroits où on le louait lui-même.

Les sentiments de Franklin pour la France ont varié dans le cours de sa longue carrière et pendant le temps même de son séjour; il est juste de tenir compte des divers moments pour ne pas faire de lui un moqueur ni un ingrat. Patriote breton à l'origine et Américain de la vieille Angleterre, il avait commencé par ne point aimer la France et par la considérer comme une ennemie, autant qu'il pouvait considérer comme telle une

(1) L'arrivée de Franklin à Paris, en 1767, avait été, au reste, très-remarquée des savants; on lit dans les Mémoires secrets dits de *Bachaumont,* à la date du 19 septembre de cette même année : « M. Franklin, ce physicien mémorable pour les expériences de l'électricité qu'il a faites et poussées en Amérique au point de perfection le plus curieux, est à Paris. Tous les savants s'empressent de le voir et de conférer avec lui. » Il n'aurait fallu à Franklin que de parler un peu plus pour être déjà très-recherché et pour devenir à la mode en 1767.

nation composée d'hommes ses semblables. Mais il se méfiait alors de la France, et, pendant son séjour à Londres, lorsque M. Durand, le ministre plénipotentiaire français, lui témoignait de l'estime et cherchait à tirer de lui des renseignements sur les affaires d'Amérique, il se tenait sur la réserve : « Je m'imagine, disait-il (août 1767), que cette intrigante nation ne serait pas fâchée de s'immiscer dans nos affaires, et de souffler le feu entre la Grande-Bretagne et ses colonies; mais j'espère que nous ne lui en fournirons point l'occasion. »

L'occasion était toute produite et tout ouverte dix ans après, et c'était Franklin qui venait lui-même solliciter la nation et le roi d'y prendre part et d'en profiter. Dans les premiers temps de son séjour, il est sensible aux inconvénients, aux ridicules; il se voit l'objet, non-seulement de l'admiration, mais d'un engouement subit, et il ne s'y fait pas tout d'abord. Il est assiégé de sollicitations, de demandes de toutes sortes. Une fièvre généreuse possédait alors notre nation chevaleresque; on se battait en Amérique, chaque militaire y voulait courir. La vogue était d'aller tirer l'épée pour les *Insurgents,* comme elle sera plus tard d'aller chercher de l'or en Californie. On ne pouvait supposer que Franklin ne venait pas, avant tout, pour solliciter de tels secours militaires et pour engager des officiers : « Ces demandes, écrivait-il, sont mon perpétuel tourment... Pas un jour ne se passe sans que j'aie bon nombre de ces visites de sollicitation, indépendamment des lettres... Vous ne pouvez vous faire idée à quel point je suis harassé. On cherche tous mes amis et on les excède, à charge à eux de m'excéder. Les fonctionnaires supérieurs de tout rang dans tous les départements, des dames, grandes et petites, sans compter les solliciteurs de profession, m'importunent du matin au soir. Le bruit de chaque voiture qui entre dans ma cour suffit maintenant pour m'effrayer. Je redoute d'accepter une invitation à dîner en ville, presque sûr que je suis d'y rencontrer quelque officier ou quelque ami d'officier qui, dès qu'un verre ou deux de champagne m'ont mis en bonne humeur, commence son attaque sur moi. Heureusement que, dans mon sommeil, je ne rêve pas souvent de ces situations désagréables, autrement j'en viendrais à redouter ce qui fait maintenant mes seules heures de repos... » Et tous ceux qu'on lui recommande sont, notez-le bien, « des officiers *expérimentés, braves comme leur épée, pleins de courage, de talents et de zèle pour notre cause*, en un mot, dit-il, de *vrais Césars*, dont chacun doit être une acquisition inestimable pour l'Amérique. » Dans ces premiers moments, Franklin n'apprécie pas sans doute assez l'élan qui emporte la nation; qui va entraîner le Gouvernement même, et dont l'Amérique aura tant à profiter. Peu à peu toutefois il s'acclimate; les petites plaisanteries diminuent, la légère ironie cesse, et, après une année ou deux passées en France, il est tout à fait conquis à l'esprit général de notre nation : « Je suis charmé, écrit-il à M. J. Quincy (22 avril 1779), de ce que vous racontez de la politesse française et des manières honnêtes que montrent les officiers et l'équipage de la flotte. Les Français, à cet égard, dépassent certainement de beaucoup les Anglais. Je les trouve la plus aimable nation du monde pour y vivre. Les Espagnols passent communément pour être cruels, les Anglais orgueilleux, les Écossais insolents, les Hollandais avares, etc.; mais je pense que les Français n'ont aucun vice national qu'on leur attribue. Ils ont de certaines frivolités, mais qui ne font de mal à personne. Se coiffer de manière à ne pouvoir mettre un chapeau sur sa tête, et alors tenir son chapeau sous le bras, et se remplir le nez de tabac, peuvent s'appeler des **ridicules** peut-être, mais ce ne sont pas des vices ; ce ne sont que les effets de la tyrannie de la mode. Enfin, il ne manque au caractère d'un Français rien de ce qui appartient à celui d'un agréable et galant homme. Il y a seulement quelques bagatelles en sus, et dont on pourrait se passer. » Quand il quittera la France, en juillet 1785, Franklin sera tout à fait devenu nôtre ; il payera l'hospitalité qu'il aura reçue, et la popularité dont il aura été environné depuis le premier jusqu'au dernier jour, par les sentiments d'une affection et d'une estime réciproque. On peut dire de lui qu'il est le plus Français des Américains.

J'insiste sur ce point parce qu'à détacher telle ou telle phrase de ses lettres, sans distinguer les temps, on pourrait en induire à tort le contraire. En politique, je n'ai pas à suivre les progrès de ses négociations dans les circonstances compliquées où il les conduisit ; M. Sparks a fait avec soin cette analyse, qui exigerait un long chapitre. Je n'insisterai encore que sur un point important : Franklin ne fut nullement ingrat envers la France. Du moment que le traité d'alliance entre les deux nations est conclu, il n'a qu'une réponse à opposer à toutes les ouvertures qui lui sont faites pour écouter les propositions de l'Angleterre : « Nous ne pouvons négocier sans la France. » L'Amérique a été une fille soumise jusqu'au jour où elle s'est émancipée de l'Angleterre ; mais celle-ci a beau la rappeler en secret et la vouloir tenter sous main, l'Amérique sera une *épouse fidèle*. Telle est la théorie que Franklin professe en toute circonstance publique ou secrète, et qui lui attire en Amérique la réputation d'être trop Français. Mais il croit, contrairement à des collègues distingués (tels que M. Adams), qu'on ne saurait exprimer ni professer trop haut ces sentiments **de** gratitude pour la France, pour son jeune et vertueux roi. Lui qui n'est guère porté à abuser des paroles ni à les exagérer, il va sur ce sujet jusqu'à dire : « Quand cet article (de continuer de faire la guerre conjointement avec la France, et de ne point faire de paix séparée) n'existerait point dans le traité, un honnête Américain se couperait la main droite plutôt que de signer un arrangement avec l'Angleterre, qui fût contraire à l'esprit d'un tel article. »

A un certain moment, des négociations s'ouvrirent avec l'Angleterre au su et du consentement de la France; la France, de son côté, en ouvrit de parallèles. Chacun des deux alliés crut qu'il était mieux de chercher à faire son traité de paix séparément, en se promettant toutefois de s'avertir avant la conclusion. Ici seulement on a droit de remarquer que les commissaires américains, au nombre de quatre ou cinq, parmi lesquels était Franklin, brusquèrent leur traité dans les dernières conférences et n'en communiquèrent au ministre français, M. de Vergennes, les articles préliminaires que déjà arrêtés, bien que non ratifiés encore. M. de Vergennes se plaignit à eux de cette infraction aux conventions premières et même aux instructions qu'ils avaient reçues du Congrès, et Franklin reconnut qu'il y avait eu un tort de *bienséance*. Le fait est qu'une méfiance assez singulière, entretenue par les négociateurs anglais, et dont il serait trop long d'expliquer la cause, s'était glissée depuis quelque temps dans l'esprit des commissaires américains, et leur avait fait passer outre à la politesse. Rien d'ailleurs, dans les bases arrêtées, n'était de nature à porter préjudice à la France : tout était bien, sauf la forme à laquelle on avait manqué. Franklin, plus Français d'esprit et d'inclination que ses collègues, et qui était suspect de l'être, ne crut pas devoir se séparer d'eux en cette occasion, et il fut chargé de réparer le mauvais effet de cette irrégularité auprès de M. de Vergennes et de Louis XVI. Il paraît y avoir réussi à peu près complétement, et, en ce qui le concernait du moins, sa position à la Cour de France et la considération affectueuse dont il jouissait n'en furent nullement entamées.

J'ai hâte d'en venir à son rôle philosophique et social, ce qui nous intéresse surtout aujourd'hui. Franklin eut de l'influence chez nous; il en eut plus qu'il ne voulait en avoir. Nul mieux que lui n'a senti la différence qu'il y a entre les jeunes et les vieilles nations, entre les peuples vertueux et les corrompus. Il a répété maintes fois « qu'il n'y a qu'un peuple vertueux qui soit capable de la liberté, et que les autres ont plutôt besoin d'un maître; que les révolutions ne peuvent s'opérer sans danger quand les peuples n'ont pas assez de vertu. » Il le disait de l'Angleterre : comment ne l'eût-il point un peu pensé de la France? Lorsque, sur la fin de sa vie, il apprit les premiers événements de juillet 89, il en conçut autant de méfiance et de doute que d'espérance; les premiers meurtres, certaines *circonstances* dont la Révolution était accompagnée dès l'origine, lui semblaient *fâcheuses, affligeantes :* « Je crains que la voix de la philosophie n'ait de la peine à se faire entendre au milieu de ce tumulte. » — « Purifier sans détruire, » était une de ses maximes, et il voyait bien tout d'abord qu'on ne la suivait pas. Il n'est pas douteux pourtant qu'il n'ait, dans son intimité de Passy, agi sur bien des hommes éminents qui prirent part ensuite à ce grand mouvement révolutionnaire, et qu'il n'ait contribué à leur donner plus de confiance et de hardiesse : « Franklin, nous dit Mallet du Pan, répéta plus d'une fois à ses élèves de Paris que celui qui transporterait dans l'état politique les principes du christianisme primitif changerait la face de la société. »

Il est un de ceux qui ont le plus mis en avant cette doctrine de *séculariser* le christianisme, d'en obtenir, s'il se peut, les bons et utiles résultats sur la terre. Mais, prendre le christianisme et le tirer si fort en ce sens, n'est-ce pas en altérer, en retrancher ce qui en a fait jusqu'ici l'essence, à savoir l'abnégation et l'esprit de sacrifice, la patience fondée sur l'attente immortelle? Quoi qu'il en soit, l'idée de travail et de paix, qui, malgré les échecs qui lui arrivent de temps en temps, semble devoir dominer de plus en plus les sociétés modernes, doit beaucoup à Franklin.

Il visita Voltaire dans le dernier voyage que celui-ci fit à Paris (février 1778), et où il mourut. Les deux patriarches s'embrassèrent, et Franklin voulut que Voltaire donnât sa bénédiction à son petit-fils. Il est probable qu'il connaissait assez peu Voltaire dans toutes ses œuvres, et qu'il le prenait seulement comme un apôtre et un propagateur de la tolérance. Mais une telle scène, avec les mots sacramentels qu'y prononça Voltaire : *Dieu et liberté !* retentit au loin et parla vivement à l'imagination des hommes.

J'aime à croire que Franklin, s'il n'avait suivi que son penchant, et s'il avait dû choisir parmi nous son personnage de prédilection et son idéal, serait plutôt allé embrasser M. de Malesherbes, « ce grand homme, » comme il l'appelle, qui venait le voir à Passy, et qui, renonçant à la vie publique et s'amusant à de grandes plantations, désirait obtenir par lui les arbres du Nord de l'Amérique non encore introduits en France.

Établi à Passy dans une belle maison, avec un jardin, jouissant d'un voisinage aimable, Franklin, d'ordinaire, et dans les premières années du moins, avant que sa santé se fût affaiblie, dînait dehors six jours sur sept, réservant le dimanche aux Américains qu'il traitait chez lui. Ses amis plus particuliers étaient, parmi les personnages connus, Turgot, le *bon* duc de La Rochefoucauld, Lavoisier, le monde de madame Helvétius à Auteuil, l'abbé Morellet, Cabanis, etc. Il faisait une fois l'an une partie de campagne à Moulin-Joli, chez M. Watelet; il fit à Sannois, chez madame d'Houdetot, une visite dont le souvenir sentimental s'est conservé. Mais ces excursions étaient rares; car, indépendamment de ses fonctions de ministre et de négociateur, il faisait l'office à la fois « de marchand, de banquier, de juge d'amirauté et de consul. » Ses compatriotes trouvaient plus économique de l'occuper seul, et sans secrétaire, à tous ces emplois; ce qui le condamnait à une vie très-sédentaire durant le jour. Il s'en dédommageait le soir dans une société intime et familière, pour laquelle il était si bien fait. Il aimait, en général, plus à écouter qu'à parler, et on pourrait citer telle femme du monde, qui, venue le soir par curiosité dans le même salon que lui, s'est plainte de son silence. Il avait ses heures. Les intervalles étaient suivis de réveils charmants. Alors, quand il parlait, il aimait à aller jusqu'au bout et à ne pas être interrompu. Les jeux d'esprit, les contes et apologues dont il était prodigue en ces moments, se sont en partie conservés et nous le rendent avec son accent particulier. Il avait l'ironie bienveillante. Une de ses plus gracieuses correspondantes d'Angleterre, miss Georgiana Shipley, à qui il avait envoyé son *Dialogue avec la Goutte* et autres riens qu'il s'amusait à écrire et, qui plus est, à imprimer lui-même, lui rappelait les heures charmantes et sérieuses qu'elle avait autrefois passées dans sa société, et où elle avait pris goût « *pour la conversation badinante et réfléchie.* » Ces mots de miss Shipley, qu'elle met ainsi en français, donnent bien l'idée de Franklin dans l'ordinaire de la vie.

La Correspondance de Franklin, en ces années, est

d'une lecture des plus agréables et des plus douces : l'équilibre parfait, la justesse, l'absence de toute mauvaise passion et de toute colère, le bon usage qu'il apprend à tirer de ses ennemis mêmes, un sentiment affectueux qui se mêle à l'exacte appréciation des choses, et qui bannit la sécheresse, un sentiment élevé toutes les fois qu'il le faut, un certain air riant répandu sur tout cela, composent un vrai trésor de moralité et de sagesse. Mise en regard de la Correspondance de Voltaire, celle de Franklin fait naître bien des pensées; tout y est sain, honnête, et comme animé d'une vive et constante sérénité. Franklin avait le bon sens gai, net et brillant; il appelait la mauvaise humeur, *la malpropreté de l'âme.*

Plus d'une fois il s'élève; le sentiment de la réalité et la vivacité de son affection humaine lui suggèrent une sorte de poésie :

« Je dois bientôt quitter cette scène, écrivait-il à Washington (5 mars 1780); mais vous pouvez vivre assez pour voir notre pays fleurir, comme il ne manquera pas de le faire d'une manière étonnante et rapide lorsqu'une fois la guerre sera finie : semblable à un champ de jeune blé de Turquie qu'un beau temps trop prolongé et trop de soleil avaient desséché et décoloré, et qui dans ce faible état, assailli d'un ouragan tout chargé de pluie, de grêle et de tonnerre, semblait menacé d'une entière destruction; cependant, l'orage venant à passer, il recouvre sa fraîche verdure, se relève avec une vigueur nouvelle, et réjouit les yeux, non-seulement de son possesseur, mais de tout voyageur qui le regarde en passant. »

N'est-ce pas là une comparaison qui, par la douceur de l'inspiration et la largeur de l'image, rappelle tout à fait les comparaisons homériques de l'*Odyssée?* Franklin, vieux, lisait peu les poëtes; il en est un pourtant qui, par son naturel, sa grâce simple, et la justesse de ses sentiments, sut trouver le chemin de son cœur : c'était William Cowper, l'humble poëte de la vie morale et de la réalité. Le plus bel éloge qu'on puisse faire de ce poëte, dont nous n'avons pas le pareil en notre littérature, c'est Franklin qui l'a fait en quelques lignes.

Pendant que Franklin correspondait ainsi avec ses amis d'Amérique ou d'Angleterre, avec sa fille absente, et qu'il anticipait pour son pays les perspectives de l'avenir ou qu'il regrettait les joies du foyer, il était populaire en France, il était à la mode. Ses portraits en médaillons, ses bustes, ses estampes se voyaient partout ; on le portait en bagues, en bracelets, sur les cannes, sur les tabatières. Au bas des portraits gravés se trouvait le fameux vers qui lui avait été adressé par Turgot :

> *Eripuit cœlo fulmen, sceptrumque tyrannis.*
> Au ciel il prit la foudre, et le sceptre aux tyrans.

Franklin rougissait beaucoup de ce vers, et il en rougissait avec sincérité ; il aurait bien voulu qu'on supprimât cet éloge *extravagant* selon lui, et qui exagérait en effet son rôle ; mais il avait affaire à une nation monarchique, qui aime avant tout que quelqu'un tout seul ait tout fait, et qui a besoin de personnifier ses admirations dans un seul nom et dans une seule gloire. En envoyant ce portrait à ses amis d'Amérique, il faisait remarquer, par manière d'excuse, ce caractère propre à la nation française, de pousser l'éloge à l'extrême, tellement que la louange ordinaire, toute simple, devient presque une censure, et que la louange extrême finit, à son tour, par devenir insignifiante. A un M. Nogaret, menu rimeur infatigable et des plus oubliés, qui lui demandait son avis sur une traduction française du vers de Turgot, il répondait avec beaucoup de franchise :

« Passy, 8 mars 1781.

« Monsieur,

« J'ai reçu la lettre que vous m'avez fait l'honneur de m'écrire le

2 courant, dans laquelle, après m'avoir accablé d'un déluge de compliments que je ne puis jamais espérer de mériter, vous me demandez mon avis sur votre traduction d'un vers latin qui m'a été appliqué. Si j'étais ce que je ne suis réellement pas, suffisamment habile en votre excellente langue pour être un juge compétent de la poésie, l'idée que j'en suis le sujet devrait m'empêcher d'exprimer aucune opinion sur ce vers; je me contenterai de dire qu'il m'attribue beaucoup trop, particulièrement en ce qui concerne les tyrans; la Révolution a été l'œuvre de quantité d'hommes braves et capables, et c'est bien assez d'honneur pour moi si l'on m'y accorde une petite part. »

Tout ce qu'il dit à ce sujet dans ses lettres (et il y revient à plusieurs reprises) est de pur bon sens, d'un ton plus digne encore que moqueur, et sans fausse modestie. Franklin est un des hommes qui, tout en honorant l'humanité et en aimant à regarder vers le ciel, ont le moins visé à faire l'ange.

On a souvent cité les extraits de son *Journal particulier* qui se rapportent aux communications plus ou moins bizarres et chimériques dont il était l'objet et comme le point de rendez-vous, de la part de tous les faiseurs de projets, de machines, de systèmes ou de constitutions. Tous les fous et les rêveurs semblaient s'être donné le mot pour prendre cet homme sensé qui venait de loin, pour leur confident et pour leur juge. Parmi ceux qui lui soumirent ainsi leurs idées ou leurs travaux, se trouvait un physicien inconnu qui n'était autre que Marat. Un jour, un auteur dont le nom n'est pas indiqué, et que l'on croit être Thomas Payne, lui envoya le manuscrit d'un ouvrage irréligieux : supposez, si vous l'aimez mieux, que cet auteur sur lequel on est incertain soit un Français, un philosophe, un élève du monde de d'Holbach ou même de celui d'Auteuil, Volney par exemple, soumettant d'avance à Franklin le manuscrit des *Ruines*. Franklin répond par cette lettre que je donnerai en entier, puisque, mieux que tout ce que je pourrais dire, elle exprime le vrai rapport où il est avec les philosophes du dix-huitième siècle, et le point par où il s'en sépare :

« J'ai lu votre manuscrit avec quelque attention. Par l'argument qu'il contient contre une Providence particulière, quoique vous accordiez une Providence générale, vous sapez les fondements de toute religion : car, sans la croyance à une Providence qui connaît, surveille et guide, et peut favoriser quelques-uns en particulier, il n'y a aucun motif pour adorer une Divinité, pour craindre de lui déplaire ou pour implorer sa protection. Je n'entrerai dans aucune discussion de vos principes, quoique vous sembliez le désirer. Pour le moment, je vous donnerai seulement mon opinion, c'est que, bien que vos raisonnements soient subtils et puissent prévaloir auprès de quelques lecteurs, vous ne réussirez pas au point de changer les sentiments généraux de l'humanité sur ce sujet ; et, si vous faites imprimer cet ouvrage, la conséquence sera beaucoup d'odieux amassé sur vous-même, du dommage pour vous, et aucun profit pour les autres. Celui qui crache contre le vent, crache à son propre visage. Mais, quand vous réussiriez, vous imaginez-vous qu'il en résulterait quelque bien? Vous pouvez, pour votre compte, trouver aisé de vivre une vertueuse vie sans l'assistance donnée par la religion, vous qui avez une claire perception des avantages de la vertu et des désavantages du vice, et qui possédez une force de résolution suffisante pour vous rendre capable de résister aux tentations communes. Mais considérez combien nombreuse est la portion de l'humanité qui se compose d'hommes et de femmes faibles et ignorants, et d'une jeunesse inexpérimentée et inconsidérée des deux sexes, ayant besoin des motifs de religion pour les détourner du vice, les encourager à la vertu, et les y retenir dans la pratique, jusqu'à ce qu'elle leur devienne *habituelle*, ce qui est le grand point pour la garantir. Et peut-être vous lui êtes redevable originairement, je veux dire à votre éducation religieuse, pour les habitudes de vertu dont vous vous prévalez maintenant à juste titre. Vous pourriez aisément déployer vos excellents talents de raisonnement sur un moins hasardeux sujet, et par là obtenir un rang parmi nos auteurs les plus distingués : car parmi nous, il n'est pas nécessaire, comme chez les Hottentots, qu'un jeune homme, pour être admis dans la compagnie des hommes, donne des preuves de sa virilité en battant sa mère. Je vous conseillerai donc de ne pas essayer de déchaîner le tigre, mais de brûler cet écrit avant qu'il soit lu d'aucune autre personne : par là vous vous épargnerez à vous-même beaucoup de mortification de la part des ennemis qu'il peut vous susciter, et peut-être aussi beaucoup de regret et de repentir. Si les hommes sont si méchants *avec* la religion, que seraient-ils donc *sans* elle? Cette lettre, dans ma pensée, est elle-même une preuve de mon amitié; je n'y ajouterai donc aucune autre protestation, et je me dirai simplement,    A vous. »

Parmi les philosophes en renom du dix-huitième siècle, je ne vois que Montesquieu qui aurait pu penser ainsi; mais Franklin s'exprime d'une manière plus affectueuse et plus émue, plus paternelle, que ne l'eût fait Montesquieu.

Si tous ceux qui conversèrent à Passy avec Franklin avaient bien entendu ses préceptes et ses mesures, ils y auraient regardé à deux fois avant d'entreprendre dans le vieux monde la refonte universelle. En même temps, il faut ajouter (dût-on y trouver quelque contradiction) qu'il était difficile, à ceux qui l'entendaient, de ne pas prendre feu, et de ne pas être tentés de réformer radicalement la société; car il était lui-même, dans ses manières générales de voir et de présenter les choses, un grand, un trop grand simplificateur. Cet homme positif n'avait rien qui décourageât de l'utopie; il y conviait plutôt par les nouveautés et les facilités de vue qu'il semblait ouvrir du côté de l'avenir. Il donnait, en causant, l'envie d'appliquer ses idées, mais il ne donnait pas également à ceux qui l'écoutaient (aux Condorcet, par exemple, et aux Chamfort) son tempérament, sa discrétion dans le détail, et sa prudence (1).

---

(1) Veut-on savoir, par exemple, ce que les idées de tolérance civile et religieuse de Franklin devenaient en passant par l'imagination gâtée et enfiévrée de Chamfort? « J'espère qu'un jour, disait celui-ci, au sortir de l'Assemblée nationale, présidée par un juif, j'assisterai au mariage d'un catholique séparé par divorce de sa première femme luthérienne, et épousant une jeune anabaptiste; qu'ensuite nous irons dîner chez le curé qui nous présentera sa femme, jeune personne de la religion anglicane, qu'il aura lui-même épousée en secondes noces, étant fille d'un calviniste. » C'est là ce qu'on peut appeler du Franklin en délire. L'idée saine de Franklin, inoculée dans le sang âcre de Chamfort, est devenue empestée et corrosive. Se peut-il un idéal plus monstrueux de société future? Quelle combinaison fatiguée pour produire tous les mélanges et toutes les indécences, tous les croisements qui peuvent choquer les idées reçues et insulter les consciences délicates! C'est le beau idéal de la promiscuité.

Un critique spirituel l'a très-bien défini « le parrain des sociétés futures; » mais je ne sais comment ce même critique a pu trouver moyen de rapprocher le nom de M. de Talleyrand de celui de Franklin ; ces deux noms jurent de se voir rapprochés et associés. Franklin, au milieu de toute son habileté, est droit et sincère. Lord Shelburne lui avait adressé son fils lord Fitzmaurice; et, à la seconde visite, Franklin écrit dans son *Journal* (27 juillet 1784) :

> « Lord Fitzmaurice vient me voir. Son père m'ayant prié de lui donner les avis que je croirais pouvoir lui être utiles, j'ai pris occasion de lui citer la vieille histoire de Démosthène, répondant à celui qui lui demandait quel est le premier point de l'art oratoire : *L'action.* — Et le second ? — *L'action.* — Et le troisième ? — *L'action.* Je lui dis que cela avait été généralement entendu de l'action d'un orateur avec les gestes en parlant, mais que je croyais qu'il existait une autre sorte d'action bien plus importante pour un orateur qui voudrait persuader au peuple de suivre son avis, à savoir une suite et une tenue dans la conduite de la vie, qui imprimerait aux autres l'idée de son intégrité aussi bien que de ses talents ; que, cette opinion une fois établie, toutes les difficultés, les délais, les oppositions, qui d'ordinaire ont leur cause dans les doutes et les soupçons, seraient prévenus, et qu'un tel homme, quoique très-médiocre orateur, obtiendrait presque toujours l'avantage sur l'orateur le plus brillant, qui n'aurait pas la réputation de sincérité... »

Tout cela était d'autant plus approprié au jeune homme, que lord Shelburne, son père, doué de tant de talents, avait la réputation d'être l'*opposé du sincère*. En tout Franklin veut d'abord l'essentiel, le fond, persuadé que ce fond produira ensuite son apparence, et que la considération solide portera ses fruits.

Après plus de huit ans de séjour en France, âgé de soixante-dix-neuf ans, il retourna en Amérique. Malade de la pierre; il ne pouvait supporter la voiture; une litière de la reine, traînée par des mules espagnoles, le prit à Passy et le mena au port du Havre, où il s'embarqua. Il vécut près de cinq années encore à Philadelphie, et ne mourut que le 17 avril 1790, âgé de quatre-vingt-quatre ans. Son retour dans sa patrie, les honneurs qu'il y reçut, les légers dégoûts (car il en est dans toute vie) qu'il y essuva sans le faire paraître, son bonheur domestique dans son jardin, à l'ombre de son mûrier, à côté de sa fille et avec ses six petits-enfants jouant à ses genoux, ses pensées de plus en plus religieuses en avançant, lui font une fin et une couronne de vieillesse des plus belles et des plus complètes que l'on puisse imaginer. Sa Correspondance, en ces années, ne cesse pas d'être intéressante et vive, et elle se nourrit jusqu'au bout des mêmes sentiments. Entre divers passages, en voici un que je choisis comme exprimant bien ce mélange de sérénité et de douce ironie, d'expérience humaine et d'espoir, qui fait son caractère habituel. Je le tire d'une lettre adressée à son ancienne amie miss Mary Stevenson, devenue mistriss Hewson :

« J'ai trouvé, lui écrit-il de Philadelphie (6 mai 1786), j'ai trouvé ma famille ici en bonne santé, dans de bonnes conditions de fortune, et respectée par ses concitoyens. Les compagnons de ma jeunesse, à la vérité, s'en sont allés presque tous, mais je trouve une agréable société parmi leurs enfants et leurs petits-enfants. J'ai d'affaires publiques ce qu'il en faut pour me préserver de l'*ennui*, et avec cela des amusements privés, tels que conversation, livres, mon jardin et le *cribbage* (jeu de cartes). Considérant que notre marché est aussi abondamment approvisionné que le meilleur des jardins, je me suis mis à transformer le mien, au milieu duquel est ma maison, en pièces de gazon et en allées sablées, avec des arbres et des arbustes à fleurs. Nous jouons quelquefois aux cartes dans les longues soirées d'hiver, mais c'est comme on joue aux échecs, non pour l'argent, mais pour l'honneur ou pour le plaisir de se battre l'un l'autre. Ce ne sera pas tout à fait une nouveauté pour vous, car vous pouvez vous rappeler que nous jouions ensemble de cette manière durant l'hiver à Passy. J'ai, il est vrai, par-ci par-là un petit remords en réfléchissant que je perds le temps si paresseusement ; mais une autre réflexion vient me soulager, en murmurant tout bas à mon oreille : « Tu sais « que l'âme est immortelle : pourquoi donc serais-tu chiche à ce point « d'un peu de temps, quand tu as toute une éternité devant toi ? » Ainsi, étant aisément convaincu, et, comme bien d'autres créatures raisonnables, me payant d'une petite raison quand elle est en faveur de mon désir, je bats de nouveau les cartes, et je commence une autre partie. »

Laissant aller sa pensée sur les espérances et les craintes, sur les perspectives de chance diverse, de bonheur ou de malheur, qui animent ou tempèrent les joies de la famille, il disait encore, en citant le mot d'un poëte religieux (le docteur Watts) :

« Celui qui élève une nombreuse famille, tant qu'il est là vivant a la considérer, s'offre, il est vrai, comme *un point de mire plus large au chagrin*; mais il a aussi plus d'étendue pour le plaisir. Lorsque nous lançons sur l'Océan notre petite flottille dont les embarcations sont frétées pour différents ports, nous espérons pour chacune un heureux voyage; mais les vents contraires, les bancs cachés, les tempêtes et les ennemis entrent pour une part dans la disposition des événements; et, quoiqu'il en résulte un mélange de désappointement et du mécompte, toutefois, considérant le risque pour lequel nous ne pouvons avoir aucune assurance, nous devrions nous estimer heureux si quelques-unes retournent à bon port. »

Sur la mort, il n'avait jamais varié depuis des années, et son espérance devint plus vive et plus sensible à mesure qu'il approchait du terme. Il considérait la mort comme une seconde naissance : « Cette vie est plutôt un état d'embryon, une préparation à la vie. Un homme n'est point né complétement jusqu'à ce qu'il ait passé par la mort. » La fin paisible de ses vieux amis qui avaient vécu en justes lui paraissait comme un avant-goût du bonheur d'un autre monde. Les récentes découvertes d'Herschell semblaient l'appeler à un futur et sublime voyage de découverte céleste à travers les sphères.

En le retirant à cette date et en lui épargnant deux ou trois années de plus sur la terre, la Providence lui sauva l'horreur de voir ceux qu'il avait le plus connus et aimés durant son séjour en France, enlevés de mort violente, le *bon* duc de La Rochefoucauld, Lavoisier, son voisin de Passy Le Veillard, et tant d'autres, tous guillotinés ou massacrés au nom des principes qu'eux-mêmes avaient le plus favorisés et chéris. La dernière pensée de Franklin en eût été couverte d'un voile funèbre, et son âme sereine, avant de renaître selon son espérance, eût connu dans un jour toute l'amertume.

Lundi 6 décembre 1852 (1).

# L'ABBÉ BARTHÉLEMY

En me présentant aujourd'hui devant de nouveaux lecteurs, et en espérant qu'ils sont peut-être ou qu'ils seront à peu près les mêmes que ceux que j'avais hier, je n'ai qu'une bien courte préface à leur adresser, et je la ferai simplement en quelques mots. Au milieu des changements merveilleux qui s'accomplissent et qui inaugurent de toutes parts une ère de paix et de régularité, la littérature ne saurait souffrir : pour peu qu'elle se ressemble à elle-même et à ce qu'elle a été dans les beaux temps, elle aime l'ordre, le travail, une société plus active qu'orageuse, assise et florissante, et qui n'est plus uniquement occupée chaque jour à s'empêcher de périr. Si le spectacle des troubles et des émotions civiles où elle a été mêlée a semblé servir quelquefois à la fortifier et à l'élever même, un tel spectacle la contriste encore plus, et l'égarerait à coup sûr en se prolongeant : c'est surtout à l'heure où ces troubles s'apaisent et où ils sont encore à l'état de récent et de vif souvenir, que la littérature peut heureusement s'en inspirer pour jouir du calme rétabli, du sentiment de

(1) Ayant quitté le journal *le Constitutionnel*, dont la propriété venait de passer en d'autres mains et dont l'administration n'était plus la même, j'ai inséré les articles suivants dans *le Moniteur*.

la civilisation reconquise, pour y porter un zèle ému, une ardeur trop longtemps contrainte et retardée, pour y signaler et pour y produire à quelque degré l'effet d'une renaissance. Il y a dans la littérature le domaine de l'imagination, les talents poétiques proprement dits, qui ont en eux un don de création et de génie; ceux-là ne se suscitent point à volonté : Dieu et la nature y pourvoient; il faut les laisser naître. Rarement ils ont manqué chez les nations spirituelles, aux époques pacifiées et heureuses. Mais il y a encore en littérature la part critique, celle de l'étude et du savoir mis en œuvre avec plus ou moins d'utilité et d'agrément. Ici la volonté peut beaucoup, et l'on serait coupable de choisir, pour se décourager et se ralentir, le moment où l'activité de tous, au signal et à l'appel d'un seul, reprend l'essor et se déploie. Simple ouvrier dans une œuvre si générale, je continuerai donc, comme par le passé, cette espèce de Cours public de littérature que j'ai entrepris depuis plus de trois ans. J'apprécie comme je le dois l'honneur que m'ont fait des membres du Gouvernement en pensant que ces sortes d'entretiens libres et familiers ne seraient pas déplacés dans *le Moniteur;* sans rien changer à la forme des articles et sans en altérer l'esprit, je tâcherai de les rendre dignes du lieu où j'écris, et de les coordonner peut-être par quelques points avec le régime qui nous rouvre la carrière. Au milieu des jugements divers et contradictoires, plus souvent rigoureux qu'indulgents, qu'a provoqués la littérature de l'ancien Empire, la critique d'alors a toujours été exceptée, et elle a laissé une tradition de haute estime. Tâchons du moins que la critique littéraire, sous le jeune et nouvel Empire, ne paraisse pas trop au-dessous de ce qu'elle était sous l'ancien.

Je choisirai d'habitude et de préférence quelques

sujets dans la littérature française des deux derniers siècles (sans toutefois m'y enfermer, et sans exclure absolument les contemporains), et je parlerai aujourd'hui de l'auteur du *Voyage d'Anacharsis*, de l'abbé Barthélemy. L'ouvrage qui a fait sa réputation et qui a paru en 1788 semble depuis quelque temps mis de côté et jugé avec une sévérité qu'il ne faudrait pas pousser à l'injustice. Il a eu, en paraissant, un succès prodigieux, qui a fait un moment concurrence aux premiers événements de la Révolution, et qui a duré tant qu'ont vécu nos pères. Ils étaient reconnaissants à l'abbé Barthélemy de tout ce qu'il leur avait appris, en quelques jours de lecture, sur ce monde grec et sur cette société ancienne dont on parlait sans cesse, et où il était donné à bien peu dès lors de pénétrer directement. L'abbé Barthélemy a été pour eux, à cet égard, un instituteur comme l'avait été précédemment Rollin, mais approprié au moment nouveau; un instituteur fleuri, poli et disert, éclairé, agréable et très-aimé, habile à dérober la profondeur et l'exactitude du savoir sous une grâce à demi mondaine. Lui-même il a, comme homme, un caractère à part et modestement original dans sa nuance, entre tous les écrivains célèbres du dix-huitième siècle. Il mérite d'être connu et étudié dans la familiarité. La critique littéraire, qui doit être heureuse et fière de s'élever toutes les fois qu'elle rencontre de grands sujets, se plaît pourtant, par sa nature, à ces sujets moyens qui ne sont point pour cela médiocres, et qui permettent à la morale sociale d'y pénétrer.

Vieux, arrivé au terme d'une existence jusque-là des plus favorisées et des plus également douces, l'abbé Barthélemy se vit tout d'un coup privé par la Révolution de la fortune, de l'aisance et de la liberté; dans ces instants d'ennui et de retraite, il eut l'idée d'écrire des Mémoires sur sa vie, restés inachevés, mais suffisants, et qui sont la source où l'on apprend le mieux à le connaître. Sa famille était du Midi, de la jolie ville d'Aubagne, entre Marseille et Toulon, et lui-même naquit à Cassis, dans un voyage qu'y avait fait sa mère, le 20 janvier 1716. Il nous a laissé une idée riante de son enfance au sein d'une famille unie et tendre; il avait un frère et deux sœurs; ayant perdu sa mère de bonne heure, il retrouva dans son père une affection toute maternelle. Il fit ses études au collége des Oratoriens à Marseille; et, s'il fallait choisir un élève qui exprimât dans son beau cette forme d'éducation qu'on recevait à l'Oratoire, libre, fleurie, variée, assez philosophique et moralement décente, on ne pourrait citer un meilleur exemple que celui de Barthélemy. Il eut, dès le collége, des succès brillants, et montra des goûts déjà académiques : il avait reçu, comme en naissant, un sentiment littéraire très-prononcé. Dans un des exercices publics qui avaient lieu dans la grande salle du collége, voyant entrer M. de La Visclède, secrétaire perpétuel de l'Académie de Marseille, et bien que l'auditoire fût en partie composé des plus jolies femmes de la ville : « Je ne voyais, dit-il, que M. de La Visclède, et mon cœur palpitait en le voyant. » Tel était Barthélemy à quinze ans : âme modérée, affectueuse et fine, esprit vif, curieux, délié, avide de savoir, ne mettant rien au-dessus des belles et nobles études qui se cultivent paisiblement à l'ombre des Académies et des Musées, on aurait dit que quelque chose de la pénétration et de la douceur des anciens Grecs, de ces premiers colons et civilisateurs de la contrée phocéenne, avait passé jusqu'à lui, et qu'il avait assez goûté de leur miel pour ne plus vouloir s'en sevrer jamais. « Je m'étais de moi-même, dit-il, destiné à l'état ecclésiastique; » et pour lui, l'Église, c'était ce qu'elle fut à tant d'époques, un asile de paix et d'étude, un abri pour les doctes et innocentes recherches dont un esprit orné et sage ne veut point être distrait. L'évêque de Marseille, qui avait été si admirable pendant la peste, le vertueux Belzunce, n'aimait point les doctrines théologiques et à demi jansénistes qu'on supposait à l'Oratoire ; il fut cause que Barthélemy alla faire ses cours de philosophie et de théologie chez les Jésuites. Mais, en y passant, il ne s'y acclimata jamais, et lorsqu'il parlera des Jésuites, lui si modéré d'ailleurs, il aura toujours un coin de raillerie et d'antipathie qui se ressentira de l'ancien élève des Oratoriens et de l'ami de M. de Choiseul. Le récit que Barthélemy a donné de ses premières années de jeunesse, passées en Provence à diverses études, à apprendre l'hébreu, l'arabe, les médailles, les mathématiques et l'astronomie, est piquant, et il a essayé de le rendre tel, moyennant quelques anecdotes bien contées. Cette étude des mathématiques et de l'astronomie, où il s'était assez longtemps oublié, lui semblait un des égarements et une des dissipations de sa jeunesse. Sans ambition, sans passion violente, entremêlant une libre étude, souvent opiniâtre, à des distractions de société, à des lectures en commun, à de petits concerts, négligé et oublié de son évêque, il vivait ordinairement à Aubagne au sein de sa famille et faisait de temps en temps à Marseille ou à Aix des voyages qui entretenaient ses relations avec les savants du pays. Cependant il touchait à ses vingt-neuf ans ; la famille de son frère augmentait, et l'heure était venue d'aviser à une carrière. C'est alors qu'il partit pour Paris (juin 1744).

Parmi les lettres de recommandation qu'il apportait, il en avait une pour M. de Boze, académicien des plus en crédit, et garde du Cabinet des médailles. Le jeune abbé, invité par lui à ses dîners des mardis et des mercredis, y connut les savants du jour, les hommes de lettres de l'Académie des incriptions, et quelques gens du monde qui se piquaient d'érudition et d'art ; il ressentit la première fois en leur présence quelque chose de ce même respect et de cette émotion qu'il avait éprouvés à quinze ans en voyant d'abord M. de La Visclède :

> « Ce profond respect pour les gens de lettres, dit-il, je le ressentais tellement dans ma jeunesse, que je retenais même les noms de ceux qui envoyaient des énigmes au *Mercure*. De là résultait pour moi un inconvénient considérable : j'admirais et ne jugeais pas. Pendant très-longtemps, je n'ai pas lu de livres sans m'avouer intérieurement que je serais incapable d'en faire autant. Dans mes dernières années, j'ai été plus hardi à l'égard des ouvrages relatifs à la critique et à l'antiquité ; j'avais, par de longs travaux, acquis des droits à ma confiance. »

En supposant que l'abbé Barthélemy, pour rendre son récit plus gai, exagère un peu sa vénération et son tremblement, on voit du moins dans quel sens était sa vocation et cette religion littéraire qui lui était comme infuse. Il s'enhardit assez vite, se fit connaître et agréer de ces hommes plus ou moins distingués, et leur plut davantage à proportion qu'ils avaient plus d'esprit eux-mêmes. La nature avait beaucoup fait pour lui : il avait l'élocution vive, facile, insinuante, le commerce sûr et charmant. Un contemporain, en le voyant à l'époque de sa gloire, et en ayant présent son buste par Houdon, nous l'a peint comme il suit : « Il était, dit le duc de Nivernais, de la taille la plus haute et la mieux proportionnée. Il semblait que la nature eût voulu assortir ses formes et ses traits à ses mœurs et à ses occupations. Sa figure avait un caractère antique, et son buste ne peut être bien placé qu'entre ceux de Platon et d'Aristote. Il est l'ouvrage d'une main habile, qui a su mettre dans sa physionomie ce mélange de douceur, de simplicité, de bonhomie et de grandeur qui rendait, pour ainsi dire, visible l'âme de cet homme rare. » Ôtez ce mot de *grandeur,* ôtez ces noms de Platon et d'Aristote qui sont de trop, il reste vrai que l'abbé Barthélemy avait la plus belle tête; trop de maigreur, mais tous les avantages extérieurs qui préviennent, et des manières qui faisaient de ce jeune savant le plus naturel des gens du monde : « L'abbé Barthélemy est fort aimable et n'a d'antiquaire qu'une très-grande érudition; » c'est ce que dit Gibbon et ce que répètent tous ceux qui l'ont connu.

Avant d'être célèbre comme écrivain par son *Voyage du Jeune Anacharsis,* qu'il publia seulement à l'âge de soixante-douze ans, Barthélemy ne fut longtemps qu'un antiquaire en effet, et c'est à ce titre qu'il avait acquis sa première et toute paisible renommée. Arrivé à Paris et accueilli, comme je l'ai dit, par M. de Boze, qui se l'associa pour le Cabinet des médailles et le fit entrer à l'Académie des inscriptions, il dut s'assujettir, sous ce maître minutieux, à bien des soins exacts et pleins d'ennui; mais rien ne rebute de ce qui est dans le sens d'une passion, et Barthélemy avait pour les médailles une passion véritable, quelque chose de ce feu sacré qui s'applique à tant d'objets différents, et qui est bien connu de tous ceux que possède une fois le goût des collections.

Ayant succédé à M. de Boze lorsque ce dernier mourut, il n'eut pas de pensée plus chère que d'enrichir le Cabinet du Roi, confié à ses soins, de pièces nouvelles et rares, et il fut heureux lorsqu'en 1755, M. de Choiseul (alors M. de Stainville), nommé ambassadeur à Rome, lui offrit de l'emmener en Italie, de le loger chez lui à Rome et de lui faciliter tout le voyage. Ce fut le commencement d'une liaison qui alla se resserrant bientôt de plus en plus, et qui ne se termina que par la mort. Le nom du duc et de la duchesse de Choiseul et celui de l'abbé Barthélemy sont devenus inséparables. Il y avait en M. de Choiseul de la grandeur et de la magnificence dans le bienfait, avec un fonds rare de délicatesse; il allait au-devant du cœur de l'obligé. L'abbé Barthélemy avait de l'attrait, du charme, un agrément continu, un sentiment véritable et attachant : « Ma destinée, disait-il, est d'avoir des amis vifs; c'est un bonheur dont je sens l'étendue. »

On a les Lettres qu'écrivit l'abbé Barthélemy au comte de Caylus durant ces deux années de voyage d'Italie; curieuses pour le biographe, elles n'ont rien d'intéressant pour l'ordinaire des lecteurs. N'attendez pas de Barthélemy la verve piquante et inépuisable de de Brosses, ni même, en présence de l'antique, les vives et fraîches adorations de Paul-Louis Courier. Les muses qu'il cultive ne sont pas seulement sévères, elles sont exactes. Il saura bien apprécier et distinguer telles ou telles antiques et les jolies statues dans le goût de Moschus, mais son récit ne nous les montrera pas. Le premier effet qu'il éprouve, en arrivant surtout à Rome et en voyant les immenses richesses d'antiquités qui y sont accumulées, c'est l'étonnement et presque le découragement :

« N'espérons plus, s'écrie-t-il, de former de pareilles collections; nous vivons dans un pays de fer pour les antiquaires. C'est en Italie qu'il faudrait faire des recherches : jamais on ne vaincra les Romains que dans Rome. Je rougis mille fois par jour de ces infiniment petits monuments qui sont dans notre infiniment petit Cabinet des antiques; je rougis de l'avoir montré aux étrangers : qu'auront-ils pensé de l'intérêt que je prenais à tous ces bronzes de 7 à 8 pouces de hauteur, à ces deux ou trois têtes mutilées dont je voulais leur faire admirer la grandeur et la rareté? Pourquoi n'ai-je pas été averti? »

Cependant il revient peu à peu de ce coup d'électricité; il s'oriente, il choisit et discerne entre les objets de sa recherche : « Dans les commencements je ne voyais Rome qu'à travers un brouillard pétrifié ; aujourd'hui c'est un nuage qui laisse échapper quelques traits de lumière. » C'est en se dirigeant particulièrement vers son objet principal, les médailles, qu'il réussit à augmenter peu à peu son trésor. Il se plaît à raconter les stratagèmes, les ruses de diplomatie ou de guerre qu'il lui faut employer pour cela. Plus d'un antiquaire est impitoyable et ne se laisse pas fléchir ; Barthélemy en est réduit à employer des trames d'Ulysse. Il y a, par exemple, à Vérone un antiquaire appelé Muselli, qui a une médaille d'un certain petit roi peu connu, que Barthélemy convoite pour le Cabinet du Roi et dont le possesseur ne veut pas se défaire. Mais ce Muselli, comme presque tous les savants d'Italie, a grand désir de tenir par quelque lien à l'Académie des inscriptions de France, et Barthélemy prie M. de Caylus de négocier auprès de l'Académie en faveur dudit Muselli pour une place de correspondant, en s'arrangeant toutefois pour qu'on lui renvoie, à lui Barthélemy, la conclusion de l'affaire : « Je passerai à Vérone, dit-il ; s'il me cède la médaille, je lui donnerai quelques espérances ; s'il me la refuse, je lui ferai peur de mon opposition à ses désirs ; le tout fort poliment. C'est un malheur pour moi qu'il connaisse le prix de ce monument : on ne peut rien arracher aux Italiens lorsqu'ils savent la valeur de ce qu'ils possèdent. » Tout cela est dit en riant, et de ce ton d'homme du monde qui, chez Barthélemy, ne cesse d'accompagner le savant et d'écarter doucement le pédant.

Enfin sa moisson augmente, son lot s'accroît ; il sent que son voyage n'aura pas été tout à fait en pure perte : c'était sa crainte en commençant ; cent fois il s'était repenti d'avoir occasionné une dépense inutile : « Cette idée, ajoute-t-il naïvement, empoisonnait des moments que j'aurais pu passer avec plus de plaisir. Me voilà un peu plus tranquille, grâce à une douzaine de petits morceaux de bronze. C'est être bien maladroit que d'avoir attaché son bonheur à l'augmentation d'un dépôt auquel presque personne ne daigne s'intéresser. » Il reste évident, malgré tout, après la lecture de ces Lettres d'Italie, qu'il s'est senti un peu perdu dans ce champ immense; son voyage l'a encore plus humilié que réjoui, en lui révélant toute l'étendue de ce qu'il est forcé d'ignorer ou d'effleurer; il sent le besoin de se concentrer au retour, de s'enfermer tout en vie et de ne sortir de sa retraite qu'avec quelque gros ouvrage : « Vous êtes heureux, dit-il trop obligeamment à M. de Caylus, mais avec un regret très-sincère pour lui-même, d'avoir des sujets isolés et piquants. Je vous vois cueillir les plus belles fleurs du monde sur les bords d'un fleuve tranquille, tandis que j'erre à l'aventure sur les côtes de l'Océan pour chercher quelques mauvaises coquilles. » Ce désir du retour finit par l'emporter sur celui qu'il avait eu d'abord de rester, et qui lui faisait dire énergiquement : « J'abandonnerai ce pays avec les regrets de Pyrrhus quand il fut contraint d'abandonner la Sicile. »

Durant ce voyage d'Italie, il me semble voir deux instincts aux prises et en lutte au sein de l'abbé Barthélemy : il y a l'instinct pur de l'antiquaire, de l'amateur des vieux débris et du zélé collectionneur de médailles, qui se dit d'épuiser la matière et de rester; et il y a l'écrivain, l'homme d'art moderne et de style, qui, à la vue de ces monuments épars et de cette ruine immense couronnée d'une Renaissance brillante, sent à son tour le besoin de se recueillir, de rentrer dans sa ruche industrieuse, et de composer une œuvre qui soit à lui. C'est, en effet, de ce séjour d'Italie que date la pensée du *Jeune Anacharsis*. Barthélemy avait songé d'abord à faire voyager un étranger, un Français, en Italie, vers le temps de Léon X, et à peindre par ce moyen la pleine et riche Renaissance ; mais, à la réflexion, il se trouva moins propre à un tel sujet, qui le tirait de son domaine favori et le jetait dans un monde d'art, de poésie moderne et de peinture, dans tout un ordre de sujets qui lui étaient médiocrement familiers, et il transporta alors cette idée en Grèce, en supposant un Scythe qui la visiterait vers le temps de Philippe. Ce fut le germe de son ouvrage, qu'il mit trente années ensuite à combiner et à écrire.

Au retour de ce voyage d'Italie, la vie de l'abbé Barthélemy s'assoit et se complète de plus en plus ; il devient inséparable des Choiseul et ne distingue plus sa fortune de leur destinée. Dans un tableau qu'on tracerait de la société et des salons au dix-huitième siècle, il se présenterait comme le type le plus accompli de l'abbé érudit et mondain, ayant tous les avantages que ce titre suppose, et les payant par ses bons offices et ses agréments.

Au dix-huitième siècle, dans chaque maison riche, il y avait l'*abbé*, personnage accessoire et pourtant comme indispensable, commode au maître, à la maîtresse de la maison, répondant aux questions des enfants et des mères, ayant l'œil sur le précepteur, instruit, actif, familier, assidu, amusant, un meuble nécessaire à la campagne. Je ne sais qui avait fait la gageure qu'il irait dans le faubourg Saint-Germain, à chaque porte cochère, et qu'il demanderait au suisse : « L'abbé est-il rentré ? L'abbé dînera-t-il aujourd'hui ? L'abbé y sera-t-il ce soir ? » et qu'à ces questions le suisse, sans s'étonner et croyant savoir naturellement de qui il s'agissait, ferait une réponse. L'abbé Barthélemy, par son mérite et par la nature du sentiment qui le liait à M. et à madame de Choiseul, s'élève au-dessus de cette classe, ou plutôt il la personnifie à nos yeux dans un exemple supérieur et comme idéal.

Au retour d'Italie, M. de Choiseul l'avait chargé d'accompagner sa jeune femme et de la ramener à Paris. Cette jeune femme, sur laquelle tous les portraits s'accordent, était, dès l'âge le plus tendre, une perfection mignonne de bon sens, de prudence, de grâce et de gentillesse :

« Madame de Stainville, à peine âgée de dix-huit ans, nous dit l'abbé Barthélemy, jouissait de cette profonde vénération qu'on n'accorde communément qu'à un long exercice de vertus : tout en elle inspirait de l'intérêt, son âge, sa figure, la délicatesse de sa santé, la vivacité qui animait ses paroles et ses actions, le désir de plaire qu'il lui était facile de satisfaire, et dont elle rapportait le succès à un époux digne objet de sa tendresse et de son culte, cette extrême sensibilité qui la rendait heureuse ou malheureuse du bonheur ou du malheur des autres, enfin cette pureté d'âme qui ne lui permettait pas de soupçonner le mal. On était en même temps surpris de voir tant de lumières avec tant de simplicité. Elle réfléchissait dans un âge où l'on commence à peine à penser... »

L'abbé Barthélemy a peint en mainte occasion madame de Choiseul ; il l'a placée, elle et son mari, sous les noms de *Phédime* et d'*Arsame* dans le *Voyage du Jeune Anacharsis :* « *Phédime* discerne d'un coup d'œil les différents rapports d'un objet; d'un seul mot, elle sait les exprimer. Elle semble quelquefois se rappeler ce qu'elle n'a jamais appris... » Mais j'aime mieux, pour donner de la duchesse de Choiseul une idée saillante, emprunter les portraits en miniature qu'en a laissés un pinceau moins élégant et moins peigné que celui de l'abbé Barthélemy, mais plus vif en images : « Ma dernière passion, dit Horace Walpole, qui ne la connut que quelques années plus tard (en 1766), et, je crois, ma plus forte passion est la duchesse de Choiseul. Sa figure est jolie, pas très-jolie; sa personne est un petit modèle. Gaie, modeste, pleine d'attentions, douée de la plus heureuse propriété d'expression, et d'une très-grande promptitude de raison et de jugement, vous la prendriez pour la reine d'un poëme allégorique. » Et ailleurs, un jour qu'allant à une noce, elle lui avait apparu dans une magnifique robe de satin bleu, toute rehaussée d'or et de diamants, il la compare à la reine des fées : « C'est la plus jolie petite raisonnable et aimable *Titania* que vous ayez jamais vue. Mais *Obéron*, ajoute-t-il, ne l'aime pas, et il lui préfère une grande mortelle *Hermione*, sa propre sœur. » Cela fait allusion à la préférence un peu scandaleuse que le duc de Choiseul accordait ouvertement à la duchesse de Grammont, tout en ayant pour madame de Choiseul les attentions les plus respectueuses, et en restant jusqu'à la fin l'objet de son amour. Walpole renouvelle à tout propos ces portraits de la jolie duchesse, et, puisque j'en suis à ces échantillons divers de son pinceau, j'ajouterai celui-ci encore, comme le plus complet et le plus ravissant de tous :

« La duchesse de Choiseul n'est pas fort jolie, mais elle a de beaux yeux, et c'est un petit modèle en cire qui, pendant quelque temps, n'ayant pas eu la permission de parler, comme en étant incapable, a contracté une modestie dont elle ne s'est point guérie à la Cour, et une hésitation qui est compensée par le plus séduisant son de voix, et que fait oublier le tour d'expression le plus élégant et le plus propre. Oh ! c'est la plus gentille, la plus aimable et la plus honnête petite créature qui soit jamais sortie d'un œuf enchanté ! Si correcte dans ses expressions et dans ses pensées ! d'un caractère si attentif, si bon ! Tout le monde l'aime, excepté son mari, qui lui préfère sa propre sœur, la duchesse de Grammont, espèce d'amazone, d'un caractère fier et hautain, également arbitraire dans son amour et dans sa haine, et qui est détestée. — Madame de Choiseul, passionnément éprise de son mari, a été martyre de cette préférence, mais, à la fin, elle s'est soumise de bonne grâce ; elle a gagné un peu dans son esprit, et l'on croit qu'elle l'adore toujours. — Mais j'en doute. — Elle prend trop de peine à le persuader ! »

Ce léger doute nous ramène à l'abbé Barthélemy. J'irai au-devant de toute pensée maligne. Madame du

Deffand, chez qui l'on apprend à connaître pendant quatorze ans, jour par jour, les Choiseul et l'abbé Barthélemy, goûtait ce dernier, *le grand abbé,* comme elle l'appelait, et le trouvait à son gré; mais elle en parlait comme de tous ceux qu'elle connaissait, en toute liberté et sans indulgence. Elle varie quelquefois sur lui; le fond de son jugement, c'est que l'abbé Barthélemy est véritablement attaché à madame de Choiseul : « Et c'est un homme tel qu'il le faut pour une compagnie journalière. » Aux heures de mécontentement et de méfiance, elle le soupçonne d'être peu sincère, et, à propos de je ne sais quelle tracasserie entre elle et les Choiseul, elle écrira à Walpole : « Je vous ai dit que je vous parlerais de l'abbé; je pense qu'il est Provençal, un peu jaloux, un peu valet, et peut-être un peu amoureux. » Elle écrivait cela en 1770, c'est-à-dire quand l'abbé Barthélemy était déjà uni aux Choiseul par une liaison qui datait de près de quinze ans; l'extrémité de son soupçon ne va pas au delà, et on ne voit pas même qu'à part deux ou trois lettres qui sont du même moment, elle y soit jamais revenue depuis. Je ne vois point surtout ce mot d'*amoureux* reparaître nulle part sous sa plume. Il faut donc reconnaître, comme plus probable, que l'abbé Barthélemy était lié à madame de Choiseul par un sentiment tendre, profond et pur, et qui, mêlé d'une nuance touchante, tenait avant tout de l'amitié (1).

(1) Cependant M. de Choiseul-Gouffier, parlant de l'abbé Barthélemy chez la princesse de Beaufremont, disait de ce ton haut et absolu qui était le sien : « Concevez-vous l'abbé Barthélemy ? pendant plus de vingt ans, il a vu s'habiller et se déshabiller la duchesse de Choiseul, et il n'a jamais osé s'avouer à lui-même qu'il était amoureux d'elle. » — Une des personnes présentes et des plus jeunes (M. Villemain), se tournant vers la maîtresse de la maison, dit en plaisantant : « Princesse, il ne faudrait pas pourtant qu'un tel précédent devînt un principe. »

Il était très-sensible à l'amitié en effet et bien digne de l'éprouver. Il a de jolies et douces pensées à ce sujet. Dans un petit *Traité de Morale*, rédigé à l'usage d'un neveu de M. de Malesherbes, et qu'il fit à la demande d'une mère, il a montré combien l'aménité était la forme de son caractère, et l'humanité le fond de son âme. Il sait très-bien distinguer entre la complaisance et l'amitié. Voulant montrer que, parmi les différentes sortes d'esprits, celui de saillie et de légèreté est le plus opposé à l'amitié : « Elle s'accommoderait mieux, ajoute-t-il, de cet esprit fin et délicat qui semble ne s'exprimer que pour plaire, et qui laisse entrevoir plus qu'il n'exprime. Mais observez qu'il ne plaît en effet qu'en prenant la teinture du sentiment, et qu'il reste toujours à savoir si ses grâces séduisantes ne sont pas le fruit de l'usage du monde ou de l'hypocrisie du cœur. » Il veut une amitié toute sincère, toute vertueuse, et fondée sur le goût de l'honnête : « Il faut, dit-il, dans l'amitié, non une ferveur passagère ou d'imagination, mais une chaleur continue et de raison. Quand elle a eu le temps de s'insinuer dans les cœurs, quand les épreuves n'ont servi qu'à la rendre plus agissante, c'est alors que le choix est fait, c'est alors que l'on commence à vivre dans un autre soi-même. » Il en parle avec sentiment, avec force. L'amitié et les sollicitudes continuelles qu'elle entraîne, embarrassantes pour de certaines âmes, sont délicieuses pour lui. Les détails où il faut entrer sans cesse, et qui recommencent chaque jour, ne le lassent point; loin d'être jamais un ennui, ils lui paraissent une source de plaisirs :

« Consacrons à l'amitié, dit-il, les moments dont les autres devoirs nous permettent de disposer; moments délicieux qui arrivent si lentement et qui s'écoulent si vite, où tout ce qu'on dit est sincère, et tout ce qu'on promet est durable; moments où les cœurs à découvert et libres de contrainte savent donner tant d'importance aux plus petites choses, et se confient sans peine des secrets qui resserrent leurs liens ; moments enfin où le silence même prouve que les âmes peuvent être heureuses par la seule présence l'une de l'autre ; car ce silence n'opère ni le dégoût ni l'ennui. On ne dit rien, mais on est ensemble. »

La Bruyère a dit quelque chose de pareil ; mais, à coup sûr, Barthélemy, qui décrit si bien les mêmes nuances, les avait particulièrement éprouvées ; et j'ai peine à croire qu'en s'y complaisant de la sorte, il ne songeait pas à être lu de madame de Choiseul.

Il était de ces âmes modérées et sensibles, qui, à travers des études lentes et patientes, et un goût d'enjouement social et de plaisanterie familière très-prononcé, ont en elles une veine de tendresse, et qui, aux heures de rêverie, se nourrissent volontiers d'un passage d'Euripide, de Racine et de saint Augustin.

Et comment ne se fût-il pas donné tout entier aux Choiseul, qui allaient au-devant de lui et de ses moindres désirs par tant de grâces et de bienfaits? Il était encore à Rome, et dans les derniers temps de son séjour, il avait envie d'une douzaine de petites figures de terre cuite qu'on avait récemment découvertes dans un tombeau de marbre ; mais on en demandait un prix exagéré. Il racontait cela par hasard à quelqu'un devant madame de Choiseul, et le lendemain il trouvait les douze figures sur sa table sans savoir d'où elles lui venaient. Ce n'était que le début. Ces tours-là, de la part de la gracieuse fée, étaient perpétuels. De retour à Paris, il s'était fait arranger un logement et un cabinet d'étude. Madame de Choiseul, aidée cette fois de madame de Grammont pour complice, trouve le moyen d'avoir la clef pendant son absence, et le cabinet philosophique, décoré, comme par un coup de baguette, de toutes sortes de jolis meubles ou même d'ouvrages de leurs mains, est métamorphosé à l'instant en un boudoir enchanté. Cette bonne grâce fit un moment la nouvelle de tout Paris (novembre 1762).

En ces années, Barthélemy justifiait déjà les attentions dont il était l'objet par la manière même dont il traitait quelques points d'érudition devant le public dans les séances solennelles de son Académie. En avril 1763, pour la séance publique d'après Pâques, il eut à lire une dissertation sur la langue cophte : « Nous le savions d'avance, dit Gibbon, et chacun blâmait ce choix d'un sujet épineux qui ne paraissait fait que pour les assemblées particulières. On vit avec un plaisir mêlé de surprise combien notre abbé le rendait intéressant aux femmes et aux gens du monde qui l'écoutaient, par les grâces de son style, par la finesse de sa critique, et par ses principes justes et lumineux. » — « Les femmes mêmes, lit-on dans les Mémoires de Bachaumont, ont été enchantées de cette lecture. » Nous touchons là au genre de talent et aussi à ce qui sera le défaut général de l'abbé Barthélemy dans *Anacharsis* : un peu trop d'assaisonnement dans l'érudition, et un affaiblissement élégant de l'antiquité par les grâces mondaines.

Il était trop favorisé en ces années pour ne pas avoir affaire à l'envie. Pendant le ministère du duc de Choiseul, les pensions, les bénéfices, les sinécures, ne cessèrent de pleuvoir sur lui, au point de lui faire à un moment un revenu total annuel d'environ 40,000 livres. Lorsqu'il eut été nommé secrétaire général des Suisses, place qui, à elle seule, rapportait au moins 20,000 livres (janvier 1768), on vit, peu de jours après, dans un des bals du carnaval, un grand homme maigre, sec, dégingandé, qui le représentait en caricature, masqué et à moitié costumé en Suisse, avec une calotte et un manteau noir ; et une scène se joua entre un compère et le masque : « Qu'est-ce que cela, beau masque? De quel état êtes-vous? abbé ou Suisse? » — — « L'un ou l'autre, tout ce qu'on voudra, répondait le masque, pourvu que cela me rapporte 30,000 livres de rentes. » M. de Choiseul fut irrité et voulut rechercher l'auteur. L'abbé Barthélemy sut ramener l'opinion par sa modération et en renonçant de lui-même à une petite pension qu'il avait sur le *Mercure*. Ce léger sacrifice, fait à propos et sans effort, apaisa les Encyclopédistes, avec qui Barthélemy n'était pas toujours bien parce qu'il ne leur appartenait pas.

Lors de la disgrâce du duc de Choiseul, et quand on retira à cet ancien ministre la charge de colonel général des Suisses, Barthélemy envoya sa démission de secrétaire général ; il la maintint malgré les efforts qu'on fit pour l'amener à se rétracter, et on lui laissa encore, sans qu'il le demandât, une pension de 10,000 livres sur cette place à laquelle il renonçait. Il put vivre avec les nobles exilés de Chanteloup, être fidèle, comme il le devait, à l'amitié, et garder un très-beau revenu, dont il disposait généreusement et sans faste.

Si l'on avait conservé les lettres ou plutôt les gazettes que l'abbé Barthélemy écrivait de Chanteloup à madame du Deffand, et où il rendait compte du mouvement de société jour par jour, on aurait de vrais mémoires sur un intérieur du grand monde au dix-huitième siècle. On en peut prendre quelque idée dans la Correspondance même de madame du Deffand, et dans un petit poëme héroï-comique de Barthélemy, appelé *la Chanteloupée*, qui est d'ailleurs bien frivole. Ces plaisanteries et ces gaietés d'une soirée sont peu faites pour survivre. On lit dans la Correspondance d'Horace Walpole un mot sur l'abbé Barthélemy, un éloge qui a besoin d'explication. Un des amis de Walpole, le général Conway, était venu en France, et, malgré le désir qu'on en avait exprimé de sa part, il n'avait pu réussir à faire la connaissance du duc et de la duchesse de Choiseul, qui s'y étaient peu prêtés : « Quoique les Choiseul, écrit Walpole, se tiennent à distance de vous, j'espère que *leur* abbé Barthélemy n'est point soumis à la même quarantaine. Outre un grand savoir, il a infiniment d'esprit et de *polissonnerie* (le mot est ainsi en français et souligné dans Walpole), et c'est une des meilleures espèces d'hommes qui soient au monde. » Évidemment, Walpole ne se rendait pas bien compte de ce que signifiait le mot qu'il donnait en français; il est probable qu'il entendait parler de ce badinage enjoué et vif que l'abbé Barthélemy avait dans un salon. A souper avec madame du Deffand, ou en la mettant au fait du train de vie de Chanteloup dans sa gazette, cet abbé de bonne compagnie avait un coin de Gresset.

La partie sérieuse du mérite de l'abbé Barthélemy comme antiquaire, et avant son *Voyage d'Anacharsis*, échappe à mon appréciation : ce qu'on peut dire en général, c'est qu'il a rendu surtout de vrais services dans la science des médailles, et qu'il a contribué à la tirer de l'état de simple curiosité pour en faire un des appuis suivis et réguliers de l'histoire. En soixante années de pratique, il lui avait passé plus de quatre cent mille médailles entre les mains. Apportant à cette étude, comme en toutes celles qu'il abordait, un esprit philosophique, il avait su pourtant se préserver de ce qu'on appelait la philosophie du siècle, et, par sentiment de convenance autant que par réflexion, il avait de tout temps estimé ruineuses et funestes les attaques irréligieuses auxquelles se livraient les beaux-esprits et les principaux écrivains d'alentour. Lui, il vivait en sage entre son Cabinet de collections, son Académie et quelques salons, dont celui de madame de Choiseul était le centre. Il évitait avec soin les querelles et le bruit; on le voit conseiller à Walpole, en un certain cas, de ne pas fournir le moindre prétexte de guerre à Voltaire. Lui-même, il a l'honneur, je le crois, de ne pas être une seule fois nommé dans les OEuvres de ce monarque et de ce despote littéraire du siècle. Lorsque, arrivé à l'âge de soixante-dix ans, on lui conseilla de ne plus différer de publier son *Jeune Anacharsis*, l'ouvrage de toute sa vie, il hésita longtemps, et, lorsqu'il se décida enfin à le laisser paraître, en décembre 1788, c'est-à-dire à la veille des États-Généraux, son espoir était que l'attention publique, occupée ailleurs, ne se porterait que peu à peu et insensiblement sur le livre, et qu'il n'y aurait lieu ainsi ni à un succès ni à une chute : « Je voulais, dit-il, qu'il se glissât en silence dans le monde. »

En tout ce qui précède, je n'ai voulu présenter l'abbé Barthélemy que dans l'ensemble de son existence et dans la distinction tempérée de son caractère : il nous en sera plus facile de parler de l'ouvrage même.

Lundi 13 décembre 1852.

# L'ABBÉ BARTHÉLEMY

(FIN)

L'abbé Barthélemy ne voulait pour son *Jeune Anacharsis* qu'un succès doux et presque silencieux, assez semblable à la manière dont il avait été composé, et il obtint dès le premier jour un succès d'éclat. Les États-Généraux étaient convoqués pourtant, et l'année 1789 s'ouvrait au milieu d'une attente immense. Sieyès publiait sa brochure : *Qu'est-ce que le Tiers-État ?* et la discussion politique s'enflammait de toutes parts; mais, au milieu de ce souffle croissant et de ce vent impétueux qui s'élevait, et qui n'était pas encore une tempête, on recevait à l'Académie le chevalier de Boufflers, l'abbé Delille récitait dans les séances publiques des fragments applaudis du poëme de *l'Imagination*, et le jeune Anacharsis surtout entrait à toutes voiles dans le port d'Athènes. Ce fut le dernier grand succès littéraire du dix-huitième siècle, au moment où la société française tout entière sortait de son lac heureux et, en quelque sorte, de sa Méditerranée paisible, et s'engageait dans les détroits inconnus d'où le Génie des temps nouveaux allait, d'une main puissante, la lancer sur l'Océan.

Avec son jeune Grec élégant, poli, et qui nous semble

aujourd'hui si froid, l'abbé Barthélemy eut un succès à la Bernardin de Saint-Pierre. Les gens du monde, l'élite et le peuple des lettrés, les femmes, se prirent d'enthousiasme à l'instant. Madame de Krüdner, qui n'était encore à cette date qu'une ambassadrice et une jolie femme, se mit à copier et à apprendre par cœur de longs passages d'*Anacharsis;* madame de Staël, qui venait d'écrire ses *Lettres sur Jean-Jacques Rousseau* et qui naissait à la célébrité, adressait à l'abbé Barthélemy, dans un souper, des couplets où résonnaient les noms de Sapho et d'Homère. Je trouve quantité de couplets ainsi adressés par des amateurs au docte abbé, l'un entre autres sur l'air : *Prends, ma Philis*. Fontanes, plus sérieux, et qui préludait à son rôle de critique et d'arbitre du goût, saluait Barthélemy par une Épître qui commence en ces mots :

> D'Athène et de Paris la bonne compagnie
> A formé dès longtemps votre goût et vos mœurs...

Le succès enfin, sauf quelques protestations isolées, fut soudain et universel; les Français savaient un gré infini à l'auteur d'avoir continuellement pensé à eux quand il peignait les Athéniens, et ils applaudissaient avec transport à une ressemblance si aimable.

Les défauts et les qualités du livre s'expliquent très-bien par la manière dont il fut composé, et par la nature d'esprit de l'écrivain. Au moment où il conçut l'idée de son ouvrage, l'abbé Barthélemy avait lu ses anciens auteurs; il les relut alors plume en main, « marquant sur des cartes tous les traits qui pouvaient éclaircir la nature des gouvernements, les mœurs et les lois des peuples, les opinions des philosophes. » Ce sont ces notes exactes, scrupuleuses, qu'il s'attacha ensuite à rassembler, à unir dans une trame ingénieuse et d'un agréable artifice. « L'antiquité, pensait-il, n'est qu'une étude de rapports. » Plus on a vu de monuments, plus on a de textes sous la main, et plus on est en état de les éclaircir les uns par les autres. On voit sa méthode, qui fut toute d'assemblage et de marqueterie. Le docte Tillemont, dans ses Histoires ecclésiastiques, a fait ainsi : plein d'exactitude et de scrupule, il ne marche jamais sans un texte ancien, et, s'il y ajoute quelque chose de son cru, il l'indique par des crochets dans le courant du récit, de peur qu'on ne puisse confondre à aucun moment l'autorité et le commentaire. L'abbé Barthélemy ne pousse pas le scrupule si loin; il est le Tillemont de la Grèce, en ce sens qu'il compose volontiers son texte de la quantité de ses petites notes mises bout à bout; mais, cherchant de plus l'agrément et animé du désir de plaire, il a donné à tout cela le plus de liaison qu'il a pu; il a dissimulé les sutures; il a insinué avec sobriété les explications ingénieuses; il y a mêlé, comme par un courant secret, une vague allusion continuelle, un tour de réflexion qui porte sur nos mœurs, sur notre état de société. On ne saurait s'étonner qu'il ait mis trente ans de sa vie à ce travail curieux et d'un détail infini, à cette fabrique industrieuse, où la verve ne le soutenait pas.

Ayant fait choix de son jeune Scythe voyageur pour le faire parler et juger de la Grèce vers le temps d'Épaminondas et de Philippe, il s'est donné beaucoup de peine pour introduire l'examen de certaines questions que la vue de la Grèce, à cette date, ne soulevait pas, pour en éluder et en écarter adroitement certaines autres, et pour atteindre à une sorte de vraisemblance froide dont on ne lui sait aujourd'hui aucun gré. Toutefois ceux qui, dans leur enfance, ont pris plaisir (et je suis de ceux-là) à la lecture d'*Anacharsis*, ont, par devoir et reconnaissance, quelques raisons favorables à présenter. Il y a dans l'ouvrage de Barthélemy une qualité à laquelle on est trop peu sensible à présent, il y a de la composition et de la liaison. L'Introduction élégante et assez animée, qui résume l'histoire des siècles antérieurs de la Grèce, fait le frontispice du monument. Le Voyage proprement dit s'ouvre avec bonheur et avec émotion par une visite à Épaminondas, le plus parfait des héros anciens; il se termine, au dernier chapitre, par un portrait du jeune Alexandre : le récit tout entier s'encadre entre cette première visite à Thèbes, où le sujet apparaît dans toute sa gloire, et la bataille de Chéronée, où périt la liberté de la Grèce. Dans l'intervalle on a mille diversions instructives, des retours vers l'antique histoire, des conversations dans les bibliothèques, des dissertations érudites et non épineuses, des rencontres d'hommes célèbres peints avec assez de physionomie et de vérité, des chapitres tout à fait heureux dans le genre tempéré, tels que la visite qu'on fait à Xénophon à Scillonte. En un mot, dans *Anacharsis* le courant n'est jamais rapide, mais il suffit pour porter le lecteur qui n'est pas trop impatient, et à qui une élégante douceur, munie d'exactitude, fait pardonner le manque de nerf et d'originalité.

Barthélemy, dans sa vue de la Grèce, n'a rien d'un Montesquieu : « Il faut que chaque auteur suive son plan, a-t-il dit; il n'entrait pas dans le mien d'envoyer un voyageur chez les Grecs pour leur porter mes pensées, mais pour m'apporter les leurs autant qu'il lui serait possible. » Il reste à savoir pourtant si les pensées des Grecs, exprimées par eux et traduites sous nos yeux sans explication préalable, sont suffisamment à notre usage. On aurait voulu qu'au lieu de décrire minutieusement les Constitutions et le Gouvernement d'Athènes et des anciennes républiques, Barthélemy fît mieux sentir les différences tranchées qu'elles ont avec la société moderne, l'esclavage qui en était le fondement, l'oppression des races vaincues, les droits de citoyen exclusivement réservés à un petit nombre d'habitants, là même où il semble que la multitude domine. Geoffroy, en de sévères et justes articles qu'il a insérés dans *l'Année littéraire* (1789), a noté, et point du tout en homme de collège, ces graves défauts et ces lacunes de l'ouvrage. L'abbé Barthélemy, en introduisant et en faisant parler constamment un personnage du passé, se retranchait la ressource des considérations modernes et vraiment politiques ; mais, eût-il parlé en son propre nom, il se les fût également interdites : elles n'entraient pas dans la nature de son esprit. Il s'en tenait aux analogies mondaines et de surface, et, si j'ose dire, aux ressemblances parisiennes qu'amenaient ces noms d'Aspasie ou d'Alcibiade, et il n'entamait pas les comparaisons du fond. On lit dans la Correspondance de Grimm quelques pages écrites après une lecture d'*Anacharsis* et traitant du gouvernement d'Athènes ; ce court chapitre, à la veille de la Révolution, en disait plus que toutes les notes minutieusement enchâssées de Barthélemy. Après avoir relevé les principaux traits de cette Constitution populaire d'Athènes et de l'esprit du peuple athénien, après avoir signalé l'influence souvent souveraine de ses grands hommes, des Thémistocle et des Périclès, Grimm (ou l'auteur, quel qu'il soit, de ce chapitre) tirait hardiment cette conclusion :

« Il est donc permis de dire que la démocratie la plus démocratique qu'il y ait eu peut-être au monde n'eut point de moyen plus sûr de se soutenir que de cesser souvent de l'être, et que c'est toutes les fois qu'elle fut le moins démocratique de fait qu'elle jouit aussi du sort le plus brillant, le plus véritablement digne d'envie. »

Barthélemy n'a point de ces vues d'ensemble comme politique et comme philosophe ; il n'en a point davantage comme peintre. Son style, ai-je dit, a de la douceur, il a même par endroits de l'émotion et de la sensibilité. On pourrait citer des morceaux très-travaillés et d'un gracieux effet, tels que celui qu'on lit dans son Introduction sur l'antique mythologie : « Tous les matins, une jeune déesse, etc... »; et aussi la peinture célèbre du printemps de Délos : « Dans l'heureux climat que j'habite, le printemps est comme l'aurore d'un beau jour... » (Chap. LXXVI.) — Mais, là même encore, on sent le thème traité et caressé à tête reposée par une plume habile et polie, plutôt qu'un tableau embrassé par l'imagination, ou vivement saisi d'après nature. C'est de l'Isocrate descriptif, rien de plus.

Chateaubriand, dans son premier et confus ouvrage, dans son *Essai sur les Révolutions*, est parti, en quelque sorte, du *Voyage d'Anacharsis*, pour les comparaisons continuelles de l'antiquité avec le monde moderne; mais, dès les premiers pas qu'il fait sur les traces de son devancier, comme on sent qu'il pénètre bien au delà ! Ce talent énergique et brillant commence d'abord, et à tout hasard, par donner des coups d'épée à travers son sujet, et de cette épée jaillissent des éclairs. Il semble qu'il faille que tout talent, tout génie nouveau entre ainsi dans les sujets l'épée à la main, comme Renaud dans la forêt enchantée, et qu'il doive frapper hardiment jusqu'à ce qu'il ait rompu le charme : la conquête du vrai et du beau est à ce prix.

Lorsque Chateaubriand eut visité la Grèce, elle eut parmi nous un peintre. Je ne veux pas dire qu'il la peignit simplement, ni de la manière qu'elle-même, en son meilleur temps, eût préférée; je dis seulement qu'avec les moyens et les procédés de couleur qui étaient à lui, il nous rendit vivement la *sensation* de la Grèce. Il arrive à Athènes; il monte d'abord à la citadelle; comme un vainqueur, il a choisi tout aussitôt son camp; il établit son point de vue souverain : relisez cette page de l'*Itinéraire*. De là il décrit les collines, les monuments d'alentour; il évoque, il recrée en idée l'antique cité, le théâtre retentissant d'applaudissements, les flottes sortant du Pirée, les jours de Salamine ou de Délos. Il n'y a rien de plus glorieux au soleil et de plus lumineux que cette peinture. Avec Barthélemy ou avec son jeune Anacharsis, qui est censé arriver pour la première fois à Athènes, on n'a rien de pareil : on parcourt les rues une à une à perte d'haleine, et sans coup d'œil. On sent le guide en peine et qui ne s'en tire qu'avec effort : on n'arrive qu'à la fin au pied de l'escalier qui conduit à la citadelle; on le monte lentement et avec fatigue. Le coup d'œil général vient trop tard, et est faible. Tout nous le dit, Barthélemy a lu, mais n'a pas vu.

Au moral, cela est vrai comme dans le pittoresque. L'ingénieuse exactitude de Barthélemy n'est pas toujours la vraie. On a beau reproduire textuellement la note du passé, le sens littéral n'est pas le sens profond; celui-ci échappe si le génie ne le retrouve pas, et il ne l'obtient souvent qu'en l'arrachant : les âges d'autrefois, en s'éloignant de nous et en retombant dans leur immobilité, deviennent des sphinx; il faut les forcer à rendre leur secret. Un Niebuhr, un Otfried Müller savent tirer des textes et des monuments ce qu'un autre moins hardi et moins pénétrant n'y aurait pas vu. Il n'y a de vrai souvenir que celui qui vit. Il faut, a-t-on dit, une part d'imagination et de création même pour le souvenir.

Je reviens à Chateaubriand, lequel, mis en regard de Barthélemy, nous est une lumière. Tous les deux ont leur cap Sunium qu'ils ont décrit. Barthélemy y a supposé Platon entouré de quelques disciples, et discourant sur la formation du monde. Il s'est plu, pour amener et encadrer ce discours, à décrire une tempête suivie d'un retour à la sérénité. Sa description, dont je ne cite qu'une partie et que les curieux peuvent chercher en entier (chap. LIX), est vague et assez commune dans ses images. On la dirait imitée d'une tempête de l'*Énéide*, et faite de seconde main; par exemple :

> « Cependant l'horizon se chargeait au loin de vapeurs ardentes et sombres; le soleil commençait à pâlir; la surface des eaux, unie et sans mouvement, se couvrait de couleurs lugubres dont les teintes variaient sans cesse, etc... Toute la nature était dans le silence, dans l'attente, dans un état d'inquiétude qui se communiquait jusqu'au fond de nos âmes. Nous cherchâmes un asile dans le vestibule du temple, et bientôt nous vîmes la foudre briser à coups redoublés cette barrière de ténèbres et de feux suspendue sur nos têtes; des nuages épais rouler par masses dans les airs, etc... Tout grondait, le tonnerre, les vents, les flots, les antres, etc... L'aquilon ayant redoublé ses efforts, l'orage alla porter ses fureurs dans les climats brûlants de l'Afrique. Nous le suivîmes des yeux, nous l'entendîmes mugir dans le lointain; le ciel brilla d'une clarté plus pure; et cette mer, dont les vagues écumantes s'étaient élevées jusqu'aux cieux, traînait à peine ses flots jusque sur le rivage. »

Cette peinture est assurément suffisante, mais elle n'a rien d'éclatant. Quant à Chateaubriand, le vrai voyageur, arrivé dans les mêmes lieux, il nous dit :

> « Au coucher du soleil, nous entrâmes au port de Sunium : c'est une crique abritée par le rocher qui soutient les ruines du temple. Nous sautâmes à terre, et je montai sur le cap.
>
> « Les Grecs n'excellaient pas moins dans le choix des sites de leurs édifices que dans l'architecture de ces édifices mêmes. La plupart des promontoires du Péloponèse, de l'Attique, de l'Ionie et des îles de l'Archipel étaient marqués par des temples, des trophées ou des tombeaux. Ces monuments, environnés de bois et de rochers, vus dans tous les accidents de la lumière, tantôt au milieu des nuages et de la foudre, tantôt éclairés par la lune, par le soleil couchant, par l'aurore, devaient rendre les côtes de la Grèce d'une incomparable beauté : la terre, ainsi décorée, se présentait aux yeux du nautonier sous les traits de la vieille Cybèle qui, couronnée de tours et assise au bord du rivage, commandait à Neptune, son fils, de répandre ses flots à ses pieds. »

Et après quelque retour de pensée sur la manière

dont le Christianisme, lui aussi, savait placer et asseoir ses vrais monuments, ses antiques abbayes, au fond des bois ou sur la cime des montagnes :

> « Je faisais ces réflexions à la vue des débris du temple de Sunium... Je découvrais au loin la mer de l'Archipel avec toutes ses îles ; le soleil couchant rougissait les côtes de Zéa et les quatorze belles colonnes de marbre blanc au pied desquelles je m'étais assis. Les sauges et les genévriers répandaient autour des ruines une odeur aromatique, et le bruit des vagues montait à peine jusqu'à moi. »

En entendant ces nombres heureux et cette musique nouvelle unie à la couleur, on se rappelle le mot de Chênedollé, que « Chateaubriand est le seul écrivain en prose qui donne la sensation du vers ; d'autres ont eu un sentiment exquis de l'harmonie, mais c'est de l'harmonie oratoire : lui seul a une harmonie de poésie. »

Chez Barthélemy, Platon commence à parler ; la vue de cette tempête ayant amené l'entretien sur les époques primitives de la nature, sur le débrouillement du monde au sein du chaos, il débute en disant : « Faibles mortels que nous sommes ! est-ce à nous de pénétrer les secrets de la Divinité, nous, dont les plus sages ne sont auprès d'elle que ce qu'un *singe* est auprès de nous ?... » Ici Barthélemy a beau mettre une note pour citer son auteur, ce mot de *singe*, prononcé tout d'abord et dès l'exorde, en un tel lieu et dans un tel ordre d'idées, détonne et jure. Peu m'importe que Platon ait pu dire cela en effet ailleurs : Barthélemy a été conduit ici à faire une faute de goût par érudition.

Si vous voulez faire parler Platon au Sunium (ce qui est difficile), inspirez-vous de lui à l'avance, remplissez-vous de son esprit et de ses formes ; et alors, si l'imagination vous le dit, parlez de source et en toute abondance de cœur, improvisez un moment ; mais ne venez point citer de mémoire des centons cousus ensemble de ses pensées. Chez Barthélemy, l'imagination (s'il en avait) est toujours « tenue en lisière par l'érudition. »

Chateaubriand, là encore, a été mieux inspiré. Assis en ce lieu sublime et d'où il embrasse tout l'horizon, il ne se met point à discourir sur la formation du monde; ce sont de ces sujets à garder pour le sommet de l'Etna; mais il médite sur les ruines mêmes de la Grèce; il se demande quelles sont les causes qui ont précipité la chute de Sparte et d'Athènes, et ces considérations d'une haute et sommaire histoire, pleines de vigueur et environnées de lumière, nous montrent à la fois ce qui manque dans les deux sens à l'estimable ouvrage de l'abbé Barthélemy.

Sa faiblesse d'invention et de poésie ne paraît nulle part plus à nu que dans les trois Élégies en prose qu'il a voulu consacrer aux guerres de Messénie (et d'où, plus tard, Casimir Delavigne empruntera l'idée et le titre même des *Messéniennes*). Barthélemy, en voulant se forcer, confond tous les tons; il s'y ressouvient, en commençant, des chœurs d'*Esther* et des psaumes hébreux de la captivité; puis il parle au nom des *cœurs sensibles* de tous les temps et de tous les pays. Les images qu'il affecte, emphatiques et vagues, ne sortent guère des tonnerres, des volcans, et de cet arsenal commun qui n'est bon que dans les dictionnaires de poésie. Il n'y a pas là d'imagination véritable; la métaphore, chez lui, ne naît jamais tout armée ni avec des ailes.

Le vieux Ducis disait de Chateaubriand, qui lui avait accordé un éloge : « Ce qu'il a dit de moi n'est point une chose vulgaire, ni dite vulgairement : *il a le secret des mots puissants.* » C'est ce secret que cherche Barthélemy et qu'il n'atteint pas. Il n'a pas non plus, comme Bernardin de Saint-Pierre, cette magie plus douce des mots virgiliens. Il n'a que l'élégance et une certaine douceur de nombre.

Je ne veux pas trop presser ses défauts, on les sent trop bien aujourd'hui; mais il eut, à son moment, sa grâce et son utilité relative. L'idée qu'on se faisait de la Grèce, de cette littérature et de cette contrée célèbre, n'a pas toujours été la même en France, et elle a passé depuis trois siècles par bien des variations et des vicissitudes. Si l'on nous faisait autrefois de l'ancienne Grèce une image trop amollie et trop riante, ne nous la fait-on pas trop dure et trop sauvage aujourd'hui? Au seizième siècle, au lendemain de la Renaissance et dans l'ivresse qui la suivit, nos poëtes français imitèrent les Grecs sans sobriété et sans goût; ils manquèrent les grandes parties par l'excès de leur imitation même; ils ne réussirent à bien rendre que les petits auteurs, les odes gracieuses, anacréontiques, quelques idylles tombées du trésor de l'*Anthologie*. Amyot, se prenant à Longus et à Plutarque, propageait mieux la littérature grecque, et en faisait plus sûrement aimer la prose. Au dix-septième siècle, la Grèce ne fut pas aussi bien comprise ni aussi fidèlement retracée qu'on se le figure : Boileau qui, à la rigueur, entendait Homère et Longin, est cependant bien plus latin que grec; Racine, dans ses imitations de génie et en s'inspirant de son propre cœur, n'a reproduit des anciens chefs-d'œuvre tragiques que les beautés pathétiques et sentimentales, si l'on peut dire, et il les a voulu concilier aussitôt avec les élégances françaises. Fénelon seul, sans songer à copier ni à inventer, et par une simplicité naturelle de goût, a retrouvé sous sa plume et recommencé facilement la Grèce. Au dix-huitième siècle, Bernardin de Saint-Pierre, sans en avoir jamais étudié la langue, est celui qui, en quelques-unes de ses pages, en devine et en révèle le mieux le génie. André

Chénier y atteindra à la fois par la race, par l'étude et le talent, et il nous y ramènera jusque dans les moindres sentiers. En attendant qu'il fût connu, et que ses Élégies, confiées à l'amour ou à l'amitié, dussent se répandre après sa mort par la bouche des admirateurs, on avait, à la fin du dix-huitième siècle, un goût croissant et plus ou moins bien entendu pour l'antique; c'est ce goût et presque cette mode que le *Voyage du Jeune Anacharsis* est venu servir et accélérer. On peut dire que, par l'abbé Barthélemy, la Grèce, à un moment, fit fureur dans les salons et dans les boudoirs. On lit dans les Mémoires de madame Lebrun (le gracieux peintre) l'histoire d'un souper improvisé après une lecture d'*Anacharsis;* tous les convives étaient costumés à la grecque, et la cuisine même avait une saveur d'antiquité. On servit un gâteau fait avec du miel et du raisin de Corinthe; on but du vin de Chypre; et l'on essaya même, je crois, du brouet de Lacédémone. Le Brun-Pindare y récita des imitations d'Anacréon.

Ces imitations de Le Brun sont plus grecques que ne se les permettait Barthélemy. Quand il a quelque passage de Sapho ou de Sophocle à traduire en vers dans son *Voyage*, il recourt volontiers à la muse de l'abbé Delille. La Grèce de l'abbé Barthélemy répond bien, en effet, à ce que paraît la campagne romaine dans les *Géorgiques* de l'autre spirituel abbé. L'utilité littéraire de tous deux fut du même ordre et du même genre.

Chateaubriand, Paul-Louis Courier et Fauriel nous ont, depuis, suffisamment corrigés de cette Grèce-là, qui se sentait du voisinage de Chanteloup, d'Ermenonville ou de Moulin-Joli. Depuis quelque temps une autre Grèce est redevenue de mode, plus franche, assure-t-on, plus réelle et mieux calquée sur les originaux, souvent aussi trop peu élégante. J'applaudis de grand cœur à ces importations quand elles sont consciencieuses et fidèles, en me disant toutefois qu'elles sembleraient annoncer, en récidivant, une certaine disette originale, et qu'il ne les faut point prolonger. La conclusion à tirer pour moi de cette longue suite d'essais où l'on a été tour à tour dans les extrêmes et où l'on a si rarement atteint le point précis, c'est qu'on ne transporte pas une littérature dans une autre, ni le génie d'une race et d'une langue dans le génie d'un peuple différent; que, pour bien connaître la Grèce et les Grecs, il faut beaucoup les lire et en très-peu parler, si ce n'est avec ceux qui les lisent aussi, et que, pour en tirer quelque chose dans l'usage courant et moderne, le plus sûr encore est d'avoir du talent et de l'imagination en français.

Si l'abbé Barthélemy avait eu plus de cette originalité naturelle et de cette inspiration vive, on lui pardonnerait dans l'exécution quelques infidélités; malgré tous ses soins en effet, malgré son application à ne point cheminer sans ses notes érudites, son livre peut se considérer, dans certaines parties, comme une production moderne et personnelle. C'est ainsi que, vers la fin, dans le séjour à Délos, il n'a pu s'empêcher de se donner carrière : l'homme s'est révélé; il a placé dans la bouche de Philoclès ses propres idées sur le bonheur, sur la société, sur l'amitié, et a introduit par extraits cet ancien petit *Traité de Morale* qu'il avait composé bien des années auparavant pour le neveu de M. de Malesherbes. Chacun sait qu'il a célébré M. et madame de Choiseul dans son ouvrage, sous les noms d'*Arsame* et de *Phédime;* mais on n'a pas remarqué qu'il les loue en trois passages différents, au premier chapitre, à l'avant-dernier, et de plus au milieu et au cœur de l'ouvrage (chap. LXI), distribuant de la sorte, avec intention, ces chères parties de son âme dans les endroits principaux du monument. Lorsque Barthélemy publiait son voyage, M. de Choiseul était mort depuis 1785 ; madame de Choiseul existait et était destinée à survivre à l'ami qui la célébrait si délicatement.

Le *Voyage d'Anacharsis* avait paru depuis quelques mois, et le succès allait aux nues : une place devint vacante à l'Académie française par la mort du grammairien Beauzée, et Barthélemy, choisi tout d'une voix pour lui succéder, fut reçu dans la séance publique de la Saint-Louis (août 1789). Le chevalier de Boufflers lui répondit, et eut les honneurs de la séance par une analyse brillante du *Jeune Anacharsis*, dont il comparait l'auteur à Orphée. On releva dans le discours de Barthélemy quelques néologismes : il disait en parlant des États-Généraux et des espérances, déjà troublées, qu'ils faisaient naître : « La France... voit ses représentants rangés autour de ce trône, d'où sont descendues des paroles de consolation *qui n'étaient jamais tombées de si haut.* » La singularité de cette phrase, selon la remarque de Grimm, fut fort applaudie : Barthélemy inaugurait à l'Académie le style parlementaire et ce qu'on a tant de fois répété des discours du trône. Il avait dit, à un autre endroit, en célébrant l'invention de l'imprimerie, et en sacrifiant légèrement aux idées enthousiastes du moment : « Un jour éternel s'est levé, et son éclat toujours plus vif pénétrera successivement dans tous les climats ! »

L'abbé Barthélemy devait avoir, au fond du cœur, moins de facilité à bien augurer de l'avenir : c'est lui qui avait écrit dans une lettre de Callimédon à Anacharsis, en parlant des préjugés et des superstitions populaires : « Mon cher Anacharsis, quand on dit qu'un siècle est éclairé, cela signifie qu'on trouve plus de lumières dans certaines villes que dans d'autres, et que, dans les premières, la principale classe des citoyens est plus instruite qu'elle ne l'était autrefois. » Quant à la multitude, *sans excepter*, disait-il, *celle d'Athènes*, il la croyait peu corrigible et peu perfectible, et il ajoutait avec découragement : « N'en doutez pas, les hommes ont deux passions favorites que la philosophie ne détruira jamais : celle de l'erreur et celle de l'esclavage. » Tout en pensant ainsi, il n'avait nulle misanthropie d'ailleurs, et n'était point porté à se noircir la nature humaine : « En général, disait-il, les hommes ont moins de méchanceté que de faiblesse et d'inconstance. »

Les événements de la Révolution vinrent coup sur coup contrister son cœur, et détruire l'édifice si bien assis de sa fortune. Il avait eu jusque-là une existence des mieux arrangées et des plus heureuses ; il la vit chaque jour se détacher pièce à pièce et lui échapper. Il avait le bon esprit d'étouffer sa plainte, en songeant à l'oppression de tous et à la calamité commune :

« Je ne vous parle que littérature, écrivait-il à M. de Choiseul-Gouffier en mars 1792, parce que tout autre sujet afflige et tourmente. J'en détourne mon esprit autant qu'il m'est possible. Nous en sommes au point de ne devoir songer ni au passé ni à l'avenir, et à peine au moment présent. Je vais aux Académies, en très-peu de maisons, quelquefois aux promenades les plus solitaires, et je dis tous les soirs : *Voilà encore un jour de passé.* »

Bientôt les académies, sa patrie véritable, lui manquèrent ; elles furent abolies. Il lui restait son Cabinet des médailles ; mais de tels asiles, dans les temps de révolution, ne sont point inviolables et sacrés. Dans tous les établissements publics où il s'emploie un certain nombre d'hommes, il s'en trouve toujours un qui, d'ordinaire placé dans les rangs inférieurs, a amassé durant des années en silence des trésors de fiel et d'envie ; et, le jour d'une révolution survenant, cet homme se lève contre les autres qui ne le connaissaient même pas jusque-là, il devient leur ennemi ulcéré et leur dénonciateur. C'est ce qui arriva alors à la Bibliothèque du Roi. Un employé, Tobiezen-Dubi, dénonça tous ses supérieurs, et sa délation fit foi. Barthélemy fut conduit, le 2 septembre 1793, à la maison d'arrêt des Madelonnettes.

Madame de Choiseul, aussitôt qu'elle en eut la nouvelle, se mit en mouvement et fit des démarches auprès du représentant Courtois, qui se rendit au Comité de sûreté générale. Il y plaida vivement pour le vieillard inoffensif dont le succès littéraire et applaudi de tous était encore si récent. Il trouva partout de l'écho, et il n'y eut qu'une voix opposante : ce fut celle d'un auteur autrefois très-protégé de la Cour, Laignelot, qui avait fait une tragédie d'*Agis* quelques années avant la publication et le succès d'*Anacharsis*, et qui en avait conçu de la jalousie de métier. Barthélemy sortit de prison après seize heures d'arrestation seulement.

Le ministre de l'intérieur Paré, dans une lettre honorable écrite en style d'Anacharsis, s'empressa d'annoncer à Barthélemy, pour réparer cette rigueur d'un moment, qu'il était nommé garde général de la Bibliothèque. Barthélemy fut touché, mais refusa; il se contenta de rester à ses médailles; il revint même, vers la fin, à cette étude favorite avec quelque chose de ce renouvellement de goût que tout vieillard retrouve volontiers pour les premières occupations de sa jeunesse. Cependant les ressorts de la vie étaient usés chez lui; on a remarqué que le désir de plaire, « qui fut peut-être sa passion dominante, » l'abandonnait insensiblement; un deuil habituel enveloppait son âme; la Révolution lui semblait, comme il l'appelait, une *révélation* qui déconcertait les idées modérément indulgentes qu'il s'était formées jusque-là de la nature humaine. L'amitié seule et la pensée de madame de

Choiseul l'animaient encore, et son dernier soin, dans ses derniers jours, fut pour elle et pour qu'on lui ménageât l'émotion que la nouvelle de son état devait lui causer.

Il mourut le 30 avril 1795, dans sa quatre-vingtième année : madame de Choiseul lui survécut encore six ans, et ne mourut que sous le Consulat, en novembre 1801 (1). Dans une des séances de la Convention qui suivirent la mort de Barthélemy, Dusaulx, l'ancien ami de Jean-Jacques et le traducteur de Juvénal, monta à la tribune, et prononça de lui un Éloge, dans lequel il recommandait les neveux du défunt à la sollicitude de la patrie. « Barthélemy, disait-il dans ce langage sentimental du temps, mais où perçait une affection sincère, Barthélemy fut un excellent homme à tous égards. Ceux qui l'ont connu ne savent lequel admirer le plus, ou son immortel *Anacharsis*, ou l'ensemble de sa vie. Un seul trait vous peindra la douceur de son âme philanthropique : « *Que n'est-il donné à un mortel*, s'écriait-il souvent, *de pouvoir léguer le bonheur !* »

A cette maxime affreuse d'aimer ses amis comme si on devait les haïr un jour, Barthélemy aimait à substituer, d'après un ancien, cette autre maxime plus consolante et plus humaine : « Haïssez vos ennemis comme si vous deviez les aimer un jour. »

Barthélemy marque la fin du dix-huitième siècle dans son plus honorable déclin. Doux, savant, modeste, né pour la vie académique et pour ses ingénieuses recherches, né pour la vie privée, pour ses plus

(1) Madame de Choiseul, après la mort de son mari, s'était retirée dans un couvent rue du Bac ; après la suppression des couvents, et sous le Directoire, elle habitait un entresol de l'hôtel de Périgord, rue de Lille. L'abbé Barthélemy, dans les dernières années de Louis XVI, privé du salon de madame de Choiseul et ne pouvant vivre sans habitude, passait sa vie chez madame de La Reynière.

affectueuses et ses plus agréables élégances, il offre en
lui un composé des plus distingués et tout à fait flatteur ; mais il n'eut pas le grand goût, ni même cet
autre goût qui n'est pas le plus simple ni le plus pur,
mais qui, aux époques avancées, trouve des rajeunissements imprévus. Il manque d'essor, de chaleur et de
flamme. Il n'a pas ce sentiment vif de la vérité, cette
ardeur parfois sèche et plus souvent féconde qui ne
s'attache qu'à elle et rejette les faux ornements. Il
reste trop aisément entre la réalité et la poésie, à mi-chemin de l'une et de l'autre, c'est-à-dire en partie
dans le roman. Il n'a pas assez d'imagination pour
revenir, par une évocation heureuse, à la vérité historique vivante. Et pourtant, à défaut de puissance,
il y a dans sa manière un ton soutenu, une douce
mesure, une certaine harmonie qui, aux bons endroits,
et quand on s'y prête à loisir, n'est pas sans action ni
sans charme.

Lundi, 20 décembre 1852.

# LE CARDINAL DE RICHELIEU

### SES LETTRES
### INSTRUCTIONS ET PAPIERS D'ÉTAT

Publiés dans la *Collection des Documents historiques*,
par M. Avenel. — Premier volume, 1853.

La destinée du cardinal de Richelieu, comme homme qui a tenu la plume ou dicté des ouvrages considérables, est singulière : il a été longtemps, à ce titre, ignoré ou méconnu. Lorsque son *Testament politique* parut en 1687, de bons juges y reconnurent le cachet du maître : « Ouvrez son *Testament politique*, dit La Bruyère, digérez cet ouvrage : c'est la peinture de son esprit; son âme tout entière s'y développe; l'on y découvre le secret de sa conduite et de ses actions; l'on y trouve la source et la vraisemblance de tant et de si grands événements qui ont paru sous son administration : l'on y voit sans peine qu'un homme qui pense si virilement et si juste a pu agir sûrement et avec succès, et que celui qui a achevé de si grandes choses, ou n'a jamais écrit, ou a dû écrire comme il a fait. » Malgré un tel témoignage, si bien justifié à la lecture, Voltaire s'obstina à ne voir dans ce même *Testament politique* qu'un recueil d'inepties ou de lieux communs. Le docte Foncemagne, qui s'applique à le réfuter par toutes sortes de bonnes et démonstratives raisons, n'oublia que d'y joindre l'éclat du style et du talent littéraire, chose si essentielle en France! Voltaire continua de triompher en apparence, et de jeter au moins du trouble dans l'esprit des lecteurs les moins ordinaires. Loin de considérer ce mémorable traité, et les maximes d'État qu'il renferme, comme des émanations de l'âme *austère et sérieuse* et du génie le plus recueilli du cardinal, ceux mêmes qui le lui attribuaient y voyaient plutôt de la défaillance, et le grand Frédéric, si digne de l'apprécier, écrivait, par complaisance pour Voltaire :

> L'esprit le plus profond s'éclipse :
> Richelieu fit son *Testament*,
> Et Newton son *Apocalypse*.

Quant aux autres ouvrages politiques et historiques de Richelieu, leur destinée fut plus singulière encore. On publia en 1730, sous le titre bizarre d'*Histoire de la Mère et du Fils*, c'est-à-dire de Marie de Médicis et de Louis XIII, un fragment d'histoire commençant à la mort de Henri IV, et qu'on attribua à Mézeray, par la raison que le manuscrit s'était trouvé à sa mort parmi ses papiers. Mais comme il paraissait en plus d'un endroit du récit que le cardinal de Richelieu parlait en son nom et à la première personne, on imagina de supposer que Mézeray dans sa jeunesse, par reconnaissance pour les bienfaits du cardinal, avait voulu, cette fois, prendre son personnage et se masquer sous son nom, et l'on se flattait d'expliquer par ce déguisement toutes les circonstances disparates de l'ouvrage. Si le style, à première vue, y est plus pompeux et fleuri que celui que Mézeray emploie d'ordinaire, et qui sent parfois le frondeur et le républicain, il n'y a pas de quoi s'en étonner, disait-on, puisque l'auteur, cette fois, s'était travesti en courtisan et voulait rester fidèle à l'esprit de son rôle. Quelques bons juges ne se laissèrent point prendre à de si pauvres raisons, et ils reconnaissaient la main de Richelieu en plus d'un passage; pourtant la question ne fut tout à fait éclaircie qu'en 1823, lorsque M. Petitot eut obtenu de publier les *Mémoires* mêmes du cardinal, déposés depuis longtemps et jusque-là ensevelis dans les Archives du ministère des Affaires étrangères, et qui ne formèrent pas moins de dix volumes in-octavo de sa Collection.

Tout s'éclaircit alors : les pensées de Richelieu, dont on n'avait que des lambeaux, se rejoignirent, ses paroles prirent toute leur autorité et leur accent : on reconnut son style, car il en avait un, et un tel homme ne pouvait pas ne pas en avoir. On vit qu'après la gloire de faire de grandes choses, il avait de plus conçu l'ambition de les écrire avec détail et avec étendue, et de composer moins encore des Mémoires proprement dits qu'un corps d'histoire et d'annales : « J'avoue, disait-il en parlant de ce travail de rédaction et de dictée qui, au milieu de tant d'autres soins si impérieux, avait partagé ses veilles, j'avoue qu'encore qu'il y ait plus de contentement à fournir la matière de l'histoire qu'à lui donner la forme, ce ne m'était pas peu de plaisir de représenter ce qui ne s'était fait qu'avec peine. » Pendant qu'il goûtait *la douceur de ce travail*, ses maladies et la faiblesse de sa complexion encore plus que les affaires l'avaient forcé de s'interrompre, et il y avait suppléé alors par la *Succincte Narration* qui forme le premier chapitre ou plutôt l'introduction du *Testament politique;* cette narration est un *tableau raccourci*, comme il l'appelle, un beau et noble discours abrégé, dans lequel il raconte au roi toutes les grandes actions de ce même roi depuis sa seconde entrée au ministère en 1624 jusqu'en 1641. En rapportant tout à son maître et en affectant de s'effacer, il ne craint pas que la postérité se méprenne, et qu'elle méconnaisse celui qui, en de si grands desseins si glorieusement exécutés, a été le principal *outil*.

Ainsi donc, pour qui veut connaître aujourd'hui et avoir sous la main tous les écrits politiques et historiques de Richelieu (je ne parle pas de ses écrits de controverse comme évêque et théologien dans son diocèse), il convient d'avoir : 1° son *Testament politique*, précédé de la *Succincte Narration* (édition de 1764) (1); 2° ses *Mémoires*, imprimés dans la collection Petitot (1823), et depuis dans celle de MM. Michaud et Poujoulat (1837); 3° enfin le recueil de ses *Lettres et Papiers d'État*, dont le premier volume paraîtra seulement dans quelques semaines, par les soins de M. Avenel, e qui doit former en tout cinq volumes in-quarto.

M. Avenel, qui, depuis sept ans, se livre à ce travail consciencieux d'éditeur, et qui habite avec la pensée de Richelieu, a recueilli plus de 4,500 pièces émanées de lui. Il les a distribuées par ordre chronologique; il y a joint les notes et éclaircissements qu'on peut désirer, une introduction historique où il envisage le caractère et le rôle du personnage, et une préface où il rend compte du procédé matériel de l'écrivain.

Richelieu d'ordinaire écrivait peu de sa propre main,

---

(1) Et si l'on réimprimait ce *Testament politique*, il y faudrait joindre une Dédicace latine qui se trouve au tome 101 de la Collection Bréquigny (Bibliothèque du Roi); elle est ou de Richelieu ou rédigée sous ses yeux, d'un latin raffiné et aigu, mais pleine de vives et fortes pensées : « Abiturus e vita loquor veritatem eo momento quo nemo mentitur... Electus in primarium Regis mei ministrum, id primum intendi ut Regem meum facerem primum Regem : volui Christianissimum esse et potentissimum; volui primogenitum esse Ecclesiæ et Europæ; volui esse justum ut sua orbi restitueret, et orbem sibi. Hæc prima mea cogitatio majestas Regis, altera magnitudo Regni, etc., etc. » Et vers la fin, après un résumé saillant de sa politique : « Sic ostendi orbi præterire ætatem Hispaniæ, et redire sæculum Galliæ. »

il dictait; mais, dans cette sorte de transmission, il ne laissait jamais le secrétaire aller à sa guise, il était présent toujours. Ses secrétaires, parmi lesquels un nommé Charpentier tient le premier rang, n'étaient que des copistes et des transcripteurs. Jamais on n'a écrit en son nom, lui absent. Il ne signait pas ce qu'on appelle des lettres de bureaux : « Richelieu, dit M. Avenel, avait jour et nuit auprès de sa personne quelques secrétaires intimes, mais n'avait point de bureaux. Les secrétaires d'État qui, comme on sait, n'étaient que ses premiers commis, venaient prendre ses ordres, faisaient exécuter, chacun dans ses bureaux, le travail convenu, le soumettaient, quand il était nécessaire, au premier ministre, et puis le signaient eux-mêmes. Richelieu ne signait que ce qui se faisait dans son cabinet. » Beaucoup de ses lettres sont datées de la nuit; il se levait quand une idée le dominait, et appelait un secrétaire de nuit, qui écrivait à l'instant.

Non-seulement Richelieu ne signait jamais une lettre qu'il n'eût écrite ou dictée, mais ce premier ministre, dont l'esprit voulait être partout présent, dictait souvent des lettres, instructions ou dépêches qu'il ne signait pas, et que signaient les secrétaires d'État ou ministres des divers départements. En un mot, Richelieu était porté à faire seul la besogne des autres plutôt qu'à laisser personne empiéter sur la sienne et sur sa direction absolue. Dans ce travail immense de cabinet, il faut voir la part de ses secrétaires, ce qu'elle était, presque nulle et purement matérielle; celle de Richelieu, non-seulement principale, mais continuelle et souveraine.

C'est plaisir pour nous d'aborder et d'étudier le grand homme d'après ces documents nouveaux et complets qui nous le montrent à ses origines et à tous les degrés de sa fortune. Richelieu, né le 5 septembre 1585, cadet d'une ancienne famille du Poitou, avait été d'abord destiné aux armes. Un de ses frères, qui était pourvu de l'évêché de Luçon, s'étant fait chartreux, Richelieu dut prendre la soutane pour ne pas laisser échapper cet évêché qui était dans sa famille. Henri IV l'y nomma et fit négocier l'affaire par son ambassadeur à Rome. Richelieu n'avait que vingt ans et quelques mois : il fallut bien des instances pour obtenir les bulles; lui-même il alla en personne à Rome, et y fut sacré le 17 avril 1607. A son retour, nous le trouvons dans son diocèse, qui depuis longtemps n'avait point vu d'évêque; car le frère de Richelieu n'avait point résidé et n'avait pas même été sacré, et le prédécesseur n'avait pas résidé davantage. Le jeune évêque, arrivant dans un pays rempli de protestants et où il y avait bien des discordes, prend au sérieux ses fonctions épiscopales, s'informe de ses droits, s'acquitte de ses devoirs. La ville de Luçon n'était guère qu'un bourg, dont les habitants pauvres étaient accablés de taxes : il écrit pour obtenir qu'ils en soient un peu déchargés. Ce n'est pas qu'on sente beaucoup, dans ces premières lettres de Richelieu, les entrailles d'un pasteur, mais il y paraît un esprit d'ordre et d'équité qui veut qu'autour de lui il y ait justice et proportion. Il n'a pas craint quelque part de comparer crûment la charge des peuples à celle des bêtes de somme, qui doit être proportionnée à leurs forces : « Il en est de même, ajoute-t-il, des subsides à l'égard des peuples; s'ils n'étaient modérés, lors même qu'ils seraient utiles au public, ils ne laisseraient pas d'être injustes. »

Dans tout ce que j'aurai à dire de Richelieu, je m'attacherai à le faire avec vérité, sans parti pris, sans idée de dénigrement : on est revenu, par expérience, de cette idée-là, qui tendait à méconnaître et à déprimer en lui l'un des plus généreux artisans de la grandeur de la France. J'éviterai pourtant l'excès contraire, qui irait à une apothéose systématique, et je tâcherai de contenir l'admiration, en ce qui le concerne, dans les limites du bon sens et de l'humanité. Il m'y aidera, si j'ose dire, lui-même, car plus d'une de ses paroles, par lesquelles il juge les autres, peut, en se retournant sur lui, montrer où fut le trop de passion et la dureté.

Cet homme puissant qui tiendra la France à ses pieds et fera trembler l'Europe commence par être bien pauvre et à la gêne; il écrit à une madame de Bourges, à Paris, qui lui faisait ordinairement ses commissions de ménage, et qui lui avait acheté les ornements dont son église avait besoin :

(Fin d'avril 1609.)

« Madame, j'ai reçu les chapes que vous m'avez envoyées, qui sont venues extrêmement à propos ; elles sont extrêmement belles, et ont été reçues comme telles de la compagnie à qui je les devais... Je suis maintenant en ma baronnie, aimé, ce me veut-on faire croire, de tout le monde; mais je ne puis que vous en dire encore, car tous les commencements sont beaux, comme vous savez. Je ne manquerai pas d'occupation ici, je vous assure ; car tout y est tellement ruiné qu'il faut de l'exercice pour le remettre. Je suis extrêmement mal logé; car je n'ai aucun lieu où je puisse faire du feu à cause de la fumée; vous jugez bien que je n'ai pas besoin de grand hiver, mais il n'y a remède que la patience. Je vous puis assurer que j'ai le plus vilain évêché de France, le plus crotté et le plus désagréable; mais je vous laisse à penser quel est l'évêque. Il n'y a ici aucun lieu pour se promener, ni jardin, ni allée, ni quoi que ce soit, de façon que j'ai ma maison pour prison. Je quitte ce discours pour vous dire que nous n'avons point trouvé dans mes hardes une tunique et une dalmatique de taffetas blanc qui accompagnaient les ornements de damas blanc que vous m'avez fait faire : c'est ce qui fait que je crois que cela a été oublié... »

Nombre de lettres à madame de Bourges traitent ainsi de son ménage et de ses affaires domestiques, dont il plaisante assez agréablement. Dans les voyages qu'il fait à Paris, où il vient prêcher quelquefois et prendre l'air de la Cour, il s'aperçoit qu'il lui faut un pied-à-terre; il voudrait une maison à lui, par convenance et décorum, plutôt que de prendre des chambres garnies. Il consulte cette même madame de Bourges, bonne économe :

« Si vous me donnez bon conseil, vous m'obligerez fort, car je suis fort irrésolu, principalement pour un logis, appréhendant fort la quantité des meubles qu'il faut ; et, d'autre côté, tenant de votre humeur, c'est-à-dire étant un peu glorieux, je voudrais bien, étant plus à mon aise, paraître davantage, ce que je ferais plus commodément ayant un logis à moi. C'est grande pitié que de pauvre noblesse, mais il n'y a remède ; contre fortune bon cœur. »

Dans ces premières lettres, où je n'ai pas besoin de faire remarquer qu'on est encore en pleine langue du seizième siècle, il y en a où Richelieu fait l'évêque, le consolateur au besoin, et parfois le directeur des âmes. Il est convenable, mais peu à l'aise, en ces rôles. Les lettres de consolation qu'il adresse à certaines personnes qui ont perdu de leurs proches sont alambiquées, subtiles, et sentent encore moins le contemporain que le devancier prétentieux et un peu arriéré de Balzac. A la comtesse de Soissons, à l'occasion de la mort du comte son mari, il dira assez singulièrement et pour lui persuader qu'elle y a gagné plutôt que perdu : « Si vous désirez votre bien, il est meilleur que vous ayez un avocat au ciel qu'un mari en terre (sur la terre). » Une fois, il donne des conseils intérieurs et tout spirituels à une âme dévote qui éprouvait des peines et des découragements dans l'oraison ; il essaye avec elle d'un langage et d'une science mystique, où il est aisément vaincu par les saint François de Sales et les Fénelon. On le retrouve mieux dans son caractère et dans le ton qui lui est facile, lorsqu'il écrit la lettre suivante à un de ses grands vicaires, qui s'était un peu trop émancipé auprès de lui :

(1610.)

« Monsieur, j'ai vu la lettre que vous m'écrivez touchant les différends qui sont entre le sieur de La Coussaye et vous. Je ne puis que je ne les blâme, désirant que ceux qui manient les affaires de ma charge vivent paisiblement les uns avec les autres. Je le mande au sieur de La Coussaye, et vous en avertis, afin que vous vous disposiez l'un et l'autre à vivre en paix. Vous êtes tous deux mes grands vicaires, et, comme tels, vous devez n'avoir autre dessein que de faire passer toutes choses à mon contentement, ce qui se fera pourvu que ce soit à la gloire de Dieu. Il semble, par votre lettre, que vous étiez en mauvaise humeur lorsque vous avez pris la plume; pour moi, j'aime tant mes amis que je ne désire connaître que leurs bonnes humeurs, et il me semble qu'ils ne m'en devraient point faire paraître d'autres. Si une mouche vous a piqué, vous la deviez tuer, et non tâcher d'en faire sentir l'aiguillon à ceux qui se sont, par la grâce de Dieu, jusques ici garantis de piqûre. Je sais, Dieu merci, me gouverner et *sais davantage comme ceux qui sont sous moi se doivent gouverner...* Je trouve bon que vous m'avertissiez des désordres qui sont en mon diocèse; mais il est besoin de le faire plus froidement, n'y ayant point de doute que la chaleur piquerait, en ce temps-ci, ceux qui ont le sang chaud comme moi, s'ils n'avaient quelques moyens de s'en garantir... »

Le théâtre est bien étroit encore; Richelieu, au dehors et dans ses relations avec le monde, est obligé à bien des civilités, à bien des révérences envers les puissants du jour, et à bien des souplesses. Là pourtant où il se sent maître, il applique déjà sa méthode et fait sentir la marque de son caractère.

Je ne la sens pas moins dans une autre lettre adressée à un M. de Préau, dans laquelle, lui parlant des troubles menaçants à l'intérieur (1612) et des présages de guerre au dehors, il ajoute avec espoir : « La sage conduite et l'affection et fidélité de plusieurs bons serviteurs nous garantiront des maux du dedans. Pour ceux du dehors, je les baptiserai d'un autre nom, *s'ils nous font naître les occasions d'accroître nos limites et de nous combler de gloire aux dépens des ennemis de la France.* » Ici, on entend le cri instinctif de cette âme pleine de courage et de vertu, qui fut patriotique et française avant tout dans son ambition, et qui confondra ses passions personnelles dans la grandeur de la chose publique. Il y a un mot de Montesquieu qui me paraît un véritable contre-sens et que j'ai peine à comprendre venant d'un si grand esprit : « Les plus méchants citoyens de France, dit-il en une de ses *Pensées*, furent Richelieu et Louvois. » Laissons de côté Louvois, dont il n'est point question présentement; mais Richelieu, un mauvais citoyen de la France! A quel point Montesquieu n'était-il pas imbu de l'ancien esprit parlementaire ou de l'idée philosophique moderne, le jour où il lui échappa une telle parole! C'est un citoyen précisément qu'était Richelieu, un patriote ardent pour la grandeur publique de l'État, autant, pour le moins, que les deux Pitt furent de grands patriotes et citoyens de l'Angleterre.

On voit poindre dans les Lettres de Richelieu les premières lueurs de sa faveur en Cour, sans pourtant en apprendre beaucoup plus que n'en disaient là-dessus ses Mémoires. Son premier acte politique proprement dit fut la harangue qu'il eut l'occasion de prononcer, le 23 février 1615, lors de la clôture des États-Généraux, et en présentant les cahiers de son Ordre. Il fut choisi pour orateur, et s'en acquitta avec honneur et applaudissement. Un ton de haute autorité et de raison s'y fait sentir en quelques endroits à travers la pompe. Il connaissait personnellement la reine Marie de Médicis, et s'était insinué déjà dans sa confiance. C'est vers ce temps qu'il vit le maréchal d'Ancre :

« Je lui gagnai le cœur, dit-il, et il fit quelque estime de moi dès la première fois qu'il m'aboucha. Il dit à quelques-uns de ses familiers qu'il avait un jeune homme en main capable de faire leçon à *tutti barboni*. L'estime dura toujours, mais sa bienveillance diminua entièrement, premièrement parce qu'il me trouva avec des contradictions qu'il n'attendait pas ; secondement parce qu'il remarquait que la confiance de la reine penchait toute de mon côté... »

Quel était l'état du royaume au moment où Richelieu, âgé de trente et un ans, y devint pour la première fois ministre? Bien que ce premier ministère assez obscur, séparé du second, si glorieux, par un intervalle de sept ans, n'ait duré que cinq mois (31 octobre 1616-24 avril 1617), on y découvre déjà, à y regarder de près, les traits distincts de la politique de Richelieu, l'application vigoureuse de ses principes aux mêmes maux qu'il guérira plus tard, et l'efficacité commençante des mêmes remèdes qui étaient sur le point d'opérer quand l'assassinat du maréchal d'Ancre vint tout rompre et tout remettre en suspens. La haute fortune de Richelieu dut s'y prendre à deux fois avant de réussir : « Il y a des temps, dit-il énergiquement, où la fortune commence et ne peut achever son ouvrage. »

La France, depuis la mort de Henri IV, était retombée du régime le plus florissant et le plus prospère dans la situation la plus misérable. La reine régente Marie de Médicis, paresseuse, opiniâtre et sans vue précise, était restée entourée des principaux conseillers de Henri IV, Villeroy, Jeannin, le chancelier de Sillery, mais auxquels manquait désormais l'impulsion du maître. Les princes et les grands, de tous côtés, relevaient la tête et prenaient les armes; les Protestants ressaisissaient l'occasion de se confédérer et de former un État dans l'État et contre l'État. On était depuis 1610 sous une Fronde continuelle et en quelque sorte chronique, Fronde d'autant plus dangereuse qu'elle était plus voisine de la Ligue, et que les grands fauteurs de troubles avaient gardé plus entiers leurs éléments de puissance. Dans cette succession royale si soudainement ouverte par un assassinat, la couronne conquise par Henri IV n'était tenue, comme dans l'autre Fronde, que par la main d'une femme sur la tête d'un enfant. Richelieu, dans ses *Mémoires*, a peint admirablement la misère de cette époque antérieure à sa venue, et ce qu'il appelle la lâcheté et la corruption des cœurs :

> « Ce temps était si misérable, que ceux-là étaient les plus habiles parmi les grands qui étaient les plus industrieux à faire des brouilleries ; et les brouilleries étaient telles, et y avait si peu de sûreté en l'établissement des choses, que les ministres étaient plus occupés aux moyens nécessaires pour leur conservation qu'à ceux qui étaient nécessaires pour l'État. »

Ainsi ces ministres, conseillers de la reine, hommes consommés et rompus dans la vieille politique, n'opposaient aux dangers imminents et aux exigences croissantes des princes et seigneurs que des atermoiements et des concessions sur lesquelles ils tâchaient seulement de marchander le plus possible. Dès le lendemain de la mort de Henri IV, la reine avait pu reconnaître la faiblesse de ses conseillers : il s'agissait de publier une Déclaration conçue au nom du feu roi, pour la proclamer immédiatement régente ; Villeroy, plus hardi, offrait de dresser la pièce et de la signer ; le chancelier de Sillery, *qui avait le cœur de cire*, dit Richelieu, ne voulut jamais la sceller, et sa raison fut que, s'il le faisait, le comte de Soissons s'en prendrait à lui et le tuerait. « Il fallait, en cette occasion, s'écrie Richelieu, mépriser sa vie pour le salut de l'État ; *mais Dieu ne fait pas cette grâce à tout le monde.* » Il revient souvent sur cette idée, que le courage qui fait entreprendre les choses sensées et justes dans l'ordre public est une grâce spéciale de Dieu ; et ce n'est point chez lui une forme de langage : évidemment il le croit. Parlant de la manière infructueuse et vaine dont se terminèrent les États-Généraux de 1614, il ajoute :

> « Toute cette Assemblée n'eut d'autre effet sinon que de surcharger les provinces de la taxe qu'il fallut payer à leurs députés, et de faire voir à tout le monde que ce n'est pas assez de connaître les maux, *si*

on n'a la volonté d'y remédier, laquelle Dieu donne quand il lui plaît *faire prospérer le royaume* et que la trop grande corruption des siècles n'y apporte pas d'empêchement. »

Richelieu n'est pas un philosophe ; ce haut esprit, qui est surtout un bon esprit armé d'un grand caractère, paye tribut aux idées et aux préjugés de son temps ; il parle en maint endroit comme croyant aux présages, aux horoscopes et aux sortiléges ; il est superstitieux : mais aussi il est sincèrement religieux, il croit au don de Dieu qui s'étend sur certains hommes destinés à être des instruments publics de salut : si les fautes commises envers les personnes publiques lui paraissent d'un tout autre ordre que celles commises contre des particuliers, les fautes de ces personnes publiques elles-mêmes lui semblent aussi plus graves et de plus de poids, eu égard à la responsabilité et à l'étendue des conséquences. C'est lui qui a écrit, à la dernière page de son *Testament politique :* « Beaucoup se sauveraient comme personnes privées, qui se damnent en effet comme personnes publiques. »

Permis à Voltaire de rire de ces maximes et d'y voir la trace d'un petit esprit ! Elles sont pourtant la seule moralité supérieure qui serve de garantie dans les personnes publiques, qui les sauve du pur machiavélisme ; et on aime à retrouver le signe de cet esprit religieux sous une forme ou sous une autre, ce sentiment sacré d'une divinité singulière invoquée et reconnue de tous les grands chefs et fondateurs d'États et des conducteurs de peuples. Pour quelques-uns, ce n'est qu'une formule vaine et creuse qui se proclame dans les occasions et les cérémonies ; mais chez ceux en qui ce fond de croyance est réel, l'accent ne trompe pas, et cela se sent aisément.

M. Avenel a trouvé un fait piquant, et qui touche

à ce coin religieux sincère : c'est un vœu fait par Richelieu. Je n'en ai pas sous les yeux le texte : il promet dans le secret de faire dire des messes s'il est guéri dans huit jours d'un mal de tête qui l'obsède. M. Avenel fait remarquer en même temps ce terme bref de huit jours : quelque chose du caractère impérieux du cardinal se retrouve, même quand il s'agenouille et s'humilie : il semble prescrire un terme à Dieu même (1).

A la vue de ce délabrement du royaume et de cette faiblesse des conseillers durant ces années de minorité, Richelieu souffrait donc et se demandait s'il ne paraîtrait pas un vengeur. La reine n'avait aucune vue suivie et se laissait conduire tantôt à l'un, tantôt à l'autre de ses ministres, selon qu'il lui semblait s'être bien ou mal trouvée du dernier conseil : ce qui est, remarque-t-il, la pire chose en politique, où il n'est rien de tel pour conserver sa réputation, affermir ses amis et effrayer les adversaires, que *l'unité d'un même esprit et la suite des mêmes desseins et moyens.* C'est alors qu'il intervint lui-même à titre de confident, d'abord caché, et de conseiller inaperçu ; mais, à partir d'un certain jour, on sent dans les actes de la reine cette suite et cette vigueur qui, précisément, avaient jusque-là manqué.

Elle avait signé la paix de Loudun, que les princes révoltés lui avaient fait chèrement payer (3 mai 1616);

(1) Voici la formule du vœu telle que je la trouve dans l'Introduction de M. Avenel, qui le rapporte à la date de 1621 environ : « S'il plaît à la divine bonté, par l'intercession du bienheureux apôtre et bien-aimé saint Jean, me renvoyer ma santé et me délivrer dans huit jours d'un mal de tête extraordinaire qui me tourmente, (je promets) de fonder en ma maison de Richelieu une messe qui se célébrera tous les dimanches de l'année, et, pour cet effet, donnerai à un chapelain de revenu annuel trente-six livres pour les messes qui seront célébrées en action de grâces. »

mais ce qu'elle avait fait pour ces prétendus réformateurs et champions de l'intérêt public avait plutôt *ouvert* que *rassasié* leurs appétits insatiables. Revenue à Paris avec le jeune roi, elle se voit obligée de partager l'autorité avec le prince de Condé ; l'hôtel de ce dernier est assiégé de la foule des courtisans et devient le vrai Louvre : l'autre Louvre n'était plus qu'une solitude. Richelieu, très-lié avec Barbin, intendant de la maison de la reine et homme de bon jugement, qui venait d'être nommé secrétaire d'État, dut agir et influer par lui dès ce moment décisif. La reine, d'après les conseils énergiques qui lui sont donnés, et voyant les intrigues croissantes du prince de Condé et de ses alliés les Bouillon, les Vendôme et les Nevers, qui, sous prétexte de s'élever contre le maréchal d'Ancre, vont à conspirer contre elle-même et contre son fils, jusqu'à songer à le détrôner peut-être, se décide à faire arrêter le prince de Condé au Louvre. Elle choisit pour cette exécution Thémines, dont Henri IV lui avait dit « qu'il était *homme à ne reconnaître jamais que le caractère de la royauté*, » et à n'obéir qu'à elle : qualité qui devenait si rare ! Et Richelieu, qui nous démêle toutes ces intrigues et nous les peint avec plus d'un trait de Tacite, ajoute de ce Thémines qui arrêta ce jour-là le prince de Condé que, s'il fit bien, aussi crut-il l'avoir fait ; car depuis ce temps-là il ne fut jamais content, de quelques récompenses que le pût combler la reine :

« Elle le fit maréchal de France, lui donna comptant cent et tant de mille écus, fit son fils aîné capitaine de ses gardes, donna à Lauzières, son second fils, la charge de premier écuyer de Monsieur ; et, avec tout cela, il criait et se plaignait encore : tant les hommes vendent cher le peu de bien qui est en eux, et font peu d'estime des bienfaits qu'ils reçoivent de leurs maîtres ! »

Richelieu historien est tout plein de ces traits d'un

moraliste consommé, et qui a expérimenté à fond le cœur des hommes.

Aussitôt le prince de Condé arrêté (1ᵉʳ septembre 1616), tout change d'aspect ; la foule des courtisans, qui désertait le Louvre, s'y porte à l'instant ; chacun vient pour se montrer et faire acte de fidélité :

« Tel le faisait sincèrement, dit Richelieu, tel avec intention et désir tout contraire ; mais il n'y en avait pas un qui n'approuvât ce que Sa Majesté avait fait ; beaucoup même témoignaient envier la fortune du sieur de Thémines, qui avait eu le bonheur d'être employé en cette entreprise ; mais, en effet, la Cour était si corrompue pour lors, qu'à peine s'en fût-il trouvé un autre capable de sauver l'État par sa fidélité et son courage. »

Les grands seigneurs complices du prince de Condé, le voyant pris, se sauvent et sortent de Paris à l'instant. Il en est, comme M. de Vendôme, qu'on fait mine de poursuivre ; mais l'envie qu'il avait de se sauver était plus grande que n'était l'envie de le prendre en ceux qu'on avait envoyés. L'infidélité et le peu de loyauté se trahissent partout. Le prince de Condé à peine arrêté, et pour se racheter de prison, propose de tout révéler et de découvrir tous les secrets de son parti et de sa cabale : « Ce qui ne témoignait pas tant de générosité et de courage, remarque Richelieu, qu'une personne de sa condition devait avoir. »

C'est alors que la reine se voit en mesure de former décidément son Conseil des ministres, qu'elle avait déjà changé en partie : à une nouvelle situation il fallait une politique nouvelle. Les vieux conseillers Villeroy, Jeannin, étaient mis de côté ou à peu près ; le garde des sceaux Du Vair, soi-disant philosophe et homme de lettres en renom, qui avait succédé à Sillery, et qui fait là une assez pauvre mine, n'était bon qu'à entraver les affaires. Le jour même de l'arrestation du prince de Condé, on voit tous les anciens conseillers, y compris

Sully, reparaître au Louvre et faire des représentations à la reine sur ce coup d'État qui les consterne et dont ils n'apprécient pas la nécessité. C'est vers ce moment que Richelieu est appelé au Conseil, où ses amis Barbin et Mangot l'avaient précédé. Il était employé depuis quelque temps dans les négociations de confiance, et il avait été désigné en dernier lieu pour aller comme ambassadeur extraordinaire en Espagne. Cette mission lui convenait fort ; mais les propositions de la reine qui lui vinrent par le maréchal d'Ancre l'emportèrent : « Outre qu'il ne m'était pas honnêtement permis, dit-il, de délibérer en cette occasion, où la volonté d'une puissance supérieure me paraissait absolue, j'avoue qu'il y a peu de jeunes gens qui puissent refuser l'éclat d'une charge qui promet faveur et emploi tout ensemble. » En entrant au Conseil, il y devient du premier jour le personnage important ; il a, comme nous dirions, le portefeuille de la Guerre et celui des Affaires étrangères, de plus, la préséance sur ses collègues comme évêque ; et tout cela à trente et un ans. Il est l'âme de ce premier petit ministère, composé d'hommes assez obscurs, mais fortement unis entre eux ; cabinet vigoureux, énergique, auquel il ne manqua, pour accomplir de grandes choses, que de durer plus longtemps, et de n'être pas né à l'ombre du patronage du maréchal d'Ancre et avec cette enseigne qui le rendait impopulaire.

Sully, jaloux et chagrin, s'en montrait fort scandalisé. On a dans ses Mémoires une lettre adressée au jeune roi, dans laquelle un bon Français, que ne désavoue pas Sully, s'indigne de voir le maréchal d'Ancre, sa femme et Mangot, « ces trois créatures, avec leur Barbin et *Luçon*, régir tout le royaume, présider aux conseils d'État, disposer des dignités, armes et trésors de France, etc. » L'ancien ministre de Henri IV méconnaît et renie le successeur qui maintiendra et accroîtra l'œuvre de Henri IV. Du fond de sa retraite grondeuse et tournée vers le passé, il ne lui rendra jamais justice ; mais, dans ce premier moment, l'erreur peut-être était permise : le maréchal d'Ancre masquait encore Richelieu.

Richelieu, dans de très-belles pages historiques et morales, en nous développant le caractère de ce maréchal qui était vain et présomptueux avant tout, et qui tenait à paraître puissant plutôt qu'à l'être en effet, a bien marqué en quoi ce ministère, qui passait pour être tout au favori, ne lui était point cependant inféodé, et on sent à merveille que, si Luynes ne fût venu à la traverse, et que si le maréchal eût vécu, la lutte se serait engagée dans un temps très-court entre Richelieu et lui pour l'entière faveur de la reine mère. Richelieu se rendant de plus en plus utile et nécessaire, et affectant, comme il le faisait déjà en toute circonstance où il n'était pas maître, de vouloir se retirer, on aurait eu à opter entre les deux.

Les grands seigneurs dans les provinces continuent leurs intrigues et leurs prises d'armes ; l'un d'eux, le duc de Bouillon, a la hardiesse d'écrire au roi pour élever des plaintes : le roi fait une réponse où, pour la première fois, se marque le doigt, la griffe de lion de Richelieu. Ce procédé vigoureux du roi, et qui « sentait plus sa majesté royale que la conduite passée, » n'était pas néanmoins reçu des peuples comme il aurait dû l'être, à cause du maréchal d'Ancre : tout ce qui, sans lui, eût été reconnu avantageux au service du roi et au bien de l'État, était pris en mauvaise part et envenimé par les mécontents ; ce fut là l'écueil et le point ruineux du premier ministère de Richelieu, et lui-même le reconnaît.

Richelieu cependant travaille à éclairer l'opinion ; il pense à l'Europe et dépêche trois ambassadeurs extraordinaires, l'un en Angleterre, l'autre en Hollande, et M. de Schomberg en Allemagne. On a les Instructions qu'il donne à Schomberg et qui sont un résumé historique aussi fort qu'habile de la situation de la France, une justification des mesures de son Gouvernement, et un premier tracé de la politique nouvelle; elles débutent en ces mots :

« La première chose que M. le comte de Schomberg doit avoir devant les yeux est que la fin de son voyage d'Allemagne est de dissiper les factions qu'on y pourrait faire au préjudice de la France, d'y porter le nom du roi le plus avant que faire se pourra, et d'y établir puissamment son autorité, etc. »

Les grands, à l'intérieur, se soulèvent en armes pour la quatrième fois. Le roi lance une Déclaration, et, comme les paroles ne signifient rien si elles ne sont fortifiées par les armes, Richelieu lève et organise à la fois trois armées, l'une qui marche en Champagne, l'autre en Berry et en Nivernais, l'autre en l'Ile-de-France. Grâce à ces promptes et énergiques mesures auxquelles ils n'étaient point accoutumés jusqu'alors, les grands se dispersent et se réfugient dans des places où ils vont être réduits à capituler. Les affaires étaient en cet état, et le parti des princes *aussi bas* que possible, lorsque tout changea en un clin d'œil par la mort du maréchal d'Ancre, qui fut tué le 24 avril 1617 par ordre du roi et à l'instigation de Luynes. Le favori du roi faisait tuer le favori de la reine. Le ministère dont ce maréchal était le patron plus apparent que réel, et dont Richelieu était l'inspirateur déjà si efficace, fut renversé du même coup.

Richelieu raconte qu'il était en visite chez un recteur de Sorbonne au moment où on vint lui apprendre la mort du maréchal : il revint au Louvre, après en avoir conféré un moment avec ses collègues : « Continuant mon chemin, dit-il, je rencontrai divers visages qui, m'ayant fait caresses deux heures auparavant, ne me reconnaissaient plus; plusieurs aussi qui ne me firent point connaître de changer pour le changement de la fortune. »

Il fut le seul de ce ministère que Luynes parut ménager d'abord et vouloir excepter de la disgrâce et de la vengeance commune. Richelieu, dans la description de ces scènes qui suivirent le meurtre du maréchal d'Ancre, est un grand peintre d'histoire. Il nous montre avec ironie le roi que Luynes fait monter sur une table de billard pour qu'il puisse être vu plus aisément des Compagnies de la ville et des Ordres de l'État qui viennent le complimenter : « C'était, dit-il, comme un renouvellement de la coutume ancienne des Français qui portaient leurs rois, à leur avénement à la couronne, sur leurs pavois à l'entour du camp. » Il montre Luynes le plus dangereux ennemi du maréchal d'Ancre, parce qu'il l'était moins encore de sa personne que de sa fortune, et « qu'il lui portait une *haine d'envie*, qui est la plus maligne et la plus cruelle de toutes. » Il nous fait voir l'insolence qui, à cette mort d'un favori, n'a fait que changer de sujet. Lui qui passera un jour pour cruel et impitoyable, qui le sera quelquefois, mais dont les principales vengeances se confondront pourtant dans les intérêts de l'État, il estime, à propos de ce meurtre du maréchal, que « ce fut un conseil précipité, injuste et de mauvais exemple, indigne de la majesté royale et de la vertu du roi. » Il pense que c'eût été assez de le faire prisonnier et de le renvoyer en Italie, et il blâme le commencement si sanguinaire de ce nouveau Gouvernement.

Et il est à remarquer combien Richelieu, quand il écrit, tout en étant parfois rigide, n'est jamais inhumain. Nous montrant la reine Marie de Médicis forcée alors de quitter le Louvre, accompagnée de tous ses domestiques qui portaient la tristesse peinte en leur visage : « Il n'y avait guère personne, se plaît-il à faire observer, qui eût si peu de sentiment des choses humaines, que la face de cette pompe quasi funèbre n'émût à compassion. » Et parlant de l'odieux et barbare traitement infligé à la maréchale d'Ancre et de son supplice, quand elle fut condamnée comme sorcière à avoir la tête tranchée sur l'échafaud, et ensuite le corps et la tête brûlés et réduits en cendres, il a des paroles d'une haute pitié :

« Sortant de sa prison et voyant une grande multitude de peuple qui était amassé pour la voir passer : « Que de personnes, dit-elle, « sont assemblées pour voir passer une pauvre affligée ! » Et à quelque temps de là, voyant quelqu'un auquel elle avait fait un mauvais office auprès de la reine, elle lui en demanda pardon, tant la véritable et humble honte qu'elle avait devant Dieu de l'avoir offensé lui ôtait parfaitement celle des hommes. Aussi y eut-il un si merveilleux effet de bénédiction de Dieu envers elle, que, par un subit changement, tous ceux qui assistèrent au triste spectacle de sa mort devinrent tout autres hommes, noyèrent leurs yeux de larmes de pitié de cette désolée... »

Je supprime quelques traits de mauvais goût ; et il finit par remarquer que ce qu'il en dit n'est point par l'effet d'aucune partialité, que c'est la vérité seule qui l'oblige à parler ainsi, « vu qu'il n'y a personne si odieuse qui, *finissant ses jours en public avec résolution et modestie*, ne change la haine en pitié, et ne tire des larmes de ceux mêmes qui, auparavant, eussent désiré voir répandre son sang. »

J'aime à opposer ces paroles de Richelieu, dignes d'une grande âme, à ce qu'il offrira plus tard de cruel et d'impitoyable dans sa propre conduite, et par où il a excédé, à certains jours, les nécessités mêmes de la plus austère politique.

Dans ce que j'ai cité pourtant aujourd'hui de ce commencement de carrière et de cette jeunesse de Richelieu, il me semble qu'on le voit déjà se dessiner hardiment comme homme et bien largement aussi comme écrivain. Je n'ai fait que répandre en quelque sorte mon sujet : c'est avec plus de précision que je devrai bientôt y revenir.

Lundi, 27 décembre 1852.

# LE CARDINAL DE RICHELIEU

### SES LETTRES
### INSTRUCTIONS ET PAPIERS D'ÉTAT

Publiés dans la *Collection des Documents historiques*,
par M. AVENEL. — Premier volume, 1853.

(FIN.)

Pour goûter les écrits de Richelieu, pour en tirer tout le fruit et tout le suc qu'ils renferment, il faut se faire à son style et se tenir bien averti d'avance sur quelques défauts qui, autrement, pourraient rebuter. Montesquieu, parlant de la Relation du voyage entrepris et raconté par l'amiral carthaginois Hannon, a dit : « C'est un beau morceau de l'antiquité que la Relation d'Hannon : le même homme qui a exécuté a écrit; il ne met aucune ostentation dans ses récits. Les grands capitaines écrivent leurs actions avec simplicité, parce qu'ils sont plus glorieux de ce qu'ils ont fait que de ce qu'ils ont dit. » Et il applique le même éloge aux Mémoires de son ami le maréchal de Berwick. César, Frédéric, Napoléon, ont mérité d'être pareillement loués et admirés pour la simplicité de leurs récits quand ils expliquent leurs opérations de guerre. On n'en dira pas autant de Richelieu : il n'est pas un capitaine, il n'a pas débuté par l'action; il est homme d'Église avant d'être homme d'État; il a commencé par prêcher, par être orateur dans ses sermons, dans ses harangues; il a soutenu des thèses en Sorbonne; la gloire de Du Perron, le grand controversiste et l'habile négociateur, l'a tenté. L'écrivain politique en Richelieu est souvent ralenti par l'évêque ou même par le théologien. Ajoutez à cela le mauvais goût du temps : Richelieu n'est pas seulement venu avant Pascal, il s'est formé à la phrase avant Balzac. Il a des longueurs fatigantes; il a des pointes et des jeux de mots. Dans un portrait de Du Plessis-Mornay, voulant déplorer l'usage que ce célèbre protestant fit de ses talents contre l'Église, il dira qu'il eût été à souhaiter pour lui qu'il fût *mort-né* (Mornay) d'effet comme de nom, et que du ventre de sa mère il eût été porté à la sépulture. Dans un admirable portrait de Wallenstein, ce glorieux généralissime de l'Empire assassiné par ordre de son maître, Richelieu, qui se reporte à sa propre situation de ministre calomnié et sans cesse menacé de ruine, trouve de magnifiques paroles pour caractériser l'infidélité et l'ingratitude des hommes; et, après avoir raconté la vie de ce grand guerrier, après nous l'avoir montré avec vérité dans sa personne et dans son habitude ordinaire, il ajoute en une langue que Bossuet ne surpassera point : « Tel le blâma après sa mort, qui l'eût loué s'il eût vécu : on accuse facilement ceux qui ne sont pas en état de se défendre. Quand l'arbre est tombé, tous accourent aux branches pour achever de le défaire; la bonne ou mauvaise réputation dépend de la dernière période de la vie; le bien et le mal passent à la postérité, et la malice des hommes fait plutôt croire l'un que l'autre. » Mais, après avoir ainsi conclu en un trait qui rappelle Shakspeare et qu'aurait envié Schiller, il prolonge sa pensée, et il l'aurait gâtée si elle pouvait l'être : « On connut bientôt après, ajoute-t-il, qu'*un mort ne mord point*, et que l'affection des hommes ne regarde point ce qui n'est plus. »

Ainsi donc, il faut en prendre son parti avec Richelieu et s'attendre à du mauvais goût, à des longueurs, à des métaphores souvent heureuses et grandes, souvent aussi hasardées et désagréables. M. Avenel croit avoir remarqué (ce qui serait bien naturel) que la simplicité gagne chez lui avec les années. La partie des Mémoires de Richelieu qui promet le plus, lorsqu'il est arrivé à son second et immortel ministère, n'est pas cependant la moins fatigante. En effet, en chaque affaire, il nous expose au long ce qu'il a dit dans le Conseil. Richelieu, dans sa première forme, était plus particulièrement un négociateur; en arrivant au pouvoir et en se saisissant de l'autorité, il ne l'exerce qu'à condition de la justifier, de la motiver, et il est proprement l'idéal du conseiller d'État. Il a un maître faible, mais assez judicieux, à persuader, à convaincre; avant d'agir, il démontre. Ce procédé lui sied avant tout, et il l'emploierait encore, lors même qu'il pourrait s'en passer. A chaque difficulté qui survient, il voit à l'instant tous les côtés de la question avec justesse, il les divise, les traite point par point, et les parcourt en les éclairant : puis dans son récit, *l'artiste négociateur, l'artiste conseiller d'État* se complaît à tout reproduire de ses raisons, et à les étaler en ordre et presque en bataille. Il se délecte évidemment dans ces longs exposés de doctrine. Je me figure que les Mémoires du judicieux conseiller Cambacérès doivent être quelquefois ainsi. Mais, chez Richelieu, quand on a bien assisté aux développements substantiels qu'il aime, on sort tout d'un coup de ces lenteurs par quelque trait hardi, qui accuse l'homme d'action et de grand caractère.

On a pu se demander déjà, et j'ai entendu faire

l'objection : « Comment Richelieu trouva-t-il le temps d'écrire ses Mémoires, et sont-ils bien, en effet, tout entiers de lui? » Il me semblerait étonnant qu'un homme si jaloux de son autorité, doué de tant d'esprit et s'en piquant, eût remis à un autre le soin de transmettre à la postérité des choses dont il possédait seul le secret, et dont il avait fait le plus grand nombre sans partage. Richelieu, en rentrant au ministère, avait fait ses conditions qui étaient bien d'accord avec sa frêle santé et avec son humeur : il n'allait point au lever du roi; il ne recevait point de visites ni de ces sollicitations qui usent le temps et les forces. Il vivait dans une sorte de solitude, avec ses confidents; il dormait peu; et, dans ses nuits sans sommeil, avec cette organisation que nous lui savons, toute desséchée par l'ardeur intérieure et comme amincie par la souffrance, il n'avait pour contentement austère, ainsi qu'il l'a dit quelque part d'une manière sublime, que de voir tant d'honnêtes gens *dormir sans crainte à l'ombre de ses veilles.* Dans cette solitude vigilante et noblement orgueilleuse, ayant sous la main tous les secours et les aides matériels, que lui manquait-il donc pour recueillir sa pensée? Ce n'était pas même la déplacer que de se souvenir des événements où il avait pris tant de part, et qui ne faisaient qu'une même trame avec le présent. Et il y a mieux : quand on lit les Mémoires de Richelieu, on s'aperçoit à tout moment qu'au milieu des choses les plus éloignées et les plus anciennes qu'il raconte, il parle tout à coup au temps présent; il est à croire que, de très-bonne heure, il avait pris des notes sur les choses et sur les événements, et ces notes, tantôt vives, tantôt un peu longues, passèrent ensuite à peu près intégralement dans le corps de son ouvrage. C'en est même le défaut. Il n'a pas eu le courage ou l'art d'abréger.

Cela dit, et les objections écartées, je reprends Richelieu au point où je l'ai laissé la dernière fois, et je veux le suivre encore en m'aidant de la publication de M. Avenel, jusqu'au moment ou s'arrête le premier volume de cette publication, c'est-à-dire à l'époque où il rentre au Conseil pour y être désormais le seul maître (1624).

Dans son premier ministère, on l'a vu en peu de mois tout faire pour abattre la révolte des princes et des grands, et pour rétablir l'autorité royale au point d'où elle n'aurait jamais dû déchoir. On entrevoit même, dans ce temps si court, son intention précise de relever la France au dehors et de ne pas la laisser déchoir non plus de ce rôle et de ce titre d'*arbitre de la Chrétienté* que Henri IV avait acquis à la couronne. Dans les Instructions à M. de Schomberg, ambassadeur en Allemagne, dans les lettres écrites au nom du roi à M. de Béthune, ambassadeur en Italie, il ne cesse de revendiquer cette gloire et presque cette fonction qui appartient de droit à la France comme étant le *cœur* de tous les États chrétiens. La république de Venise était aux prises avec l'archiduc de Gratz; Louis XIII, par le conseil de Richelieu, veut évoquer à lui l'affaire; et, comme la guerre de Piémont se prolonge malgré les efforts qu'on a faits sur les lieux pour l'apaiser, Louis XIII désire également que le duc de Savoie dépêche un négociateur à Paris pour traiter avec l'ambassadeur d'Espagne qui y réside, jugeant que l'affaire se réglera mieux auprès de sa personne; il envoie en Espagne un ambassadeur pour obtenir, à cet effet, l'agrément du roi Catholique. Quand Venise, qui a joué un jeu double, s'accommode par le canal de l'Espagne avec l'archiduc de Gratz, Louis XIII s'en montre offensé; il s'en plaint comme étant fraudé d'un de ses plus beaux droits, qui est de tenir la balance : « Il semble, écrit-il, que pour tomber en une ingratitude volontaire, elle (la république de Venise) ait voulu, s'exemptant de reconnaissance envers moi, me priver de la gloire qui m'était due pour la conclusion d'un si bon œuvre, en la transférant à un autre. » Voilà le doigt de Richelieu et son cachet dans les affaires étrangères en cinq mois de passage au ministère, et au milieu des troubles civils qui semblaient compromettre l'existence même de l'État. Il tenait à montrer à l'Europe, dès le premier jour, ce qu'il exprime si noblement dans les Instructions données à Schomberg : « Jamais vaisseau ne résistera à si grande tempête avec moins de débris qu'on en remarque au nôtre. »

Richelieu, tombé de ce premier ministère, accompagne la reine Marie de Médicis dans son exil à Blois (mai 1617); bientôt, sa présence en cette petite Cour porte ombrage à ses ennemis : la calomnie l'implique dans des intrigues, d'où son bon sens suffisait à le tenir écarté. Il demande lui-même au roi de se retirer en son diocèse : on le prend au mot, et, pendant quelque temps, on le voit, dans son prieuré de Coussay près de Mirebeau, faisant l'évêque ou même le solitaire, « réduit en un petit ermitage, » et résolu en apparence « à couler doucement le temps parmi ses livres et ses voisins. » C'est dans cet intervalle qu'il compose lui-même un livre de controverse contre les Protestants, et il semble uniquement occupé des devoirs de sa charge. En accordant une certaine confiance aux lettres que nous avons de Richelieu, n'oublions pas que nous ne les possédons pas toutes, que les plus importantes étaient chiffrées et ne nous sont point parvenues. On n'a pas les lettres secrètes, celles où il s'entretenait avec ses intimes *à cœur saoul,* comme il disait. Il y a, dans tout ce qu'il nous expose de sa vie aux diverses époques, un dessous de négociations qui échappe : qu'il nous suffise de saisir sa ligne générale de conduite. On ne laisse pas longtemps Richelieu tranquille dans sa retraite; il est encore trop voisin de la reine; il sent que la calomnie le travaille en Cour, et lui-même il est le premier à provoquer une espèce d'exil : il demande qu'on lui prescrive pour demeure tel autre lieu où il pourra vivre sans calomnie de même qu'il est sans faute et sans reproche. Là-dessus il reçoit l'ordre d'aller en Avignon (avril 1618); il y reste près d'un an à l'écart. Sur ces entrefaites, la reine s'est évadée la nuit du château de Blois (février 1619); elle s'est réfugiée auprès du duc d'Épernon, et Luynes, qui gouverne, craint qu'en obéissant à l'influence de ce vieux seigneur et aux brouillons dont elle va être entourée, elle ne devienne un grave danger. C'est alors que les amis actifs de Richelieu, le Père Joseph, Bouthillier, se remuent, et font songer à lui comme au négociateur le plus propre pour ramener et adoucir l'esprit de la reine, à laquelle il n'avait cessé d'être agréable. Richelieu reparaît dans ce rôle délicat, et comme agent à demi avoué. Il part d'Avignon; il est arrêté en chemin par de trop zélés serviteurs du roi qui le croient encore en disgrâce, et qui ont hâte ensuite de s'excuser. Il arrive à Angoulême le mercredi de la semaine sainte (27 mars 1619), et là où il pensait toucher au port, « c'est où il trouve plus de tempête. » Il est reçu de mauvais œil par tous les autres conseillers, qui redoutent son influence de modération et de bon conseil. La reine dissimule; elle et lui s'entendent. Il nous fait assister aux tracasseries de cette petite Cour; il y devient vite l'homme nécessaire, et conclut le traité qui réconcilie la mère avec le fils (30 avril). Le traité conclu, il prépare l'entrevue qui doit sceller la réconciliation et qui eut lieu à Cousières, près de Tours. Les favoris, les Luynes sont là qui ont l'œil à tout et qui surveillent entre le roi et sa mère l'élan de la nature. Richelieu pourtant est parvenu à ses fins, il a rempli sa mission, et, à partir de ce jour-là, le roi, pour le payer de ses bons services, demande pour lui à Rome le chapeau de cardinal, qui ne viendra que trois ans plus tard. C'est ainsi qu'au moment où elle semblait tout à fait ruinée, la fortune de Richelieu se répare et qu'elle va insensiblement monter et grandir sans plus s'arrêter.

Cependant les années qui suivent le laissent encore dans une situation secondaire, et où il a besoin de toute son insinuation, de sa souplesse et de sa patience. Luynes à la Cour triomphe, et il règne sur tout le royaume. Richelieu reste attaché à la reine-mère dans son gouvernement d'Anjou; il est le surintendant de sa maison, et proprement le ministre de ce demi-exil et de cette disgrâce; car, malgré l'entrevue et l'embrassement de Cousières, les mauvaises passions s'interposent et travaillent à semer des divisions nouvelles entre le fils et sa mère. On fait sortir de prison le prince de Condé, qu'elle n'avait fait arrêter que dans l'intérêt du roi, et ce prince du sang devient pour elle un ennemi actif qui va servir les mauvaises intentions de Luynes. Richelieu serait fort d'avis que la reine, pour déjouer ces intrigues, allât droit à la Cour, qu'elle fît parler la nature dans le cœur du roi, et mît hardiment au néant la malveillance. Mais d'autres conseillers de la reine sont d'un avis contraire, qu'ils appuient de raisons assez plausibles; de peur de perdre la confiance de sa maîtresse, Richelieu, par prudence, se voit obligé de se ranger à leur avis, « et, à l'imitation des sages pilotes, de céder à la tempête. N'y ayant point de conseil si judicieux, pense-t-il, qui ne puisse avoir une mauvaise issue, on est souvent obligé de suivre les opinions qu'on approuve le moins. » Même quand il nous expose ces longs contre-temps qui barrent sa fortune, le style de Richelieu n'est point irrité et ne marque ni colère ni dépit.

Le pouvoir et les prétentions de Luynes et de ses frères vont s'accroissant et soulèvent des réprobations unanimes. Affamés d'honneurs et de biens, et sans aucune ambition patriotique, ils accaparent les gouvernements, les charges, les places de guerre et châteaux; ils achètent et marchandent pour eux les compagnies des corps royaux et d'élite; les deniers levés sur les peuples sont détournés à ces traités particuliers : « En un mot, dit Richelieu, si la France était tout entière à vendre, ils achèteraient la France de la France même. » Richelieu est dans l'opposition, comme nous dirions : il est trop patriote, à cette heure, pour n'en pas être, mais il en est encore d'une manière qui lui est propre. Les grands et les seigneurs, qu'il avait autrefois combattus, se soulèvent cette fois de son côté, ce semble, et au nom de la reine-mère; ils entourent celle-ci de leurs intrigues, et, sous prétexte de délivrer le royaume d'un nouveau favori, ils ne songent qu'à leurs affaires particulières. Les voyant arriver à Angers, Richelieu s'efface devant eux et ne prend guère part à leurs délibérations; entre deux écrits dressés au nom de la reine, l'un plus modéré, plus prudent, et qui ne va pas à la guerre civile, et l'autre plus aigre, plus violent, et qui est un manifeste d'hostilité, il est d'avis qu'on se borne au premier, d'autant plus qu'on n'est pas de force à soutenir le second. Il craint de donner prétexte à ces alliés puissants et turbulents qui, « après avoir ruiné les valets, » iraient par ambition jusqu'à s'attaquer aux maîtres. Il pense « qu'il ne peut y avoir de si mauvaise paix qui ne vaille mieux qu'une guerre civile. » Luynes s'avance dans le Maine avec les troupes du roi : tous les seigneurs et capitaines, groupés autour de la reine-mère à Angers, font mille plans qui se traversent l'un l'autre. Tout le monde favorise la reine de ses vœux ; elle a tous les cœurs, elle a même bien des bras, et cependant elle va être vaincue en un clin d'œil : « Dieu le permit ainsi à mon avis, dit Richelieu, pour faire voir que le repos des États lui est en si grande recommandation qu'il prive souvent de succès les entreprises qui le pourraient troubler, quoique justes et légitimes. »

Parlant du rôle de Richelieu en cet instant critique, quelques hommes du temps l'ont accusé d'avoir trahi les intérêts de la reine-mère et des confédérés ; le duc de Rohan, ce grand fauteur de guerres civiles, l'accuse d'avoir exprès conseillé à la reine, dans une ville tout ouverte, cette *défense tremblante*. Non ; Richelieu donna alors, même aux gens de guerre, de meilleurs conseils, et qui ne furent point suivis ; mais ce qui est la vraie explication, selon moi, c'est qu'il n'était point de cœur avec les confédérés. Richelieu reste l'ancien et le futur ministre de la monarchie, même dans la disgrâce et dans l'exil ; il sent à l'avance sa destinée ; il ne dément pas son avenir.

Rien n'est piquant comme le portrait qu'il trace des principaux chefs dans la bagarre et la déroute dite *du Pont-de-Cé* (7 août 1620) : ce fut une panique. Les fanfarons, les peureux, les braves en petit nombre, chacun y a son mot. On a un tableau ironique comme en aurait pu tracer un Philippe de Commynes, et il le termine par ces considérations si dignes de lui, de l'homme resté, en tout temps, royal :

« Je reconnus en cette occasion que tout parti composé de plusieurs corps qui n'ont aucune liaison que celle que leur donne la légèreté de leurs esprits..., n'a pas grande subsistance ; que ce qui ne se maintient que par une autorité précaire n'est pas de grande durée ; que ceux qui combattent contre une puissance légitime sont à demi défaits par leur imagination ; que les pensées qui leur viennent, qu'ils ne sont pas seulement exposés au hasard de perdre la vie par les armes, mais, qui plus est, par les voies de la justice s'ils sont pris, leur représentant des bourreaux au même temps qu'ils affrontent les ennemis, rendent la partie fort inégale, y ayant peu de courages assez serrés pour passer par-dessus ces considérations avec autant de résolution que s'ils ne les connaissaient pas. »

Tel demeurait Richelieu, quand il se trouvait, à son corps défendant, enveloppé dans la révolte à main armée et dans la sédition. Au lendemain de la défaite du Pont-de-Cé, c'est lui encore qui contribuait le plus à raccommoder les affaires, et à ménager une paix dans laquelle Luynes vainqueur n'abusa pas, cette fois, de son avantage.

Tant que Luynes gouvernait le roi, il n'y avait point pour Richelieu de grande place possible. Le favori eut, vers ce temps, quelque velléité de faire liaison avec la reine; il sembla même rechercher une alliance avec Richelieu, et la nièce de l'un épousa le neveu de l'autre. Pourtant Luynes et Richelieu étaient incompatibles, et ce dernier n'avait alors de garantie réelle que la bonne volonté et la confiance de la reine-mère. A tous les conseils hasardeux qu'on donnait à celle-ci, il était d'avis d'opposer une prudence suivie et la patience. En voyant l'extravagante fortune et le peu de conduite de l'adversaire, il sentait dans son bon sens qu'il ne s'agissait que d'attendre et de durer : « Il n'est pas de la France comme des autres pays, pensait-il. En France, le meilleur remède qu'on puisse avoir est la patience... » Et il exprime à ce propos sur notre légèreté, si fertile en revers, des idées fâcheuses qui seraient trop décourageantes si lui-même, homme d'autorité et d'établissement, ne venait bientôt, par son propre exemple, les combattre et les corriger. Mais pour ceux qui voudraient tirer parti contre notre nation de ses paroles, ajoutons que, selon lui, cette légèreté française porte souvent son remède en elle-même; car, si elle nous jette souvent dans des précipices effroyables, elle ne nous y laisse pas, « et nous en tire si promptement, que nos ennemis, ne pouvant prendre de justes mesures sur des variétés si fréquentes, n'ont pas le loisir de profiter de nos fautes. »

Pendant que Richelieu patiente et attend, la guerre commence dans le Midi contre les Protestants qui se sont organisés en églises et ont élu pour leur chef et généralissime le duc de Rohan (1621). La rébellion est manifeste : le roi en personne s'y porte, plein de courage; mais Luynes sait mal lui préparer le terrain et lui ménager les occasions. Devant Montauban, par exemple, Luynes a trop compté sur une intelligence qu'il a pratiquée avec un traître du parti. Il fait avancer d'abord le roi, qui est repoussé : « Il est bon, dit Richelieu, de ne pas négliger ces petits avantages; mais il est dangereux de s'y assurer, principalement à un grand prince, *qui doit plutôt emporter que dérober les victoires.* » Que cela est noble et bien dit! Richelieu a sa méthode sur la manière dont un premier ministre dévoué doit produire et mettre en relief un roi courageux; il souffre de voir Luynes ne rien entendre à cet art et à cette jalousie d'honneur qu'on doit avoir pour les armes de son maître.

Si Luynes avait vécu, la fortune de Richelieu s'ajournait pourtant et pouvait manquer : aussi, quand Luynes disparaît, quand il est emporté d'une maladie soudaine (14 décembre 1621) au milieu de cette campagne qu'il avait entreprise sans pouvoir la mener à fin, Richelieu a pour peindre sa mort, son caractère et sa personne, des traits de couleur et de passion que Saint-Simon, un siècle après, aurait trouvés. Luynes, au milieu de ses défauts, en avait un qui, en France, gâterait même les meilleures qualités : il n'était point brave de sa personne. Au siége devant Montauban, tout connétable qu'il était, il n'approcha jamais de la ville de la portée du canon. Il s'amusait à sceller, à faire l'office de garde des sceaux, pendant que les autres étaient aux mains ; bon garde des sceaux en temps de guerre, disait-on, et bon connétable en temps de paix : « Au fort de ses lâchetés, s'écrie Richelieu, il ne laissait pas de parler comme s'il était percé de plaies, tout couvert du sang des ennemis... » *Au fort de ses lâchetés* est une de ces expressions involontaires qui qualifient un grand et généreux écrivain.

Tout le portrait de Luynes est d'une extrême beauté ; il le faudrait lire en entier, et je ne puis qu'en noter quelques traits saillants qui réfléchissent sur le caractère de Richelieu lui-même. Il s'attache à montrer Luynes comme peu fait pour cette élévation à laquelle la faveur l'avait porté, et qui ne lui donnait qu'éblouissement et insolence : Ces sortes d'esprits, dit-il, « sont capables de toutes fautes, surtout *quand ils sont venus,* comme celui-ci, *à la faveur sans avoir passé par les charges, qu'ils se sont plus tôt vus au-dessus que dans les affaires, et ont été maîtres des Conseils avant que d'y être entrés.*

« Il était, dit-il encore, d'un esprit médiocre et timide ; peu de foi, point de générosité ; trop faible pour demeurer ferme à l'assaut d'une si grande fortune... Il voulut être prince d'Orange, comte d'Avignon, duc d'Albert, roi d'Austrasie, et n'eût pas refusé davantage s'il y eût vu jour. Les flatteries l'emportèrent jusque-là qu'il crut que toutes les louanges qu'on lui donnait étaient véritables, et que la grandeur qu'il possédait était moindre que son mérite... Il était plein de belles paroles et de promesses qu'il ne tenait pas fidèlement ; mais, lorsqu'il donnait des paroles plus absolues, c'est alors qu'on était plus assuré de n'avoir pas ce qu'il promettait ; et, lorsqu'il promettait le plus son affection, c'était lorsqu'on avait plus de sujet d'en être en doute : tant il manquait de foi sans en avoir honte, mesurant tout l'honneur à son utilité ! »

Richelieu reproche à Luynes d'avoir voulu appliquer

à la France la politique étroite et tyrannique qui n'est praticable que dans les petites provinces d'Italie, où tous les sujets sont sous la main de celui qu'ils doivent craindre : « Mais il n'en est pas de même de la France, grand et vague pays, séparé de diverses rivières, où il y a des provinces si éloignées du siége du prince. » Dans toute cette peinture, Richelieu nous livre indirectement ses propres pensées, et, en nous représentant ainsi le favori odieux, il est évident qu'il sent combien lui-même il s'en sépare et il en diffère. Richelieu, par exemple, ne se croit nullement tyrannique dans le sens où l'était le devancier qu'il flétrit :

« Lui, au contraire, dit-il, ayant la force en main, méprisait de contenter aucun, estimant qu'il lui suffisait de tenir leurs personnes par force, et qu'il n'importait de les tenir attachées par le cœur : mais en cela il se trompait bien; car il est impossible qu'un Gouvernement subsiste où nul n'a satisfaction et chacun est traité avec violence. La rigueur est très-dangereuse où personne n'est content; la mollesse, où il n'y a point de satisfaction, l'est aussi; mais le seul moyen de subsister est de *marier la rigueur avec une juste satisfaction de ceux qu'on gouverne*, qui aboutit à punition des mauvais et récompense des bons. »

La théorie de Richelieu est dans ces paroles; il est vrai, comme il nous l'a dit ailleurs, que, s'il fallait absolument choisir, il jugeait la punition plus nécessaire encore que la récompense, et il la faisait marcher devant.

Machiavel a dit : « Ce n'est pas la violence qui répare, mais la violence qui détruit, qu'il faut condamner; » il est bon pourtant que, dans tout ce qui se continue et qui est fondé pour durer, l'idée de violence s'évanouisse, et Richelieu, dans son gouvernement, ne put jamais parvenir à cette action d'énergie régulière et comme insensible. Il était, certes, de la race des âmes royales, mais il n'était pas né roi. Ce fut la résistance et l'effort qu'il eut à faire pour maintenir ce qu'il ne tenait que d'emprunt, qui le rendit parfois tyrannique de procédé et d'allure. S'il fût né sur le trône et roi héréditaire, il aurait eu naturellement la grandeur sans avoir à forcer la fermeté.

Montesquieu a dit de Louis XIV : « Il avait l'âme plus grande que l'esprit. » Chez Richelieu, l'esprit fut aussi grand que l'âme, et parut la remplir sans la dépasser jamais.

A la fin de ce portrait de Luynes, l'écrivain a, je ne sais comment, une fraîcheur et une légèreté d'expression qui ne lui est point ordinaire, et qui montre que cette âme n'était point destinée si absolument à la sécheresse et à l'austérité :

> « Sa mort fut heureuse, dit-il, en ce qu'elle le prit au milieu de sa prospérité, contre laquelle se formaient de grands orages qui n'eussent pas été sans péril pour lui à l'avenir ; mais elle lui sembla d'autant plus rude, qu'outre qu'elle est amère, comme dit le Sage, à ceux qui sont dans la bonne fortune, il prenait plaisir à savourer les douceurs de la vie, et jouissait avec volupté de ses contentements. Il en était encore en la fleur, et au temps que la jouissance en est plus agréable ; et, quant à sa fortune, elle ne faisait encore que de le saluer, et n'avait pas eu loisir de se reposer auprès de lui. »

Ceci est léger et naïf d'expression, comme du Philippe de Commynes ou de l'Amyot.

Après la mort de Luynes, Richelieu n'entre pas encore au ministère ; les ministres qui sont en Cour le redoutent, lui sachant tant de lumières et de force de jugement ; ils retardent le plus qu'ils peuvent le moment où le roi prendra de lui quelque connaissance particulière, de peur de le voir aussitôt à la tête des affaires : « J'ai eu ce malheur, dit-il, que ceux qui ont pu beaucoup dans l'État m'en ont toujours voulu, non pour aucun mal que je leur eusse fait, mais pour le bien qu'on croyait être en moi. » Ils ont beau faire, ils ont beau s'opposer à la destinée et s'enfoncer chaque jour dans leurs dilapidations et dans leurs fautes, le moment approche, il est venu, Richelieu désormais est inévitable.

Nous le laisserons régner; mais il nous serait essentiel, pour ne pas rester trop au-dessous de notre idée, de pouvoir dire quelque chose encore de ce *Testament politique* où il a déposé, sous une forme un peu sentencieuse, le résumé de son expérience et l'idéal de sa doctrine. Parmi les objections que Voltaire a élevées contre l'authenticité de cet ouvrage, il en est une, entre autres, qui m'a frappé par sa faiblesse et par son contre-sens même : « Avouez, dit-il en s'adressant à M. de Foncemagne, avouez qu'au fond vous ne croyez pas qu'il y ait un mot du cardinal dans ce *Testament;* pensez-vous, de bonne foi, que le chevalier Walpole se fût avisé d'écrire un Catéchisme de politique pour le roi Georges Ier? » Mais précisément, c'est que Richelieu n'est rien moins qu'un Robert Walpole : c'est un homme qui croit à Dieu, au caractère des rois, à une certaine grandeur morale dans les choses publiques, à une vertu propre en chaque Ordre de l'État, à une rectitude élevée dans le Clergé, à la générosité et à la pureté du cœur dans la Noblesse, à la probité et à la gravité dans les Parlements; voilà ce qu'il veut à tout prix maintenir ou restaurer, tandis que l'autre ministre n'a que beaucoup d'habileté, un art de manipulation humaine et de corruption consommée, et de la bonne humeur. —Richelieu aime et préfère les *honnêtes gens* : en quels termes mémorables n'a-t-il point parlé dans ses Mémoires de la gravité héroïque d'Achille de Harlay, de la prud'homie du président Jeannin !

Il y a dans le *Testament politique* un curieux chapitre intitulé *des Lettres*, c'est-à-dire de la littérature classique ou de l'éducation, et qui vient immédiatement après les chapitres sur l'Église. Richelieu y expose ses idées sur une sage administration et dispensation de la littérature; et, à la date où il écrit, il y fait preuve d'une haute prévoyance. On dirait véritablement qu'il a déjà le dix-huitième siècle et quelque chose du dix-neuvième devant les yeux. Il ne saurait admettre que, dans un État, tout le monde indifféremment soit élevé pour être savant : « Ainsi qu'un corps qui aurait des yeux en toutes ses parties serait monstrueux, dit-il, de même un État le serait-il, si tous ses sujets étaient savants; on y verrait aussi peu d'obéissance que l'orgueil et la présomption y seraient ordinaires. » Et encore : « Si les Lettres étaient profanées à toutes sortes d'esprits, on verrait *plus de gens capables de former des doutes que de les résoudre,* et beaucoup seraient *plus propres à s'opposer aux vérités qu'à les défendre.* » Il cite à l'appui de son opinion le cardinal Du Perron, si ami de la belle littérature, lequel aurait voulu voir établir en France un moindre nombre de colléges, à condition qu'ils fussent meilleurs, munis de professeurs excellents, et qu'ils ne se remplissent que de dignes sujets, propres à conserver dans sa pureté le feu du temple. Le reste des jeunes gens serait naturellement allé aux arts mécaniques, à l'agriculture, au commerce, à l'armée, tandis qu'en les appliquant tous indifféremment aux études « sans que la portée de leurs esprits soit examinée, presque tous demeurent avec une médiocre teinture des Lettres, » et remplissent ensuite la France de *chicaneurs*. Cette opinion de Richelieu, qui vient après le débordement du seizième siècle et avant le déluge du dix-huitième, est du Bonald de première qualité, et, de quelque côté qu'on l'envisage, exprimée à cette date et avec cette précision, elle atteste la vue profonde de l'homme d'État.

Ce rôle de l'homme d'État, qui, à chaque moment social, est le principal et le plus actuel, n'est pas le seul, et deux forces en lutte gouvernent le monde. Pendant que Richelieu exprimait ces prévisions et ces craintes, Descartes préparait le libre accès de tous les esprits non-seulement aux Lettres, mais aux sciences, et enseignait le doute méthodique. Il y a bien à méditer sur ces deux noms.

A une lecture superficielle, le *Testament politique* peut sembler procéder d'abord par maximes un peu banales et par lieux communs : mais lisez bien, vous retrouverez toujours l'homme d'État et le moraliste expérimenté. Richelieu, dans toutes les réformes qu'il propose, se montre plein de modération ; il tient compte des faits accomplis, et, dans la correction des désordres même, il veut qu'on procède avec douceur et mesure. Il est un de ces architectes qui aiment mieux corriger les défauts d'un ancien bâtiment et le réduire par leur art à quelque symétrie supportable, que de le jeter à bas sous prétexte d'en rebâtir ensuite un autre tout parfait et accompli. Quelque ardent qu'ait été le caractère de Richelieu et son feu d'ambition, il reste évident que son esprit au fond est juste par essence et bien tempéré. Dans ses peintures morales, et dans l'examen des conditions qu'il exige des hommes appelés à être des conseillers politiques, il avait certainement en vue tel ou tel de ceux qu'il avait connus ; mais ses observations sont si justes et si fortes que, rien qu'à les transcrire ici, il semble encore aujourd'hui qu'on puisse mettre des noms propres au bas des qualités et des défauts :

« Les plus grands esprits, dit Richelieu, sont plus dangereux qu'utiles au maniement des affaires ; s'ils n'ont beaucoup plus de plomb que de vif-argent, ils ne valent rien pour l'État.

« Il y en a qui sont fertiles en inventions et abondants en pensées, mais si variables en leurs desseins, que ceux du soir et du matin sont toujours différents, et qui ont si peu de suite et de choix en leurs résolutions, qu'ils changent les bonnes aussi bien que les mauvaises et ne demeurent jamais constants en aucune.

« Je puis dire avec vérité, le sachant par expérience, que la légèreté de telles gens n'est pas moins dangereuse en l'administration des affaires publiques, que la malice de beaucoup d'autres. Il y a beaucoup à craindre des esprits dont la vivacité est accompagnée de peu de jugement, et, quand ceux qui excellent en la partie judiciaire n'auraient pas une grande étendue, ils ne laisseraient pas de pouvoir être utiles aux États.

« La présomption est un des grands vices qu'un homme puisse avoir dans les charges publiques, et, si l'humilité n'est requise dans ceux qui sont destinés à la conduite des États, la modestie leur est tout à fait nécessaire.

« Sans la modestie, les grands esprits sont si amateurs de leurs opinions, qu'ils condamnent toutes les autres, bien qu'elles soient meilleures ; et l'orgueil de leur constitution naturelle, joint à leur autorité, les rend tout à fait insupportables. »

Tels sont les conseils ou plutôt les signalements d'expérience que donnait un homme qui ne passait point précisément pour modeste, mais qui certainement était encore moins présomptueux. En lisant avec soin ces maximes d'État de Richelieu, un doute m'a pris quelquefois : je me suis demandé si, dans le jugement historique qui s'est formé sur lui, il n'entrait pas un peu trop de l'impopularité qui s'attache aisément aux pouvoirs forts considérés aux époques de relâchement, et si, de loin, nous ne le jugeons pas trop, jusque dans sa gloire, à travers les imputations des ennemis qui lui survécurent. Richelieu fut vindicatif : le fut-il autant qu'on l'a dit? il ne le croyait certes pas lorsqu'il a écrit : « Ceux qui sont vindicatifs de leur nature, qui suivent plutôt leurs passions que la raison, ne peuvent être estimés avoir la probité requise au maniement de l'État. Si un homme est sujet à ses vengeances, le mettre en autorité est mettre l'épée à la main d'un furieux. » De telles paroles montrent à quel point l'esprit de Richelieu était loin de donner dans les extrémités violentes. Je laisse ces divers problèmes, ces contradictions apparentes de quelques-unes de ses pensées et de ses actes à agiter aux historiens futurs; la renommée de Richelieu (et la renommée, il l'a dit, est le seul payement des grandes âmes) ne peut que s'accroître avec les années et avec les siècles : il est de ceux qui ont le plus contribué à donner consistance et unité à une noble nation qui d'elle-même en a trop peu; il est, à ce titre, un des plus glorieux artisans politiques qui aient existé; et plus les générations auront été battues des révolutions et mûries de l'expérience, plus elles s'approcheront de sa mémoire avec circonspection et avec respect.

Je ne veux pas finir sans rendre hommage encore une fois au travail de M. Avenel, et sans citer de son Introduction historique cette conclusion qui est tout à fait à la hauteur du sujet : « Richelieu, dit-il, continua Henri IV et commença Louis XIV. Qui sait ce qu'on aurait fait de la politique de Henri s'il ne se fût pas trouvé là un homme capable d'en recueillir et d'en transmettre l'héritage? qui sait ce qu'auraient pu devenir, perdues dans un misérable règne de trente-trois années, les destinées de la France? La Providence, qui ne comptait pas Louis XIII, suscita Richelieu afin qu'il n'y eût point d'interruption entre les grands rois. »

Lundi, 3 janvier 1853.

# SAINT FRANÇOIS DE SALES

### SON PORTRAIT LITTÉRAIRE

au tome I<sup>er</sup> de l'*Histoire de la Littérature française à l'étranger*
par M. SAYOUS. 1853.

M. Sayous, si honorablement connu comme éditeu
et rédacteur fidèle des *Mémoires* de Mallet du Pan, continue aujourd'hui en France d'intéressantes études littéraires qu'il avait autrefois commencées à Genève. Les grandes et classiques parties de la littérature française ayant été explorées mainte fois et étant depuis longtemps, en quelque sorte, au pouvoir des maîtres, il s'est ingénieusement établi et posté sur la frontière; il a choisi de ce côté sa province. Il s'était attaché d'abord à étudier les écrivains français que la Réformation a produits au seizième siècle, et qui relevaient plus ou moins de Genève; mais aujourd'hui il sort de ce point de vue qui avait son uniformité un peu triste et sa particularité trop exclusive : son coup d'œil se porte avec plus de liberté et d'étendue sur tout ce qui a parlé ou écrit en français avec quelque distinction en dehors de la France. La Savoie au temps de saint François de Sales, la Hollande au temps de Descartes et de Bayle,

la colonie naissante de Berlin au temps d'Abbadie et des premiers Ancillon, l'Angleterre au moment où elle réunissait auprès de la duchesse de Mazarin les Saint-Évremond, les Saint-Réal, et où elle donnait Hamilton à la France; tel est le champ varié d'études que s'est proposé M. Sayous, et il vient de le parcourir avec une aisance pleine de fruit et d'agrément. Les deux volumes, qui embrassent cette littérature française à l'étranger durant tout le cours du dix-septième siècle, nous fourniront plus d'un secours et d'un prétexte pour revenir nous-même vers quelqu'un de ces personnages que l'auteur nous fait mieux connaître, et qu'il éclaire par ses recherches nouvelles ou par ses fins aperçus. Nous débuterons tout simplement cette fois, avec lui, en parlant de saint François de Sales, l'apôtre éloquent de la Savoie et le doux cygne harmonieux au commencement du dix-septième siècle.

La Savoie est un des pays voisins de la France où l'on parle le mieux le français, où on le parle avec le plus de propriété, de clarté et de naturel. Ce petit peuple pauvre, intelligent, « éminemment sociable, porté aux mœurs douces, gai et spirituel, fin jusqu'à la subtilité, plein de bonhomie pourtant, » est très-bien peint par M. Sayous; il lui trouve, à défaut d'une littérature nationale, un certain génie littéraire qui se marque volontiers dans les productions de tout enfant du pays : « Ce génie chez les Savoyards, dit-il, a pour caractères essentiels la grâce et l'enjouement, une sensibilité qui n'a rien de triste, et une bonhomie qui n'est pas exempte de malice. Nous rencontrerons plus d'une fois, ajoute-t-il, l'expression de ces qualités toutes savoisiennes, mais jamais plus complètes que chez les deux écrivains qui, dans l'ordre des dates, sont aux deux termes extrêmes de l'histoire littéraire de leur pays, saint François de Sales qui l'ouvre au dix-septième siècle, et Xavier de Maistre qui la termine de nos jours. »

M. Sayous ne nous retrace pas avec moins de finesse et de vérité l'aspect naturel du pays en Savoie, ces frais paysages jetés dans un cadre grandiose, cette espèce d'irrégularité et de négligence domestique, et ce laisser-aller rural que peut voir avec regret l'économiste ou l'agronome, mais qui plaît au peintre et qui l'inspire insensiblement : « L'imagination, dit-il, est plus indulgente : elle sourit à ce spectacle qui a sa grâce, et l'artiste jouit en reconnaissant un instinct de l'art et comme un goût de nature dans ce confus arrangement qui semble avoir été abandonné au hasard. » Nous connaissions déjà, depuis les peintures de Jean-Jacques Rousseau, ce charme des vallons et des vergers de Savoie, si frais et si riants au pied des monts de neige; mais, avant d'en venir à saint François de Sales, il était bon de nous le rappeler.

Cet aimable saint, né le 21 août 1567, au château de Sales, à quatre lieues d'Annecy, d'une noble famille, et l'aîné de tous ses frères et sœurs, fut voué par sa pieuse mère à Dieu, et destiné par son père à la carrière sénatoriale. Après ses premières classes faites au collége d'Annecy, il fut envoyé à Paris sous la conduite d'un précepteur. Il y étudia en philosophie chez les Jésuites au collége de Clermont, et y entendit aussi les leçons qui se donnaient en Sorbonne. De là, cet agréable adolescent, dit un de ses biographes qui l'a peint avec complaisance dans cette première beauté de sa jeunesse, retourna en Savoie et fut envoyé en Italie pour y étudier le droit à Padoue, toujours sous la conduite du même précepteur. Il sut conserver au milieu des écueils de cette vie universitaire sa fleur de pureté et de chasteté, se livrant dès ce temps-là à des méditations et à des préparations intérieures pour avancer dans la poursuite de la piété et de la vertu. Il ne quitta point l'Italie sans avoir fait le pèlerinage de Lorette et sans avoir visité Rome. De retour au pays natal, plein de doctrine, et d'une imagination riante où brillait la pudeur, d'une figure attrayante et d'un regard où se lisait la tendresse et la beauté de son âme, il faisait la joie de ses parents et « contraignait même ceux qui ne lui appartenaient en rien de l'aimer. » Reçu avocat à Chambéry, il ne voulut point passer outre et refusa dès lors la place de sénateur ou de conseiller au Parlement de Savoie, qui lui fut offerte encore depuis. Une pensée plus haute le préoccupait : il amena ses parents, et son père en particulier qui résistait, à permettre qu'il embrassât l'état ecclésiastique, et qu'il devînt le bras droit et le prévôt de l'évêque de Genève, alors résidant à Annecy.

La situation de cette pauvre église était en plus d'un lieu comme désespérée : Genève était et devait rester conquise par le Calvinisme; mais, de plus, le diocèse entier était entamé et envahi. Les paroisses qui avoisinaient Genève et qui bordaient le lac du côté de la Savoie étaient passées au protestantisme; et, dans ces espèces d'insurrections spirituelles du seizième siècle, ce n'étaient pas seulement les doctrines, c'étaient les mœurs qui étaient en jeu comme en toute espèce d'insurrection; tous les relâchements et les licences grossières s'introduisaient à la faveur des changements. Là où Calvin n'était pas, les libertins dans le protestantisme triomphaient aisément. François de Sales, qui entrait peu d'ailleurs dans ces distinctions, et dont la foi voyait partout un égal et horrible danger, se consacra, dans cette première ardeur de son âge, à la vie du missionnaire qui se jette seul au milieu des infidèles et qui va relever la Croix. Ces bailliages des bords du lac, conquis par les Bernois précédemment, recouvrés depuis par le duc de Savoie, il résolut de les reconquérir définitivement à l'Église catholique et de les rattacher de tout point à la patrie, faisant œuvre à la fois de chrétien dévoué et de sujet fidèle. Il y a ici, dans la carrière de saint François de Sales, une première partie active, militante, chevaleresque, où cette douceur qu'on lui connaît se montre revêtue de vigueur et dans tout son éclat de courage; il nous apparaît comme un missionnaire généreux et vaillant du temps de saint Louis. Ceux qui l'ont suivi de près dans cette période ont pu remarquer qu'au milieu des armes toutes spirituelles qu'il emploie, il entendait très-bien aussi certains ménagements politiques, et qu'il faisait à propos intervenir le prince. Ces âmes fines, qui ont reçu en don le maniement des cœurs, auraient peu à faire pour devenir de parfaits intruments de politique; ce qu'on peut leur demander, c'est de ne jamais se servir de leur science qu'à bonne fin, et c'est ce que fit saint François de Sales en toute sa vie. Il est même à remarquer qu'en avançant il se dépouilla de plus en plus des considérations de prudence humaine, et qu'il se plaisait par-dessus tout à se laisser entièrement gouverner à la Providence.

Sa première entreprise fut couronnée d'un plein succès; pendant un travail de plusieurs années, il reconquit les bailliages rebelles, reconstitua les débris de l'Église qu'il était appelé à régir, et rendit à l'humble Savoie sa vieille unité. Mais le côté de saint François de Sales qui nous intéresse le plus est celui par lequel il regarde la France. Il vint à Paris en 1602 pour y traiter des affaires spirituelles du pays de Gex, détaché depuis peu de la Savoie et réuni au royaume. Il vit Henri IV, qui se connaissait en hommes et qui eut aussitôt la pensée de ravir à la Savoie ce prélat utile et charmant. François de Sales n'était encore que coadjuteur de l'évêque de Genève; Henri IV ne négligea rien pour se l'attacher : « Il me fit des semonces d'arrêter en son royaume qui étaient capables de retenir, non un pauvre prêtre tel que j'étais, mais un bien grand prélat. » François de Sales fit alors, tant à Fontainebleau devant le roi que dans les principales chaires de Paris, des prédications nombreuses; il fut choisi pour prononcer l'Oraison funèbre du duc de Mercœur, qui mourut vers ce temps-là. Henri IV disait hautement qu'il ne connaissait aucun homme, « plus capable d'apporter quelques remèdes à la nouveauté des opinions qui troublaient son royaume que l'évêque de Genève, d'autant que c'était un esprit solide, clair, résolutif, point violent, point impétueux, et lequel ne voulait emporter les choses de haute lutte ou de volée. » Et le cardinal Du Perron, le grand controversiste, disait également, quand on proposait de lui amener des Calvinistes à combattre : « S'il ne s'agit que de les convaincre, je crois posséder assez de savoir pour cela; mais, s'il est question de les convertir, conduisez-les à M. de Genève, qui a reçu de Dieu ce talent. » C'est à la fin de ce voyage de Paris que François de Sales apprit la mort de l'évêque de Genève dont il était le successeur désigné, et il s'empressa aussitôt de revenir en son diocèse. Le duc de Savoie (Charles-Emmanuel), politique habile et rusé, lui sut toujours mauvais gré de ces liaisons intimes qu'il avait contractées à la Cour de France, et des distinctions singulières dont il avait été l'objet; il en conçut de la méfiance contre celui qui n'avait pourtant aucune vue d'ambition mondaine, et qui disait en son gracieux langage : « Je suis en visite bien avant parmi nos montagnes, en espérance de me retirer pour l'hiver dans mon petit Annecy où j'ai appris à me plaire, puisque c'est la barque dans laquelle il faut que je vogue pour passer de cette vie à l'autre. » Henri IV, de son côté, ne cessa d'avoir l'œil sur l'évêque de Genève. Causant avec un des officiers de son hôtel, qu'il savait l'ami intime du saint, il le prit un jour à partie et, le serrant de près, lui demanda : « Lequel aimez-vous davantage, ou lui ou moi? » Sur quoi le gentilhomme s'en tira comme il put, distinguant entre les divers ordres d'affection, et il ne sut point disconvenir toutefois qu'il sentait envers M. de Genève une amitié plus douce et plus sensible : « Eh bien, écrivez-lui, répliqua Henri IV, que je désire faire le troisième en cette amitié. »

Quelques années après la mort de ce grand prince, en janvier 1617, pendant le premier et court ministère de Richelieu, on désira que le duc de Savoie envoyât un négociateur en France, et c'était sur saint François de Sales qu'on avait d'abord compté. Richelieu écrivait à ce sujet à M. de Béthune, ambassadeur du roi en Italie : « Ayant vu par votre lettre comme M. le duc de Savoie envoie M. l'abbé de Mante en France, au lieu de M. l'évêque de Genève qu'il s'était proposé d'y envoyer, je vous dirai que, bien que Sa Majesté ait agréable qui que ce soit qui vienne vers elle de la part de Son Altesse, elle eût eu un particulier contentement que c'eût été ledit sieur de Genève, pour les rares qualités qu'elle estime en lui. » Cette haute estime que l'on avait alors en France pour saint François de Sales comme négociateur, ce n'était pas Louis XIII encore enfant qui pouvait en être juge, c'était Richelieu qui se plaisait ainsi à l'exprimer. François de Sales revint une dernière fois à Paris en 1618, pour y négocier le mariage d'une des sœurs de Louis XIII avec le prince de Piémont. Ses liens avec la France s'étaient resserrés encore par ses relations continuelles avec madame de Chantal, fondatrice de l'Ordre de la Visitation. Ce fut lui qui disposa par ses soins un des plus illustres guerriers du temps, le connétable de Lesdiguières, à se convertir, comme plus tard Bossuet disposera Turenne. C'est en France, c'est à Lyon qu'était saint François de Sales quand la mort le prit le 28 décembre 1622, consumé de zèle et accablé d'infirmités, à l'âge seulement de cinquante-cinq ans. Mais aujourd'hui je ne puis insister que sur le grand succès littéraire et moral par lequel il se rattache à la langue française de son temps, je veux parler de son *Introduction à la Vie dévote*, qui parut d'abord en 1608, et dont l'effet fut soudain et universel.

Ce fut un succès mondain, religieux, sentimental, tout de cœur et d'imagination, qui n'est comparable pour nous qu'à certains succès que nous avons vus dans notre jeunesse, et par exemple à celui des *Méditations poétiques* de M. de Lamartine. Ce rapprochement n'étonnera personne entre ceux qui ont pénétré sous des formes diverses les nuances des talents et des génies. On était en 1608, vers la fin de ce règne de Henri IV, alors dans toute sa plénitude et sa gloire, mais qui, après des troubles et des déchirements si profonds, avait eu le temps à peine de produire sa littérature propre. Malherbe, assisté de Racan et de quelques disciples, essayait avec lenteur de dégager la poésie et de lui faire rendre des accents rares, empreints d'un goût plus sévère et plus pur. Cependant, dans tous les esprits, un grand mélange subsistait encore. D'Urfé n'avait pas encore publié le premier tome de ce roman de *l'Astrée,* qui devait être aussi un événement. Le livre de saint François de Sales, en paraissant, fit une révolution heureuse : il réconcilia la dévotion avec le monde, la piété avec la politesse et avec une certaine humanité; il remplit, assure-t-on, un vœu de Henri IV lui-même, lequel, causant avec Deshayes, cet ami intime du saint évêque, avait exprimé le désir que l'on composât un tel ouvrage qui remît à la Cour la religion en honneur et ne la présentât aux laïques ni comme vaine, ni comme farouche.

Ce vœu de Henri IV, qu'ont mentionné les biographes, n'a rien qui doive absolument étonner; la faiblesse de ses mœurs et de sa conduite n'empêchait pas la justesse de son sentiment, ni même les inclinations de son cœur. Converti d'abord par politique, il paraît qu'il le fut ensuite plus sérieusement et plus sincèrement avec les années, et que les raisons de conscience finirent par se joindre en lui aux autres considérations du personnage public et du roi.

Quoi qu'il en soit, le livre de saint François de Sales parut à point pour servir ce désir royal, mais il n'en fut point le résultat; ce ne fut en rien un livre commandé. Comme la plupart des ouvrages vrais et qui saisissent le plus la société à leur moment, il ne fut point écrit de propos délibéré: il sortit d'une inspiration naturelle et toute particulière. François de Sales avait une pénitente, madame de Charmoisy, une belle âme qui avait désiré sa direction : il dressa pour elle une sorte de mémorial pendant un carême; à travers ses autres occupations, il écrivait à la hâte quelques instructions et conseils qu'elle conservait et amassait précieusement. Ayant été amenée un jour à les montrer à un Père Ferrier (1) de Chambéry, ce docte personnage fort versé aux choses de l'esprit en fut très-frappé, et pressa l'évêque de Genève de les publier. Celui-ci ne savait trop d'abord ce qu'on voulait lui dire, et trouvait merveilleux d'avoir fait ainsi un livre sans en avoir eu la moindre pensée. Lorsqu'on lui présenta ses feuilles, il se décida

(1) Ce nom est écrit de différentes manières (*Fourrier, Forier, Ferrier*) dans Marsollier, dans une lettre de saint François de Sales, et dans Camus (*Esprit du Bienheureux François de Sales*, VII<sup>e</sup> partie, page 53); j'ai suivi ce dernier.

pourtant à y mettre quelque liaison et quelque arrangement, et à les lancer dans le monde. Le succès rapide de la première édition de ce *livret,* comme il l'appelle, l'obligea à retoucher la seconde : « J'ai ajouté, disait-il, beaucoup *de petites chosettes,* selon les désirs que plusieurs dignes juges m'ont témoigné d'en avoir, et toujours regardant les gens qui vivent en la presse du monde. » C'est cette appropriation parfaite de ce premier ouvrage de saint François de Sales aux gens du monde, qui en fait le cachet J'en parlerai donc à ce point de vue, sans exagérer le côté fleuri, sans m'enfoncer dans les parties déjà raffinées de doctrine; j'en parlerai comme d'un livre qui, sur la table d'une femme comme il faut ou d'un gentilhomme poli de ce temps-là, ne chassait pas absolument le volume de Montaigne, et attendait, sans le fuir, le volume de d'Urfé.

Quand j'ai nommé Montaigne, ce ne peut être que dans un sens : l'auteur des *Essais* s'est attaché à rendre la philosophie, de sévère et farouche qu'elle était, accessible à tous et riante; François de Sales fait la même chose pour la dévotion : il la veut rendre domestique, familière et populaire. Hors de là, leurs esprits diffèrent de toute la distance d'un pôle à l'autre : le ton affectueux de Montaigne déguise mal quelque égoïsme; l'inspiration de saint François de Sales est tendre, affective avec chaleur, et toute brûlante de l'amour d'autrui. Il est de ceux qui, en s'éveillant le matin et en se trouvant tout remplis de douceurs et d'allégresses singulières, pouvaient dire en toute vérité : « Je me sens un peu plus amoureux des âmes qu'à l'ordinaire. » Il commence son livre de l'*Introduction* comme en badinant, et compare la variété avec laquelle le Saint-Esprit dispose et nuance les enseignements de dévotion et les assortit à chacun, avec l'art qu'employait à faire ses guirlandes de fleurs la bouquetière Glycera. Il s'attache aux mondains, il les amorce, il les apprivoise par le talent d'images et de similitudes dont la nature l'a doué; il met force sucre et force miel au bord du vase. Il ne peut s'empêcher de sourire par le talent et de sembler presque se distraire par le langage, lors même qu'il est le plus sérieux au fond; il ressemble à ces abeilles dont il parle si souvent : on dirait qu'il se joue, et il travaille. Il sait bien que toute voie humaine a ses épines et ses ronces encore plus que ses fleurs, et que, lorsque Dieu se manifeste et parle, c'est plutôt parmi les premières : « Je ne me ressouviens pas qu'il ait jamais parlé parmi les fleurs, oui bien parmi les déserts et halliers plusieurs fois. » Et pourtant, François de Sales sème involontairement devant lui et prodigue les fleurs; il répand le lait et le miel, et les fruits savoureux; il a surtout ce qui les fait naître sans effort, un fonds de fertilité et d'onction. « Il y a, dit-il quelque part, des cœurs aigres, amers, et âpres de leur nature, qui rendent pareillement aigre et amer tout ce qu'ils reçoivent. » Il plaint cette amertume de cœur en autrui, et, quand elle est purement naturelle, il y voit moins une faute qu'une imperfection qu'il faut s'appliquer à vaincre. Lui, il est le contraire de ces natures-là; il est le plus doux, le plus égal, le plus actif à la fois et le plus pacifique des cœurs, le plus adroit à tout convertir en mieux; il se mêle à ceux des autres pour y verser la consolation et l'amour; il est amoureux des âmes pour les guérir; il s'y insinue pour y faire entrer cette « dévotion intérieure et cordiale, laquelle rend toutes les actions agréables, douces et faciles. » La dévotion, pour lui, n'est qu'une « agilité et vivacité spirituelle » qui anime toutes les parties de la vie. « Faisons les bonnes œuvres promptement, diligemment et fréquemment. » Il n'aborde point les esprits avec l'appareil menaçant de la controverse, ni par les hauteurs de l'orgueil : il n'attaque point la place, comme dit Bossuet, « du côté de cette éminence où la présomption se retranche ; » il approche par l'endroit le plus accessible, il gagne le cœur, il dépêche *tout le long de ces basses vallées*, allant toujours son petit pas, jusqu'à ce qu'il soit entré bellement et qu'il se soit logé dans la citadelle.

Il y avait alors, comme de tout temps, et plus qu'en aucun temps, des esprits qui aimaient à se poser des questions épineuses pour s'y blesser et s'y courroucer. Un jour, une dame mariée lui adresse une question de ce genre, à savoir comment on pouvait accorder l'autorité du pape et celle des rois. La réponse de saint François de Sales est admirable de sagesse et de prudence : « Vous requérez de moi, répond-il à cette dame, une chose également difficile et inutile ; » et il montre en quoi la solution est difficile, non pas tant en soi et pour les esprits simples qui la cherchent par le chemin de la charité, mais parce qu'en cet âge qui abonde « en cervelles chaudes, aiguës et contentieuses, » il est malaisé de dire une chose qui n'offense pas ceux qui, « faisant les bons valets soit du pape, soit des princes, ne veulent jamais qu'on s'arrête hors des extrémités. » Cette lettre est admirable et montre comment saint François de Sales éludait et repoussait les difficultés, ou plutôt, comment, par sa manière élevée, douce et calme, il les empêchait de naître.

Il était plus dans son élément le jour où il eut à répondre à un abbé de ses amis qui lui avait adressé cette question : « Votre cœur n'aimera-t-il pas le mien toujours et en toutes saisons ? » Il lui fit cette réponse : « Bien aimer et pouvoir cesser de bien aimer sont deux choses incompatibles. » Une amitié n'existait pas pour lui si elle ne participait de l'Éternité et si elle n'était immortelle.

L'objet principal de son livre, qu'il adresse à *Philothée*, c'est-à-dire à une âme amie de Dieu, est de faire voir en exemple encore plus qu'en préceptes comment la piété peut se mêler aux nombreuses occupations de la société, et doit être différemment exercée selon les conditions diverses, par le gentilhomme, par l'artisan, par le valet, par la femme mariée, par la veuve, et toujours d'après le même esprit qui répand la vie et la joie au dedans. Ce qu'il disait à madame de Chantal, il l'aurait dit également à toute âme : « *Tenez votre cœur au large*, ma fille ; et, pourvu que l'amour de Dieu soit votre désir, et sa gloire votre prétention, *vivez toujours joyeuse et courageuse.* » Si l'on ne voyait chez lui que quelques images de mauvais goût et quelques abus d'esprit, de sucre, de miel et de fleurs, on pourrait croire qu'il amollit et qu'il efféminé la dévotion : en allant plus au fond et en dégageant sa pensée, les meilleurs juges ont trouvé qu'il n'en était rien, et qu'il est resté fidèle au véritable et sérieux esprit chrétien. Et à nous-même profane, mais qui tâchons d'étudier notre sujet en plus d'un sens, cela semble ainsi. Il a, dès le premier livre, une méditation *sur la mort* qui est pleine d'énergie et de beauté morale. Le point de la mort est la grande pierre de touche du Christianisme. Les anciens, même les plus sages, enviaient volontiers une mort brusque et soudaine : Pline l'Ancien a dit de *la mort subite*, « qu'elle est le plus grand bonheur qui puisse arriver dans la vie. » Pour le chrétien, au contraire, c'est le plus grand malheur, et tout le soin de la vie entière doit être de se préparer pour cette heure suprême inconnue :

« O mon Ame ! s'écrie saint François de Sales, vous sortirez un jour de ce corps. Quand sera-ce ? en hiver ou en été ? en la ville ou au village ? de jour ou de nuit ? Sera-ce à l'impourvu ou avec avertissement ? Sera-ce de maladie ou d'accident ?... Considérez qu'alors le monde finira pour ce qui vous regarde ; il n'y en aura plus pour vous ; il renversera sens dessus dessous devant vos yeux... Considérez les grands et langoureux adieux que votre âme dira à ce bas monde, etc. »

Tout ce chapitre plein de vigueur peut se lire à côté d'un chapitre pareil de l'*Imitation* (23e du livre premier).

Voyons saint François de Sales tel qu'il était, et ne nous prenons pas, comme les enfants, au dehors et au détail; voyons-le dans sa force et dans son élan intérieur, démêlons le jet de la source à travers son imagination vive, abondante, et si riante qu'elle paraît d'abord enfantine; car il a non-seulement de l'Amyot dans sa parole, il a du Joinville du temps de saint Louis. Dégageons donc les gentillesses et les fleurs pour arriver jusqu'à cette âme si doucement ardente et forte, et à ce caractère si ferme, bien que revêtu de suavité. C'est lui-même qui, pour expliquer cet assemblage qu'il ressentait en lui, nous a dit :

« Il n'y a point d'âmes au monde, comme je pense, qui chérissent plus cordialement, tendrement, et, pour le dire tout à la bonne foi, plus amoureusement que moi; et même j'abonde un peu en dilection...; mais néanmoins j'aime les âmes indépendantes, vigoureuses, et qui ne sont pas femelles... Comme se peut-il faire que je sente ces choses, moi qui suis le plus affectif du monde?... En vérité, je le sens pourtant, mais c'est merveille comme j'accommode tout cela ensemble. »

On est forcé, quand on cite du saint François de Sales, de retrancher bien des nuances et des finesses qui sont le plus délicat de la pensée : « Ce sont des choses si minces, si simples et délicates, disait-il lui-même en en supprimant plus d'une, que l'on ne les peut dire quand elles sont passées. » Il suffit ici que nous nous attachions au gros de l'arbre et à la principale branche.

Des cinq parties dans lesquelles se divise l'*Introduction à la Vie dévote*, la troisième partie qui contient une analyse des vertus, et les avis sur la manière de les exercer, nous offre un intérêt plus directement moral. Saint François de Sales veut qu'entre les vertus on préfère les meilleures, c'est-à-dire les plus réelles, les plus sincères, les plus voisines de la charité, et non pas toujours les plus estimées et les plus apparentes. Il conseille à chacun de s'attacher à quelque vertu en particulier, à celle dont il a le plus besoin, sans pour cela abandonner les autres, pensant qu'il y a un lien entre elles toutes, et qu'elles se polissent et s'*affilent* en quelque sorte l'une l'autre. Il est loin de favoriser, comme on le croirait, les excès d'oraison, les élévations et les ravissements extatiques : « Voyez-vous, *Philothée*, ces perfections ne sont pas vertus, ce sont plutôt des récompenses que Dieu donne pour les vertus. » Le mieux donc, selon lui, est de laisser ces perfections aux Anges et de commencer simplement, humblement et humainement par les petites vertus : car il faut se garder des illusions, et il arrive quelquefois « que ceux qui pensent être des Anges ne sont pas seulement bons hommes. » En conséquence, il ouvre sa liste et son Cours de vertus par la patience, puis par l'humilité, la douceur, etc.

En lisant ces recommandations morales de saint François de Sales, une comparaison m'est venue involontairement dans l'esprit : je me suis rappelé cet autre exercice et ce Cours de vertus que s'était proposé Franklin à une époque de sa jeunesse. Faisant la part des différences du siècle et du goût, j'ai cherché à aller au delà, et à me bien définir la différence d'esprit des deux méthodes, et la double famille des deux âmes. Franklin, lui aussi, est riant, il est aimable, il est badin dans son bon sens; il a bien de l'esprit et de l'imagination dans son expression ; mais, au milieu de toutes ses lumières physiques et positives supérieures, il y a une lumière qui lui manque ou qui semble presque absente, non pas celle qui brille et qui serait fausse, mais celle qui échauffe en rayonnant, une fleur d'éclat qui ne vient pas de la surface, mais du foyer même, une douce, légère et divine ivresse mêlée à la pratique bien entendue des choses, et qui communique son ravissement. Je cherche bien loin : il a l'humanité, il lui manque proprement la charité.

Chez saint François de Sales, il y a plus que le juste, il y a plus que l'utile, il y a plus que l'humain, il y a *le saint :* chose réelle, et qui, dès qu'elle apparaîtra sincèrement, sera toujours adorée parmi les hommes. Tous deux, d'ailleurs, ont le don heureux des comparaisons : Franklin l'a plutôt à la manière d'Ésope ; il excelle dans l'apologue. Saint François de Sales a la parabole, et, sans y viser, il imiterait plutôt l'Évangile, si ce n'est qu'il symbolise trop.

Pour donner à saint François de Sales tout son beau sens, il suffit souvent de dégager la pensée morale des emblèmes trop nombreux et des comparaisons trop jolies auxquelles il la mêle. Sur la réputation, par exemple, dans ses rapports avec l'humilité, il dira :

« La réputation n'est que comme une enseigne qui fait connaître où la vertu loge : la vertu doit donc être en tout et partout préférée.

« Il faut être jaloux, mais non pas idolâtre de notre renommée... La racine de la renommée, c'est la bonté et la probité, laquelle, tandis qu'elle est en nous, peut toujours reproduire l'honneur qui lui est dû. »

Sur la douceur envers le prochain, il dira : « Ne nous courrouçons point en chemin les uns avec les autres : marchons avec la troupe de nos frères et compagnons doucement, paisiblement et amiablement. » Sur la manière de s'occuper de ses affaires et de s'aider soi-même, sans excès de trouble et sans tumulte ni empressement :

« En toutes vos affaires, appuyez-vous totalement sur la providence de Dieu, par laquelle seule tous vos desseins doivent réussir; travaillez néanmoins de votre côté tout doucement pour coopérer avec icelle... Faites comme les petits enfants qui, de l'une des mains, se tiennent à leur père, et, de l'autre, cueillent des fraises ou des mûres le long des haies. »

Voilà la vraie grâce de l'écrivain chez saint François de Sales; il n'y aurait, ce semble, qu'à arrêter sa plume à temps pour que ce fût parfait.

Pendant que je suis en train de l'étudier et de chercher encore moins à le juger qu'à le définir, je rencontre, au chapitre des *Jugements téméraires*, cette remarque qui s'applique à nous autres critiques moralistes, et qui est faite pour nous modérer dans nos conjectures. Saint François de Sales énumère les diverses sources d'où proviennent les jugements téméraires, et il ajoute :

« Plusieurs s'adonnent au jugement téméraire pour le seul plaisir qu'ils prennent à philosopher et deviner des mœurs et humeurs des personnes par manière d'exercice d'esprit. Que si, par malheur, ils rencontrent quelquefois la vérité en leurs jugements, l'audace et l'appétit de continuer s'accroît tellement en eux, que l'on a peine de les en détourner. »

Ici, du moins, notre but est trop ouvert, trop simple, et nous marchons appuyé sur trop de bons et sûrs témoignages pour que notre effort à deviner et à comprendre ne doive point se faire pardonner.

Il y a des chapitres tout entiers d'une rare et fine délicatesse morale, particulièrement le 36e de cette troisième partie. Saint François de Sales y énumère toutes les petites formes de partialité et d'injustice par lesquelles nous tirons à nous, dans la pratique de la vie, du côté de notre intérêt et de notre passion, sans vouloir l'avouer ni en avoir l'air, et sans nous croire moins honnêtes gens; il fait toucher au doigt en quoi consistent ces défauts de raison et de charité, lesquels, au bout du compte, ne sont que de mesquines tricheries : « Car on ne perd rien, dit-il, à vivre généreusement, noblement, courtoisement, et avec un cœur royal, égal et raisonnable. » Par ce seul chapitre, où respire dans le moindre détail la vraie loi de charité, saint François de Sales s'élève en morale bien au-dessus du Montaigne et du Franklin. Que vous dirai-je? sans vouloir rien ôter à ces derniers, on se sent ici dans un air plus pur, dans une autre région.

Dans tous les conseils qui suivent, on peut vérifier à quel point ce charmant esprit si élevé était en même temps net et positif; il donne la règle à suivre même pour les bons désirs, qu'il ne faut point perdre, mais « qu'il faut savoir serrer en quelque coin du cœur jusqu'à ce que leur temps soit venu. » Dans ses avis aux gens mariés, aux femmes, dans ses prescriptions sur l'honnêteté du lit nuptial, il est hardi, original et pur. Il dit aux honnêtes femmes qui se plaisent aux coquetteries et aux légères attaques : « Quiconque vient louer votre beauté et votre grâce vous doit être suspect : car quiconque loue une marchandise qu'il ne peut acheter, il est pour l'ordinaire grandement tenté de la dérober. »

On voit que, s'il n'interdit point absolument le bal et la danse, ce n'est point par relâchement. Une de ses pensées encore, et qui est comme la conclusion qu'un lecteur du monde pouvait tirer de son livre, c'est que « l'homme, sans la dévotion, est un animal sévère, âpre et rude ; » et, sans la dévotion, « la femme est grandement fragile et sujette à déchoir ou ternir en la vertu. »

On conçoit, dans le temps, le succès d'un tel livre qui prenait les cœurs par la tendresse, attirait l'esprit par les belles images, et satisfaisait la raison par le fruit moral qu'on en recueillait (1). Lorsque saint François

---

(1) Les éditions de l'*Introduction à la Vie dévote* se multiplièrent à

de Sales voulut récidiver et approfondir davantage, lorsqu'il donna, quelques années après (1616), son *Traité de l'Amour de Dieu*, il ne trouva plus la même facilité imprévue ni le même applaudissement. Son premier ouvrage resta seul dans la main des hommes, et surtout des femmes, comme le bréviaire des gens du monde. Aujourd'hui les défauts qui sautent aux yeux dans son style sont voisins des qualités qui charment et qui sourient. Il abuse, je l'ai dit, de la comparaison et des images physiques; il ne les emprunte pas toujours à ce qu'il a vu et observé en passant dans ses vallées et ses montagnes. De ces images, « les unes, dit M. Sayous, toutes simples, et qu'il a cueillies en se promenant, sentent les champs, la ferme savoyarde, les bois et les bords du lac d'Annecy : ce sont les meilleures; » et j'ajouterai les plus courtes. Les autres, ingénieuses, mais recherchées, sont empruntées aux auteurs qu'il a lus; il veut égayer et éclairer, à l'aide d'une histoire naturelle le plus souvent fabuleuse, les vérités morales et chrétiennes qui d'elles seules se passeraient d'ornements. On ne saurait s'imaginer jusqu'où va chez lui cet abus, cette sorte de crédulité ou de complaisance, mi-partie poétique et scientifique; et j'aime trop saint François de Sales pour citer des exemples qui compromettraient l'impression agréable sur laquelle il convient de rester avec lui.

J'ai devant moi un petit volume dans lequel on a réuni les divers Panégyriques qu'on a faits du gracieux saint; il y en a par Fléchier, par Bourdaloue, le Père

---

l'infini; on traduisit le livre dans toutes les langues : on le mit en latin; on le mit même en vers français. On raconte que le libraire qui se chargea de la première publication, et qui était un libraire de Lyon, y eut tant de bénéfice, qu'il crut devoir faire exprès le voyage d'Annecy pour offrir en don à l'auteur une somme de quatre cents écus d'or. Voilà un libraire digne du saint.

de La Rue, etc. Entre tous ces Panégyriques, celui qui vient de Bossuet se détache, est-il besoin de le dire? par la justesse, la largeur et la plénitude. Bossuet, qui sentait si bien Rancé gravissant âprement vers les hautes cimes et les mornes sommets de l'antique pénitence, suivait également saint François de Sales dans ses riches et riantes vallées ; et, s'étendant de l'un à l'autre en esprit, il tenait en quelque sorte le milieu du royaume chrétien.

Il y a quelqu'un, cependant, qui a parlé de saint François de Sales mieux encore que Bossuet, et qui en a écrit avec des paroles plus distinctes, plus pénétrantes et plus vives : c'est M$^{me}$ de Chantal, cette fille spirituelle de saint François de Sales et cette aïeule de M$^{me}$ de Sévigné. Ceux qui ont pu se permettre quelque vaine et froide raillerie sur la liaison du saint évêque et de cette forte et vertueuse femme, n'avaient pas lu, j'aime à le croire, cette pièce qui est la 121$^e$ des Lettres de M$^{me}$ de Chantal (1). On n'a jamais mieux fait le portrait d'un esprit, ni rendu aussi sensiblement des choses qui semblent inexprimables : lumière, suavité, netteté, vigueur, discernement et dextérité céleste, ordonnance et économie des vertus dans une âme, tout s'y représente et s'y peint d'un trait ferme et définitif. De telles pages n'entrent point dans la littérature et ne sauraient être soumises même à l'admiration. Je remarquerai seulement, pour achever notre vue de saint François de Sales, que M$^{me}$ de Chantal, ainsi que tous ceux qui ont parlé de lui, n'oublient jamais un certain éclat que l'on voyait reluire sur son visage aux heures de recueillement et de prière, une splendeur radieuse qui, sous la contenance pacifique, trahissait l'émotion profonde du dedans. On a des portraits de saint François de Sales, mais aucun n'a

---

(1) Édition de Blaise, 1823.

pu rendre cette circonstance singulière de teint et de transparence, et dans le temps on disait, en effet, qu'il n'y avait pas de bon portrait de lui.

En tout ceci, je n'ai pas prononcé le nom de Fénelon. Un jour, si je venais à parler de la Correspondance de Fénelon et de ses Lettres spirituelles, ce serait l'occasion de revenir sur celles de saint François de Sales, et de chercher en quoi ces deux aimables et fins esprits se rapprochent et se ressemblent, tout en gardant chacun leurs avantages (1).

---

(1) On peut se demander quels sont les rapports de ressemblance de saint François de Sales avec saint Anselme dont il est question au tome VI<sup>e</sup> de ces *Causeries,* qui était presque des mêmes contrées que le saint évêque de Genève, et « duquel la naissance, disait celui-ci, a grandement honoré nos montagnes. » Voici, à une première vue, ce qui m'a semblé : Saint François de Sales, jusque dans ses élévations, est moins métaphysicien à proprement parler, et moins raisonneur que saint Anselme ; il est plus actif comme missionnaire, et plus entendu, ce me semble, comme évêque, plus naturellement habile dans ses relations, également délicates, avec les puissants. Il est plus évêque et moins abbé. Il lui ressemble d'ailleurs par le côté affectif, miséricordieux, par le don des paraboles et des emblèmes, par le miel de la parole et par l'attrait. Un jour que saint François de Sales était monté à un petit ermitage au-dessus de l'abbaye de Talloires, en compagnie du prieur, il eut le désir d'y revenir une autre fois et la pensée qu'il y pourrait même demeurer. Mettant la tête à la fenêtre du côté d'Annecy, il s'écria avec cet élan plein de douceur, qui lui était familier : « O Dieu ! que ne sommes-nous pour ne plus partir de ce lieu ! Voici une retraite toute propre à bien servir Dieu et son Église avec notre plume : savez-vous, notre Père prieur ? *les conceptions descendraient et pleuvraient dru et menu ainsi que les neiges y tombent en hiver.* » En ce moment saint François de Sales concevait l'idéal de la vie contemplative comme saint Anselme, et il l'exprimait naïvement comme Homère. Mais il n'y serait pas resté longtemps, l'amour des âmes et le soin de ses peuples l'auraient bientôt fait redescendre.

Lundi, 10 janvier 1853.

# GRIMM

Sa *Correspondance littéraire.*

(16 vol. Édition de M. Taschereau.)

La *Correspondance littéraire* de Grimm est un des livres dont je me sers le plus pour celles de ces Études rapides qui se rapportent au xviiie siècle : plus j'en ai usé, et plus j'ai trouvé Grimm (littérairement, et non philosophiquement parlant) bon esprit, fin, ferme, non engoué, un excellent critique en un mot sur une foule de points, et venant le premier dans ses jugements ; n'oublions pas cette dernière condition. Quand la réputation des auteurs est établie, il est aisé d'en parler convenablement, on n'a qu'à se régler sur l'opinion commune ; mais à leurs débuts, au moment où ils s'essayent et où ils s'ignorent en partie eux-mêmes, et à mesure qu'ils se développent, les juger avec tact, avec précision, ne pas s'exagérer leur portée, prédire leur essor ou deviner leurs limites, leur faire les objections sensées à travers la vogue, c'est là le propre du critique né pour l'être. Grimm était doué de ce talent de jugement et de finesse, qui de près est si utile, et de loin si peu apparent. Si l'on excepte le parti encyclopédique auquel il était trop mêlé pour en parler avec indépendance, mais dont encore il savait le faible, nul d'alors n'a mieux vu que lui en tout ce qui est de ses contemporains. On n'est pas juste pour Grimm; on ne prononce jamais son nom sans y joindre quelque qualification désobligeante : j'ai moi-même été longtemps dans cette prévention, et, quand je m'en suis demandé la cause, j'ai trouvé qu'elle reposait uniquement sur le témoignage de Jean-Jacques Rousseau dans ses *Confessions*. Mais Rousseau, toutes les fois que son amour-propre et son coin de vanité malade sont en jeu, ne se gêne en rien pour mentir, et j'en suis arrivé à cette conviction qu'à l'égard de Grimm, il a été un menteur. Il l'a été d'autant plus dangereusement qu'il y a porté la sincérité de sa manie et un curieux arrangement de détail : il a groupé et construit sur le compte de son ancien ami quantité de minuties et de misères, pour en faire des indignités. Grimm, qui a vu toutes ces choses imprimées, et qui a longtemps survécu, s'est assez respecté pour ne jamais répondre. Pour moi, sortant de cet odieux dédale, je voudrais, une bonne fois, être reconnaissant envers Grimm comme envers un des plus distingués de nos critiques, et tâcher de le présenter dans sa vraie physionomie, sans enthousiasme (il en excite peu), sans faveur, mais sans dénigrement.

Grimm est Allemand de naissance et d'éducation, et on ne s'en aperçoit en rien en le lisant : il a le tour de pensée et d'expression le plus net et le plus français. Né à Ratisbonne, en décembre 1723, d'un père qui occupait un rang respectable dans les Églises luthériennes, il fit ses études à l'université de Leipzig; il y eut pour professeur le célèbre critique Ernesti et profita de ses leçons approfondies sur Cicéron et sur les classiques. Grimm n'a jamais fait étalage d'érudition, mais toutes les fois qu'il s'est agi de juger ce qui avait rapport aux anciens, il s'est trouvé plus en mesure que la plupart des hommes de lettres français : il avait un premier fonds de solidité classique, à l'allemande. Il s'étonne quelque part que Voltaire ait si mal parlé d'Homère dans un chapitre de son *Essai sur les Mœurs*, où tous les honneurs de l'épopée sont décernés aux modernes : « Si cet arrêt, dit Grimm, eût été prononcé par M. de Fontenelle, on n'en parlerait point; il aurait été sans conséquence : mais que ce soit M. de Voltaire qui porte ce jugement, c'est une chose réellement inconcevable. » Et il donne ses raisons victorieuses tout à l'avantage de l'antique poëte. C'est que Grimm ne parlait ainsi d'Homère que pour l'avoir lu en grec, et Voltaire ne l'avait jamais parcouru qu'en français.

Les premiers essais littéraires de Grimm furent en allemand : il fit une tragédie qui a été recueillie dans le Théâtre allemand de ce temps-là. Bien des années après, le grand Frédéric, à Potsdam, lui faisait la galanterie de lui en réciter par cœur le début. Né vingt-cinq ans avant Goethe, Grimm appartenait à cette génération antérieure au grand réveil de la littérature allemande, et qui essayait de se modeler sur le goût des anciens, ou des modernes classiques de France et d'Angleterre. Cette génération utile et, en quelque sorte, préparatoire, qui reconnaissait pour chef littéraire Gottsched, comptait parmi ses auteurs les plus distingués Gellert, Haller. Grimm, à peine établi en France, commença par donner dans *le Mercure* quelques lettres sur la Littérature de son pays : il y nommait vers la fin et y saluait déjà le jeune Klopstock pour ses premiers chants de *la Messiade;* il y prédisait à son pays l'éclosion d'un printemps nouveau : « C'est ainsi, disait-il, que, depuis environ trente ans, l'Allemagne est devenue une volière de petits oiseaux qui n'attendent que la saison pour chanter. Peut-être ce temps glorieux pour les Muses de ma patrie n'est-il pas éloigné. » Trente ans plus tard, ayant reçu du grand Frédéric un écrit sur la Littérature allemande, dans lequel ce monarque, un peu arriéré sur ce point, annonçait à la littérature nationale de prochains beaux jours, Grimm, en lui répondant (mars 1781), lui faisait respectueusement remarquer que cela était déjà fait et qu'il n'y avait plus lieu à prédire : « Les Allemands disent que les dons qu'il (Frédéric) leur annonce et promet leur sont déjà en grande partie arrivés. » Tout en étant devenu Français et en se déclarant depuis longtemps incompétent sur ces matières germaniques, Grimm avait évidemment suivi de l'œil la grande révolution littéraire qui s'était accomplie dans son pays à dater de 1770, et lui-même, nationalisé à Paris, à travers la différence du ton et des formes, il mérite d'être reconnu comme un des aînés et des collatéraux les plus remarquables des Lessing et des Herder.

Sans fortune et sans carrière, Grimm vint à Paris, y fut attaché quelque temps au jeune prince héréditaire de Saxe-Gotha, puis devint précepteur des fils du comte de Schomberg, puis secrétaire du jeune comte de Friesen, neveu du maréchal de Saxe. Dans cette position délicate et dépendante, par son tact, sa tenue et une réserve extérieure qui lui était naturelle et dont il ne se dépouillait que dans l'intimité, il sut se donner de la considération. Il eut de bonne heure de l'esprit de conduite, et il en eut besoin : Rousseau est le seul qui l'ait accusé d'y mêler de la fausseté. Marmontel, dans ses *Mémoires*, a dit : « Grimm, alors secrétaire et ami intime du jeune comte de Friesen, neveu du maréchal de Saxe, nous donnait chez lui un dîner toutes les semaines, et, à ce dîner de garçon, régnait une liberté franche ; mais c'était un mets dont Rousseau ne goûtait que très-sobrement. » Tout en travaillant à se faire Français et Parisien, Grimm avait un fonds de romanesque allemand qu'il dut recouvrir et étouffer. Le meilleur et le mieux informé de ses biographes, Meister de Zurich, qui avait été pendant des années son secrétaire, et qui l'a peint au naturel avec reconnaissance, nous indique de lui dans sa jeunesse un amour profond et mystérieux pour une princesse allemande qui se trouvait alors à Paris : cette passion silencieuse faillit faire de Grimm un Werther. Une autre passion dont on sait l'objet, est celle qu'il eut pour mademoiselle Fel, chanteuse de l'Opéra. Grimm avait le sentiment vif de la musique ; il prit parti avec feu pour la musique italienne contre la musique française ; il se montrait en cela homme de goût, et il le fut avec l'enthousiasme de son pays et de son âge. Il trouvait que, dans la musique française telle qu'elle était à ce moment, on ne sortait du récitatif ou *plain-chant* que pour *crier* au lieu de chanter. Il ne reconnaissait de vrai chant qu'à Jelyotte et à mademoiselle Fel, à celle-ci surtout : il se fâchait contre ceux qui ne lui trouvaient qu'un *joli gosier :* « Ah ! la grande et belle voix, la voix unique, s'écriait-il, toujours égale, toujours fraîche, brillante et légère, qui, par son talent, a appris à sa nation qu'on pouvait chanter en français, et qui, avec la même hardiesse, a osé donner une expression originale à la musique italienne. » Il ne sortait jamais de l'entendre « sans avoir la tête exaltée, sans être dans cette disposition qui fait qu'on se sent capable de dire ou de faire de belles et de grandes choses. » De là sa passion pour elle, qui n'a rien de plus étonnant que celle que nous avons vue à certains dilettanti de nos jours pour les Sontag et les Malibran, et cette passion fait honneur à Grimm, au lieu de le rendre ridicule, comme on s'est amusé à nous le présenter.

Pendant que Grimm s'élevait contre l'ennui et la fausse méthode de l'Opéra français, les acteurs italiens vinrent à Paris en 1752 et donnèrent des représentations à l'Opéra même. On était au fort des querelles entre le Parlement et la Cour : trente ans plus tard, des différends du même genre conduisaient à la Révolution de 89. Un homme d'esprit dit que l'arrivée de Manelli, le chanteur italien, en 1752, avait évité à la France la guerre civile, parce qu'autrement les esprits oisifs se seraient portés sur ces querelles du Parlement et du Clergé et les auraient encore enflammées : au lieu de cela, ils se détournèrent avec fureur sur la querelle musicale et y dissipèrent leur feu. A l'Opéra, il y avait le *coin du roi* et le *coin de la reine*. Les amateurs qui se réunissaient sous la loge de la reine étaient les plus éclairés, les plus vifs et les plus zélés pour l'innovation italienne. Grimm se signala entre tous par une brochure piquante intitulée *le Petit Prophète de Boehmischbroda*, qui eut beaucoup de succès. Sous forme de prophétie, il y disait bien des vérités sur le goût des contemporains. C'était une *Voix* qui était censée parler à un pauvre faiseur de menuets de Bohême. Il y avait sur Jean-Jacques, l'auteur récent du *Devin du Village*, un mot d'éloge avec un trait piquant : « Un homme, disait le Génie, dont je fais ce qu'il me plaît, *encore qu'il regimbe contre moi...* » Récalcitrant et quinteux jusque dans son génie, c'était bien Jean-Jacques, même dès *le Devin du Village*. Si Grimm disait aux Français bien des vérités dures sur la musique, il en disait d'autres très-agréables sur la littérature ; la Voix ou le Génie, parlant de la France en style prophétique et en se supposant dans les temps reculés, s'exprimait ainsi :

« Ce peuple est gentil ; j'aime son esprit qui est léger, et ses mœurs qui sont douces, et j'en veux faire mon peuple, parce que je le veux, et il sera le premier, et il n'y aura point d'aussi joli peuple que lui.

« Et ses voisins verront sa gloire, et n'y pourront atteindre...

« Et quand je pouvais éclairer de mon flambeau et le Breton et l'Espagnol, et le Germain et l'habitant du Nord, parce que rien ne m'est impossible, je ne l'ai pourtant pas fait.

« Et quand je pouvais laisser les arts et les lettres dans leur patrie, car je les y avais fait renaître, je ne l'ai pourtant pas fait.

« Et je leur ai dit : Sortez de l'Italie, et passez chez mon peuple que je me suis élu dans la plénitude de ma bonté, et dans le pays que je compte d'habiter dorénavant, et à qui j'ai dit dans ma clémence : *Tu seras la patrie de tous les talents...*

« Et je les ai tous rassemblés dans un siècle, et on l'appelle le Siècle de Louis XIV jusqu'à ce jour, en réminiscence de tous les grands hommes que je t'ai donnés, à commencer *de* Molière et *de* Corneille qu'on nomme Grands, jusqu'à La Fare et Chaulieu qu'on nomme Négligés.

« Et encore que ce Siècle fût passé, je fis semblant de ne m'en pas apercevoir, et j'ai perpétué parmi toi la race des grands hommes et des talents extraordinaires. »

Suivaient des compliments et signalements particuliers pour Voltaire, pour Montesquieu, etc.; mais le trait certes le plus délicat et le plus français était celui qu'on vient de lire : « *Et encore que ce Siècle fût passé, je fis semblant de ne m'en pas apercevoir.* » Une seule petite incorrection : « à commencer *de* Molière, » au lieu de « commencer *par* Molière... » laissait entrevoir la trace d'une plume étrangère. Pour tout le reste, pour l'esprit et le ton, Grimm venait de faire ses preuves; il avait gagné ses éperons en français : « De quoi s'avise donc ce Bohémien, disait Voltaire, d'avoir plus d'esprit que nous? » Voilà un brevet de naturalisation pour Grimm.

Il avait trente ans. Ainsi maître de la langue, lancé dans les meilleures compagnies, armé d'un bon esprit et muni de points de comparaison très-divers, il se trouvait aussitôt plus en mesure que personne pour bien juger de la France. En général, un étranger de bon esprit, et qui fait un séjour suffisant chez une nation voisine, est plus apte à prononcer sur elle que ne le peut faire quelqu'un qui est de cette nation, et qui par conséquent en est trop près. Horace Walpole, Franklin, Galiani, au dix-huitième siècle, nous jugent à merveille et avec sûreté dès le second coup-d'œil. Mais Grimm nous juge plus pertinemment qu'aucun : il est plus en pied chez nous qu'Horace Walpole ; il n'a pas cette inquiétude spirituelle, ce trémoussement continuel de Galiani, qui lui fait dire sans cesse : *Je suis et je veux être amusant.* Il mêle le calme et la réflexion à la finesse. Je ne trouve à Grimm un peu d'engouement que sur un point, c'est dans sa liaison avec Diderot. Dans les éloges qu'il lui prodigue, et toute part faite à l'amitié, il y a un reste de germanisme. Grimm, en devenant le plus Français des Allemands, s'attache, par une sorte d'affinité naturelle, à Diderot le plus Allemand des Français. Diderot continue d'être en France le côté allemand de Grimm. Hors de là, il est tout à fait guéri de son défaut national, et il ne prend pas le nôtre.

Sa Correspondance littéraire avec les Cours du Nord et les souverains d'Allemagne lui vint d'abord par le canal de l'abbé Raynal qui s'en déchargea sur lui ; elle commence en 1753, et par une critique même d'un ouvrage de l'abbé Raynal, dont Grimm parle avec indépendance, tempérant l'éloge par quelques mots de vérité. Cette Correspondance, qui dura sans interruption jusqu'en 1790, c'est-à-dire pendant trente-sept ans, et qui ne cessa, pour ainsi dire, qu'avec l'ancienne société française sous le coup de la Révolution, est un monument d'autant plus précieux qu'il est sans prétention et sans plan prémédité. « Paris, a-t-on dit très-justement, est le lieu du monde où l'on a le moins de liberté sur les ouvrages des gens qui tiennent un certain coin. » Cela était vrai alors, et l'est encore aujourd'hui. Grimm, vivant dans le monde, échappa à cette difficulté moyennant le secret de sa Correspondance ; mais, si la publicité est un écueil presque insurmontable pour la critique franche des contemporains, le secret est un piége qui tente à bien des témérités et à bien des médisances. Grimm eut l'esprit assez élevé et assez équitable pour ne point donner dans ce petit côté et pour ne point faire céder le jugement à la passion ou à une curiosité maligne. Sa Correspondance, en un mot, fut secrète, jamais clandestine.

Il commença d'abord par informer très-simplement des nouvelles littéraires courantes et des livres nouveaux les princes ses correspondants : ce ne fut que peu à peu que son crédit gagna et que son autorité s'étendit. Elle fut tout à fait établie et consacrée lorsque l'impératrice Catherine de Russie l'eut pris pour son correspondant de prédilection et de confiance. Les Cours d'Allemagne avaient alors les regards tournés vers la France ; les souverains visitaient Paris incognito, et, de retour ensuite dans leur pays, ils voulaient rester au courant de ce monde qui les avait charmés. Grimm, avant qu'il eût une position diplomatique officielle, était de fait le résident et le chargé d'affaires des Puissances auprès de l'opinion française et de l'esprit français, en même temps qu'il était l'interprète et le secrétaire de l'esprit français auprès des Puissances. Il remplit cette mission, des deux parts, très-dignement.

Nous n'en sommes encore qu'à ses débuts. Rousseau, qui commençait à devenir célèbre, le présenta un jour à madame d'Épinay, aimable et spirituelle femme, très-mal mariée, riche, et dont la jeunesse, dénuée de guide, s'essayait alors un peu à l'aventure :

« M. Grimm, dit-elle, est venu me voir avec Rousseau ; je l'ai prié à dîner pour le lendemain. J'ai été très-contente de lui ; il est doux, poli ; je le crois timide, car il me paraît avoir trop d'esprit pour que l'embarras qu'on remarque en lui ait une autre cause. Il aime passionnément la musique ; nous en avons fait avec lui, Rousseau et Francueil toute l'après-dînée. Je lui ai montré quelques morceaux de ma composition qui m'ont paru lui faire plaisir. Si quelque chose m'a déplu en lui, ce sont les louanges exagérées qu'il a données à mes talents, et que je sens à merveille que je ne mérite pas. »

Elle donne trente-quatre ans à Grimm à cette date,

il ne devait pas les avoir encore. Il réussit beaucoup auprès de madame d'Épinay, qui était alors dans un de ces intervalles où le cœur souffre, et où, en se déclarant à lui-même qu'il veut continuer de souffrir, il cherche vaguement à se rouvrir à une espérance. Madame d'Épinay aimait à écrire, et, dans ses exercices de plume, elle ne tarda pas à faire de Grimm un Portrait qui nous le représente à son avantage, et sous des traits dont on sent pourtant la vérité :

« Sa figure est agréable par un mélange de naïveté et de finesse ; sa physionomie est intéressante, sa contenance négligée et nonchalante. Ses gestes, son maintien et sa démarche annoncent la bonté, la modestie, la paresse et l'embarras...

« Il a l'esprit juste, pénétrant et profond ; il pense et s'exprime fortement, mais sans correction. En parlant mal, personne ne se fait mieux écouter ; il me semble qu'en matière de goût nul n'a le tact plus délicat, plus fin, ni plus sûr. Il a un tour de plaisanterie qui lui est propre et qui ne sied qu'à lui...

« Il aime la solitude, et il est aisé de voir que le goût pour la société ne lui est point naturel : c'est un goût acquis par l'éducation et par l'habitude...

« Ce je ne sais quoi de solitaire et de renfermé, joint à beaucoup de paresse, rend quelquefois en public son opinion équivoque ; il ne prononce jamais contre son sentiment, mais il le laisse douteux. Il hait la dispute et la discussion ; il prétend qu'elles ne sont inventées que pour le salut des sots.

« Il faut connaître particulièrement M. Grimm pour sentir ce qu'il vaut. Il n'y a que ses amis qui soient en droit de l'apprécier, parce qu'il n'est lui qu'avec eux. Son air alors n'est plus le même ; la plaisanterie, la gaieté, la franchise, annoncent son contentement, et succèdent à la contrainte et à la sauvagerie...

« C'est peut-être le seul homme à qui il soit donné d'inspirer de la confiance sans en témoigner... »

Quelque prévenue que fût déjà madame d'Épinay à l'égard de Grimm, ces traits sous lesquels elle le présente s'accordent tout à fait avec ce qu'en dit M. Meister, homme de sentiment et de nuance, qui a écrit sur lui longtemps après. M. Meister parle des agréments de sa figure, de sa physionomie pleine de finesse et d'expression, et en même temps il ne nous dissimule pas ce que l'ensemble de sa personne avait d'irrégulier : « Il portait, dit-il, la hanche et l'épaule un peu de travers, mais sans mauvaise grâce. Son nez, pour être un peu gros et légèrement tourné, n'en avait pas moins l'expression la plus marquante de finesse et de sagacité : Grimm, disait de lui une femme, a le nez tourné, mais c'est toujours du bon côté. »

Il est aisé, avec ces mêmes traits, on le sent, de faire de Grimm un homme très-laid et une caricature; ceux qui savent combien la physionomie dispense les hommes de beauté s'en tiendront, sur son compte, à l'impression d'une femme d'esprit et d'un ami délicat.

Sur ces entrefaites, madame d'Épinay eut une affaire de famille désagréable : sa probité fut mise hautement en doute par ses proches; la pauvre femme, qui avait été chargée par une belle-sœur mourante de détruire des lettres compromettantes, était accusée d'avoir brûlé un papier d'affaires important; ce papier se retrouva depuis. En attendant, c'était le bruit du monde, et l'on prenait parti pour ou contre, sans bien savoir de quoi il s'agissait. A un dîner chez le comte de Friesen, comme on attaquait vivement madame d'Épinay, Grimm prit sa défense. Un des convives insista, les propos s'animèrent, et Grimm impatienté répliqua : « Il faut avoir bien peu d'honneur pour avoir besoin de déshonorer les autres si vite. » Il s'ensuivit un duel; les deux adversaires furent blessés. Ce duel changea la situation de Grimm à l'égard de madame d'Épinay : bon gré, mal gré, il était devenu son chevalier; il en résulta pour elle un tendre embarras, qui laissa voir presque aussitôt une intime reconnaissance.

Je ne prétends pas faire l'histoire de l'amoureux ni du Werther en Grimm; je veux simplement dégager le caractère de l'homme, et, s'il est possible, de l'honnête homme, que je crois que Rousseau a calomnié. Le grand tort de Grimm envers Rousseau fut de l'avoir pénétré de bonne heure dans sa vanité et de ne pas lui avoir fait grâce. Le jour de la première représentation du *Devin du Village,* au sortir de l'Opéra, le duc des Deux-Ponts abordant Rousseau avec beaucoup de politesse lui avait dit : « Me permettez-vous, monsieur, de vous faire mon compliment? » Sur quoi Rousseau avait répondu brutalement au prince : « A la bonne heure, pourvu qu'il soit court! » C'était du moins ainsi que Rousseau se plaisait à raconter la chose en s'en vantant. Grimm, présent au récit, lui avait dit en riant : « Illustre citoyen et co-souverain de Genève (puisqu'il réside en vous une part de la souveraineté de la république), me permettez-vous de vous représenter que, malgré la sévérité de vos principes, vous ne sauriez refuser à un prince souverain les égards dus à un porteur d'eau, et que, si vous aviez opposé à un mot de bienveillance de ce dernier une réponse aussi brusque, aussi brutale, vous auriez à vous reprocher une impertinence des plus déplacées? »

Grimm, dans une page écrite en 1762, et où il fait de Rousseau un portrait aussi neuf que vrai, le montre dans sa première forme, tel qu'il l'avait connu avant la célébrité, et puis au moment de sa transformation subite qu'opéra le succès de son Discours à l'Académie de Dijon :

« Jusque-là, dit-il, il avait été complimenteur, galant et recherché, d'un commerce même mielleux et fatigant à force de tournures : tout à coup il prit le manteau de cynique, et, n'ayant point de naturel dans le caractère, il se livra à l'autre excès; mais, en lançant ses sarcasmes, il savait toujours faire des exceptions en faveur de ceux avec lesquels il vivait, et il garda, avec son ton brusque et cynique, beaucoup de ce raffinement et de cet art de faire des compliments recherchés, surtout dans son commerce avec les femmes. »

Tel se retrouvait Rousseau dans sa liaison avec madame d'Épinay, dont il paraît bien (quoiqu'il s'en défende) qu'il était plus ou moins amoureux par accès, lorsqu'il ne l'était pas de sa belle-sœur, madame d'Houdetot. Grimm, au moment où il se lia plus étroitement avec madame d'Épinay, était complétement fixé d'opinion sur le caractère de Jean-Jacques : on peut dire qu'il fut le premier de ses amis qui vit avec certitude sa folie poindre, et qui l'appela de son vrai nom. Voyant une femme vive et généreuse, pleine de sollicitude pour le bien-être de l'homme de talent infortuné, il l'avertit assez sévèrement de son imprudence. Rousseau, un jour, vint voir madame d'Épinay. Il avait reçu des lettres qui l'engageaient à revenir vivre à Genève; on lui offrait une place de bibliothécaire avec appointements, un sort honnête et doux :

« Quel parti dois-je prendre? disait-il. Je ne veux ni ne peux rester à Paris ; j'y suis trop malheureux. Je veux bien faire un voyage et passer quelques mois dans ma république; mais, par les propositions que l'on me fait, il s'agit de m'y fixer, et, si j'accepte, je ne serai pas maître de n'y pas rester. J'y ai des connaissances, mais je n'y suis lié intimement avec personne. Ces gens-là me connaissent à peine, et ils m'écrivent comme à leur frère : je sais que c'est l'avantage de l'esprit républicain; mais *je me défie d'amis si chauds : il y a quelque but à cela.* D'un autre côté, mon cœur s'attendrit en pensant que ma patrie me désire. Mais comment quitter Grimm, Diderot et vous? Ah! ma bonne amie, que je suis tourmenté! »

Là-dessus madame d'Épinay s'anime; elle rêve; en y songeant, elle a trouvé pour Rousseau ce qu'il désire avant tout, une chaumière et les bois. Elle, ou son mari, possède dans la forêt de Montmorency une petite maison appelée l'Ermitage. Elle veut proposer à Rousseau de l'habiter; elle la fera arranger d'une manière commode, en se gardant de paraître rien faire exprès pour lui. Elle lui offre donc d'y venir loger. Rousseau s'effarouche, regimbe et accepte. Dans la joie de son cœur, elle en parle à Grimm :

« J'ai été très-étonnée, dit-elle, de le voir désapprouver le service que je rendais à Rousseau, et le désapprouver d'une manière qui m'a paru d'abord très-dure. J'ai voulu combattre son opinion ; je lui ai montré les lettres que nous nous sommes écrites. « Je n'y vois, m'a-t-il dit, de la part de Rousseau que de l'orgueil caché partout : vous lui rendez un fort mauvais service de lui donner l'habitation de l'Ermitage ; mais vous vous en rendez un bien plus mauvais encore. La solitude achèvera de noircir son imagination ; il verra tous ses amis injustes, ingrats, et vous toute la première, si vous refusez une seule fois d'être à ses ordres... Je vois déjà le germe de ses accusations dans la tournure des lettres que vous m'avez montrées. *Elles ne seront pas vraies, ces accusations, mais elles ne seront pas absolument dénuées de vérité*, et cela suffira pour vous faire blâmer... »

Jamais pronostic ne se vérifia plus exactement que celui de Grimm. Il connaissait à fond cette âme malade, jointe à un si prestigieux talent ; il redressait à chaque instant les fausses vues indulgentes où retombait sa gracieuse et trop prompte amie : « Je suis persuadée, disait de Rousseau madame d'Épinay, qu'il n'y a que façon de prendre cet homme pour le rendre heureux : c'est de feindre de ne pas prendre garde à lui, et de s'en occuper sans cesse. » Grimm se mettait à rire et lui disait : « Que vous connaissez mal votre Rousseau ! retournez toutes ces propositions si vous voulez lui plaire : ne vous occupez guère de lui, mais ayez l'air de vous en occuper beaucoup ; parlez de lui sans cesse aux autres, même en sa présence, et ne soyez point la dupe de l'humeur qu'il vous en marquera. » Il ajoutait avec raison et ne cessait de redire que, déjà atteint de manie secrète, cette solitude absolue de l'Ermitage achèverait d'échauffer son cerveau et d'égarer son idée : et vers la fin de ce séjour, au moment où les soupçons et les extravagances de Rousseau commençaient à éclater : « Je ne saurais trop le dire, ma tendre amie, écrivait Grimm, le moindre de tous les maux eût été de le laisser partir pour sa patrie il y a deux ans, au lieu de le séquestrer à l'Ermitage. Je suis convaincu que ce séjour nous causera tôt ou tard du chagrin. » Ce séjour, en effet, causa, par les pages envenimées des *Confessions* qui sont tout à côté des pages enflammées, une calomnie immortelle.

Il ne saurait être de mon dessein d'examiner ici ce procès : quand on lit les *Mémoires* de madame d'Épinay d'une part, et les *Confessions* de l'autre, il est clair que les lettres citées dans l'un et dans l'autre ouvrage, et qui peuvent servir à éclaircir la question, ne sont pas semblablement reproduites, qu'elles ont été altérées d'un des deux côtés, et que quelqu'un a menti. Je ne crois pas que ce soit madame d'Épinay. Quant au caractère de Grimm, que je me borne ici à rechercher et à étudier dans son ensemble, il me paraît ressortir avec avantage par son indifférence même. Grimm, dans les Mémoires de madame d'Épinay, se montre constamment à nous comme au-dessus des tracasseries, évitant de s'y mêler, mettant au besoin peu d'aménité dans ses conseils, et gardant quelque réserve, même dans l'intimité; non point par arrière-pensée ni par manque de confiance, mais simplement « parce qu'il n'aime ni les raisonnements ni les combinaisons inutiles. » Rousseau, tel que nous le connaissons, avait plus d'une raison de lui en vouloir. D'abord, sachons que *Grimm et Diderot*, sans le dire, faisaient à Thérèse et à sa mère une pension de quatre cents livres de rente : Grimm ne s'en vanta jamais, et madame d'Épinay le découvrit un jour par hasard. Or, Rousseau n'aimait point les bienfaits, et encore moins ceux à qui on les devait. Assurément, pour faire ainsi une pension aux personnes qui étaient près de lui, il fallait être un grand conspirateur. En second lieu, l'esprit exact de Grimm avait plus d'une fois percé à jour, et à l'endroit le plus sensible, les prétentions de Rousseau. Celui-ci, par exemple, était venu rapporter à M. d'Épinay les copies de douze morceaux de musique qu'il avait faites pour lui. On lui demanda s'il était homme à en livrer autant dans quinze jours. Mais Rousseau combinant à l'instant l'amour-propre du copiste et le laisser-aller de l'amateur, répondit :

« Peut-être que oui, peut-être que non ; c'est suivant la disposition, l'humeur et la santé. » — « En ce cas, dit M. d'Épinay, je ne vous en donnerai que six à faire, parce qu'il me faut la certitude de les avoir. » — « Eh bien ! répondit Rousseau, vous aurez la satisfaction d'en avoir six qui dépareront les six autres, car je défie que les copies que vous ferez faire approchent de l'exactitude et de la perfection des miennes. » — « Voyez-vous, reprit Grimm en riant, cette prétention de copiste qui le saisit déjà? Si vous disiez qu'il ne manque pas une virgule à vos écrits, tout le monde en serait d'accord, mais je parie qu'il y a bien quelques notes de transposées dans vos copies. » — Tout en riant et en parlant, Rousseau rougit, et rougit plus fortement encore quand, à l'examen, il se trouva que Grimm avait raison. »

La scène se passait chez madame d'Épinay, à la Chevrette. Rousseau resta pensif toute la soirée ; il retourna le lendemain matin à l'Ermitage sans mot dire, et il ne pardonna jamais à Grimm d'avoir trouvé des fautes dans ses copies. De tels griefs (sans aller plus loin), couvés dans la solitude et grossis par une imagination malade, ont dû produire bien des monstres.

« En qualité de solitaire, nous confesse Rousseau, je suis plus sensible qu'un autre ; si j'ai quelque tort avec un ami qui vive dans le monde, il y songe un moment, et mille distractions le lui font oublier le reste de la journée ; mais rien ne me distrait sur les siens ; privé du sommeil, je m'en occupe durant la nuit entière ; seul à la promenade, je m'en occupe depuis que le soleil se lève jusqu'à ce qu'il se couche : mon cœur n'a pas un instant de relâche, et les duretés d'un ami me donnent dans un seul jour des années de douleurs. » Voilà le mal et la plaie à nu. Le seul tort de Grimm peut-être fut d'avoir trop traité cette plaie, à partir d'un certain jour, comme si elle était physiquement incurable, et, dans son esprit de clairvoyance et de fermeté, d'avoir trop oublié cet autre mot touchant de son ancien ami : « Il n'y eut jamais d'incendie au fond de mon cœur qu'une larme ne pût éteindre. » Il est plus que douteux que Grimm eût réussi à éteindre l'incendie chez Rousseau, même à force de larmes, mais il ne l'a pas tenté.

Grimm, d'ailleurs, était hors de France pendant la très-grande partie du séjour de Rousseau à l'Ermitage (1756-1757); il avait perdu son ami le comte de Friesen, enlevé dans la fleur de la jeunesse, et le duc d'Orléans s'était chargé de sa fortune. Ce prince avait cru utile de l'attacher au maréchal d'Estrées pendant la campagne de Westphalie. Grimm fut un des *vingt-huit* secrétaires de cet état-major fastueux. Il a très-bien décrit cette vie *assez dure* et *fort magnifique* : « Nous avons laissé les gros équipages ; malgré cela, à chaque marche, on voit défiler pendant trois heures notre nécessaire le plus indispensable. Cela est fort scandaleux et me persuade plus que jamais que le monde n'est composé que d'abus, qu'il faut être fou pour vouloir corriger. » Le pillage et le vol qu'il voit autour de lui le révoltent : « La sévérité ne ramène point la discipline ; nous sommes entourés de pendus, et l'on n'en massacre pas moins les femmes et les enfants, lorsqu'ils s'opposent à voir dépouiller leurs maisons. — Sans cette campagne, ajoute-t-il, je n'aurais jamais eu idée jusqu'où peut être poussé l'excès de la misère et de l'injustice des hommes. » En même temps, dans les rares rencontres glorieuses, il est sensible aux belles et nobles actions de nos soldats. Toute sa correspondance, à cette date, témoigne d'une âme droite et humaine, qui reçoit l'expérience, mais sans se fermer ni s'endurcir.

Grimm, jeune, avait beaucoup souffert, et il n'eût tenu qu'à lui, dit-il quelque part, de se faire une longue liste de malheurs : il aimait mieux reporter sa pensée sur les secours qu'il avait trouvés dans l'intérêt et la bienveillance de quelques hommes généreux. Il dut à cette justesse d'esprit et à cette modération de rencontrer surtout des bienfaiteurs, et il se les attacha non moins par son mérite que par la mesure et la dignité de ses sentiments. A cette époque où nous le voyons et où il est aux dernières années de sa jeunesse, sa froideur apparente cachait mal un reste d'ardeur intérieure, et sa fermeté n'ôtait rien à la délicatesse de ses sentiments. Dans les lettres qu'il écrit à madame d'Épinay, pendant cette campagne de Westphalie, l'avantage des attentions de cœur et des nuances n'est pas toujours du côté de son amie. A peine il l'a quittée, il lui écrit de Metz ces tendres et presque féminines paroles : « Qu'il me tarde d'apprendre de vos nouvelles! je ne sais pas un mot de ce que vous ferez demain, par exemple; *depuis que je vous connais, cela ne m'est point arrivé.* »

La morale avait fort à souffrir de ces relations qui s'établissaient si aisément et si publiquement dans le monde du dix-huitième siècle. Madame d'Épinay, mariée à un très-indigne mari, n'était pas libre pourtant; l'image des devoirs n'était pas entièrement effacée; elle avait des enfants, elle se piquait, en bonne mère, de les bien élever, de se consacrer à leur éducation. Elle consultait à ce sujet, Rousseau, Grimm, tous ses amis; mais l'exemple de cette vertu et de cette honnêteté qu'on leur prêchait, le leur donnait-on? Grimm (disons-le à son honneur) n'était pas aussi insensible qu'on le supposerait à ce désaccord entre les mœurs et les préceptes, et il en souffrait : « Une des choses, ma tendre amie, écrivait-il, qui vous rendent le plus chère à mes yeux, est la sévérité et la circonspection sur vous-même que vous avez surtout en présence de vos enfants... Les enfants sont bien pénétrants! ils ont l'air de jouer, ils ont entendu, ils ont vu. *Oh! combien de fois cette crainte a corrompu la douceur des moments passés près de vous!* » Ne demandons pas plus que cet aveu échappé à l'un des hommes qui se piquaient le plus d'être sans préjugés : cette seule plainte mal étouffée est un hommage au devoir.

Dans sa relation avec madame d'Épinay, Grimm se présente bientôt, et avant tout, comme un guide critique et un conseiller judicieux : ce caractère chez lui, si essentiel jusque dans l'amitié, est très remarquable. « Quelle justesse dans les idées! écrit-elle sans cesse après l'avoir entendu; quelle impartialité dans les conseils! » Il lui trace une ligne de conduite pour réparer les torts extrêmes qu'elle s'est faits par sa légèreté et son entraînement. Il lui donne les jugements les plus sûrs et les meilleures directions à l'égard de tous ceux qui l'entourent; il l'avertit de ses défauts à elle : « Ne précipitez rien, je vous en conjure! c'est un de vos vieux défauts d'aller toujours trop vite. Ma chère amie, la nature agit lentement et imperceptiblement : elle vous a donné de beaux yeux; servez-vous-en, et agissez, je vous prie, comme elle. » Tous ses soins vont à mûrir « cette bonne tête qui a de si beaux yeux. » Madame d'Épinay, qui était surtout douée d'une droiture de sens fine et profonde, appréciait cette sûreté de tact à son prix : « Il ne me reste aucun doute lorsque M. Grimm a prononcé. » Ce caractère d'oracle est assez naturel à tous les maîtres critiques : Grimm, sous la forme polie et sous un air du monde, ne pouvait s'empêcher de le marquer dans ses paroles et dans son procédé; il aimait à donner le ton; il avait cette rigueur et cette exigence du bon sens qui va rarement sans quelque sécheresse. Ses amis, en plaisantant, l'avaient surnommé *le Tyran*. Malherbe, en son temps, ne s'appelait-il pas aussi *le Tyran des mots et des syllabes?*

Les lettres de Grimm, qui traitent de la rupture de Rousseau à sa sortie de l'Ermitage, sont des chefs-d'œuvre de tact, de précision, et de vue saine sur ce cœur malade. Il communique à son amie de sa perspicacité et de sa netteté de décision. Rousseau, pour se dégager de toute reconnaissance envers madame d'Épinay, affecte de la soupçonner de je ne sais quel procédé atroce et bas, de je ne sais quelle lettre anonyme qu'on a adressée à Saint-Lambert à son sujet, et il en prend occasion de lui écrire à elle une lettre injurieuse; il y a de quoi se perdre dans ce labyrinthe de tracasseries et de noirceurs :

« Le mal est fait, dit Grimm; vous l'avez voulu, ma pauvre amie, quoique je vous aie toujours dit que vous en auriez du chagrin... Il est certain que cela finira par quelque diable d'aventure qu'on ne peut prévoir; je trouve que c'est déjà un très-grand mal que vous soyez exposée à recevoir des lettres insultantes. On peut tout pardonner à ses amis, excepté l'insulte, parce qu'elle ne peut venir que d'un fonds de mépris... Vous n'êtes pas assez sensible aux injures, je vous l'ai souvent dit. Il faut les ressentir, et ne s'en point venger : voilà ma morale. »

Madame d'Épinay, malade de la poitrine, et qui a besoin des avis du *docteur Tronchin*, s'est rendue à Genève; Grimm, retenu auprès de Diderot par un travail pressé, tarde un peu à la rejoindre; en attendant, elle voit Voltaire alors aux Délices : « Vous avez donc dîné chez Voltaire? lui écrit Grimm. Je ne vois pas pourquoi tant résister à ses invitations; il faut tâcher d'être bien avec lui, et d'en tirer parti comme de l'homme le plus séduisant, le plus agréable et le plus célèbre de l'Europe; *pourvu que vous n'en vouliez pas faire votre ami intime, tout ira bien.* » On voit de quelle manière il appréciait les deux hommes de lettres les plus célèbres d'alors, et il ne connaissait pas moins bien les autres.

C'est vers ce temps (1759) que les occupations littéraires de Grimm prirent plus de place et de développement dans sa vie. Les mois qu'il avait passés à Genève auprès de la malade, et dans une intimité de chaque jour, lui semblèrent un dernier bonheur, et qui ne devait jamais se retrouver à ce degré. En homme prévoyant, il résolut, tout en cultivant l'amitié, de s'amasser des occupations pour les années toutes sérieuses et sévères; il voulait se rendre le témoignage de n'être plus un être oisif et inutile au milieu de la société. Des propositions lui furent faites par une Cour du Nord, qu'il ne nomme point, d'entretenir une Correspondance avec elle : « Cette occupation me plaît, dit-il, et me convient fort en ce qu'elle me met à portée de montrer ce qu'on sait faire. » Il dut obtenir auparavant le consentement du duc d'Orléans, de qui il dépendait encore. La Correspondance qu'il entretenait jusque-là, et qu'on a dès 1753, n'était peut-être pas en son nom, mais en celui de Raynal. Quoi qu'il en soit, il va devenir de plus en plus le critique ordinaire intérieur et le chroniqueur littéraire du siècle. La volumineuse Collection de ses feuilles, malgré les défauts et les bigarrures, malgré les morceaux de différentes mains qui y sont entrés, fait un corps d'ouvrage et mérite d'être inscrite au nom de Grimm. C'est son esprit qui en a dicté les principales parties, et il n'est pas difficile d'y suivre une pensée originale, qui ne ressemble ni à celle de La Harpe, ni à celle de Marmontel; qui est d'un tout autre ordre, et qui ne craint pas le parallèle, en ses bons moments, avec celle de Voltaire. Je tâcherai de la bien saisir et de la rendre sensible aux lecteurs sur quelques points décisifs.

Je me permets d'insister sur Grimm; la France, ce me semble, lui doit des réparations; on ne l'a payé trop souvent de ses services et de ses talents voués à notre littérature, que par un jugement tout à fait injuste et, à certains égards, inhospitalier.

Lundi 17 janvier 1853.

# GRIMM

Sa *Correspondance littéraire.*

(16 vol. Édition de M. Taschereau.)

(FIN.)

La *Correspondance* de Grimm passe en général pour sévère, un peu sèche dans sa justesse, et même légèrement satirique; mais, à l'origine, Grimm eut l'enthousiasme et cet amour du beau qui est l'inspiration de la vraie critique. Dans une lettre écrite contre l'opéra d'*Omphale* en 1752, il disait : « J'avoue que je regarde l'admiration et le respect que j'ai pour tout ce qui est vrai talent, dans quelque genre que ce soit, comme mon plus grand bien après l'amour de la vertu. » Il n'y avait pas longtemps que Grimm arrivait d'Allemagne quand il écrivait cette phrase. Au début de ses feuilles de Correspondance, il continue d'être dans les mêmes sentiments; son ton et son intention ne sont rien moins que frivoles; il ne voit, dans le secret qu'on lui promet, qu'une raison de plus d'exercer une franchise sans bornes : « L'amour de la vérité, dit-il, exige cette justice sévère comme un devoir indispensable, et nos amis même n'auront pas à s'en plaindre, parce que la critique qui n'a pour objet que la justice et la vérité, et qui n'est point animée par le désir funeste de trouver mauvais ce qui est bon, peut bien être erronée et sujette à se rétracter quelquefois, mais ne peut jamais offenser personne. » Au temps de Grimm, c'était encore l'habitude d'appeler *Extraits* les articles qu'on écrivait sur les livres, et ces Extraits, autorisés et consacrés par l'exemple du *Journal des Savants*, se bornaient le plus souvent en effet à une exacte et sèche analyse de l'ouvrage : « sous prétexte d'en donner la substance, on n'en offrait que le squelette. » Grimm n'est point pour cette critique pesante, routinière, et qui tient du procès-verbal. Les bons ouvrages, selon lui, ne doivent point être connus par extraits, mais doivent être lus : « Les mauvais ouvrages n'ont d'autre besoin que d'être oubliés. C'est donc nous importuner inutilement que de nous en donner des extraits; et, en bonne police, il devrait être défendu aux journalistes de parler d'un ouvrage, bon ou mauvais, lorsqu'ils n'ont rien à en dire. » *Examiner* et *rectifier*, c'est son objet dans ses feuilles, « et ce devrait être celui de tous les journalistes. » En cela Grimm est novateur dans une certaine mesure, et il met véritablement la critique du journal où elle doit être.

Il est curieux de noter les excès et les extrêmes du genre. C'était un extrême que cette première méthode adoptée par le *Journal des Savants*, le plus ancien des journaux littéraires, et qui consistait à donner un compte rendu pur et simple, une sorte de description du livre, très-peu différente souvent d'une table des matières. Le but, pourtant, et l'utilité de cette méthode, à une époque où les communications étaient moins faciles, était de tenir les savants des divers pays au courant des écrits nouveaux, et de les leur offrir du moins par extraits fidèles et sûrs, en attendant qu'ils pussent se procurer l'ouvrage même. Un autre extrême, tout opposé, dans lequel on est tombé de nos jours (et je parle ici de la critique sérieuse, de celle de quelques Revues anglaises ou françaises, par exemple), est de ne presque point donner idée du livre à l'occasion duquel on écrit, et de n'y voir qu'un prétexte à développement pour des considérations nouvelles, plus ou moins appropriées, et pour des Essais nouveaux; l'auteur primitif sur lequel on s'appuie disparaît; c'est le critique qui devient le principal et le véritable auteur. Ce sont des livres écrits à propos de livres. La méthode de Grimm est entre les deux et dans la juste mesure.

« Qu'est-ce qu'un *Correspondant littéraire?* » s'est demandé un jour l'abbé Morellet, critiqué assez gaiement par Grimm, et qui, dans sa vieillesse, avait eu le désagrément de voir ces railleries imprimées; et Morellet répond : « C'est un homme qui, pour quelque argent, se charge d'amuser un prince étranger toutes les semaines, aux dépens de qui il appartient, et en général de toute production littéraire qui voit le jour, et de celui qui en est l'auteur. » L'abbé Morellet était intéressé à parler ainsi; mais Grimm, malgré des légèretés et des rapidités inévitables, ne rentre pas dans ce genre inférieur auquel l'abbé économiste voudrait le rabaisser. En général, il songe à informer les princes ses correspondants bien plus qu'à les amuser; et, quand on était lu de Frédéric le Grand ou de Catherine, on avait certes un public qui en valait bien un autre et qui voulait du solide dans l'agrément. C'est à de tels esprits qu'il était vraiment honorable de plaire.

Grimm, par l'inspiration, peut se rapporter hardiment à l'école des maîtres en critique, à celle des Horace, des Pope, des Despréaux; il en a la susceptibilité vive, passionnée, irritable, en matière de goût. Sa sévérité est en raison de sa faculté d'admiration même. Ayant à parler d'une tragédie de *Philoctète* par Châteaubrun (mars 1755), il y relève tous les défauts, et surtout la fausseté, le manque absolu du génie. Il y a, selon lui, trois choses mortelles, une tragédie dont le discours est faux, un tableau dont le coloris est faux, un air d'opéra dont la déclamation est fausse :

> « Et celui qui peut y tenir, déclare-t-il, peut prendre son parti sur ses plaisirs et sur ses goûts; il ne sera jamais vivement affecté par ce qui est véritablement beau et sublime. Quand on est en état de sentir la beauté et d'en saisir le caractère, franchement on ne se contente plus de la médiocrité, et ce qui est mauvais fait souffrir et vous tourmente à proportion que vous êtes enchanté du beau. Il est donc faux de dire qu'il ne faut point avoir de goût exclusif, si l'on entend par là qu'il faut supporter dans les ouvrages de l'art la médiocrité, et même tirer parti du mauvais. Les gens qui sont d'une si bonne composition n'ont jamais eu le bonheur de sentir l'enthousiasme qu'inspirent les chefs-d'œuvre des grands génies, et ce n'est pas pour eux qu'Homère, Sophocle (je supprime Richardson, que Grimm place en trop haute compagnie), Raphaël et Pergolèse ont travaillé. Si jamais cette indulgence pour les poëtes, les peintres, les musiciens, devient générale dans le public, c'est une marque que le goût est absolument perdu... Les gens qui admirent si aisément les mauvaises choses ne sont pas en état de sentir les belles. »

Quand la nature a une fois doué quelqu'un de cette vivacité de tact et de cette susceptibilité d'impression, et que l'imagination créatrice ne s'y joint pas, ce quelqu'un est né critique, c'est-à-dire amateur et juge des créations des autres.

En ouvrant aujourd'hui les volumes de Grimm, n'oublions pas que ses feuilles ont été primitivement écrites pour des étrangers. Byron ou Goethe, en le lisant, prenaient une idée juste et complète de la littérature et du train de vie de ce temps-là; et Byron lui a donné le plus bel éloge, en traçant nonchalamment sur son journal ou *Memorandum* écrit à Ravenne ces mots qui deviennent une gloire : « Somme toute, c'est un grand homme dans son genre. » Nous autres Français, qui savons d'avance, et par la tradition, quantité des choses qui se trouvent dans Grimm, il ne nous faut pas le lire de suite, mais le prendre par places et aux endroits significatifs. Une table bien faite nous y aide suffisamment. Que pense Grimm, par exemple, je ne dirai pas sur Homère, Sophocle, Molière (il n'en parle qu'incidemment), mais sur Shakspeare, sur Montaigne, et sur tous les hommes du dix-huitième siècle, Fontenelle, Montesquieu, Buffon, Voltaire, Jean-Jacques, Duclos, etc.? En l'interrogeant là-dessus, nous ne tarderons pas à le connaître dans la qualité de son esprit et dans l'excellence de son jugement.

Sur Shakspeare, il est le plus avancé et le plus net des littérateurs français de son temps. Son opinion a d'autant plus de poids qu'il sent plus profondément le génie des maîtres de notre scène, et qu'il les tient pour plus conformes au génie même de la société française. Il ne dit jamais aux Français d'abandonner leur tragédie pour l'imitation des beautés étrangères : « Nous dirons au contraire : Français, conservez vos tragédies précieusement, et songez que, si elles n'ont pas les beautés sublimes qu'on admire dans Shakspeare, elles n'ont pas aussi les fautes grossières qui les déparent. » En jugeant la tragédie française de son temps, il en sait toutes les faiblesses et toutes les langueurs; il a des réflexions à ce sujet, qui lui sont suggérées par le *Timoléon* de La Harpe, mais qui remontent et portent plus haut. Ces quatre ou cinq pages de Grimm (1ᵉʳ janvier 1765) établissent les vrais rapports et les différences fondamentales entre la tragédie des anciens et la nôtre. Shakspeare, malgré ses défauts, lui paraît souvent plus près des anciens que nous. Il le reconnaît du premier ordre pour la marche lumineuse de l'ensemble, pour la puissance de l'action et les principaux effets que le théâtre se propose, pour « ce grand fonds d'intérêt qu'il semble interrompre lui-même volontairement, et qu'il est toujours sûr de relever avec la même énergie. » Mais, là où il le trouve incomparable, c'est dans l'art de dessiner des caractères, et de donner à tous ses personnages un air de vérité :

« Quel génie a pénétré jamais plus profondément dans tous les caractères et dans toutes les passions de la nature humaine? Il est évident, par ses ouvrages mêmes, qu'il ne connaissait qu'imparfaitement l'antiquité; s'il en eût bien connu les grands modèles, l'ordonnance de ses pièces y eût gagné sans doute; mais, quand il aurait étudié les anciens avec autant de soin que nos plus grands maîtres, quand il aurait vécu familièrement avec les héros qu'il s'est attaché à peindre, eût-il pu rendre leur caractère avec plus de vérité? Son *Jules César* est aussi plein de Plutarque que *Britannicus* l'est de Tacite; et, s'il n'a pas appris l'histoire mieux que personne, il faut dire qu'il l'a devinée, au moins quant aux caractères, mieux que personne ne l'a jamais sue. »

Il n'est pas étonnant d'après cela que les critiques anglais, et notamment le judicieux Jeffrey dans la *Revue d'Édimbourg*, se soient fort appuyés du témoignage de Grimm, comme d'un utile auxiliaire pour la guerre qu'ils se disposaient à renouveler alors (1813) contre les auteurs dramatiques du continent. Mais, encore une fois, Grimm, en y voyant les défauts, ne sacrifie pas la tragédie française à celle de nos voisins; il reconnaît que chaque théâtre est approprié à la nation et à la classe qu'il émeut et qu'il intéresse : « L'un (le théâtre anglais) ne paraît occupé qu'à renforcer le caractère et les mœurs de la nation, l'autre (le théâtre français) qu'à les adoucir. » Grimm va plus loin; il pense que ces mêmes tableaux que l'une des deux nations a pu voir sans aucun risque, quelque terrible et quelque effrayante qu'en soit la vérité, pourraient bien n'être pas présentés sans inconvénient à l'autre, qui en abuserait aussitôt : « Et n'en pourrait-il pas même résulter, se demande-t-il, des effets très-contraires au but moral de la scène? »

Avec Montaigne, Grimm est en pleine France et en vieille France; il y est comme chez lui. Après tout ce qu'on a écrit de l'auteur des *Essais*, il trouve à en dire des choses que nul n'a si bien touchées. Il remarque que, quoiqu'il y ait dans les *Essais* une infinité de faits, d'anecdotes et de citations, Montaigne n'était point à proprement parler savant : « Il n'avait guère lu que quelques poëtes latins, quelques livres de voyages, et son Sénèque, et son Plutarque; » ce dernier surtout, Plutarque, « c'est vraiment l'*Encyclopédie* des anciens; Montaigne nous en a donné la fleur, et il y a ajouté les réflexions les plus fines, et surtout les résultats les plus secrets de sa propre expérience. »

Les huit pages que Grimm a consacrées aux *Essais* de Montaigne sont peut-être ce que la critique française a produit là-dessus de plus juste, de mieux pensé et de mieux dit. Je pourrais, en citant, donner de jolis mots qui s'y rencontrent; mais c'est le sens même et la suite qui fait le prix de ce délicieux morceau; voici quelques traits pourtant : « Son esprit, dit-il de Montaigne, a cette assurance et cette franchise aimable que l'on ne trouve que dans ces enfants bien nés, dont la contrainte du monde et de l'éducation ne gêna point encore les mouvements faciles et naturels... Les vérités (dans son livre) sont enveloppées de tant de rêveries, si j'ose le dire, de tant d'enfantillages, qu'on n'est jamais tenté de lui supposer une intention sérieuse... Sa philosophie est un labyrinthe charmant où tout le monde aime à s'égarer, mais dont un penseur seul tient le fil. En conservant la candeur et l'ingénuité du premier âge, Montaigne en a conservé les droits et la liberté. Ce n'est point un de ces maîtres que l'on redoute sous le nom de philosophes ou de sages, c'est un enfant à qui l'on permet de tout dire, et dont on applaudit même les saillies au lieu de s'en fâcher. » Lorsque Charron, l'ami et le disciple de Montaigne, et qui fut en quelque sorte son ordonnateur, voulut ranger et mettre sérieusement en système les pensées et les réflexions de son maître, on lui fit des difficultés malgré sa prudence, et on refusa à la gravité de l'un ce qu'on avait accordé à l'autre pour sa vivacité charmante.

La philosophie de Grimm est triste, elle est aride : il est sceptique, et, les jours où il l'est pour son propre compte, il l'est sans sourire : nous y reviendrons. Mais ici, en parlant de Montaigne, il s'adoucit. Puisque le cercle des connaissances humaines est si borné, et qu'on ne peut guère se flatter de reculer les limites de l'esprit humain, qu'y a-t-il à faire pour un auteur philosophique qui veut encore intéresser ? Selon Grimm, il n'y a que deux manières de s'y prendre : ou bien s'appliquer à faire concevoir le plus clairement possible le petit nombre de vérités qu'on peut savoir (c'est ce qu'a fait Locke); ou bien *peindre vivement l'impression particulière* qu'on reçoit de ces mêmes vérités, ce qui sert du moins à multiplier les points de vue : et c'est ce qu'a fait Montaigne. La plupart des prétendus auteurs se contentent de travailler sur des idées étrangères, qu'ils retournent et qu'ils accommodent au goût du moment; rien n'est plus rare que cette vivacité et cette hardiesse à peindre sa propre pensée et ses propres sentiments, qui fait l'auteur original. Montaigne est original, même dans son érudition ; il l'est jusque dans les traits qu'il emprunte aux autres, « parce qu'il ne les emploie que lorsqu'il y a trouvé une idée à lui, ou lorsqu'il en a été frappé d'une manière neuve et singulière. »

Pour excuser l'amour-propre de Montaigne, Grimm trouve une raison pleine d'observation et de finesse; remarquant que l'amour-propre est moins fâcheux quand il se montre sans dissimulation et avec bonhomie, il ajoute : « Loin d'exclure la sensibilité pour les autres, il en est souvent la marque et la mesure la plus certaine. On ne s'intéresse à ses semblables qu'à raison de l'intérêt qu'on prend à soi-même et qu'on ose attendre de leur part. » Et il cite à ce propos un mot de Rousseau, qui venait un jour de s'épancher auprès d'un ami, et qui remarquait que cet ami (peut-être Grimm lui-même) recevait son épanchement sans lui rendre du sien : « Ne m'aimeriez-vous pas? s'écria Rousseau : vous ne m'avez jamais dit du bien de vous. »

J'en viens aux jugements de Grimm sur ses principaux contemporains, à commencer par Fontenelle. Il parle de lui à la date de sa mort (février 1757), et il est sévère. « J'aimerais mieux, dit-il quelque part, avoir dit une chose sublime dans ma vie que d'avoir imprimé douze volumes de petites choses. » Les choses dont a parlé Fontenelle ne sont point petites; mais, malgré les qualités heureuses de clarté, de netteté et de précision qu'il y introduit, il y a mêlé aussi des petitesses. Grimm remarque de cet homme rare qu'il était *né sans génie*. Les services qu'il rendit par ses notices et ses livres agréables sur les sciences, par l'esprit philosophique qu'il y mit avec art et mesure, furent réels et se répandirent utilement dans la société de son temps : son style et son faux goût littéraire faillirent produire un mal durable. Lui et La Motte, représentant tous deux le bel-esprit, l'emportaient déjà sous la Régence, et allaient faire école, si Voltaire n'était venu à temps pour remettre le naturel en honneur : « Son style simple, naturel et original à la fois, le charme inexprimable de son coloris, nous ont bientôt fait mépriser, dit Grimm, tous ces tours épigrammatiques, cette *précision louche* et ces beautés mesquines, auxquels des copistes sans goût avaient procuré une vogue passagère. » Buffon et Rousseau contribuèrent ensuite à remettre en lumière par de larges exemples le style plein, mâle, éloquent :

« Ces sortes de beautés, observe Grimm, étaient perdues pour M. de Fontenelle. Le simple, le naturel, le vrai sublime ne le touchaient point : c'était une langue qu'il n'entendait point. J'ai eu souvent occasion de remarquer que, dans tout ce qu'on lui contait ou disait, il attendait toujours l'épigramme. Insensible à tout autre genre de beauté, tout ce qui ne finissait pas par un tour d'esprit était nul pour lui. » Qu'on lise tout ce morceau : ce sont là des pages de critique littéraire fermes, senties, d'un goût incorruptible, de cœur et de main de maître.

Sur Montesquieu, Grimm s'exprime avec admiration et respect, mais en peu de paroles; il le proclame un génie plein de vertu, et le salue à ses funérailles. Tous les grands ouvrages de Montesquieu avaient paru avant que Grimm commençât sa Correspondance. S'il avait eu à s'expliquer sur la méthode historique qui y avait présidé, il aurait élevé quelques objections :

« Je n'aime pas, dit-il à propos de je ne sais quel livre de Considérations politiques, je n'aime pas trop ces ébauches de théories politiques *à priori*, quoique l'autorité du président de Montesquieu, qui les affectionnait particulièrement, soit en leur faveur. Il me semble toujours que, si l'auteur qui procède par cette méthode n'avait pas connaissance des événements historiques *à posteriori*, les principes dont il prétend les déduire ne lui en feraient pas deviner un seul, preuve évidente que ces principes sont faits à la main et après coup, qu'ils sont plus ingénieux que solides, et qu'ils ne sont pas les véritables ressorts du jeu qu'on leur attribue... En fait de politique, rien n'arrive deux fois de la même manière. »

La politique de Grimm est triste, sceptique, ou volontiers négative comme sa philosophie. Il croit peu au progrès général des temps; les progrès quand ils ont lieu, ou les arrêts de décadence, lui semblent surtout dus à des individus d'exception, grands génies, grands législateurs ou princes, qui font faire à l'humanité des pas inespérés, ou lui épargnent des rechutes tôt ou tard inévitables. Ses idées sur l'origine des sociétés ne paraissent guère différer de celles de Hobbes, de Lucrèce, d'Horace, et des anciens épicuriens. Pénétré de la difficulté de l'invention sociale en tant qu'elle s'élève au-dessus d'une certaine agrégation première toute naturelle et grossière, et qu'elle arrive à la civilisation véritable, il ne la conçoit possible que grâce à de merveilleuses passions en quelques-uns et à une héroïque puissance de génie : « Il faut, pense-t-il, que les premiers législateurs des sociétés, même les plus imparfaites, aient été des hommes surnaturels ou des demi-dieux. » Grimm, en politique, se rapproche donc beaucoup plus de Machiavel que de Montesquieu, lequel accorde davantage au génie de l'humanité même.

Sur Buffon, Grimm a de beaux jugements et des discussions solides. Prenant les discours généraux que Buffon a mis en tête de quelques volumes de son *Histoire naturelle*, il les apprécie littérairement comme ferait un homme né sous l'étoile française de Malherbe, de Pascal et de Despréaux : « On est justement étonné, dit-il, de lire des discours de cent pages, écrits, depuis la première jusqu'à la dernière, toujours avec la même noblesse, avec le même feu, ornés du coloris le plus brillant et le plus vrai. » Ce n'était certes plus un étranger celui qui appréciait à ce point la convenance et la beauté continue du style. Quant au fond des idées, il se permet plus d'une fois d'élever des objections. Il en est une surtout qui rentre dans l'ordre moral et littéraire : « M. de Buffon m'a toujours étonné, dit Grimm, par l'intime conviction qu'il paraît avoir de la certitude de sa théorie de la terre. Si elle était du petit nombre de ces vérités évidentes sur lesquelles il ne saurait y avoir deux opinions, il ne pourrait en parler avec plus de confiance. » Rousseau lui paraissait dans le même cas pour son système sur l'état sauvage, ce prétendu âge d'or de félicité et de vertu. Tout en s'étonnant de cette confiance qu'ont en leurs systèmes ces talents vigoureux, « qui n'abondent pas en idées, » Grimm ne laisse pas de penser quelquefois que cette prévention leur est peut-être nécessaire pour donner à leurs écrits cette chaleur et cette force qu'on y remarque, tandis que « le modeste et humble sceptique est presque toujours en silence. »

Voltaire n'est nulle part mieux défini dans ses œuvres et dans son caractère, que par le détail des anecdotes et l'ensemble des jugements qui sont consignés dans Grimm. Il y a des pages (telles que celles sur la mort de Voltaire) qui me paraissent trop emphatiques pour être de Grimm, et qui, dans tous les cas, sont un tribut payé à l'opinion du moment. Les jugements fins et vrais, les révélations piquantes, se retrouvent à cent autres pages. Grimm explique très-bien comment et pourquoi Voltaire n'est point comique dans ses comédies, dans l'*Écossaise*, par exemple, il n'est point parvenu à faire de son *Frélon*, qui se dit à lui-même toutes sortes de vérités, un personnage comique : « On voit dans cette comédie, et en général dans tous les ouvrages plaisants de M. de Voltaire, qu'il n'a jamais connu la différence du ridicule qu'on se donne à soi-même, et du ridicule qu'on reçoit des autres. » Et c'est ce dernier qui est le vrai comique. Les qualités qui manquent à Voltaire pour être un historien véritable, il les sent également : « En général, il faut un génie profond et grave pour l'histoire. La légèreté, la facilité, les grâces, tout ce qui fait de M. de Voltaire un philosophe si séduisant et le premier bel-esprit du siècle, tout cela convient peu à la dignité de l'histoire. La rapidité même du style, qui peut être précieuse dans la description d'un combat, dans l'esquisse d'un tableau, ne saurait durer longtemps sans déplaire. » En philosophie, il le traite avec le dédain d'un homme qui n'en est pas resté aux demi-partis et dont l'incrédulité, du moins, n'est point inconséquente : Voltaire, au contraire, s'arrête à mi-chemin et, en continuant de mal faire, s'effraye par moment de sa propre audace : « Il raisonne là-dessus, dit Grimm, comme un enfant, mais comme un joli enfant qu'il est. » A partir de *Tancrède*, tout ce que Voltaire produit pour le théâtre lui paraît marqué du signe de la vieillesse; mais, à sa mort, il se reprend à l'envisager dans son ensemble, et avec l'admiration qu'une telle carrière inspire; il exprime très-bien le sentiment de la décadence littéraire que, selon lui, Voltaire retardait, et qui va précipiter son cours : « Depuis la mort de Voltaire, un vaste silence règne dans ces contrées, et nous rappelle à chaque instant nos pertes et notre pauvreté. » Il écrivait cela à Frédéric (janvier 1784).

Grimm est classique en ce sens que, pour ce qui est de l'imagination et des arts, il croit un seul grand siècle dans une nation. Sans prétendre à en pénétrer les causes, il lui semble qu'une expérience constante l'a suffisamment démontré : « Quand ce siècle est passé, les génies manquent; mais, comme le goût des arts subsiste dans la nation, les hommes veulent faire à force d'esprit ce que leurs maîtres ont fait à force de génie, et, l'esprit même devenu plus général, tout le monde y prétend bientôt; de là le bon esprit devient rare, et la pointe, le faux bel-esprit et la prétention prennent sa place. » En France, il salue donc comme incomparable le siècle de Louis XIV ; et, au dix-huitième siècle, il ne trouve qu'une classe d'hommes supérieurs et d'une espèce particulière, la seule qui manquât au grand siècle : « Je les appellerai volontiers *philosophes de génie* : tels sont M. de Montesquieu, M. de Buffon, etc. » Voltaire est le seul des littérateurs purs et des poëtes qui soutienne le vrai goût par ses grâces, son imagination et sa fertilité naturelle : mais, selon Grimm, il ne fait que soutenir ce qui fléchissait déjà.

Rousseau n'est point maltraité chez Grimm, comme on pourrait le croire : il y est apprécié constamment pour ses talents, en même temps que réfuté pour ses systèmes. Grimm, s'attache dès le principe au *Discours sur l'Inégalité*, où le système de Rousseau est déjà tout entier, et d'où le reste découlera. Dans une discussion très-judicieuse et très-honorable, il cherche à saisir le point où l'écrivain éloquent et outré fait fausse route, et où sa doctrine devient excessive; il s'applique à réfuter et à rectifier l'idée. Rousseau prétend toujours ramener l'homme à je ne sais quel âge d'or primitif auquel il regrette que l'espèce ne se soit point arrêtée : « Supposons avec M. Rousseau, dit Grimm, que l'espèce humaine soit maintenant dans l'âge de vieillesse qui répond à l'âge de soixante ou soixante-dix ans d'un individu, n'est-il pas évident qu'on ne peut pas faire un crime à un homme d'avoir soixante ans? et n'est-il pas aussi naturel d'avoir soixante ans que d'en avoir quinze? Or, ce qu'on ne peut reprocher à un individu ne peut non plus faire un reproche pour l'espèce. » Je recommande comme un très-beau chapitre moral à opposer aux assertions de Rousseau, le chapitre qui commence l'année 1756 en ces mots : « J'ai souvent été étonné du vain orgueil de l'homme... » Grimm commence quelquefois l'année par des réflexions générales qui sont belles dans leur sévérité. Dans l'espèce de biographie qu'il trace de Rousseau à l'occasion de l'*Émile* (15 juin 1762), Grimm s'arrête dans ses souvenirs à ce qui serait une révélation indiscrète et une violation de l'ancienne amitié; et, après avoir retracé les principales époques de la vie de Rousseau, ses premières tentatives plus ou moins bizarres, il ajoute : «Sa vie privée et domestique ne serait pas moins curieuse; mais elle est écrite dans la mémoire de deux ou trois de ses anciens amis, lesquels se sont respectés en ne l'écrivant nulle part. » Si Grimm avait été un perfide et un traître comme le croyait Rousseau, quelle belle occasion il avait là, dans le secret, de raconter, en contraste avec l'*Émile*, ce qu'avait fait Rousseau de ses propres enfants, et tant d'autres détails qu'on n'a sus depuis que par les *Confessions!* Au lieu de cela, il a observé une réserve digne ; il s'est borné à donner les traits principaux du caractère, et il a discuté de près les écrits. Lorsque parut, vers juillet 1780, le singulier écrit intitulé : *Rousseau, juge de Jean-Jacques*, où se voit « le mélange le plus étonnant de force de style et de faiblesse d'esprit, tout le désordre d'une sensibilité profondément affectée, un ridicule inconcevable avec la folie la plus sérieuse et la plus digne de pitié, » Grimm y trouve le sujet de réflexions pleines de modération et d'humilité sur le pauvre esprit humain. En général, disait le critique anglais Jeffrey en rendant compte d'une partie de cette Correspondance de Grimm, « tout ce qu'on y lit sur Rousseau est candide et judicieux. »

Duclos, dont on a su depuis que Grimm avait tant à se plaindre, est jugé nettement, vertement, mais sans passion et sans défaveur. On le voit, on l'entend gardant jusque dans les salons cette *voix de gourdin* qu'il tenait de sa première hantise dans les cafés ; homme d'esprit d'ailleurs, mais qui n'a point su s'élever au-dessus d'un certain niveau, qui s'est avisé de publier ses *Considérations sur les Mœurs* un an ou deux après la première édition de l'*Esprit des Lois*, c'est-à-dire « au moment où l'arène était occupée par deux ou trois athlètes de la première vigueur, ou d'une grâce et d'une agilité merveilleuses : il fallait venir cinquante ans plus tôt. » Ses *Mémoires secrets*, « ouvrage qui tient un milieu fort intéressant entre le genre des Mémoires particuliers et celui de l'Histoire générale, » sont aujourd'hui le seul livre à lire de lui, justice leur est rendue par Grimm en quinze lignes.

Il faut en venir aux parties dignes de blâme. Grimm, en jugeant les ouvrages les plus détestables du siècle et les plus pernicieux, se contente le plus souvent de les montrer défectueux au point de vue du goût ou de l'originalité; il ne trouve d'ailleurs aucune parole sévère. Les mauvais ouvrages d'Helvétius ou de d'Holbach ne lui paraissent avoir aucun danger pour la morale : « Je ne leur trouve d'autre danger, dit-il, que celui de l'ennui : tout cela commence à être si rebattu, qu'on en est excédé. Cependant le monde ne va ni plus ni moins, et l'influence des opinions les plus hardies est équivalente à zéro. » Grimm se trompe; en attribuant toute la morale publique aux institutions et à la législation d'un peuple, il oublie que, dans les intervalles de relâchement, les livres ont grande influence. Il est même, à cet égard, en contradiction avec lui-même : car il a très-bien remarqué quelque part qu'une des différences qui distingue le plus les modernes des anciens, c'est que, pour connaître ces derniers, « c'était beaucoup d'avoir acquis la connaissance de leurs lois, de leurs coutumes et de leur religion, » tandis que l'on connaîtrait fort imparfaitement les modernes, si on ne les considérait que par ces relations-là : notre manière de penser et de sentir dépend de bien d'autres circonstances : « On en jugerait bien mieux, ajoute-t-il, par l'esprit de notre théâtre, par le goût de nos romans, par le ton de nos sociétés, par nos petits contes et par nos bons mots. » Sur de telles nations, sur la nôtre en particulier, les livres donc, les bons livres et surtout les mauvais, ont grande influence.

Si vous voulez, d'ailleurs, ne garder aucun faux respect, aucune considération intellectuelle pour ces prétendus philosophes, tels qu'Helvétius et d'Holbach, lisez Grimm : vous les voyez réduits à leur valeur personnelle par celui qui les a le mieux connus, et qui, en les peignant si au naturel, n'a songé nullement à les dénigrer. Le très-léger et très-étroit Helvétius qui, dans sa vie de plaisirs, est subitement saisi de l'amour de la réputation, et qui essaye, à trois reprises, de trois veines différentes, en manquant toujours l'occasion, est presque comique. Il essaye de la géométrie quand Maupertuis l'a mise à la mode dans le monde ; mais la mode change avant qu'Helvétius soit devenu géomètre. Alors il essaye de la poésie didactique et philosophique à la suite de Voltaire ; mais le vent tourne encore, et l'*Esprit des Lois* de Montesquieu vient tenter Helvétius d'entreprendre ce malencontreux livre *De l'Esprit*, qui arrivera lui-même quand le moment de faveur sera passé. Quant à d'Holbach, ce furieux incrédule, et qui voulait convertir tout l'univers à son athéisme, il était tel de caractère qu'il croyait sur les choses de la vie tous ceux qu'il voyait : « Il ne sait jamais ce qu'il veut, et le dernier qui lui parle a toujours raison. » Voilà quelques-uns de ceux qui se posaient emphatiquement alors comme les professeurs du genre humain.

Je ne puis tout dire ni tout indiquer. Il y a entre Grimm et Diderot, malgré leur liaison étroite et leur mutuelle admiration, cette différence essentielle que Diderot est aussi un professeur, et que Grimm ne l'est pas. Une très-curieuse conversation entre eux fait sentir nettement le point qui les sépare. Grimm et Diderot causaient un soir ensemble, le 5 janvier 1757 ; Diderot était dans un de ces moments d'exaltation et de prédiction philosophique qui lui étaient familiers : il voyait le monde en beau et l'avenir gouverné par la raison et par ce qu'il appelait les lumières ; il exaltait son siècle comme le plus grand que l'humanité eût vu jusque-là. Grimm doutait, et rappelait l'enthousiaste à la réalité :

« Nous vantons sans cesse notre siècle, lui disait-il, et nous ne faisons en cela rien de nouveau. Dans tous les temps, les hommes ont préféré l'instant pendant lequel ils vivaient, à cette immense durée qui avait précédé leur existence. Par je ne sais quel prestige, dont l'illusion se perpétue de génération en génération, nous regardons le temps de notre vie comme une époque favorable au genre humain et distinguée dans les annales du monde... Il me semble que le dix-huitième siècle a surpassé tous les autres dans les éloges qu'il s'est prodigués à lui-même... Peu s'en faut que même les meilleurs esprits ne se persuadent que l'empire doux et paisible de la philosophie va succéder aux longs orages de la déraison, et fixer pour jamais le repos, la tranquillité et le bonheur du genre humain... Mais le vrai philosophe a malheureusement des notions moins consolantes et plus justes... Je suis donc bien éloigné d'imaginer que nous touchons au siècle de la raison, et peu s'en faut que je ne croie l'Europe menacée de quelque révolution sinistre. »

J'abrége, mais je note le ton de la conversation telle qu'elle est écrite par Grimm à la date de janvier 1757. Diderot résistait à ces objections de son ami; il s'enflammait et s'exaltait de plus belle : le siècle de la philosophie décidément allait régénérer le monde. — La porte s'ouvre, un valet entre, à l'air effaré : « Le roi est assassiné! » dit-il. Il s'agissait de l'attentat de Damiens. Grimm et Diderot se regardèrent en silence, et Diderot, cette fois, ne répliqua plus.

Grimm, vers l'âge de cinquante ans, devint homme de Cour : apprécié à sa valeur par les princes distingués ou éminents qui régnaient en Allemagne, et par l'impératrice de Russie, il ne crut point devoir résister à leurs faveurs ni à leurs bienfaits. Il redevint un peu Allemand en cela. Le duc de Saxe-Gotha le nomma son ministre à la Cour de France; la Cour de Vienne lui conféra le diplôme de baron du Saint-Empire, et celle de Pétersbourg le fit colonel, puis conseiller d'État, grand cordon de la seconde classe de l'ordre de Saint-Wladimir. On a une partie de sa correspondance avec le grand Frédéric; celle qu'il entretint avec l'impératrice Catherine, et surtout les lettres qu'il reçut d'elle, seraient d'un vif intérêt. Catherine faisait de lui et de son esprit le plus grand cas : « A la suite du prince héréditaire de Darmstadt, écrivait-elle à Voltaire (septembre 1773), j'ai eu le plaisir de voir arriver M. Grimm. Sa conversation est *un délice* pour moi ; mais nous avons encore tant de choses à nous dire, que jusqu'ici nos entretiens ont eu plus de chaleur que d'ordre et de suite. » Au milieu de ces conversations où elle s'oubliait, elle se levait tout à coup et disait gaiement qu'il fallait vaquer au *gagne-pain* : elle appelait ainsi les affaires et le métier de roi. Il reste là tout un côté de Grimm qui peut se révéler un jour et qui sera curieux à connaître. Des relations si intimes avec les puissances le mirent à même d'être souvent utile au mérite, et, si on le trouve parfois rigoureux ou quelque peu satirique dans ses jugements, les personnes qui l'ont le mieux connu assurent qu'il sut être bienveillant en secret ; il se plaisait à attirer l'attention de ses augustes correspondants sur les talents d'hommes de lettres et d'artistes à honorer ou à protéger.

Parmi ces bienfaits que Catherine accorda en sa considération, il en est un qui me paraît touchant. Madame d'Épinay, dans les derniers temps de sa vie, s'était vue atteinte dans sa fortune ; les réformes que M. Necker avait apportées dans la Ferme générale avaient réduit considérablement son revenu. Catherine, informée par Grimm, voulut réparer ce malheur d'une femme d'esprit, et y mit elle-même une délicatesse de femme, jointe à une grandeur de souveraine. Grimm, à cette occasion, s'écrie dans sa reconnaissance : « Ah ! qui porta jamais plus loin que Catherine le grand art des rois, celui de prendre et de donner ! » En fait de flatterie exquise, Voltaire n'eût pas mieux dit.

Un biographe nous raconte que jeune, étudiant à l'université de Leipzig, Grimm avait surtout été frappé de la lecture du traité *des Devoirs* de Cicéron, expliqué par le savant Ernesti, et qu'il en avait emporté une impression profonde. Depuis ce temps jusqu'au jour où il adressait ce remercîment et cette louange à Catherine, Grimm avait fait bien du chemin, et on peut dire qu'il avait accompli le cercle de l'expérience morale.

La Révolution française frappa Grimm, mais ne le surprit point. Nous savons déjà quelle était sa politique. Il fit, dès le premier jour, à ce grand mouvement presque universel, des objections sensées, froides, qui portaient sur tout ce qu'il y avait d'illusoire dans le vertige du moment, mais qui ne tenaient point assez compte de ce qui s'y agitait de profond. Sa Constitution, à lui, était toute dans les vers de Pope : « Laissez les fous combattre pour les formes de gouvernement ; celui, quel qu'il soit, qui est le mieux administré, est le meilleur. » Les événements qui suivirent ne furent que trop propres à le confirmer, sans doute dans cette pensée favorite, que « la cause du genre humain était désespérée, » et que la seule ressource était tout au plus, çà et là, dans quelque grand et bon prince que le sort accorde à la terre, dans « une de ces âmes privilégiées » qui réparent pour un temps les maux du monde. Il y avait des années qu'écrivant à mademoiselle Voland, l'amie de Diderot, et lui parlant de la vérité et de la vertu comme de deux grandes statues que Diderot se plaisait à voir élevées sur la surface de la terre et immobiles au milieu des ravages et des ruines : « Et moi je les vois aussi, s'écriait-il ;... mais qu'importe que ces deux statues soient éternelles et immobiles s'il n'existe personne pour les contempler, ou si le sort de celui qui les aperçoit ne diffère point du sort de l'aveugle qui marche dans les ténèbres ! » Dans sa doctrine essentiellement aristocratique, il pensait encore que la vérité et la liberté, telles qu'il les entendait, n'appartiennent en ce

monde qu'à un petit nombre, à une élite, et encore
« sous la condition expresse d'en jouir sans trop s'en
vanter. » Ces tristes idées qu'il avait de tout temps nourries, et où il faisait bon marché de la majorité de l'espèce,
durent lui revenir plus habituelles et plus présentes
dans les années de sa chagrine vieillesse, après qu'il
eut perdu tous ses amis, et quand le monde, bouleversé
en apparence, se renouvelait autour de lui d'une façon
si étrange. Grimm, presque aveugle, végétant, ayant
survécu à ses amis et à lui-même, retiré à Gotha, mourut le 19 décembre 1807, à l'âge de quatre-vingt-quatre
ans. Sa pensée, déjà endormie, ne se réveilla point au
bruit du canon d'Iéna. On a peu de détails sur cette fin de
sa vie, et peut-être n'y en avait-il aucuns d'intéressants à
recueillir. Il avait manqué, comme il le disait quelquefois, « le moment de se faire enterrer. » — Je n'ai pas
craint de laisser voir, sans pourtant y trop appuyer,
la doctrine morale de Grimm dans toute sa tristesse et
son aridité, sans un désir et sans un rayon; elle n'a
rien qui puisse séduire. Je voudrais surtout avoir montré et fait comprendre ce qu'il avait de distingué, de
ferme et de fin dans son appréciation des hommes et de
leurs écrits, dans ses définitions des talents et des caractères (1).

(1) La *Correspondance littéraire* de Grimm parut pour la première
fois en 1812, et acheva de se publier l'année suivante. Le savant bibliographe M. Barbier publia un volume de *Supplément* en 1814; il
a aussi publié depuis, en 1823, une *Lettre à Volney* qui est censée
écrite par Grimm, mais qui est de Rivarol ou de quelque autre spirituel pamphlétaire. La totalité de la *Correspondance* a été revue, mise
en ordre et annotée, par M. J. Taschereau, dans l'édition de 1829-1831,
qui est la plus commode et la plus complète. Les notes des trois derniers volumes ne sont point de M. Taschereau, mais de M. Chaudet.
On joint toujours à cette édition un volume de Supplément, qui fait le
seizième, et qui contient des fragments et articles retranchés en 1812
et 1813 : ce ne sont pas les pièces les moins instructives pour qui
veut connaître le fond de la pensée de Grimm.

Lundi, 24 janvier 1853.

# M. NECKER

Parmi les étrangers célèbres qui se naturalisèrent en France au dix-huitième siècle, aucun n'eut plus d'influence, et une influence plus directe sur nos destinées, que M. Necker. Politiquement il semble que tout ait été dit sur lui, et que le pour et le contre soient épuisés : ce côté politique me tente peu ; mais il est une manière d'étudier M. Necker, qui est à la fois moins rebattue et moins épineuse : c'est de le lire comme un auteur qui, ayant beaucoup écrit, a beaucoup parlé de lui et qui s'est peint immanquablement lui-même. M. Necker n'a pas laissé moins de quinze volumes d'Œuvres; je ne conseille pas à tous d'en aborder la lecture; c'est au critique de prendre ce soin, et, en lisant bien, de choisir ce qui peut définir l'homme, soit au moral, soit dans sa forme et son esprit littéraire; car M. Necker a eu aussi chez nous une influence littéraire. Quand on l'aura connu de cette sorte, on aura jour suffisamment sur le politique, et bien des conséquences suivront d'elles-mêmes.

Cet homme distingué était né à Genève, le 30 septembre 1732, d'un père professeur de droit public qui, né à Custrin en Prusse, était venu s'établir dans la ville de Calvin, et qui tirait lui-même son origine d'une famille irlandaise. Le jeune Necker fut destiné de bonne heure à la banque. Il reçut une excellente éducation de famille, et fit de premières études classiques, qui cependant durent être assez bornées, selon toute apparence. Les études qu'on lui faisait faire l'occupaient peu, a-t-on dit, et il avait besoin, pour s'y intéresser, de se les proposer à lui-même. « Il était né penseur, et les pensées d'autrui ne pouvaient se mêler avec les siennes. » Ce qu'il devait être un jour, ce n'était que par un long travail intérieur qu'il était destiné à le devenir. Il fut envoyé à Paris dans une maison de banque tenue par un Génevois, et il y étendit ses vues, il y exerça son coup d'œil. On raconte que, dès ce temps-là, il recherchait les productions littéraires nouvelles, et qu'il s'essayait même à la composition; il avait une finesse singulière pour saisir certains travers de société, et il avait fait quelques petites comédies qui sont restées en portefeuille. Les affaires, d'ailleurs, l'occupèrent bientôt entièrement : il y déployait beaucoup de capacité. Devenu associé et l'un des chefs d'une maison de banque, il fit preuve, dans ses spéculations diverses, d'une sagacité supérieure et d'un esprit de combinaison que récompensa la fortune. Au milieu de ses succès de commerce, il avait gardé de l'enfance un trait de son caractère qui semblait en tout l'opposé de l'esprit d'entreprise. Penseur de sa nature, il ne voulait se déterminer sur rien que par des motifs suffisants : « Son esprit, a dit une personne qui l'a bien connu (ce même M. Meister que nous avons vu près de Grimm), son esprit avait l'habitude de considérer toutes les faces d'une affaire avec tant d'exactitude et de réflexion, sa prévoyance était tellement susceptible et tellement scrupuleuse qu'il n'était plus frappé, dans les circonstances même les plus pressantes, que des difficultés d'une décision quelconque, et ne se déterminait, pour ainsi dire, que forcément à vouloir ce qu'il voulait. Prendre un parti sans un motif qui fût à ses yeux de la dernière évidence, semblait un effort au-dessus de son pouvoir, quelquefois même pour les petites choses comme pour les grandes. Je lui ai moi-même entendu raconter que, durant les premières années de son séjour à Paris, il lui était arrivé cent fois de rester plus d'un quart d'heure dans son fiacre avant de parvenir à se décider sur la maison où il devait se faire conduire d'abord. »

Quand il fut question, plus tard, de conduire le char de l'État sur une pente rapide, et que pas un instant n'était à perdre, on conçoit que ce fond d'indécision dut être fatal : dans l'habitude de la vie, ce n'était qu'une singularité piquante. M. Necker, en une de ses *Pensées*, a retracé lui-même les tourments de l'indécision, desquels l'homme indécis ne parvient souvent à sortir qu'en s'en remettant au hasard ou à des règles bizarrement inventées, mais qui ont au moins le mérite d'être fixes. Vieux, dans sa retraite, ayant eu l'occasion d'être présenté, à Genève, au Premier Consul qui partait pour la campagne de Marengo, et de s'entretenir avec lui, il en rapporta surtout l'impression de cette *force de volonté*, de ce qui lui manquait à lui-même, et il écrivit cette note :

« Ce qui distingue éminemment le Premier Consul, c'est la fermeté et la décision de son caractère ; c'est une superbe volonté qui saisit tout, règle tout, et qui s'étend ou s'arrête à propos. Cette volonté, telle que je la dépeins d'après un grand modèle, est la première qualité pour gouverner en chef un grand empire. On finit par considérer cette volonté comme un ordre de la nature, et toutes les oppositions cessent. C'est aux secondes places que le vouloir est gêné, parce que toutes sortes de ménagements sont alors nécessaires, et qu'il faut y destiner une partie de ses moyens. »

Il faisait un retour sur lui-même en parlant ainsi, et

il aimait à imputer en partie aux obstacles le défaut qui avait été essentiellement en lui. Un biographe que je citais tout à l'heure, et qui avait beaucoup vécu dans sa société, disait : « Je ne crois pas l'avoir jamais laissé plus satisfait de mes éloges, qu'en l'assurant qu'une volonté très-décidée me paraissait presque incompatible avec une grande étendue, une grande finesse, une grande supériorité d'esprit. »

Nous avons à revenir, après être allés ainsi tout d'abord au centre de l'homme. M. Necker, enrichi par d'heureuses opérations et encore jeune, ayant épousé mademoiselle Curchod qui avait le culte de l'esprit, eut à Paris, dès 1765, une maison qui devint presque aussitôt le rendez-vous des philosophes et des littérateurs les plus célèbres. Son attitude dans le salon de sa femme était particulière ; bien que ce fût à son intention, et en grande partie pour lui plaire, pour servir et accroître sa renommée, qu'elle s'appliquât à rassembler cette élite brillante, il n'était là qu'un spectateur silencieux et froid : « Hormis quelques mots fins qu'il plaçait çà et là, personnage muet, il laissait à sa femme le soin de soutenir la conversation. » Marmontel, qui fait cette remarque, ajoute que ce silence et cette gravité de M. Necker, que plusieurs ont attribués depuis à un peu de morgue, mais qu'il observait même avant son élévation, devaient tenir surtout à de la discrétion et de la prudence. M. Necker, qui a tracé des portraits de société curieusement observés, en a fait un qui commence ainsi : « C'est une véritable tactique que la conduite d'un homme public occupé à cacher son ignorance. Il faut remarquer son silence apprêté lorsque la conversation roule sur des objets qu'il devrait savoir et qu'il ne sait pas, et l'adresse avec laquelle il s'esquive lorsque cette conversation s'approche trop près de lui... » Il pouvait y avoir un peu de cette adresse dans le silence habituel de M. Necker au milieu d'un cercle de gens de lettres, dont la conversation parcourait des sujets qui ne lui devinrent familiers que par degrés ; mais il y avait autre chose encore. Son esprit fin, ironique, dédaigneux, plein de nuances, se plaisait à observer un monde dont il voyait à merveille les exagérations et les légers ridicules, un monde dont il jouissait et dont il allait se servir sans jamais s'y mêler entièrement. Un des meilleurs témoins de ce temps-là, madame du Deffand, dont M. et madame Necker firent la connaissance en 1773, nous les a peints, la femme et le mari, et surtout le dernier, d'une façon vraie et qui ne laisse rien à désirer au point de vue de la société : « Ils ont voulu me connaître, dit-elle, parce qu'on m'a donné auprès d'eux la réputation d'un bel-esprit qui n'aime point les beaux-esprits ; cela leur paraît une rareté digne de curiosité. » Elle se reproche d'abord d'avoir cédé à leur désir, puis bientôt, quand elle a connu M. Necker, elle n'a plus de regret ; elle le voit souvent à Paris et à Saint-Ouen ; à première vue, elle le préfère à tous les Encyclopédistes, Économistes et autres ; elle l'étudie et cherche à se rendre compte par degrés de son originalité, de son genre et de sa mesure d'agrément : « Ce M. Necker est un fort honnête homme ; il a beaucoup d'esprit, mais il met trop de métaphysique dans tout ce qu'il écrit. Je ne sais s'il vous plairait, je crois qu'oui à beaucoup d'égards ; dans la société, il est fort naturel et fort gai ; beaucoup de franchise ; il parle peu, est souvent distrait... » Il y a des jours où M. Necker lui plaît tant dans la conversation, quand il s'y abandonne, qu'elle lui trouve du rapport avec Horace Walpole, et elle l'ose avouer : « Le Necker a beaucoup d'esprit ; il ne s'éloigne pas de vous ressembler à quelques égards. » Horace Walpole n'est point de cet avis ; M. et madame Necker font au printemps de 1776 un voyage en Angleterre, et, à leur retour, madame du Deffand écrit : « Ils ne vous plaisent pas beaucoup, je le vois bien; tous les deux ont de l'esprit, mais surtout l'homme. Je conviens qu'*il lui manque cependant une des qualités qui rendent le plus agréable, une certaine facilité qui donne, pour ainsi dire, de l'esprit à ceux avec qui l'on cause; il n'aide point à développer ce que l'on pense, et l'on est plus bête avec lui qu'on ne l'est tout seul, ou avec d'autres.* »

Ce jugement de madame du Deffand sur M. Necker est en quelque sorte définitif, à prendre celui-ci comme homme de société : il parle bien quand il consent à parler, mais il n'est point *d'une facile conversation* pour les autres; on ne se trouve point d'esprit avec lui. Ce trait distinctif lui est commun avec les hommes distingués qu'on a compris sous le nom de doctrinaires, et qui ont essayé, en leur temps, de donner une nouvelle façon, un nouveau pli à l'esprit français.

Un autre trait que M. Necker semblait également leur avoir communiqué et qui se liait au précédent, c'était de respecter très-fort et de proclamer très-haut les droits de l'humanité, d'estimer peut-être le genre humain en masse au-dessus de sa juste valeur, et à la fois de ne point accorder toujours aux individus avec qui il était en rapport le juste degré d'estime qui pouvait leur appartenir. Il y avait là une contradiction très-réelle, qu'on a pu noter sensiblement chez les chefs de cette famille aristocratique d'esprits depuis M. Necker jusqu'à M. Royer-Collard. C'était un singulier oubli et une inadvertance de l'amour-propre en ces rares intelligences : ils jugeaient l'humanité d'après eux-mêmes, et ils la mettaient très-haut; ils jugeaient des autres individus d'après eux aussi, et, sitôt qu'ils ne les trouvaient point à leur mesure et jetés dans le même moule, ils les jugeaient très-inférieurs et tout à fait petits.

La figure et la personne physique de M. Necker dans

ce monde parisien avaient de quoi frapper par un air noble, imposant, et assez étrange. « Ses traits ne ressemblent à ceux de personne ; la forme de son visage est extraordinaire. » C'est sa femme qui disait cela, et d'autres qu'elle l'ont également remarqué. Il avait la tête grosse et le visage long ; c'était surtout la longueur du front, et plus encore celle du menton, qui excédait les proportions ordinaires. Son œil brun, vif, spirituel, et quelquefois d'une douceur charmante ou d'une mélancolie profonde, était surmonté d'un arc de sourcil fort élevé, qui donnait à sa physionomie une expression très-originale. Sa figure, en un mot, n'était pas française de type (1). Il devint très-gros et puissant de corps après l'âge de trente ans, et cette disposition s'accrut avec les années. Il y avait dans son tempérament un fond de méditation inactive, de calme supérieur et de paresse, dont il ne triomphait qu'à l'aide des mobiles les plus élevés, et par l'amour passionné qu'il nourrissait pour la noble louange.

Il n'écrivait d'abord que sur des matières qui se rapportaient à ses occupations habituelles. En 1764, il lut à l'assemblée générale de la Compagnie des Indes, au nom des actionnaires dont il était, un Mémoire où il exposait un nouveau plan d'administration ; il y faisait, vers la fin, un portrait du véritable négociant, et l'on disait qu'il avait fait, *sans le savoir*, son propre portrait. Il vengeait encore les négociants et leur finesse de coup d'œil supérieure à la théorie, dans un Mémoire écrit au

---

(1) Senac de Meilhan, dans un Portrait fort dur qu'il a tracé de M. Necker à la suite de l'ouvrage intitulé : *Du Gouvernement, des Mœurs et des Conditions en France, avant la Révolution* (Hambourg — 1795), a insisté sur le caractère étrange et compliqué de sa physionomie : une lettre de Lavater, qu'on a jointe dans une seconde édition aux pages de Meilhan, y sert de correctif et fait ressortir au contraire les parties douces et *célestes*.

nom de la même Compagnie, et par lequel il répondait à un écrit de l'abbé Morellet (1769). Mais, dans tout ce qu'il disait de général et où l'on pouvait saisir un coin de ressemblance avec son propre mérite, il ne faut pas croire que M. Necker ne sût très-bien ce qu'il faisait. Il est un de ceux qui, de profil ou de face, se sont le plus volontiers dépeints et réfléchis eux-mêmes dans leurs écrits. Le premier ouvrage qui appela sur lui avec éclat l'attention publique fut l'*Éloge de Colbert*, couronné par l'Académie française en 1773. M. Necker, dont la fortune était faite, s'était retiré de la banque à ce moment ; il était devenu ministre de la république de Genève auprès de la Cour de Versailles, et il visait plus haut : il aspirait à une carrière politique en France. Son *Éloge de Colbert* était encore moins un discours d'Académie qu'un programme pour le ministère.

Dès les premières phrases, on se sent jeté dans une langue toute nouvelle, qui n'est ni celle de Voltaire ni celle de Rousseau, dans une troisième langue qui finira par s'introduire et par s'accréditer en France, par s'y perfectionner même, mais qui n'en était encore qu'à ses premiers tâtonnements : « Il est des hommes, disait en commençant M. Necker, qu'il est plus aisé de célébrer que de bien louer ; qui, n'ayant parlé au monde que par leurs actions, semblent avoir dédaigné de lui confier *la chaîne de leurs pensées*. Qu'il serait présomptueux de vouloir *la former!...* » De vouloir *former cette chaîne ;* comme cela est peu naturel de mouvement et de tour ! C'est ainsi à chaque pas. Pour exprimer que Colbert, dès sa jeunesse, s'occupait des choses publiques et qu'il échappait aux passions personnelles, M. Necker dira : « Dans l'âge où le tumulte des sens distrait des grandes pensées, et où les plaisirs **de la jeunesse,** *en rassemblant sur nous toute notre attention, semblent borner l'univers à notre individu,* Colbert s'occupait d'être utile à la société. » Jamais on n'a trouvé, pour définir la jeunesse, des expressions moins souriantes et moins légères. De même, Mazarin, à l'heure de sa mort, désigne-t-il Colbert à Louis XIV par ce mot si connu : « Sire, je vous dois tout, et je crois m'acquitter en partie en vous donnant Colbert; » l'écrivain, gâtant la belle simplicité du mot, et dénaturant l'inspiration toute politique de Mazarin, dira : « Dans *ce moment terrible où l'Éternité qui s'ouvre à nos yeux étouffe nos passions, et nous presse de dévouer un dernier instant à la justice et à la vérité*, Mazarin adressa ces paroles à Louis XIV... » Les médisants prétendaient avoir trouvé de la ressemblance entre la manière du nouvel écrivain et celle de Thomas, avec qui on le savait très-lié; si toutes les phrases avaient été dans cette forme, la médisance aurait pu prendre crédit; mais la plupart des défauts de M. Necker étaient bien à lui, et tenaient aux qualités mêmes ou aux prétentions qui essayaient de se faire jour sous sa plume et de trouver leur expression peu habile encore. Pour donner idée de Colbert, il croyait nécessaire de tracer auparavant l'idéal d'un administrateur des finances, et il amenait cette sorte de description générale et abstraite, à l'aide d'une raison des plus subtiles : « Pour faire admirer un grand ministre, quelque supérieur qu'il soit, il faut encore user d'adresse avec la faiblesse et la malice humaines; il faut peut-être présenter ses qualités séparées de son nom et de sa personne; car les plus grandes perfections cessent de nous étonner quand nous les contemplons dans un homme : *le rapport physique que nous nous sentons avec lui* détruit notre respect, et nous ne croyons point à la grandeur de ce qui nous ressemble. »

Moyennant cette incroyable subtilité et cette précaution très-peu oratoire, il se donnait carrière et satisfaisait sa propre pensée en définissant le caractère du ministre des finances, tel peut-être que Colbert l'avait été, tel surtout que M. Necker aspirait à le devenir. Il y avait, d'ailleurs, quelques belles pensées, mais rendues dans une langue gênée et contrainte : « A chaque instant le bien public, disait-il, lui demande le sacrifice de son intérêt, de ses affections et même de sa gloire. Il faut qu'il soit *poursuivi* par cette pensée, que la bienfaisance d'un homme d'État est une justice inébranlable. » Pourquoi *poursuivi?* pourquoi ne pas dire simplement *pénétré de cette pensée?* C'est ainsi qu'il dira ailleurs, en parlant de la force de méditation nécessaire à qui veut se rendre maître des vérités de l'Économie politique : « Ce n'est qu'à ce prix qu'elles (ces vérités) *s'attachent à notre entendement, et deviennent comme une propriété de notre esprit.* » Chez M. Necker, l'expression est presque toujours forcée ou solennisée, et l'on est tenté de lui répéter à chaque instant : Soyons simples! parlons naturellement et couramment. Mais lui, il n'est pas de cet avis : « Les facultés de l'esprit qui doivent former le génie de l'administrateur, pense-t-il, sont tellement étendues et diversifiées, qu'elles semblent pour ainsi dire *hors de la domination de la langue.* » En parcourant toutes les qualités qu'il jugeait nécessaire à l'administrateur des finances, il n'en négligeait aucune de celles qu'il croyait posséder lui-même, et il n'avait garde d'omettre « ce tact aussi fin que rapide; ce talent de connaître les hommes, et de les distinguer par des *nuances fugitives, plus subtiles que l'expression;* cet art de surprendre leur caractère lorsqu'ils parlent et lorsqu'ils écoutent... » M. Necker, on le verra, possédait à un haut degré cette finesse et presque ce raffinement d'observation, qui faisait de lui un homme très-spirituel; on se demande seulement si c'est là un des traits qui devaient se relever avec tant de soin dans un portrait de Colbert. A tout moment l'orateur académique se définit involontairement à travers son sujet et semble se désigner lui-même. Il y a des anachronismes frappants : il introduit jusque sous Louis XIV ce règne de l'*opinion* qui était en France une des puissances nouvelles du dix-huitième siècle, et il a l'air de supposer que Louis XIV n'a fait son choix que parce que « ce petit nombre d'hommes qui regardent et qui jugent, et dont l'opinion fait le mouvement public, avaient les yeux fixés sur Colbert. » Mêlant ses idées religieuses si honorables à ses combinaisons de finance, il suppose que Colbert devait à son génie politique d'être plus religieux qu'un autre : « Un grand administrateur s'attache plus fortement qu'un autre à l'idée d'un Dieu. » Dieu, quelque part, est appelé, par un singulier rapprochement de termes, « l'Administrateur éternel. » Je pourrais relever bien d'autres singularités de pensée et d'expression dans ce Discours; je me hâte d'ajouter que, malgré tout, il réussit fort tant à l'Académie que devant le public; les juges les plus difficiles, en s'accordant à reconnaître « que la langue semblait manquer à tout moment à l'auteur, » le lui passèrent en faveur de ce qu'on appelait l'énergie ou la nouveauté de ses pensées. M. Necker se formera au style en avançant; il écrira mieux; il trouvera sa forme, et ses derniers ouvrages seront véritablement très-distingués. Mais toujours il écrira dans le même goût : toujours il amalgamera la métaphysique et l'image dans des alliances ternes et fatigantes; toujours les esprits vifs et restés encore français seront arrêtés en le lisant, et saisiront un léger ridicule là où lui, si fin, n'en soupçonnait pas. Pour expliquer que Colbert pût supporter avec un mépris patient les injustices des hommes : « Il n'est point irrité par leurs procédés, disait-il, parce qu'il n'en est point étonné; ses yeux *ont fait le tour de l'homme;* il sait les *fruits* qu'il peut porter... » Quand on ne sent pas une fois ce qu'il y a de bizarre dans ces images et dans ces nuances incohérentes, on ne le sentira jamais.

C'est par la même raison, par l'effet d'un tact peu français, que M. Necker assistait dans son propre salon à la lecture que faisait sa femme d'un *Portrait* de lui, écrit en 1787; Portrait où il est célébré sur tous les tons, où le mot de génie est prodigué aussi bien que les comparaisons les plus ingénieuses et les plus recherchées; où, dans une suite disparate de rapprochements et d'images, M. Necker se trouve être tour à tour un tableau vivant, un ange, une substance chimique, un lion, un chasseur, une vestale, un Apollon, un pont majestueux, un chien d'Albanie, une montagne volcanique, une colonne de feu, un nuage, une glace, un foyer, une mine, l'animal qui donne le corail, un des Génies des Arabes, etc. Il écoutait ce Portrait lu par sa femme devant témoins, comme s'il eût été question d'un tiers, et plus tard il le publia lui-même dans les *Mélanges* qu'il donna d'elle en 1798.

Le second écrit de M. Necker, qui eut du succès malgré le choix du sujet ou plutôt à cause du sujet qui était alors de mode, fut son ouvrage *sur la Législation et le Commerce des Grains*, qui parut en 1775; c'était une attaque contre les théories absolues du ministère de Turgot et contre les Économistes qui voulaient une entière liberté d'exportation. M. Necker y rappelait en style peu pratique quelques vérités d'expérience; on a remarqué depuis qu'il y parlait de la propriété et des propriétaires un peu légèrement, et qu'il y présentait ceux qui vivent de leur travail ou les prolétaires comme étant toujours la proie des premiers : « Ce sont, disait-il, des lions et des animaux sans défense qui vivent ensemble; on ne peut augmenter la part de ceux-ci qu'en trompant la vigilance des autres et en ne leur laissant pas le temps de s'élancer. » M. Necker, en s'attaquant à Turgot

« comme n'ayant que le désir et le soupçon de la grandeur sans en avoir la force, » semblait se désigner assez distinctement en plus d'un endroit à titre de ministre bien préférable : « S'il y avait constamment à la tête de l'administration, disait-il, un homme dont le génie étendu parcourût toutes les circonstances; dont *l'esprit moelleux et flexible* sût y conformer ses desseins et ses volontés; qui, *doué d'une âme ardente et d'une raison tranquille,* etc. » Si l'on ne pense pas à soi en parlant ainsi et en décrivant si complaisamment celui qu'on appelle, il y a au moins manque de tact, puisqu'on fait croire à tout le monde qu'on y a pensé. Je n'insisterai pas sur cet écrit dont madame du Deffand disait : « J'ai lu quelques chapitres de M. Necker, j'ai trouvé que c'était un casse-tête; » et dont Voltaire écrivait dans le même temps : « Vous qui parlez, avez-vous lu le livre de Necker, et si vous l'avez lu, l'avez-vous entendu tout courant? »

Le même Voltaire écrivant à l'abbé Morellet et voulant, il est vrai, le flatter comme ami de Turgot et comme adversaire de Necker, relevait dans l'ouvrage une suite de phrases étranges : « Je ne vous dirai point, d'après un beau livre nouveau, que *les calculs de la Nature sont plus grands que les nôtres;* que nous la calomnions légèrement;... qu'un œil vigilant, capable de suivre la variété des circonstances, peut *fonder sur une harmonie* le plus grand bien de l'État; qu'il faut suivre la vérité par un intérêt énergique, *en se conformant à sa route onduleuse,* parce que l'architecture sociale se refuse à l'unité des moyens, et que la simplicité d'une conception est précieuse à la paresse, etc. » Voltaire, dans les extraits qu'il raillait et qu'on vient de lire, arrangeait un peu les phrases; il aurait pu, en étant plus textuel encore et plus fidèle, ne pas rendre le chapelet moins piquant.

L'ouvrage, tel qu'il était, habilement combiné, à demi entendu, à demi lu, et où il y avait de l'oratoire et du sensible entremêlés à la théorie obscure, fit la plus grande impression dans l'état des esprits, et hâta l'avénement de M. Necker au ministère. Ce premier ministère de M. Necker, qui dura cinq années (22 octobre 1776-19 mai 1781), me semble avoir été parfaitement apprécié dans l'*Histoire de Louis XVI* de M. Droz; sans qu'il soit besoin d'adhérer aux éloges peut-être exagérés qu'il accorde à Turgot en tant que ministre, on peut accueillir la mesure de jugement qu'il applique à M. Necker : il rend justice à ses nobles vues, à son désintéressement en matière d'argent, à son zèle pour la réforme partielle des abus, et aux différentes améliorations d'économie et d'humanité qu'il réussit à introduire. En même temps il signale le côté faible de M. Necker, l'amour excessif de la louange, le culte de l'opinion qu'il ne songeait alors qu'à suivre et à satisfaire, sans paraître soupçonner à quel point elle était vaine et mobile. M. Necker est revenu depuis sur ce premier culte qu'il avait voué à l'opinion ; rejetant ses regards en arrière après son second ministère, en 1791, il s'est écrié, avec une sorte de naïveté encore : « Je ne sais trop pourquoi l'opinion publique n'est plus à mes yeux ce qu'elle était. Le respect que je lui ai religieusement rendu, ce respect s'est affaibli, quand je l'ai vue soumise aux artifices des méchants, quand je l'ai vue trembler devant les mêmes hommes qu'autrefois elle eût fait paraître à son tribunal, pour les vouer à la honte et les marquer du sceau de sa réprobation. » Mais, à l'époque de son premier ministère, l'opinion publique en France, dans la haute société, semblait une reine sans tache, et à laquelle un homme d'État, qui voulait le bien, n'avait, pour marcher droit, qu'à se confier sans réserve. Là fut l'illusion de M. Necker, et ce en quoi il parut qu'il n'était qu'un

homme d'infiniment d'esprit, non un véritable grand
ministre. Parmi ses collègues, il en était dès lors de plus
clairvoyants que lui. M. de Vergennes, dans un Mémoire
confidentiel adressé au roi, s'attachant à définir l'espèce
de calme, si difficile à ménager, dont jouissait alors la
France, le caractérisait en ces mots : « Il n'y a plus de
clergé, ni de noblesse, ni de Tiers-État en France; la
distinction est fictive, purement représentative, et sans
autorité réelle. Le monarque parle, tout est peuple, et
tout obéit; » c'est-à-dire que, par suite du relâchement
excessif des pouvoirs, de l'affaiblissement des mœurs et
d'une sorte de dissolution lente et universelle, il n'y
avait plus en France alors de digue véritable et solide
entre la masse entière de la nation et le roi; que les divers corps et ordres de l'État n'avaient plus de force
pour subsister par eux-mêmes et pour résister, le jour
où ils seraient mis sérieusement en question, et qu'il n'y
avait plus qu'un trône debout, au milieu d'une plaine
immense, d'une plaine mobile. Or, qu'était-ce que l'opinion publique dans un pareil État? Un souffle vague,
qui, tant qu'il était favorable et doux, donnait l'idée du
calme de l'Océan, mais qui, dès qu'il s'égarerait et s'irriterait, devait soulever la tempête.

M. Necker, en présence de cette opinion dont il ne se
défiait pas, songeait sans doute avant tout à faire le
bien, à condition qu'il le ferait à son plus grand honneur personnel et à sa plus grande gloire. En publiant
son fameux *Compte rendu au Roi* (janvier 1781), et en
appelant ainsi, lui ministre, tout le public à discuter
ces matières difficiles, il ne put résister à l'idée de se
glorifier lui-même et de se féliciter de ses premiers succès plutôt que de s'appliquer à les poursuivre en silence
et à les consolider pour l'avenir. Il se plaisait à se présenter, dès les premières lignes de ce *Compte rendu*,
comme un homme de renoncement et de sacrifice; il

était capable de bien des sacrifices en effet, excepté de celui de la louange qu'il avait à en recueillir.

Sorti du ministère où il ne devait rentrer que sept ans plus tard et quand les circonstances seraient trop fortes pour lui, il continua de vivre dans la société, au milieu d'une faveur et d'une adulation presque universelles (1). Il écrivit d'abord sur l'administration et sur la politique; mais bientôt, cherchant dans ses instincts méditatifs une diversion plus haute et plus vaste aux ennuis de l'inaction, il fit son livre *de l'Importance des Idées religieuses* et combattit les fausses doctrines répandues autour de lui. Dans l'intervalle, il avait eu l'idée d'écrire sur les hommes et sur leurs caractères en société, et, quoiqu'il n'ait laissé sur ce sujet que des remarques éparses et des fragments de Pensées, il s'y est assez bien peint par un côté imprévu pour que j'y insiste ici. M. Necker moraliste est un écrivain très-fin, très-piquant, et trop oublié.

Pour bien connaître les hommes, pensait-il, il faut avoir traversé trois états de la vie absolument différents : « l'état d'infériorité qui vous donne le besoin de plaire aux autres, le besoin de les étudier; l'état d'égal à égal, qui vous appelle à les connaître dans toute la liberté de leurs passions; l'état de supériorité qui vous donne l'occasion de les observer dans leur marche circonspecte, dans leurs tâtonnements et dans leurs

---

(1) Le mot d'adulation n'a rien de trop. L'enthousiasme que M. Necker excitait chez ses admirateurs tenait de l'esprit de secte. On vit la douce et jolie duchesse de Lauzun, celle même que nous avons vue précédemment (*tome IV des Causeries*) si timide de manières et si effarouchée, s'attaquer dans un jardin public à un inconnu qui parlait mal de M. Necker peu après son renvoi, et s'oublier jusqu'à lui dire des injures. Le comte de Crillon disait un jour à M. d'Allonville: « Si l'univers et moi professions une opinion, et que M. Necker en émît une contraire, je serais aussitôt convaincu que l'univers et moi nous nous trompons. »

manéges. » Il croyait remplir ces trois conditions parfaitement, et avoir observé l'homme dans toutes les perspectives. Mais il semble, à la manière dont il en parle, qu'il ne l'avait observé que de haut.

Quoique le *moi* soit un sujet de conversation interdit, il pensait pourtant que « c'est le seul que la plupart des hommes aient bien étudié, le seul où ils aient fait des découvertes; » et il disait comme Montaigne, avec quelque variante : « Laissez-les vous confier l'opinion qu'ils ont d'eux-mêmes, et ils vous amuseront plus qu'en répétant, après tant d'autres, les lieux communs de la vie. » — « C'est de leur chose, pensait-il encore, de leurs intérêts, de leur vanité régnante qu'il faut les entretenir, si l'on veut voir leurs traits s'animer, leur voix s'accentuer, leurs bras se débattre, si l'on veut faire aller le pantin et jouir de ses mouvements. »

Les Pensées de M. Necker ne ressemblent ni aux Maximes de La Rochefoucauld ni aux Pensées de Vauvenargues; elles n'ont ni la généralité ni la grandeur, excepté quelques-unes qui semblent plutôt des chapitres détachés et qui iraient aussi bien dans un ouvrage de morale ou de religion. Ses remarques proprement dites sont plus particulières; elles sont faites en société, et en songeant à tel ou tel cas particulier. Ce sont des pensées-anecdotes, si je puis dire; on sent qu'il y a là-dessous un ou plusieurs noms propres, qu'il a sous-entendus; par exemple :

« On pourrait se former une idée du principal caractère d'un homme en remarquant seulement les mots parasites qui lui échappent habituellement. *Franchement* est un mot souvent employé par une personne dissimulée, *sans façon* par un homme exigeant. Le flatteur dit à tout propos, *on peut me croire*; l'homme méticuleux, *parlons net*; le pointilleux, *qu'importe?* On pourrait, en s'amusant, varier beaucoup ces exemples. J'ai connu un long discoureur qui, voulant cacher son défaut aux autres et à lui-même, disait *enfin* dès la première phrase. »

Bon de cœur, mais dédaigneux et peu indulgent d'esprit, très-subtil et très-nuancé d'observation, il avait beaucoup réfléchi sur les sots dont, selon lui, la race foisonne en cet univers. Il pensait qu'il était difficile à chacun d'avoir de soi-même l'opinion qu'il en doit avoir :

> « Les hommes qui ont une parfaite opinion d'eux-mêmes sont des heureux ridicules. Les hommes qui se querellent sans cesse sont des infortunés estimables. On observe difficilement un juste milieu. Il faudrait se regarder à distance et se juger sans amour, sans aigreur, et comme une simple connaissance. »

Même en se jugeant de la sorte et à titre de simple connaissance, il semble que M. Necker n'ait jamais été mécontent de lui.

Le petit Essai de sa façon qu'il intitula *le Bonheur des Sots* circula dans la société au dix-huitième siècle et y fut extrêmement goûté. Bien des gens, aujourd'hui, qui sont brouillés avec M. Necker pour ses ministères, se réconcilieraient avec lui, s'ils lisaient ce piquant Essai où un homme réputé grave se montre aussi fin persifleur que pouvait l'être Rulhière. Ils apprendraient à y connaître un M. Necker qui n'était pas du tout ennuyeux. M. Necker pose en principe que, « pour être heureux, il faut être un sot. » La sottise, selon lui, est comme ce premier vêtement de peau que Dieu fit à Adam et à Ève avant de les chasser du Paradis : « Cette robe de peau qui doit couvrir notre nudité, ce sont les erreurs agréables, c'est la douce confiance, c'est l'intrépide opinion de nous-mêmes ; dons heureux auxquels notre corruption a donné le nom de sottise, et que notre ingratitude cherche à méconnaître. » Et il énumère tous les trésors qui y sont renfermés. Par exemple, le sot n'acquiert jamais d'expérience ; il vivrait deux cents ans, que la nature serait pour lui toujours jeune et pleine de fraîcheur ; il ne lie pas ses idées ; il va et court à travers tout, le dernier jour comme le premier ; il est jusqu'à la fin dans l'imprévu et dans le bonheur de l'enfance. Autre bonheur : un sot ne doute jamais ; il n'est jamais assailli par la multitude des idées et des points de vue, ni en proie à l'indécision, ce tourment des gens d'esprit. Le caractère distinctif de la sottise est de prendre toujours les limites de sa vue pour les bornes de ce qui est. On devine le parti qu'une plume froidement railleuse a pu tirer de ce canevas. Tout cela est dit en persiflant et avec ironie bien plus qu'avec gaieté. Dans un piquant post-scriptum, M. Necker remarque qu'il y a pourtant un demi-degré de sottise qui rend très-malheureux ceux qui l'ont reçu en partage : les sots qui soupçonnent qu'ils pourraient bien l'être un peu, les sots *qui s'entrevoient* sont aussi malheureux que *les sots d'abondance* le sont peu. Malgré cette restriction qui ne vint qu'après coup, la théorie générale subsiste, et il y a décidément un proverbe qui manque : *Heureux comme un sot*. Ce joli chapitre, qui tient de Fontenelle et de Marivaux encore plus que de La Bruyère, amusa beaucoup au dix-huitième siècle, et chacun crut y reconnaître son voisin. Après l'avoir lu, il reste toujours une difficulté pour moi : comment concilier chez l'auteur une si fine et, au fond, une si méprisante description de la sottise réputée par lui presque universelle depuis Adam, avec ce grand respect pour l'humanité en masse et avec ce culte si continuel de l'opinion présente ? Je sais que M. Necker ne prétendait relever que de la Chambre haute de l'opinion, mais est-ce que la sottise, telle qu'il l'entendait, n'y pénétrait pas tout comme ailleurs ?

Il est un chapitre de M. Necker moraliste qui me semble aujourd'hui à préférer à son *Bonheur des Sots*, ou du moins qui est plus intéressant pour nous : c'est

un *Fragment sur les usages de la société française en 1786.*
Imaginez un petit tableau à la plume, le plus fini, le plus pointillé, le plus chinois pour la minutieuse exactitude, et qui nous rend les diverses nuances de politesse, de cérémonie et d'égards dans le grand monde du règne de Louis XVI, tout à la veille de la Révolution. Là où l'opinion supprimait l'étiquette et affectait déjà de dire qu'il n'y avait plus de rangs, le grand art et le comble de l'habileté était de les maintenir et de les observer par une gradation de manières presque imperceptible : c'est ce que M. Necker appelle la *Législation des sous-entendus,* et il trouve des expressions pour nous la traduire :

> « ... La souveraine habileté d'une maîtresse de maison, et peut-être son plaisir, si elle est en même temps grande dame, c'est de laisser voir qu'elle entend toutes ces différences, mais de le faire avec délicatesse, afin de ne donner à personne un juste sujet de plainte. Une grande dame qui tient cercle a toujours une place marquée vers un des coins de sa cheminée; son fauteuil, d'une structure particulière, doit paraître simple, mais commode, afin d'admettre en supposition qu'elle ne dérange rien à ses habitudes. Un métier de tapisserie, qu'on peut avancer ou reculer sans peine, est habituellement devant elle, et ses bras posés sur une tenture toujours commencée, afin qu'on n'y aperçoive aucun motif, elle passe et repasse une aiguille avec une noble nonchalance. Ce métier dispense la maîtresse de la maison de se lever entièrement ou de le faire trop vulgairement lorsque des personnes nouvelles entrent dans son appartement pour lui rendre visite. Il y a des exceptions cependant, mais fort rares, et c'est alors un grand honneur réservé ou aux princes du sang, ou aux femmes étrangères de la première distinction, ou aux généraux qui viennent de gagner une bataille, ou à un ministre en crédit, à la condition cependant pour celui-ci, qu'il soit assez considéré pour laisser en doute si ce n'est pas à son mérite seul qu'on rend hommage. On fait aussi un accueil particulier, mais de simple prévenance, aux personnes d'une existence incertaine dans le monde, et qu'on veut rassurer; mais, si elles s'y méprennent, une interrogation d'un ton détaché, et se terminant en accent aigu, les avertit qu'elles ont pris trop tôt de la confiance... »

La manière d'entrer dans un salon, et cette façon dont chacun séparément s'étudie à prendre le rang et l'attitude qu'il croit lui convenir, ne sont pas rendus par M. Necker avec moins de distinction et de délicatesse :

> « Je choisirai toujours les femmes pour exemple, dit-il, parce qu'elles sont plus particulièrement destinées à la garde des vanités, et que les hommes semblent eux-mêmes l'avoir voulu ainsi. Elles ont, dès leur entrée dans un salon, une manière de saluer, une manière de s'asseoir, une manière de regarder autour d'elles, qui désigne déjà leur degré de confiance, et ce qu'elles pensent de leur proportion avec les autres. Elles s'expliquent aussi par une sorte de traînement ou de langueur dans la voix, et par un *laisser-aller* plus ou moins prononcé ; et, quand elles veulent montrer divers genres d'égards, elles savent tout exprimer par le mode varié de leur révérence ; mode qui s'étend par des nuances infinies, depuis l'accompagnement d'une seule épaule, qui est presque une impertinence, jusqu'à cette révérence noble et respectueuse que si peu de femmes, même de la Cour, savent bien faire. Ce plié lent, les yeux baissés, la taille droite, et une manière de se relever en regardant alors modestement la personne, et en jetant avec grâce le corps en arrière ; tout cela est plus fin, plus délicat que la parole, mais très-expressif comme marque de respect. »

Il y a encore le moment où l'on passe du salon dans la salle à manger qui est une épreuve périlleuse, et qui devient le signal du grand conflit pour les amours-propres : il est merveilleusement décrit. Ceux qui seraient curieux de lire en entier ce petit chapitre le trouveront au tome XV des Œuvres de M. Necker. Il a saisi et rendu ces détails de société avec la curiosité du physicien qui observerait le phénomène de la rosée ou celui de la cristallisation, ou comme le Génevois Huber observait les abeilles ; un Français n'aurait pas eu l'idée de considérer ni de décrire de la sorte les choses de son propre monde. La langue, cette fois, a servi l'écrivain observateur avec une précision rare ; il était en face de son objet, et il a fait son dessin trait pour trait. — Il me semble que j'ai donné aujourd'hui, et pour commencer, un M. Necker assez diversifié ; je n'ai pas encore achevé de *faire le tour de l'homme,* pour parler son langage.

Lundi, 31 janvier 1853

# M. NECKER

(fin.)

On a beau dire, il y a du regret à n'être plus ministre, surtout quand on l'a été comme l'était M. Necker en son premier ministère, au milieu de la faveur publique et de l'applaudissement. Marmontel, au moment où il apprit la disgrâce de M. Necker, était à Saint-Brice; il courut à Saint-Ouen pour l'y visiter, lui et surtout madame Necker, à laquelle il avait voué beaucoup de vénération. Il passa toute la soirée seul avec eux et avec un frère de M. Necker : « Ni le mari ni la femme, dit-il, ne me dissimulèrent leur profonde tristesse. Je tâchai de la diminuer en parlant des regrets qu'ils laisseraient dans le public, et de la juste considération qui les suivrait dans leur retraite; en quoi je ne les flattais pas. « Je ne regrette, me dit M. Necker, que le bien que j'avais à faire, et que j'aurais fait si l'on m'en eût laissé le temps. »

Les divers ouvrages que M. Necker composa dans les années qui suivirent (1781-1788), portent la marque de cette sensibilité tendre et vive qu'il ne prend pas le soin de dissimuler. C'est pour se distraire, pour chercher à soulager et à remplir son âme, qu'il conçut son travail estimable contre les athées, les incrédules du temps et les railleurs, et qu'il intitula : *De l'Importance des Opinions religieuses* (1788) : « Mes pensées, dit-il, ne pouvant plus s'attacher à l'étude et à la recherche des vérités qui ont l'avantage politique de l'État pour objet; mon attention ne devant plus se fixer sur les dispositions particulières de bien public qui sont nécessairement unies à l'action du Gouvernement, je me suis trouvé comme délaissé par tous les grands intérêts de la vie. Inquiet, égaré dans cette espèce de vide, mon âme, encore active, a senti le besoin d'une occupation. » Entre toutes celles qui pouvaient convenir à une âme élevée, à un homme public jeté avant l'heure dans la retraite, il n'en était point de plus digne assurément que de considérer l'idée religieuse dans ses rapports essentiels avec le maintien de la société. M. Necker avait compris quelque chose de l'immense danger social qui était prêt à sortir de toutes les doctrines irréligieuses du dix-huitième siècle, et il venait montrer les avantages publics de la religion, l'appui efficace, l'achèvement qu'elle seule apporte à l'ordre général, en même temps qu'il parlait avec persuasion du bonheur intime et de la consolation intérieure qu'elle procure à chacun. L'ouvrage de M. Necker caractérise bien l'époque de Louis XVI et cette espèce de réaction modérée et sentimentale qui s'y manifestait contre les excès de l'école encyclopédique; cet ouvrage est bien le contemporain des *Études de la Nature* de Bernardin de Saint-Pierre, et de l'*Anacharsis* de l'abbé Barthélemy L'Académie française, bien que M. Necker réfutât l'idée d'un *Catéchisme* purement moral qu'elle venait de proposer, lui décerna le prix récemment fondé pour l'ouvrage le plus utile aux mœurs. Rivarol, qui n'était pas encore mûri par l'expérience, riposta à l'ouvrage de M. Necker par deux Lettres très-vives, très-hardies, où il s'arme de la méthode de Pascal, mais à mauvaise fin, et pour en venir à des conclusions ouvertement spinosistes et épicuriennes. M. Necker, dans son déisme théologique, s'avançait avec ménagement et précaution comme médiateur entre la philosophie et le sacerdoce; il admettait les religions révélées, mais sa qualité de protestant, et son désir d'éviter toute discussion intérieure au Christianisme, le forçaient à se tenir dans la généralité et dans le vague. Rivarol profite de cette indécision apparente; il le serre de près, et lui propose, pour l'embarrasser, ce dilemme connu, qui se résume en deux mots. *Tout ou rien!* Ce qu'on peut répondre à Rivarol, c'est que lui-même, quelques années après, éclairé par l'esprit encore plus que par le cœur, il prenait soin de se réfuter en rendant hommage à son tour aux doctrines religieuses et conservatrices. La vivacité de sa polémique dans le premier moment était déjà un succès pour l'ouvrage qu'il attaquait. A l'instant où il parut, le livre de M. Necker en eut un d'un autre genre, et plus digne de son objet. Buffon, malade de sa dernière maladie, se faisait lire l'Introduction, et, deux jours avant sa mort, il dictait à son fils une lettre adressée à madame Necker, et dans laquelle il remerciait magnifiquement l'auteur. Buffon n'a rien écrit ni rien lu depuis ce moment, et ce fut l'honneur du livre de M. Necker d'avoir tiré de cette grande intelligence les dernières paroles où il salue l'idée du souverain Être et de l'immortalité.

Un des points qui préoccupent le plus M. Necker dans son ouvrage, c'est de faire voir ce qui peut, dans l'ordre actuel de la société, réconcilier le pauvre avec le riche; le prolétaire avec le propriétaire, celui qui vit de son salaire de chaque jour avec « les dispensateurs des subsistances. » Il a, sur ce sujet, de l'inégalité moderne comparée à l'antique esclavage, des paroles plus énergiques qu'on ne l'attendrait de lui. Or, cette idée heureuse et réparatrice, qui remet jusqu'à un certain point l'équilibre, il ne peut la découvrir que dans une obligation de bienfaisance d'une part, de patience et de soumission de l'autre, dans un esprit général de charité mis en recommandation parmi les hommes. Il démontre sous toutes les formes, et par une quantité de considérations prises dans le cœur humain, que la morale religieuse vient sans cesse au secours de la législation civile : « Elle parle un langage que les lois ne connaissent point ; elle échauffe cette sensibilité qui doit devancer la raison même ; elle agit, et comme la lumière et comme la chaleur intérieure ; elle éclaire, elle anime, elle s'insinue partout ; et ce qu'on n'observe point assez, c'est qu'au milieu des sociétés cette morale est le lien imperceptible d'une multitude de parties qui semblent se tenir par leurs propres affinités, et qui se détacheraient successivement, si la chaîne qui les unit venait jamais à se rompre. » Son livre est rempli de vues élevées ou fines, mais sous forme un peu compacte ; il est fait pour être lu et médité par des hommes de pensée et de réflexion plutôt que par l'ordinaire du public ; il n'a rien qui se détache ni qui frappe ; l'auteur continue d'être abstrait, tout en sentant que l'abstrait ne prend point et n'est pas le plus court chemin pour arriver à l'effet qu'il désire. Une fois ou deux, il essaie du tableau, comme lorsqu'il veut rendre l'impression que fait la vue des invalides prosternés aux pieds des autels ; mais M. Necker n'est pas peintre, et il faut attendre, pour le réveil et le triomphe des images chrétiennes, que Chateaubriand soit venu. Ce qu'a M. Necker en matière religieuse, c'est la sincérité parfaite, c'est l'onction, un sentiment profond et persuasif qui passe dans ses paroles, et qui remplace souvent la métaphysique par une morale touchante. Aux bons endroits, il a quelque chose d'un sermonnaire ému. Au moment où Mirabeau agitait déjà sa Provence, et où le signal des États Généraux résonnait dans l'air : « Quel temps, je le sais bien, s'écriait en finissant M. Necker, quel temps je suis venu prendre pour entretenir le monde de morale et de religion! et quel théâtre encore que celui-ci, pour une semblable entreprise!... Chacun est autour de sa moisson ; chacun vit dans son affaire; chacun est englouti dans l'instant présent. » Et il revenait sans cesse sur sa situation personnelle et sur ses peines sensibles :

« Ah! plus on a connu le monde, ses fantômes et ses vains prestiges, plus on a senti le besoin d'une grande idée pour élever son âme au-dessus de tant d'événements qui viennent la décourager ou la flétrir. Courez-vous après les honneurs, après la gloire, après la reconnaissance, partout il y a des erreurs, partout il y a des mécomptes... Si vous laissez votre vaisseau dans le port, les succès des autres vous éblouissent ; si vous le mettez en pleine mer, il est battu par les vents et par la tempête : l'activité, l'inaction, l'ardeur et l'indifférence, tout a ses peines ou ses déplaisirs... Rien n'est parfait que pour un moment... »

Tout ce motif est développé avec bonheur, et vraiment comme l'eût fait un Bourdaloue. Il en concluait qu'il fallait recourir « aux idées immuables, » à celles qui « conviennent également aux moments de triomphe et aux jours de défaite, aux temps de la fortune et à ceux de l'adversité. » Il définissait l'idée chrétienne « la plus heureuse des persuasions et la plus sublime des pensées. » M. Necker écrivait ce dernier chapitre de son ouvrage dans la disgrâce et dans l'exil sous Calonne; il le publiait et le voyait couronné au moment du retour et quand il rentrait au ministère.

J'ai prononcé le mot de *sermonnaire;* c'est celui qui convient le mieux au genre de talent que déploie M. Necker dans cet ordre d'idées et de méditations religieuses. Il le sentait si bien que, vers la fin de sa vie, en 1800, il publia un *Cours de Morale religieuse* divisé en

Discours qui sont censés adressés par un pasteur à son troupeau. Je recommande particulièrement celui *de l'Union conjugale*, qui est plein de sentiment et de beauté. Je trouve, dans les dernières pensées de M. Necker, des élans d'espérance qui arrivent à une sorte d'éclat d'expression : « Il y a quelque secret magnifique caché derrière cette superbe avant-scène qui forme le spectacle du monde. » — « Nous ne croirons pas que notre imagination s'élance au delà des temps pour nous fournir un simple jouet; nous ne valions pas la peine d'être trompés, de l'être avec tant d'éclat, si nous ne devions avoir qu'une existence éphémère. »

Par ces divers travaux religieux dans lesquels il a soigneusement évité de marquer les points qui auraient fait sentir un désaccord avec l'Église catholique, M. Necker, on le voit, est un des précurseurs les plus honorables du grand mouvement qui éclata au commencement du dix-neuvième siècle, et son Recueil de Discours ne précéda que de deux années le *Génie du Christianisme*. Il y aurait, si j'en avais la place, à faire ici une comparaison comme celle que j'ai déjà faite de Chateaubriand à l'abbé Barthélemy. Si Chateaubriand, en effet, comprit et peignit la Grèce avec un éclat qui était inconnu au savant abbé antiquaire, il comprit et peignit également le Christianisme catholique avec un à-propos de splendeur et de poésie que ne pouvait espérer d'atteindre la plume de l'estimable ministre de Louis XVI. Il y aurait entre eux un parallèle à établir, dans lequel la question de sincérité serait hors de cause. Certes, M. Necker, dans la teneur morale de sa vie, doit sembler plus d'accord avec ses doctrines religieuses que ne le fut avec les siennes le brillant et fragile auteur de tant d'écrits passionnés : mais l'idée du *Génie du Christianisme* (je le prouverai un jour par une pièce décisive que j'ai été assez heureux pour rencontrer) fut sincère à l'origine et réellement conçue dans les larmes d'une pénitence ardente, bien que trop tôt distraite et dissipée. Cette première inspiration fut suffisante à l'artiste pour le soutenir de loin ensuite dans l'exécution de son œuvre; le reste lui vint de son génie littéraire et de son pinceau, de ce don divin de l'imagination qui avait été refusé à ses devanciers. Ce n'est qu'à ce prix qu'il est donné à quelques-uns d'agir en un instant sur tous les hommes. M. Necker intervient dans la guerre ouverte entre les incrédules et les intolérants de tout genre dont il était environné, comme un médiateur honnête, sensé, sincère, éloquent même à la longue, si l'on consent à l'écouter; il dira de toutes les manières à ceux qu'il s'efforce de ramener : « Un homme sage ne se permet jamais de semer la tristesse et le découragement, pour la ridicule vanité de se montrer un peu élevé au-dessus des opinions communes, ou pour le plaisir de faire des distinctions plus ou moins ingénieuses sur quelques parties de la religion établie. » Il dira encore : « Je souhaiterais que les hommes d'un esprit étendu, et qui découvrent mieux que personne comment tout se tient dans l'ordre moral, n'attaquassent jamais qu'avec prudence, et dans un temps opportun, tout ce qui communique de quelque manière avec les opinions les plus essentielles au bonheur. » De telles paroles font estimer celui qui les profère, mais elles agissent peu. Chateaubriand ne traita pas de la sorte ceux qui riaient, il les attaqua; il reprit l'offensive et parut dans la lice à la française, en combattant. Il ne parla point vaguement d'*opinions* religieuses, il montra la Croix. Il se remit en marche vers la Jérusalem de la religion et de la poésie, le casque en tête et le glaive à la main, comme un des chevaliers du Tasse, et non sans se laisser aussi surprendre en chemin par les enchantements; il entra dans la Cité sainte reconquise par l'arc de triomphe ou par la brèche (je ne sais trop), mais en plein soleil, tandis que M. Necker ne se dégage jamais entièrement de sa colonne de brouillard obscur. Et à ceux qui voulaient des images douces, Chateaubriand avait, à pleines mains, à en offrir de telles, de charmantes et de parlantes toujours : on lut le chapitre *des Rogations*, et l'on pleura.

Un de ses amis que j'aime à citer souvent parce qu'en bien des cas il a rendu des jugements définitifs sous une forme qu'on ne retrouverait plus, M. Joubert, platonicien de pensée, et placé au meilleur point de comparaison entre les deux écoles, a dit :

« Les Necker et leur école : — Jusqu'à eux on avait dit quelquefois la vérité en riant ; ils la disent toujours en pleurant, ou du moins avec des soupirs et des gémissements. A les entendre, toutes les vérités sont mélancoliques. Aussi M. de Pange m'écrivait-il : « *Triste comme la vérité.* » Aucune lumière ne les réjouit ; aucune beauté ne les épanouit ; tout les concentre. »

Et pour être juste, il ajoute aussitôt :

« Le style de M. Necker est une langue qu'il ne faut pas parler, mais qu'il faut s'appliquer à entendre, si l'on ne veut pas être privé de l'intelligence d'une multitude de pensées utiles, importantes, grandes et neuves. »

Arrivons au ministre maintenant, c'est-à-dire à l'homme moral dans le ministre, et connaissons-le. M. Necker, en rentrant dans la politique, conserve toute son honnêteté et sa pudeur première, mais il retrouve sa susceptibilité, sa *fière raison*, son *cœur orgueilleux* (c'est lui qui les nomme ainsi), ce dédain qu'il oublie aisément dans une méditation solitaire et tranquille, mais qui se réveille en présence des hommes. Sa carrière politique se partage nettement en deux parties. Dans son premier ministère, qui dura cinq ans (1776-1781), il lutte contre les courtisans et contre les abus, et il tombe, il se retire par roideur et faute d'adresse devant le vieux Maurepas, qu'il ne s'agissait que d'user et de laisser mourir. Dans son second et son troisième ministère, qui durent en tout deux ans (août 1788 — septembre 1790) et qui sont séparés par un court exil, par un retour triomphant et par la date ineffaçable du 14 Juillet, dans ces deux derniers ministères qui n'en font qu'un, sachant désormais assez bien à quoi s'en tenir sur la Cour et les courtisans, M. Necker n'est pas revenu de son opinion sur le peuple et sur le gros de la nation : il transporte de ce côté son illusion et sa confiance; il se fait l'idée d'une nation tout aimable, sensible, aisée à conduire et à ramener, sans corruption et sans vices, et il ne perd cette idée qu'à la dernière extrémité. Tombé cette fois devant l'Assemblée constituante et devant Mirabeau, il s'écrie encore, en revenant sur les moyens termes qu'il avait imaginés pour procurer le salut de la France, et en les opposant à ce qui a prévalu : « Quels moyens on a préférés! tandis qu'avec *un peu* de retenue dans ses systèmes, avec *un peu* d'égards envers les opprimés, avec *un peu* de ménagement pour les antiques opinions, surtout avec *un peu* d'amour et de bonté, c'est par des *liens de soie* qu'on eût conduit au bonheur toute la France. » Il écrivait cela à Coppet en 1791. A cette date, il croit encore qu'avec tous ces *un peu* combinés ensemble et acceptés de tous, on eût fait face au torrent, et qu'on l'eût transformé et dirigé en un canal tranquille.

Il y a un écrit de M. Necker qui le donne à connaître à fond comme homme et comme politique, c'est l'apologie de son administration écrite par lui-même en 1791, aussitôt après sa retraite en Suisse et avant que la Révolution ait produit ses derniers excès. Cet écrit, peu lu, équivaut à une confession. L'auteur, encore tout ému de sa chute et de l'ingratitude de l'Assemblée, ne prévoyant pas que, dans les malheurs qui s'apprêtent à fondre sur toutes les têtes, cette retraite prématurée deviendra pour lui un salut et un bienfait, l'auteur se laisse aller à toutes ses pensées; il nous livre son âme au vif, toute saignante et gémissante; il la montre dans sa sensibilité, dans ses étonnements, dans ses douleurs de tout genre, dans ses passions naturelles, honnêtes, droites, humaines et un peu débonnaires. Il n'aurait pas osé parler ainsi deux ans plus tard, après 1793; car il était certes un des privilégiés du sort; mais, en 1791, il se croyait une victime choisie entre tous, et il gémissait. Pour mettre sa sensibilité plus à son aise, par un singulier et subtil accommodement il supposait que c'était d'un autre que lui qu'il parlait : « C'est d'*un moi* que je parle, et non pas *de moi*; car, loin des hommes, au pied des hautes montagnes, au bruit d'une onde monotone qui ne présente d'autre idée que la marche égale du temps, et sans autre aspect qu'une longue solitude, une retraite silencieuse que bordent déjà les ombres d'une éternelle nuit, je n'ai plus de rapport avec ce ministre naguère emporté par les événements, agité par les passions du monde, et sans cesse aux prises avec l'injustice; je n'ai plus de rapport avec lui que par les émotions d'une âme sensible... » Il revient à chaque instant, avec des cris de David ou de Job, sur cette calamité, qui véritablement n'était pas si grande qu'il le supposait : « Quelquefois seulement, au pied de ces montagnes où l'ingratitude particulière des représentants des Communes m'a relégué, et dans les moments où j'entends les vents furieux s'efforcer d'ébranler mon asile, et renverser les arbres dont il est environné, il m'arrive alors peut-être de dire comme le roi Lear : « *Blow, winds,*... Soufflez, vents impétueux ! livrez-vous à votre fureur, je ne vous accuse point d'ingratitude, vous ne me devez point votre existence, vous ne tenez point de moi votre empire! » — D'où il s'ensuivait que l'Assemblée nationale lui *devait son existence*, qu'elle avait reçu uniquement de lui *son empire*, et qu'elle était une fille ingrate et dénaturée autant que les filles du roi Lear; pauvre vieux roi, un peu plus errant toutefois que ne l'était M. Necker, et tout à fait sans asile! Dans l'agitation lyrique de son cœur, M. Necker, à ce moment, ne trouve aucune image au-dessus de sa situation personnelle; au milieu de tous ces reproches d'ingratitude qu'il exhale, il lui semble encore qu'il use de clémence : « Comme le Prophète, après être venu sur la montagne *pour maudire*, je ne voulais y rester que *pour bénir*. »

Un si grand tumulte de cœur, dans une situation qui était véritablement amère et cruelle, dépasse pourtant ce qu'on a droit d'attendre d'un homme d'État ferme, et qui a mesuré d'avance les chemins par où il faut passer : c'est qu'aussi M. Necker n'était rien moins que cet homme d'État, et il est le premier à nous le dire. Laissons les détails à l'historien. M. Necker fit-il bien de louvoyer, comme il fit, aux approches des États Généraux? de rappeler encore une fois les Notables, et de les laisser discuter sur les formes de la représentation prochaine, au lieu d'avoir dès le premier jour un plan arrêté? Fit-il bien d'attendre si longtemps avant de se déclarer pour la double représentation du Tiers-État? de laisser l'Assemblée s'ouvrir, sans faire prendre au roi l'initiative des mesures en litige? de laisser aux Ordres le temps de s'irriter dans des discussions préliminaires qu'on eût pu trancher? Fit-il bien de repousser dès cette première heure critique, par son accueil dédaigneux, les avances sincères de Mirabeau? Eut-il tort ou raison de ne point assister à la séance royale du 23 juin, où le roi tint un discours qu'il désapprouvait? Laissons toutes ces questions et bien d'autres, d'où il ne sortirait rien que de trop lent et de trop indirect pour nous;

mais écoutons-le lui-même dans son apologie et dans ses aveux. Il est très-vrai qu'au commencement de 1789 il se trouva placé, *comme il le dit,* entre le trône et la nation, et investi de la double confiance de l'un et de l'autre, au milieu des difficultés les plus grandes où jamais ministre ait eu à se prononcer. Sa prétention singulière et qui le juge déjà, c'est de n'y avoir commis *aucune faute :* « Dans une pareille situation, dit-il, et au milieu des plus ardentes passions, au centre de toutes les inimitiés et de toutes les haines, il y avait occasion chaque jour de faire quelque faute, et quelque faute d'un genre éminent. C'est une réflexion que j'ai souvent faite avec les autres ministres du roi; et, quoique mon caractère soit malheureusement inquiet, quoique toute ma vie j'aie porté mes regards en arrière pour me juger encore dans les choses passées, quoique mon esprit se soit ainsi chargé de toute la partie des remords dont ma conscience n'eut jamais que faire, *néanmoins, et à mon propre étonnement, je cherche en vain à me faire un reproche.* » Voilà un résultat surprenant en effet, et qui, si j'osais le rappeler, est propre encore à caractériser l'espèce tout entière des esprits doctrinaires après leur chute. L'État se fût-il abîmé après eux, et en partie par eux, croyez-le bien, ils n'ont jamais fait aucune faute; ils n'ont pas un reproche à se faire, et, la main sur le cœur et la tête haute devant Dieu, ils le jureraient. Chez M. Necker, le premier, le mieux intentionné et le plus innocent de tous, cette intrépidité de conscience et cette certitude d'impeccabilité s'alliaient avec un coin de bonhomie (1). Beaucoup de gens ont parlé après lui de l'ac-

(1) Avant ses dernières luttes, et dans son livre sur les *Opinions religieuses,* M. Necker s'était exprimé plus modestement : « Qui pardonnera donc l'erreur, demandait-il, si ce ne sont pas des hommes qui se trompent sans cesse ? Hélas ! si la justesse de l'esprit, si la perfection de la raison, si l'exactitude du jugement étaient les seuls titres

cord parfait de la morale et de la politique; il n'en parlait pas seulement, il y croyait, et s'y astreignait aussi scrupuleusement que possible en toute circonstance; mais il entendait cette morale au sens strict et particulier de l'homme de bien agissant dans la sphère privée. Je citerai de lui une page des plus curieuses et décisive, qui le classe, ce me semble, comme politique. Il s'agit de savoir si, l'Assemblée nationale une fois convoquée, il fallait s'abstenir d'influer sur les membres qui offraient prise par quelque côté; et il y en avait beaucoup plus qu'on ne pense dans cette première Assemblée, sans compter Mirabeau. Fallait-il donc, par un scrupule que ne partageait pas le très-honnête M. de Montmorin, collègue de M. Necker, négliger absolument de rattacher ces membres nombreux à la cause royale?

« Je m'étais expliqué avec Sa Majesté, dit M. Necker, de la manière la plus claire et la plus positive sur les avantages et les désavantages de mon caractère; et, lors d'une conférence qui se tint dans le cabinet de Sa Majesté vers l'époque de la convocation des États Généraux, et où les principaux ministres assistèrent, je me souviens d'avoir été conduit, par le mouvement de la discussion, à dire devant le roi qu'aussi longtemps qu'*un esprit sage, un caractère honnête, une âme élevée* pourraient influer sur l'opinion, je serais peut-être un ministre aussi propre à servir l'État que personne; mais que, si jamais le cours des événements exigeait un *Mazarin* ou un *Richelieu*, ce furent mes propres expressions, dès ce moment-là je ne conviendrais plus aux affaires publiques. Et en effet, les hommes ont chacun leur nature, et plus cette nature est fortement appropriée à de certaines circonstances, moins elle est applicable à toutes indistinctement... Que l'on me place au milieu d'hommes encore susceptibles de raison et de sensibilité, je ferai, je le crois, quelque impression sur eux, et peut-être je mériterai d'être choisi pour un de leurs guides; mais, s'il faut les tromper, s'il faut les

à la bienfaisance céleste, il n'est aucun de nous qui ne dût détourner à jamais ses regards de toute espérance. » Mais ce mouvement d'humilité dans la solitude ne tenait pas en présence des hommes; le naturel revenait vite, et il n'y avait plus rien de la modestie, ni même de ce que le bon sens conseille jusque dans l'expression de la fierté.

corrompre, ou bien s'il faut les environner de chaînes, s'il faut imposer sur leurs têtes un joug d'airain, je ne suis plus l'homme d'un tel ministère; il faut alors chercher un *Mazarin*, trouver un *Richelieu*. »

Je conçois encore qu'on parle avec cette légèreté de Mazarin, dont la réputation historique, à cette date, n'était pas rétablie encore; mais s'exprimer avec ce dédain naïf sur Richelieu, dire avec satisfaction et en redressant la tête : « S'il vous faut un Richelieu, trouvez-le ailleurs, ce n'est pas moi; » cela juge le politique en M. Necker.

Il était fait, dans l'ordre habituel et régulier d'un régime représentatif, pour figurer avec honneur dans les discussions, et peut-être de temps en temps dans les ministères, pour faire surtout ce rôle d'honnête homme en titre et d'*Ariste* qu'il faut que quelqu'un remplisse dans cette grande distribution des emplois, pour intervenir dans les grands cas au nom de la morale et de la vertu solennelle, pour ignorer les intrigues de ses amis, pour les servir peut-être, et à son insu toujours. Nous avons vu, depuis, des hommes de bien et de talent remplir de tels rôles; mais aucun n'y était plus naturellement, plus hautement préparé et voué, en quelque sorte, que M. Necker. En tout, d'ailleurs, c'était le contraire d'un pilote dans une tempête.

Le moment d'éblouissement et d'ivresse, l'apogée de sa vie, ce fut son retour après le 14 Juillet, lorsqu'il reçut à Bâle la lettre du roi et celle de l'Assemblée nationale qui le rappelaient. Sa rentrée en France fut un triomphe. Le premier mouvement de son âme humaine fut pour réclamer la cessation des violences, le pardon et l'amnistie de ceux qu'on poursuivait et qu'on assassinait déjà comme ennemis de la nation. Il obtint tout à l'Hôtel-de-Ville dans le premier moment, et il a exprimé les sentiments qui l'agitaient alors, en des termes qui honorent l'homme et qui montrent aussi sa facilité d'espérance :

« Je voudrais avoir assez d'espace, dit-il après nous avoir donné l'arrêté d'amnistie rédigé à l'Hôtel-de-Ville, pour transcrire ici les noms de tous ceux, en si grand nombre, qui participèrent à cet acte mémorable. Je ne vous oublierai point, vous qui m'avez fait jouir pendant un moment des délices d'un siècle, vous mes seuls bienfaiteurs !... Ah ! que je fus heureux ce jour-là ! Chacun de ces instants est gravé dans ma mémoire... J'avais obtenu le retour de la paix, je l'avais obtenu sans autre moyen que le langage de la raison et de la vertu : cette idée me saisissait par toutes les affections de mon âme, et je me crus un moment entre le ciel et la terre. Ah ! que j'étais heureux en retournant à Versailles !... Les acclamations du peuple, dont je fis une seconde fois la douce épreuve, je les écoutais avec plus de charme... Mais, hélas ! je l'ai dit, cette félicité, cette joie trop sublime, fut de courte durée ! etc. »

Il y a dans ces accents et dans ces effusions quelque chose de Louis XVI et de Ducis, de l'homme excellent, mais qui se noie trop dans les propres affections de son cœur pour pouvoir affronter dès demain la tempête et dominer les flots. Ses cris de douleur et d'étonnement sur l'iniquité et l'ingratitude humaines seront bientôt proportionnés à ses premières expressions de délices et de reconnaissance.

A dater de sa rentrée en France, à la fin de juillet 1789, le crédit de M. Necker ne fit plus que baisser et déchoir rapidement; les meneurs de l'Assemblée prirent à tâche de le déjouer et de le dépopulariser en détail, en même temps que le parti de la Cour le raillait sans cesse et le piquait avec amertume. Il était entre deux feux. Il continua de rendre des services de chaque jour pour les subsistances de la capitale et pour les expédients du trésor; mais il allait être dépassé et annulé en finances par une Assemblée qui décrétait la prise de possession des biens du clergé et l'émission des assignats. Lorsqu'il quitta le ministère, en septembre 1790, et qu'il sortit définitivement de France, un peu plus d'un an après son insigne triomphe, M. Necker était oublié. C'était surtout cette indifférence qui le navrait. Dans cet écrit publié par lui et destiné à la combattre, il énumérait tous les titres qu'il avait à la reconnaissance de la nation, et n'oubliait pas d'y ajouter les comptes d'argent. Il avait toujours été désintéressé en pareille matière; il avait refusé durant ses divers ministères les appointements de ministre des finances et tous les avantages qui étaient attachés à cette place; il ne craignait pas de le rappeler avec un faste qui compensait, certes, le désintéressement : « Ainsi, s'écriait-il, l'Assemblée nationale peut à son aise me montrer de 'indifférence, je n'en resterai pas moins créancier de État de plusieurs manières, et jamais je n'ai tant joui de cet avantage, *jamais je n'y ai tenu plus superbement.* » Ces cris d'orgueil sont fréquents chez M. Necker, et l'on est étonné de trouver tant de superbe chez un homme si religieux et si excellent. Parlant des deux partis qui l'avaient tour à tour et à la fois blessé, du parti aristocratique surtout qui ne lui avait point épargné les sarcasmes amers, il disait, dans la supposition qu'il eût pu en regagner les plus indulgents : « Je ne veux aujourd'hui ni d'eux ni de personne; c'est de mes souvenirs et de mes pensées que je cherche à vivre et mourir; et, quand je fixe mon attention sur la pureté des sentiments qui m'ont guidé, *je ne trouve nulle part une association qui me convienne.* » C'est en ces termes que l'honnête homme blessé s'exaltait lui-même dans le premier soulèvement de sa douleur.

Le livre *de l'Importance des Idées religieuses* nous avait montré dans M. Necker un esprit élevé, étendu, compliqué et fin, avec un grand fonds de moralité et d'onction; son livre *sur l'Administration de M. Necker par lui-même* nous montre encore quelques-unes de ces qualités, mais jointes à une personnalité excessive, non amère, plutôt naïve, surabondante dans l'expression de ses sentiments, et donnant jour, quand elle s'épanche, à toutes les sensibilités de l'homme privé, à toutes les faiblesses de l'homme public.

Les infortunes des autres, celles surtout de son vertueux roi, vinrent un peu calmer les siennes, et, dans les années suivantes, il a retrouvé la mesure de sa pensée et la possession de sa plume quand il écrit. Les ouvrages qu'il composa depuis à titre de spectateur, et qui ont pour objet la Révolution française observée dans les diverses phases de son développement, contiennent quantité de vues justes, élevées, ingénieuses, et les plus honorables désirs. Pendant le régime de la Terreur, il écrivait des *Réflexions philosophiques* sur la fausse idée d'égalité ; il exprimait en quel sens, selon lui, on devait entendre que les hommes sont égaux devant Dieu ; et, là encore, on retrouve les traces de cette aristocratie d'esprit dont le chrétien même, en M. Necker, ne se défaisait jamais :

« O Dieu ! disait-il, tous les hommes sans doute sont égaux devant vous, lorsqu'ils communiquent avec votre bonté, lorsqu'ils vous adressent leurs plaintes, et lorsque leur bonheur occupe votre pensée ; mais, si vous avez permis qu'il y eût une image de vous sur la terre, si vous avez permis du moins à des êtres finis de s'élever jusqu'à la conception de votre existence éternelle, c'est à l'homme dans sa perfection que vous avez accordé cette précieuse prérogative ; c'est à l'homme parvenu par degrés à développer le beau système de ses facultés morales ; c'est à l'homme enfin, *lorsqu'il se montre dans toute la gloire de son esprit.* »

La *gloire de l'esprit !* il me semble que ce n'est pas là tout à fait la doctrine de l'Évangile ; il me semble que l'apôtre et, depuis lui, saint Augustin, Bossuet et tous les grands chrétiens, ont noté précisément cette gloire et cette superbe de l'esprit comme un des périls les plus raffinés et les plus à craindre pour les hautes âmes. De là ce mot sur les savants et les philosophes : « Autant ils sembleront s'approcher de Dieu par l'intelligence, autant ils s'en éloigneront par leur orgueil. »

Une fois remis de la tempête et assis sur son rivage, M. Necker redevient un écrivain et un dissertateur politique très-distingué ; il analyse et il critique les diverses Constitutions qui se sont succédé en France, celles de 91, de 93, de l'an III, de l'an VIII ; il en relève aisément les vices ou les défauts : c'est alors qu'il propose et confectionne à loisir son idéal de monarchie tempérée et de gouvernement à l'anglaise, dont il s'était assez peu avisé dans le temps où il tenait le gouvernail. Déjoué et rejeté dans le présent, il conclut presque tous ses ouvrages par d'éloquents et confiants appels à l'avenir, lequel est toujours assez vaste et assez obscur pour donner, comme les anciens oracles, des réponses au gré de tous. Son illustre fille, madame de Staël, s'est chargée depuis d'imprimer aux pensées politiques de son père un cachet de précision et d'à-propos, et de leur prêter une expression d'éclat, en composant ses *Considérations sur la Révolution française,* qui eurent un si grand succès dans la haute société en 1818, et qui présentèrent une théorie spécieuse à la politique de la Restauration. Ces sortes d'examens sont hors de ma portée et dépassent le genre d'études que je me suis proposé ici. Je n'ai voulu, en effet, que donner idée de la personne, de la forme de talent et d'esprit de M. Necker. Une seule réflexion se présentera, comme une conséquence presque littéraire : il serait singulier que l'homme qui a vu bien des choses d'une manière distinguée, mais si peu conforme au génie français, eût vu juste précisément sur le point le plus difficile de tous, sur la forme de gouvernement la mieux appropriée au génie de la France (1).

(1) Sur M. Necker, dans le sens général où je le présente ici, et à

J'ai dit que M. Necker visita à Genève le Premier Consul en 1800 ; voici le passage des *Mémoires* de Napoléon où il est fait mention de cet entretien :

« Le 6 mai 1800, le Premier Consul partit de Paris... Il arriva à Genève le 8. Le fameux Necker, qui était dans cette ville, brigua l'honneur d'être présenté au Premier Consul de la république française : il s'entretint une heure avec lui, parla beaucoup du crédit public, de la moralité nécessaire à un ministre des finances ; il laissa percer dans tout son discours le désir et l'espoir d'arriver à la direction des finances de la France, et il ne connaissait pas même de quelle manière on faisait le service avec des obligations du trésor. Il loua beaucoup l'opération militaire qu'il voyait faire sous ses yeux. — Le Premier Consul fut médiocrement satisfait de sa conversation. »

Deux ans après (1802), M. Necker publiait ses *Dernières Vues de Politique et de Finance*. Il continuait à y rendre au Premier Consul de publics hommages ; s'appuyant de ces hommages mêmes, considérant le Premier Consul comme une éclatante exception, et la Constitution de l'an VIII comme transitoire, il cherchait à trouver par la théorie les bases d'un établissement plus durable. Et c'est ici qu'il se trahit à ravir dans toute l'indécision naturelle de sa pensée : il propose à la fois deux plans parallèles, l'un de parfaite république, l'autre de monarchie exemplaire ; il construit tour à tour ces deux plans avec une grande habileté d'analyse, il les balance, et, les ayant pondérés de tout point, il dit à l'homme proclamé par lui nécessaire : « Prenez l'un de mes projets, ou prenez l'autre. » Puis, si on ne les prend pas, il se console par la vue de son propre idéal, et, comme tous les théoriciens satisfaits, il en appelle à l'avenir et au bon sens qui, tôt ou tard, selon

égale distance des louanges exagérées de sa famille et des injures de ses adversaires, on peut consulter les *Souvenirs* de Dumont, de Genève, les *Mélanges* de Meister, de Zurich, et le *Mémorial* de l'Américain, Gouverneur Morris. Ces trois judicieux étrangers l'ont apprécié avec clairvoyance et impartialité.

lui (1), est *le maître de la vie humaine*. Il est curieux de voir comme on charge toujours les générations futures d'avoir le bon sens qu'on suppose que nous n'avons pas.

M. Necker mourut le 30 mars 1804, dans sa soixante-douzième année. Comme écrivain, il s'était beaucoup formé par l'usage, et il était arrivé à se faire un style : style singulier, fin, abstrait, qui se grave peu dans la mémoire et ne se peint jamais dans l'imagination, mais qui atteint pourtant à l'expression rare de quelques hautes vérités. On y trouve des aperçus déliés en masse. Ce style de M. Necker a prévalu depuis lui dans une école politique et littéraire; on le reconnaîtrait à l'origine des principaux écrivains doctrinaires de ce temps-ci, et jusque dans bien des parties de la langue imposante et forte de M. Royer-Collard. Que vous dirai-je? c'est une certaine façon compliquée, un peu subtile, un peu hautaine, de prendre et de présenter les choses, qui n'est pas à l'usage des esprits ordinaires, ni même des esprits très-naturels; c'est le procédé de gens habitués à regarder *intuitivement* (comme ils disent quelquefois) au dedans de leur pensée, plutôt qu'à mettre la tête à la fenêtre et à laisser courir leur parole au dehors. Voltaire, qui n'a fait qu'assister à la naissance de ce style et qui s'en est raillé, ne l'a pas vu dans son développement et dans tout son beau; il était venu à temps, dans sa jeunesse, pour corriger le goût public du précieux de Fontenelle : il a fait défaut, un siècle après, pour percer à jour cette forme de bel-esprit plus sérieuse, et pour faire opposition, par son exemple, à des Fontenelle bien autrement prépondérants. Après Necker et son école, il nous a donc manqué un Voltaire.

(1) Il s'appuie pour cela d'une citation de Bossuet, lequel, ce me semble, entendait le bon sens en politique un peu différemment.

Mais comme le génie d'une nation, à la longue, l'emporte toujours, il s'est trouvé que, peu à peu, le simple usage a ramené la netteté et a rétabli le courant. Plusieurs de ces écrivains, assez doctrinaires d'abord, se sont guéris d'eux-mêmes en continuant d'écrire et en corrigeant leur premier style par l'habitude de la parole. On peut dire que l'esprit français a fait insensiblement l'office d'un Voltaire universel, qui a eu raison, à la fin, du savant défaut dont il s'agit. La langue est bien loin d'être en sûreté, sans doute; mais le péril pour elle n'est plus de ce côté.

Lundi, 7 février 1853.

# LES FAUX DÉMÉTRIUS

ÉPISODE DE L'HISTOIRE DE RUSSIE

## PAR M. MÉRIMÉE

« Je n'aime dans l'histoire que les anecdotes, et, parmi les anecdotes, je préfère celles où j'imagine trouver une peinture vraie des mœurs et des caractères à une époque donnée. » Depuis le jour où M. Mérimée écrivait cela dans la préface de la *Chronique du règne de Charles IX*, il a bien étendu et développé son point de vue, et à la fois il est resté fidèle à son premier goût. En entamant l'histoire dans ses parties les plus sévères et dans ses périodes les plus difficiles, et en se proposant de l'embrasser un jour à son instant le plus lumineux dans la personne et dans l'époque de Jules César, M. Mérimée a conservé le goût des épisodes et des sujets distincts, caractéristiques. Dans l'Histoire romaine, il a, pour préluder, choisi *la Guerre sociale* (1841), et il a présenté par ce côté peu expliqué jusqu'ici le duel gigantesque de Marius et de Sylla. Il s'est pris ensuite à *Catilina*, après Salluste (1844). Dans l'Histoire d'Espagne, il s'est attaqué au règne et au caractère de *don Pèdre* dit *le Cruel*, et qui serait plus justement nommé le Justicier (1848). Aujourd'hui il entre dans l'Histoire de Russie à l'époque la plus anarchique et la plus confuse, et s'applique à résoudre le problème d'un imposteur qui a régné. Par tous ces Essais savants, curieux et fortement étudiés, on dirait que M. Mérimée, ayant toujours en vue son grand sujet de César, veut exercer et aguerrir ses troupes dans les montagnes avant de les faire descendre dans la plaine. Aujourd'hui nous prendrons idée de son procédé dans l'Histoire du faux Démétrius.

On était à la fin du seizième siècle ; le tzar et grand-duc de Russie Ivan IV, surnommé *le Terrible*, était mort en 1584, après un long règne ; malgré son surnom effrayant, il ne paraît pas que les peuples aient gardé de lui un souvenir trop odieux, et ce qui était de sa race leur était cher. Il laissait deux fils ; l'aîné qui lui succéda, Fédor, débile de corps et d'esprit, incapable de régner par lui-même, prit pour premier ministre ou régent de l'empire un boyard son beau-frère, nommé Boris Godounof, homme ambitieux, habile, et né pour commander. Démétrius, l'autre fils d'Ivan, beaucoup plus jeune que Fédor, et tout enfant à la mort de son père, annonçait, dit-on, des dispositions ardentes et cruelles : mais il vécut peu. Élevé dans la ville d'Ouglitch, qui lui avait été donnée en apanage, près de sa mère et de ses oncles, ayant sa petite Cour, ses pages ou menins pour le divertir, et probablement des espions pour l'observer, il fut, un jour, trouvé percé d'un couteau à la gorge dans l'enclos où il jouait, sans qu'on ait pu savoir d'où était venu l'accident et si l'enfant s'était tué par mégarde ou avait été frappé par un assassin. Il n'avait que dix ans. Dans le premier moment, sa mère furieuse accourut et se jeta sur la gouvernante qu'elle voulut tuer ; elle accusa les employés du tzar et les hommes de Boris qui avaient fonction de surveillance dans la maison. Les habitants de la ville ameutés massacrèrent au hasard tous ceux que leur désignait ce délire d'une mère. Ce fut une boucherie. Le régent Boris ordonna une enquête; il s'ensuivit un jugement et une sentence des plus rigoureuses. La mère de Démétrius, la tzarine douairière, fut reléguée dans un couvent où elle prit le voile; les oncles de l'enfant furent exilés; les habitants d'Ouglitch furent, les uns punis de mort, les autres jetés en prison ou relégués en Sibérie. La ville dévastée, de florissante qu'elle était, devint un désert. Le résultat de ce châtiment éclatant fut d'accroître la haine publique qui s'attachait déjà à Boris, et de persuader qu'il n'était pas étranger à la mort de l'enfant à laquelle il avait tant d'intérêt et dont il allait recueillir le fruit.

Le tzar Fédor en tutelle languissait sur le trône. Marié cependant, il eut une fille qui vécut peu. Boris fut accusé d'abord d'avoir substitué une fille à un garçon, puis, quand elle mourut, de l'avoir empoisonnée. L'animosité moscovite tournait tout contre lui. Fédor lui-même mourut en 1598; avec lui s'éteignait la race de Rurik et des anciens souverains qui occupaient le trône depuis près de huit siècles. Boris qu'on haïssait était le seul homme indiqué pour gouverner l'État; il était inévitable. Tous les ordres de l'État le supplièrent donc de régner: le peuple même, effrayé de la menace d'une invasion tartare, surmonta un moment son aversion et fit entendre ses prières. L'explication que M. Mérimée donne du caractère de Boris paraît la plus vraisemblable, et on conçoit que l'historien se soit plu, non pas à le réhabiliter, mais à le dessiner. Ce Boris était de ces hommes d'énergie et d'autorité qui, en voulant régner et se satisfaire, veulent aussi civiliser à tout prix une nation; c'était une sorte de Pierre le Grand anticipé et incomplet, venu dans des conditions moins favorables. Avant qu'un grand homme paraisse, il y a ainsi plus d'une ébauche de lui, en quelque sorte, qui s'essaye à l'avance et qui manque. Boris poursuivait, à sa manière, cette œuvre civilisatrice précoce commencée déjà par Ivan le Terrible : il se plaisait à attirer les Allemands dans ses États pour donner l'éveil à l'industrie; il envoyait de jeunes gentilshommes étudier en Allemagne, en France, en Angleterre; il combattait l'ivrognerie, ce vice national, en attribuant au Gouvernement le monopole de l'eau-de-vie; il touchait par des règlements nouveaux à la condition des serfs et à leurs rapports avec les maîtres. Mais, quoi qu'il pût faire, Boris, venu sur la fin d'une dynastie révérée, ayant hérité d'elle avec ruse, et, selon le bruit public, avec crime, ne se releva jamais du vice de son origine, et, pour prix des réformes utiles qu'il tenta, ne recueillit que la haine. C'est du sentiment universel et confus de cette haine, longtemps couvée et échauffée, que naquit un jour et sortit comme de terre le faux Démétrius.

Le faux Démétrius, en effet, ne fut que la personnification de l'esprit populaire qui cherchait son objet, son libérateur, et qui se demandait de toutes parts : « D'où naîtra-t-il ? » Plus d'un vieux Moscovite, en songeant à la vieille race de ses tzars, à ce lugubre massacre d'Ouglitch, à ce dernier prince enfant enlevé par une mort soudaine et restée mystérieuse, devait se redire en idée, comme Abner dans *Athalie*, mais un peu moins harmonieusement, on peut le croire :

> Ce roi fils de David, où le chercherons-nous ?
> Le Ciel même peut-il réparer les ruines
> De cet arbre séché jusque dans ses racines ?
> Athalie étouffa l'enfant même au berceau.
> Les morts, après huit ans, sortent-ils du tombeau ?
> Ah ! si dans sa fureur elle s'était trompée ;
> Si du sang de nos rois quelque goutte échappée !...

Partout, chez les boyards, chez les marchands de Moscou, dans les domaines de la petite noblesse, jusque chez les Cosaques Zaporogues, il y avait quelque chose de ce regret et de ce désir; bien des cœurs et des imaginations étaient disposés à accueillir *ce roi fils de Rurik* s'il reparaissait, lorsque tout à coup, en 1603, et quand Boris régnait depuis cinq années déjà, on apprit que Démétrius n'était point mort et qu'il s'était montré en plus d'un lieu. On sentait tellement le besoin d'un libérateur, qu'il y avait alors des Démétrius comme dans l'air.

M. Mérimée a essayé d'expliquer autrement encore que par ces circonstances générales l'apparition du faux Démétrius, âgé de vingt à vingt-deux ans, et qui se prétendait fils d'Ivan le Terrible et le populaire. Pour ne pas confondre ses conjectures avec l'histoire, il a mis dans la *Revue des Deux Mondes* (du 15 décembre dernier), sous forme de scènes historiques, tout ce qui se rapporte à la première jeunesse et à l'éducation de ce brillant aventurier tel qu'il le conçoit; il a expliqué comment l'idée, la tentation put venir peu à peu à un jeune Cosaque de l'Ukraine de ressusciter en lui Démétrius, en même temps que la crédulité naissait aux autres en le regardant. Ce mélange d'illusion superstitieuse, de fourberie et d'audace nous est représenté ingénieusement dans une suite de scènes. Je me borne ici à ce qui est de l'histoire.

On ferait une liste curieuse de tous ces faux prétendants dont quelques-uns ont surpris pour un temps la crédulité publique et celle des nations. Hérodote, le premier, nous a donné l'histoire du faux Smerdis, de ce mage qui, à la mort de Cambyse, se fit passer pour Smerdis, fils de Cyrus, et qui régna huit mois. Tacite nous a raconté l'histoire des *faux Agrippa*, des *faux Drusus*, des *faux Néron;* il y eut de ceux-ci en quantité surtout. Néron, malgré ses cruautés, était populaire, et les bruits sur sa mort s'étaient fort contredits : c'était assez pour ouvrir la voie aux fourbes qui se donnèrent pour lui, et aux dupes qui les crurent. A voir par moments tous ces faux personnages sortir çà et là, on dirait quelque chose comme une épidémie. Chez les modernes, lorsque le vaillant roi de Portugal don Sébastien eut péri en Afrique à la bataille d'Alcazar-Kebir, il y eut aussi des faux Sébastien en quantité, et qui furent accueillis avec faveur : la nationalité portugaise ne pouvait se faire à l'idée d'avoir perdu sans retour son dernier représentant et son défenseur. Précédemment, au treizième siècle, plusieurs années après qu'eut disparu Baudouin I$^{er}$, empereur de Constantinople et comte de Flandre, fait prisonnier et mis à mort en Bulgarie, il s'éleva en Flandre un faux Baudouin qui, sous son habit d'Arménien, réussit quelque temps auprès des peuples et auprès même de la noblesse. De nos jours, nous avons eu de faux Louis XVII très-nombreux, en partie fous, en partie imposteurs. En effet, lorsqu'une haute et jeune destinée a subi de ces catastrophes soudaines et qui sont restées par quelque côté mystérieuses, lorsqu'un prince a disparu de manière à toucher les imaginations et à laisser quelque jour à l'incertitude, bien des têtes travaillent à l'envi sur ce thème émouvant; les romanesques y rêvent, se bercent et attendent; les plus faibles et ceux qui sont déjà malades peuvent sérieusement s'éprendre et finir par revêtir avec sincérité un rôle qui les flatte, et où trouve à se loger leur coin d'orgueilleuse manie; quelques audacieux, en même temps, sont tentés d'y chercher une occasion d'usurper la fortune et de mentir impudemment au monde. Mais, nulle part peut-être, on ne surprend ce procédé d'imposture dans des conditions plus favorables que celles où se produisit en Russie le faux Démétrius : il y avait la distance des lieux, la difficulté des communications, la crédulité superstitieuse des peuples, le prestige du nom, cette alliance et cette connivence secrète établie à l'avance au cœur de tous les mécontents; ce n'était réellement pas tromper leur religion que de dire : *Me voilà!* c'était plutôt y répondre et la servir. On ne devait pas être bien difficile dans le premier moment sur la vérification des preuves; on voulait avant tout être délivré de Boris, sauf à voir ensuite, et quand on aurait changé de maître, si le Démétrius était de bon aloi.

Démétrius, le jeune homme qui se donna pour tel, parut d'abord en Lithuanie vers le temps où, par une coïncidence qui n'est pas entièrement expliquée, les Cosaques Zaporogues se soulevaient en son nom. Il trouva créance chez un palatin, Georges Mniszek, qui le reçut en roi, et auprès de sa fille Marine, qui, apparemment séduite par l'appât de régner, répondit à son amour. Des gentilshommes russes exilés, des débiteurs insolvables, « et ces hommes toujours prêts à se jeter dans les révolutions parce qu'ils ont *de l'amertume au cœur*, selon les paroles du Prophète, » s'étaient réunis en Lithuanie et lui faisaient une Cour que le zèle belliqueux des Polonais allait bientôt changer en une armée. M. Mérimée nous a rendu parfaitement les progrès de Démétrius et fait sentir les causes de son succès dans une sorte de conspiration universelle. Du moment qu'il a passé la frontière en armes, il semble que l'imagination nationale salue en lui le fantôme qu'elle s'est créé, et qu'elle a baptisé du nom de son vengeur. Les soldats de Boris ne marchent contre lui qu'à leur corps défendant. Victorieux à demi une première fois, battu à une seconde rencontre, Démétrius avance toujours; il gagne des cœurs alors même qu'il ne gagne pas de terrain. Le temps et les délais sont pour lui, au rebours de ce qui a lieu en ces sortes d'entreprises qui, désespérées d'ordinaire, veulent être enlevées dans un premier succès. Boris, dès les premiers jours, a senti le danger qui tient à des causes générales et profondes. A la nouvelle des progrès de Démétrius, il avait dit à ses boyards en les regardant *dans le blanc des yeux :* « Voilà votre ouvrage ! vous voulez me détrôner. » Pendant cette lutte, et à mesure qu'elle se prolonge, il se sent faiblir graduellement; et lui, homme si énergique et si dur, le voilà qui succombe, pour ainsi dire, par défaillance. Le hardi prétendant, prenant le ton d'un souverain légitime, lui écrivait ou écrivait au patriarche de Moscou à son adresse : « Pour moi, je veux bien user de clémence à votre égard. Que Boris se hâte de descendre d'un trône usurpé; qu'il cherche dans la solitude d'un cloître à se réconcilier avec le Ciel, j'oublierai ses crimes et je l'assure même de ma toute-puissante protection. » Boris lisait cette lettre avec un transport de rage. Il sentait que les forces de la nation lui manquaient et se retiraient de lui, et, chose singulière ! les forces physiques l'abandonnaient également. Sa fin est toute dramatique, et l'historien en a marqué le caractère en quelques mots qu'il n'avait qu'à pousser un peu pour atteindre au drame; mais M. Mérimée, fidèle en cela à l'esprit classique, ne mêle point les genres :

« Accablé par ces tristes nouvelles, Boris faisait des efforts surhumains pour cacher son désespoir. Déjà peut-être ne pensait-il plus qu'à mourir en roi. Le 13 avril 1605, il présida le conseil comme à son ordinaire, mais tous les boyards furent frappés de l'altération de ses traits. Son âme toujours énergique ne dominait plus son corps brisé par la fatigue. Tout à coup il chancela et s'évanouit. Au bout d'un instant, il reprit connaissance, mais il se sentait frappé à mort Revêtu d'une robe de moine, comme un malade désespéré, il reçut les sacrements, et, selon l'usage du temps, prit un nom de religion. Le même jour il expira entre les bras de sa femme et de ses enfants. Il est probable qu'épuisé par le travail et les veilles, il usa le reste de sa vie dans ses efforts pour montrer un front serein à sa Cour. Cependant il ne trompa personne. Le peuple crut même qu'il s'était empoisonné : — « Il s'est fait justice, disait-on. Il a prévenu la vengeance du prince dont il a usurpé le trône. Il a vécu en lion, régné en renard, il meurt comme un chien. » Tel fut le souvenir que laissait à ses contemporains cet homme dont l'administration et le règne contribuèrent puissamment à préparer la grandeur de la Russie. Pas une larme ne coula sur sa tombe ; les services qu'il avait rendus à son pays étaient depuis longtemps oubliés. La calomnie, qui l'avait poursuivi pendant toute sa carrière, n'épargna pas sa mémoire. On le maudit pour son ambition, son despotisme, sa sévérité, pour le crime enfin, peut-être supposé, auquel il dut le trône. Aujourd'hui on peut se demander si son amour de l'ordre, et sa ferme volonté d'introduire d'utiles réformes dans son pays, ne furent pas les motifs réels de la haine que lui vouèrent ses contemporains. »

Boris mort, son fils détrôné et Démétrius installé au Kremlin, tout change de face, et l'inconstance du peuple s'en prend à Démétrius des qualités mêmes par lesquelles il diffère de Boris. Trop doux, généreux et clément, il était, à ce qu'il paraît, préoccupé d'imiter notre Henri IV, le glorieux roi du moment; ce qui devra sembler assez hors de propos en un tel pays et quatre-vingts ans avant Pierre le Grand. Le caractère incomplet de ce jeune homme, qui ne régna que onze mois et qui avait quelques parties royales, est fort bien rendu, ou du moins très-vraisemblablement, par l'historien. Après l'assassinat de Démétrius (car il fut assassiné dans une émeute populaire), on en voit naître un nouveau, mais qui n'est plus qu'une copie grossière du premier. Le charme est rompu, et les Démétrius ont fait leur temps. Les Polonais imposent un tzar, fils de leur roi Sigismond ; on dirait que la Pologne, sortie de ses plaines, déborde à ce moment sur la Russie. L'oppression et l'anarchie de l'Empire russe se prolongent ainsi misérablement, jusqu'à ce qu'enfin le sentiment national, à bout de souffrances, se suscite un chef véritable, non plus un faux rejeton du passé, mais un fondateur de dynastie nouvelle, de la dynastie sous laquelle la Russie atteindra à toute sa grandeur, Michel Romanof (1613). C'est le terme où M. Mérimée a clos son épisode, qui comprend toute l'histoire d'un interrègne.

Il l'a rendu aussi intéressant que peuvent l'être ces époques difficiles, ces événements mêlés d'obscurité, et il a traité le problème du faux Démétrius avec une sagacité piquante. La manière dont M. Mérimée écrit l'histoire est saine, simple, pleine de concision et de fermeté; il y porte un esprit et un tour qui n'est qu'à lui entre les historiens modernes, et que j'aurai soin de définir, d'autant plus que cette forme n'a pas encore acquis tout son développement. De nos jours, on a fort abusé des idées et des considérations générales, des influences diverses qu'on a fait jouer à volonté à travers les siècles; M. Mérimée, qui n'aime que ce qui est sûr, s'en abstient strictement; il aborde l'histoire par ses monuments les plus authentiques et ses témoignages les plus précis, s'en écarte peu, ne les combine qu'autant qu'il lui semble que les faits s'y prêtent, et s'arrête dès que la donnée positive fait défaut. Quand il est soutenu par des documents, comme cela est arrivé dans l'Histoire de don Pèdre, il s'élève à des exposés d'ensemble qui ont un grand mérite, et ce sont certainement de beaux chapitres que ceux où il a retracé l'état général de l'Espagne vers le milieu du quatorzième siècle. Ce ne sont pas de ces constructions à demi historiques, à demi théoriques, faites à la main; on n'y marche que sur le sol et sur le roc. Si on prend les deux Études qu'il a publiées jusqu'ici sur l'Histoire romaine, M. Mérimée a de même été très-original dans son *Essai sur la Guerre sociale;* il a été moins heureux, selon moi, pour son *Catilina.* Dans le premier sujet, plein d'actions coupées et de guerres, il a trouvé des caractères comme il les aime, il a exhumé et peint quelques-uns des défenseurs énergiques des nationalités italiennes : dans le second sujet, où il fallait entrer dans le Sénat et descendre dans le Forum, il a rencontré, en première ligne, le personnage de Cicéron, et c'est ici que, repoussé par le dégoût des lieux-communs, il n'a pas rendu assez de justice à cet homme dont on a dit magnifiquement qu'il était *le seul génie que le Peuple romain ait eu d'égal à son empire.* N'oublions pas non plus ce qu'a dit Montesquieu : « Cicéron, selon moi, est un des plus grands esprits qui aient jamais été : *l'âme toujours belle, lorsqu'elle n'était pas faible.* » C'est cette faiblesse trop souvent visible de l'âme, jointe à la pompe parfois surabondante du discours, qui a donné à M. Mérimée, à l'égard de Cicéron, cet éloignement que l'historien de César est digne de surmonter (1).

Cicéron, en un endroit de son Traité *de l'Orateur*, a parlé de la manière d'étudier et d'écrire l'histoire. Il nous montre un de ses interlocuteurs, l'avocat orateur Antoine, qui se pique peu de littérature grecque, discourant toutefois à merveille des historiens de cette nation, et les ayant lus plus qu'on ne croirait : « Si je lis quelquefois ces auteurs et d'autres de la même nation, dit Antoine, ce n'est pas en vue d'en tirer quelque profit par rapport à l'éloquence, c'est pour mon agrément quand je suis de loisir. Qu'est-ce à dire? j'y trouve bien un peu mon profit, je l'avoue : quand je marche au soleil, quoique ce soit pour tout autre chose, il arrive pourtant tout naturellement que mon visage prend le hâle : et c'est ainsi que lorsqu'à Misène (car à Rome je n'en ai guère le temps) je me suis mis à lire avec soin ces livres des historiens, je sens, comme à leur contact, que mon langage prend de la couleur (*sentio illorum*

---

(1) Sur Cicéron, par contraste avec l'impression de M. Mérimée, on peut lire un article d'admiration et de tendresse de M. de Sacy (*Journal des Débats* du 8 décembre 1852). Et à ce propos je ne puis m'empêcher de remarquer à part moi, en souriant, combien M. de Sacy est, en tout, de la famille d'esprits la plus opposée à celle de M. Mérimée, tout en étant lui-même, dans son genre, un individu **excellent**. **Je note cette** comparaison du coin de l'œil, et je passe.

*tactu orationem meam quasi colorari*). » Quelle agréable expression, et qui nous rappelle madame de Sévigné disant, au contraire, que, de ne point se plaire aux lectures solides, cela donne *les pâles couleurs!* Un jour, Louis XIV, apostrophant le maréchal de Vivonne, lui demandait à quoi servait la lecture : « Sire, répondit Vivonne, la lecture fait à l'esprit ce que vos perdrix font à mes joues. » Vivonne les avait rebondies et vermeilles, et il tenait peut-être une perdrix à ce moment.

Parlant du style de l'histoire, Cicéron, par la bouche d'Antoine, le veut et le recommande sans rien qui rappelle le barreau ou la tribune, coulant et continu, et d'un beau courant de récit. L'historien, selon les anciens, n'est ni un orateur ni un poëte; il n'invoquera point les Muses; il peut mériter pourtant, comme Hérodote, qu'on donne à ses histoires les noms des Muses. Tite-Live, dans sa belle et large manière qui est la vraie voie romaine en histoire, commence volontiers par invoquer les Dieux et les Déesses, sentant qu'il y a une sorte de religion dans ce qu'il entreprend. Lucien, qui se moque de ces historiens prétendus poétiques, qui ont, au début, des invocations pleines d'emphase, Lucien, qui veut de la simplicité dans l'histoire, admet pourtant que le style y participe, en certaines occasions, de la poésie : « Il faut alors qu'un petit vent poétique enfle les voiles du navire, et le tienne élevé sur le sommet des flots. » Il ne veut point que la diction s'élève trop, il suffit que la pensée soit un peu plus haut que l'expression, celle-ci à pied et tenant de la main, comme en courant, l'autre qui est montée et qui devance. M. Mérimée, qui a beaucoup étudié et médité les anciens, et qui met dans ses récits historiques plus d'art qu'il n'en montre, semble s'être particulièrement préoccupé de la manière de Xénophon et de César, et, bien qu'il varie sa narration, il la tient toujours la plus voisine qu'il peut de la sobriété et de la simplicité. Ce n'est pas nous qui l'en détournerons : ce caractère simple, ferme et marqué en tout genre, est son cachet et son honneur. Il n'est pas de ces esprits qui cherchent en toute étude autre chose qu'elle-même ; il est droit, il aime le vrai, il l'aime avant tout. Antiquaire, il n'a rien sacrifié de l'exactitude et de la précision de ses notes de voyageur, pour se laisser aller à des descriptions faciles ; romancier, il a scruté et buriné les sentiments du cœur, et les a indifféremment rendus tels qu'il les a observés dans leur crudité ou dans leur délicatesse primitive. Arrivé aujourd'hui à la pleine maturité de la vie, maître en bien des points, sachant à fond et de près les langues, les monuments, l'esprit des races, la société à tous ses degrés et l'homme, il n'a plus, ce me semble, qu'un progrès à faire pour être tout entier lui-même et pour faire jouir le public des derniers fruits consommés de son talent. Ce talent, à l'origine, et dans les directions diverses où il s'est si heureusement porté, a été en réaction contre le faux goût établi, contre le convenu en tout genre, contre la phrase, contre l'idée vague et abstraite, contre les séductions pittoresques ou déclamatoires. En un mot, ce talent, à tous les premiers pas qu'il a faits dans son retour à la réalité et à la nature, s'est méfié et a dû appuyer. Mon seul vœu, c'est qu'en avançant, et sûr désormais de lui et de tous, comme il l'est et le doit être, il se méfie moins, qu'il s'abandonne parfois à l'essor, et qu'il ose tout ce qu'il sent ; voyageur, qu'il laisse étinceler cette larme amoureuse du beau, qui lui échappe en présence du Parthénon ou des marbres ioniens de l'Asie Mineure ; romancier, qu'il continue d'appliquer ses burins sévères et qu'il craigne moins, jusque dans la passion ou dans l'ironie, le laisser percer quelque attendrissement ; historien, qu'il laisse arriver quelque chose aussi de l'éloquence jusque dans la fermeté de ses récits ; que, dans la grande et maîtresse histoire qu'il prépare, il réunisse tous ces dons, et comme toutes ces parties séparées de lui-même, qu'il a perfectionnées avec tant de soin une à une ; qu'il les fonde et les rassemble désormais, et qu'il accomplisse avec toutes les forces qu'il possède, et avec ce feu qui unit le cœur à la volonté, cette belle histoire de Jules César, du plus ami de l'esprit entre les conquérants, du plus aimable entre les grands mortels.

On ne peut quitter M. Mérimée historien sans dire au moins un mot de lui comme romancier et auteur de Nouvelles. Dans un temps comme le nôtre, où il y a tant de talents épars, et si peu d'œuvres achevées, M. Mérimée est arrivé plus d'une fois à la perfection. *La Prise d'une Redoute, le Vase étrusque, Colomba*, sont des chefs-d'œuvre, chacun dans son genre. Dans *le Vase étrusque*, l'auteur s'est plu à retrouver des passions fortes et à les dessiner en quelques traits jusque sous notre civilisation élégante ; plus habituellement, il s'est attaché à les découvrir ou à les créer hors du cadre des salons, et, se détournant des caractères effacés qu'on y rencontre, il s'est mis en quête des natures primitives appartenant à un état de société antérieur, et qui sont comme égarées dans le nôtre. Un peu de férocité et de crime ne l'a point dégoûté, et il y a vu un relief de plus. Le procédé qu'il aime n'est nulle part peut-être plus apparent que dans la jolie nouvelle de *Carmen*, cette Bohémienne espagnole qui mène à mal don José, l'honnête Basque, qui en fait un bandit de brave soldat qu'il était, et qui le fait finir par la potence. Cette Carmen n'est autre chose qu'une Manon Lescaut d'un plus haut goût, qui débauche son chevalier des Grieux, également séduit et faible, bien que d'une tout autre trempe. Il est curieux de lire les deux petits romans en regard l'un de l'autre, quand on s'est une fois bien rendu compte, sous la différence des mœurs et des costumes, de l'identité du sujet. L'histoire de l'abbé Prévost commence déjà elle-même à ne plus être de notre temps ni de notre civilisation ; on passe encore sur le manque de cœur de Manon, mais il est difficile de pardonner l'avilissement du chevalier, et il faut le parfait naturel de l'auteur pour nous amener à l'émotion à travers les scènes dégradantes où il nous conduit. M. Mérimée a pris son parti plus franchement, ou du moins de propos plus délibéré : il donne tout d'abord ses deux personnages pour deux coquins ; il ne s'agit guère ensuite que du degré ; il s'agit surtout de voir comment l'amour naît, se comporte et se brise, ou persiste malgré tout, dans ces natures fortes et dures, dans ces âmes sauvages. Je n'essayerai point de détacher les mots de passion et de réalité admirablement jetés, et qu'il faut voir en place et encadrés comme ils sont. Le pauvre don José, ensorcelé par ce démon de Carmen, passe par des vicissitudes analogues à celles du chevalier des Grieux ; seulement les méfaits de celui-ci ne sont que peccadilles auprès des atrocités auxquelles l'autre est induit en devenant bandit bohémien. La conclusion diffère en ce que, chez l'abbé Prévost, Manon finit par être touchée du dévouement de son chevalier et par s'élever à sa hauteur, tandis que Carmen, à partir d'un certain moment, sent se briser son féroce amour et n'aime plus. D'ailleurs il y a du rapport jusqu'à la fin, et don José, après avoir tué sa maîtresse, l'ensevelit dans la gorge de la montagne presque aussi pieusement que des Grieux ensevelit la sienne dans le sable du désert. Une conséquence assez naturelle du surcroît de couleur et d'énergie qu'a employé M. Mérimée dans l'étude si creusée de son brigand et de sa Bohémienne, c'est que l'auteur, en homme d'esprit qui sait son monde, a jugé convenable d'encadrer son roman dans une sorte de plaisanterie et d'ironie : il voyageait comme antiquaire, il ne voulait que résoudre un problème d'archéologie et de géographie sur la bataille de Munda livrée par César aux fils de Pompée, lorsqu'il fait la connaissance du bandit qui lui racontera ensuite son histoire : et le roman finit par un petit chapitre où l'antiquaire reparaît encore et où le philologue se joue au sujet de la langue des Bohémiens. Cela revient à dire en présence des salons, et avec ce sourire que vous savez : « Bien entendu! ne soyez dupes de mon brigand et de ma Bohémienne qu'autant que vous le voudrez. » Après s'être si fort avancé en fait de couleur locale primitive, l'auteur, à son tour, ne veut pas qu'on le croie plus dupe qu'il ne faut. Chez l'honnête Prévost, au contraire, tout est naïf, et si coulant, si peu dépaysé, qu'on se demande encore aujourd'hui, à voir l'air de bonhomie du narrateur et son absence de sourire, si l'aventure n'est pas toute réelle et une pure copie de la vérité. M. Mérimée est un artiste consommé : l'abbé Prévost ne l'est pas du tout, même lorsqu'il est un peintre si parfait de la nature.

Prenant le volume des Nouvelles de M. Alfred de Musset, je me suis demandé en quoi ces deux talents si distingués de M. Mérimée et de M. de Musset diffèrent, dans ce genre où ils passent tous deux pour avoir excellé. Je prends pour points de comparaison chez M. de Musset *Emmeline*, par exemple, ou encore *Frédéric et Bernerette*, ces esquisses de cœur et de jeunesse, légères et touchantes. Frédéric aime une jeune fille, et elle-même l'agrée et l'accueille du premier jour; mais ils se prennent, se quittent plus d'une fois, puis se retrouvent encore avant de s'apercevoir qu'ils s'aiment réellement et de passion. En attendant, au milieu de ces incertitudes et de ces caprices, il y a des heures délicieusement saisies et enlevées comme en courant. Pour peindre la douceur de l'habitude, par exemple, M. de Musset dira : « Les amants qui ne se voient qu'à de longs intervalles ne sont jamais sûrs de s'entendre ; ils se préparent à être heureux, ils veulent se convaincre mutuellement qu'ils le sont, et ils cherchent ce qui est introuvable, c'est-à-dire des mots pour exprimer ce qu'ils sentent. Ceux qui vivent ensemble n'ont besoin de rien exprimer ; ils sentent en même temps ; ils échangent des regards, ils se serrent la main en marchant ; ils connaissent seuls une jouissance délicieuse, la douce langueur des lendemains ; ils se reposent des transports de l'amour dans l'abandon de l'amitié. *J'ai quelquefois pensé à ces liens charmants en voyant deux cygnes sur une eau limpide se laisser emporter au courant.* » Ce sont ces touches fines et poétiques qui font le charme des jolis récits de M. de Musset. Il compose peu ses sujets à l'avance ; il se fie à sa grâce, en les laissant aller devant lui. Dans *Emmeline* de même : cette vive, espiègle et rieuse personne, et qui pourtant a un cœur, se prend d'un premier amour de jeune fille, qui la rend mélancolique d'abord ; mais, sitôt qu'elle a aimé et qu'elle a épousé l'homme qu'elle aime, la gaieté revient : « Il semblait que la vie d'Emmeline eût été suspendue par son amour ; dès qu'il fut satisfait, *elle reprit son cours, comme un ruisseau arrêté un instant.* » Ne cherchez point chez M. Mérimée ces passages et ces nuances fugitives qui séduisent dans les Nouvelles de M. de Musset. Lui, il ne procède point de la sorte : il s'interdit ces analyses de cœur faites au nom de celui qui raconte ; il n'a jamais de ces petits couplets rêveurs ou mélancoliques. Quand il a des comparaisons, c'est qu'elles sont indiquées ; elles sont nécessaires. Il va au fait, il met tout en action ; la parole serre de près chaque situation, chaque caractère. Son récit est net, svelte, alerte, coupé au vif. Les dialogues même de ses personnages n'ont pas une parole inutile, et dans l'action il a marqué d'avance les points où chacun d'eux doit passer. M. de Musset ne sait bien d'ordinaire que les commencements et les premiers pas ; il se laisse mener par ses amoureux, eux par lui, et tous ensemble, pour s'en être bien trouvés si souvent, ils se plaisent à compter sur ce que leur diront les buissons du chemin. Lorsque Gilbert s'avise d'aimer Emmeline, il est longtemps avant de s'enhardir jusqu'à s'avouer à lui-même son amour : « Éloigné d'elle, un regard, un sourire, quelque beauté secrète entrevue, que sais-je ? mille souvenirs s'emparaient de lui et le poursuivaient incessamment, *comme ces fragments de mélodie dont on ne peut se débarrasser à la suite d'une soirée musicale ;* mais, dès qu'il la voyait, il retrouvait le calme... » Dans ces moments, chez M. de Musset, on sent le poëte ; il a des ailes ; il chante et fait chanter ses personnages ; il leur prête de ses propres mélodies. Ne leur demandez point d'ailleurs cette continuité dans les caractères, cette suite dans l'action et dans l'expression qui fait la force intérieure de ceux de M. Mérimée : je crois voir des cœurs légers et qui voltigent, et pourtant qui aiment. L'un a pour muses la fantaisie, la grâce et la passion : l'autre a la passion, l'étude et la réalité.

Lundi 14 février 1852.

# VOLNEY

**ETUDE SUR SA VIE ET SUR SES ŒUVRES**

**PAR M. EUGÈNE BERGER. 1852**

J'avais plus d'une fois songé à faire entrer Volney dans ces Études, où j'aime à passer en revue les hommes distingués qui appartiennent à la fois au siècle dernier et au commencement du nôtre : un travail d'un jeune et judicieux écrivain, M. E. Berger, vient m'en rappeler l'idée et m'en procurer l'occasion. Ce travail est conçu dans un excellent esprit et dans une bonne mesure : M. Berger cherche à y faire la double part en Volney, celle du mérite réel et celle des opinions erronées. L'espèce de délit social dont l'auteur des *Ruines* et du *Catéchisme de la Loi naturelle* s'est rendu coupable y est apprécié avec sévérité, mais sans virulence, comme il convient aujourd'hui que ces tristes livres ont fait leur temps et que l'intérêt général s'en est retiré. En même temps le voyageur d'Égypte et de Syrie y obtient de justes hommages pour ses descriptions précises et sévères. Je voudrais, à mon tour, repasser sur quelques points et marquer, comme je l'entends, les traits de cette sèche, exacte et assez haute figure. Les rapprochements ou les contrastes naîtront d'eux-mêmes, et c'est ainsi qu'en maintenant à chaque objet son caractère, il y a moyen à la littérature de tout fertiliser.

Constantin-François *Chassebœuf*, qui ne prit que plus tard le nom de *Volney*, naquit le 3 février 1757 à Craon, dans la Mayenne, « sur la limite extrême où la mollesse angevine s'efface, dit-on, devant l'âpreté bretonne : » pour lui, ce n'est point du côté de la mollesse qu'il penchera. Dans notre jeunesse, et quand le Moyen-Age était à la mode, je me rappelle avoir entendu regretter, au sujet de Volney, qu'au lieu de ce nom qui siérait aussi bien à un personnage de roman, il n'eût point gardé ce premier nom pittoresque de *Chassebœuf*, qui rappelait un chevalier et haut baron poursuivant dans la plaine le vilain et piquant les troupeaux de sa lance : mais le commun du monde y voyait naturellement le vilain et le bouvier encore plus que le chevalier. Le père de Volney, avocat en crédit, à qui ce nom de Chassebœuf ne souriait pas et qui y avait gagné plus d'une raillerie, donna dès l'enfance à son fils celui de *Boisgirais*, qui ne fut que provisoire. Le jeune enfant perdit sa mère à deux ans et fut abandonné aux mains d'une servante de campagne et d'une vieille parente, gâté par l'une, grondé par l'autre. Il était déjà ce qu'il sera toute sa vie, d'une santé faible et délicate. Les terreurs que les deux femmes qui l'élevaient contradictoirement mêlaient à l'envi aux contes du coin du feu paraissent lui en avoir ôté tout le charme, et on ne voit jamais trace chez lui d'un tendre regard en arrière vers les années de son enfance. Mis à sept ans dans un petit collége tenu à Ancenis par un prêtre bas-breton, il y fut maltraité; il avançait pourtant dans ses études et était à la tête de ses classes. Chagrin et méditatif par nature ou par suite de l'abandon de son père, il inspira de l'intérêt à un oncle maternel, la seule personne de sa famille qui le visitât quelquefois. Cet oncle décida le père de Volney à le mettre au collége d'Angers, où le jeune homme acheva brillamment ses études. A dix-sept ans, son père, qui continuait apparemment à se soucier assez peu de lui, le fit émanciper, lui rendit compte du bien de sa mère qui était de onze cents livres de rente, et le laissa ensuite se diriger à son gré. Volney, qu'on nous représente, à Angers comme à Ancenis, solitaire, taciturne, ne prenant aucune part aux amusements de son âge et ne se liant intimement avec aucun de ses camarades, s'adonna à la médecine et se tourna dès lors vers l'étude des langues orientales : sa pensée était qu'il fallait demander à l'étude directe de ces langues la rectification de quantité d'opinions reçues et accréditées à la faveur de traductions infidèles. Il vint à Paris vers 1776, y poussa fortement ses études de linguistique et d'histoire, débuta par un mémoire sur la Chronologie d'Hérodote, et brisa une lance contre Larcher (1); il s'annonçait comme devant marcher sur les traces du docte Fréret. Dès ses débuts, il fut présenté dans la société du baron d'Holbach, y connut Franklin, le monde de madame Helvétius, et toutes ces influences se combinèrent bientôt, se fixèrent en lui de telle sorte qu'il devint l'élève le plus original peut-être de cette école.

Cabanis et lui, tous deux jeunes, en épousèrent l'esprit et l'appliquèrent chacun dans son sens; mais Volney n'avait rien du caractère de Cabanis, qui corrigeait par l'onction de sa nature la sécheresse des doctrines : lui, il était homme à l'exagérer plutôt. S'il prit à Fran-

---

(1) Je répète cela d'après les biographes, sans l'avoir vérifié moi-même : mais, ce qui est sûr, c'est qu'on lit dans le *Journal des Savants* de janvier 1782 une *Lettre de M. C. sur la Chronologie de différents Peuples anciens*, laquelle est de Volney; il y donna sommairement les résultats de plusieurs années d'études.

klin sa morale toute fondée sur l'utilité, ce fut sans y mettre le sourire.

La combinaison propre à Volney et qui lui donne son cachet distinct, est celle-ci : il fut disciple à la fois de Fréret et de d'Holbach. On a lieu de s'excuser pour une telle association de noms, et il est besoin de l'expliquer. Fréret, esprit ferme, judicieux, sagace, le prince des critiques en histoire, veut rétablir sur des bases sûres ou probables l'antique Chronologie, et il se trouve en présence de divers témoignages qu'il compare et qu'il discute. Parmi ces témoignages, il en est un qui vient des Livres saints et qui semble faire loi avant toute discussion. Volney, reprenant à sa façon, et quarante ans plus tard, la tâche de Fréret, rencontre également l'autorité des Écritures qu'on lui oppose, et s'en irrite; il s'en irrite comme un disciple de l'*Encyclopédie* · de là vient qu'en lisant ces amples et vastes récits d'Hérodote, qui font parfois l'effet d'un beau fleuve de Lydie, et en les comparant à d'autres récits d'un caractère plus primitif encore, il trouve moyen d'y apporter de l'aigreur, d'y mettre de la passion, et d'y insinuer de ce zèle hostile que nourrissait l'école de d'Holbach contre tout ce qui tenait à la tradition religieuse. Volney semble dire à d'Holbach, à Naigeon, et à tout ce monde qui déclamait à tue-tête : « Laissez-moi faire! tandis que vous parlez tout à votre aise, moi, je vais vous servir d'une manière précise, et je me charge de faire brèche par la chronologie. » Aujourd'hui un christianisme éclairé et élevé, véritablement conciliateur, n'a pas craint d'ouvrir le champ de la discussion sur tous ces points qui sont livrés à la controverse humaine; la chronologie est libre, comme la physique, dans ses explications et ses conjectures : la foi appuie sur des arches désormais plus larges son canal sacré. Volney ne se trouvant plus en face d'un adversaire armé, ne saurait trop que faire de son aigreur, et il serait tout étonné de n'avoir plus à s'en prendre qu'à des dates dans son acharnement en chronologie.

C'est au moral et au talent de l'écrivain que nous nous attachons. Il conçut un projet qui annonçait de l'énergie et le zèle pur de la science. En 1781, ayant hérité d'une somme d'argent, six mille livres environ, son embarras fut de l'employer : « Parmi mes amis, dit-il, les uns voulaient que je jouisse du fonds, les autres me conseillaient de m'en faire des rentes : je fis mes réflexions, et je jugeai cette somme trop faible pour ajouter sensiblement à mon revenu, et trop forte pour être dissipée en dépenses frivoles. Des circonstances heureuses avaient habitué ma jeunesse à l'étude ; j'avais pris le goût, la passion même de l'instruction ; mon fonds me parut un moyen nouveau de satisfaire ce goût, et d'ouvrir une plus grande carrière à mon éducation. J'avais lu et entendu répéter que de tous les moyens d'orner l'esprit et de former le jugement, le plus efficace était de voyager : j'arrêtai le plan d'un voyage ; le théâtre me restait à choisir : je le voulais nouveau, ou du moins brillant. » Après quelques incertitudes sur le choix du lieu, il se détermina pour l'Orient, pour ce berceau des antiques religions ; il se mêlait bien encore à son dessein quelque chose de la philosophie curieuse et destructive dont il était fils : cette fois du moins, dans l'exécution, cet esprit négatif ne se donna point carrière comme plus tard. Volney fit un voyage savant, exact, positif, et l'écrivit avec des qualités de style rares, bien qu'incomplètes. Ce *Voyage en Égypte et en Syrie*, qui parut en 1787, est son beau titre : faisons comme lui, examinons.

Un voyage en Orient était à cette date une grande chose : là où Chateaubriand ira bientôt en cavalier et en gentilhomme, Byron en grand seigneur, Lamartine en émir et en prince, Volney se proposait d'aller un bâton blanc à la main. Il avait vingt-cinq ans. On raconte qu'il voulut, avant son départ, revoir Angers et l'oncle maternel qui avait eu quelque soin de son enfance; là il s'exerça durant plusieurs mois par un régime actif et par des courses de chaque jour à ses fatigues nouvelles, et, quand il se crut suffisamment aguerri, il se mit en marche comme un valeureux fantassin (fin de 1782). En sortant de cette ville d'Angers où il avait passé les années de sa première et studieuse jeunesse, il se retourna un moment en arrière, salua les toits ardoisés qui brillaient dans le lointain, et pleura. On le dit, mais ce n'est pas lui qui nous l'apprend : jamais homme, jamais voyageur ne fut plus sobre et plus discret sur ses propres impressions que Volney. — Ce moment, pour lui solennel, du départ, fut aussi celui où il changea le nom de *Boisgirais* qu'il avait porté jusque-là en celui de *Volney* qu'il allait rendre célèbre. On a dit que ce nom de *Volney* n'est qu'une traduction, en une des langues d'Orient, de celui de *Chassebœuf;* des érudits que j'ai interrogés là-dessus ne m'ont point donné de réponse satisfaisante.

Arrivé en Orient, après quelque séjour en Égypte, il comprit qu'il ne ferait rien sans la langue, et il alla s'enfermer durant huit mois au monastère de *Mar-Hanna* dans le Liban pour apprendre l'arabe. Plus tard il se lia avec un *cheik* bédouin; il s'était accoutumé à *porter la lance* et à *courir un cheval* aussi bien qu'un Arabe du désert. On entrevoit ainsi dans son voyage quelque trace de ce qu'il fit personnellement; mais, au rebours de ses devanciers et de ses successeurs qui aiment à se mettre en scène, Volney a pris, pour exposer ce qu'il a vu, une méthode d'auteur plutôt que de voyageur. Au lieu de nous raconter ses marches, l'emploi de ses journées, et de nous permettre de le suivre, il n'a donné que les résultats de ses observations durant trois ans : « J'ai rejeté comme trop longs, dit-il, l'ordre et les détails itinéraires ainsi que les aventures personnelles; je n'ai traité que par tableaux généraux, parce qu'ils rassemblent plus de faits et d'idées, et que, dans la foule des livres qui se succèdent, il me paraît important d'*économiser le temps des lecteurs.* » Il a donc composé un livre, un tableau, et n'a pas senti qu'il y avait plus de charme pour tout lecteur dans la simple manière d'un voyageur qui nous parle chemin faisant, et qu'on accompagne. Il n'y a rien de Montaigne en lui. Volney a peur de tout ce qui est charme; il semble craindre toujours de rien ajouter aux choses, et de présenter les objets d'une manière trop attachante : « Je me suis interdit tout tableau d'imagination, dit-il, quoique je n'ignore pas les avantages de l'illusion auprès de la plupart des lecteurs; mais j'ai pensé que le genre des voyages appartenait à l'histoire et non aux romans. Je n'ai donc point représenté les pays plus beaux qu'ils ne m'ont paru : je n'ai point peint les hommes meilleurs ou plus méchants que je ne les ai vus; et j'ai peut-être été propre à les voir tels qu'ils sont, puisque je n'ai reçu d'eux ni bienfaits ni outrages. »

Nous avons vu, depuis, les inconvénients de la manière opposée, le débordement des couleurs à tout propos, et le déluge des impressions personnelles. Volney, de peur d'y tomber, s'est rangé plutôt à l'excès contraire; il affecterait au besoin l'aridité.

Le *Voyage* de Volney s'ouvre par la description de l'Égypte et d'Alexandrie, et, dans une suite de chapitres aussi pleins que précis, il va rassembler tout ce qui tient à l'état physique, puis à l'état politique de l'Égypte : ainsi fera-t-il pour la Syrie. Son expression, exempte de toute phrase et sobre de couleur, se marque par une singulière propriété et une rigueur parfaite.

Quand il nous définit la qualité du sol de l'Égypte et en quoi ce sol se distingue du désert d'Afrique, ce *terreau noir, gras et léger*, qu'entraîne et que dépose le Nil; quand il nous retrace aussi la nature des vents chauds du désert, leur chaleur sèche, dont « l'impression peut se comparer à celle qu'on reçoit de la bouche d'un four banal, au moment qu'on en tire le pain; » l'aspect inquiétant de l'air dès qu'ils se mettent à souffler; cet air « qui n'est pas nébuleux, mais gris et poudreux, et réellement plein d'une poussière très-déliée qui ne se dépose pas et qui pénètre partout; » le soleil « qui n'offre plus qu'un disque violacé; » dans toutes ces descriptions, dont il faut voir en place l'ensemble et le détail, Volney atteint à une véritable beauté (si cette expression est permise, appliquée à une telle rigueur de lignes), une beauté physique, médicale en quelque sorte, et qui rappelle la touche d'Hippocrate dans son *Traité de l'Air, des Lieux et des Eaux*. Napoléon, qui a ouvert sa Relation de la Campagne d'Égypte par des descriptions de ce genre, a renchéri encore, s'il est possible, sur la brièveté et la concision de Volney; mais il y a mêlé de soudains éclairs. Volney n'en a jamais, sinon quand il cite quelque locution du pays, quelque proverbe arabe qui fait image.

Volney n'est pas un peintre, c'est un grand dessinateur; dans ses descriptions de l'Égypte à laquelle il se montre sévère, il lui refuse absolument d'être pittoresque; après l'avoir tant étudiée, il l'aime peu; il l'exprime dans tous ses contours et dans sa réalité visible, sans en embrasser la grandeur profonde et sans en pénétrer peut-être le génie; il n'a pas l'amour de son sujet. Il est plus favorable à la Syrie et se déride quelquefois en nous en parlant: c'est par la Syrie qu'il entre davantage dans l'esprit de l'Orient, et que, devenu maître de la langue, il reçoit son impression tout entière : il parle du désert et des Bédouins avec quelque chose de plus senti que d'habitude, bien que de sobre également et d'inflexible. Je voudrais détacher de Volney une page qui rendît son genre de beauté quand il en a, cette vérité précise, nue et sèche comme certaines parties des contrées mêmes qu'il a parcourues. Je crois avoir trouvé une de ces pages caractéristiques dans le portrait du *Chameau;* il s'y est surpassé. On remarquera que Volney ne peut s'empêcher de reconnaître dans le merveilleux rapport de cet animal avec le climat auquel il est destiné une sorte d'intention providentielle et divine; ce sont de ces aveux qui lui échappent rarement, et que l'exactitude seule lui arrache ici. Après avoir décrit le désert dans toute son aridité de végétation, n'offrant plus, au retour des chaleurs, « que des tiges sèches et dures comme le bois, que ne peuvent brouter ni les chevaux, ni les bœufs, ni même les chèvres, » il ajoute :

« Dans cet état, le désert deviendrait inhabitable, et il faudrait le quitter, si la nature n'y eût attaché un animal d'un tempérament aussi dur et aussi frugal que le sol est ingrat et stérile, si elle n'y eût placé le Chameau. Aucun animal ne présente une analogie si marquée et si exclusive à son climat : on dirait qu'une *intention préméditée* s'est plu à régler les qualités de l'un sur celles de l'autre. Voulant que le Chameau habitât un pays où il ne trouverait que peu de nourriture, la nature a économisé la matière dans toute sa construction. Elle ne lui a donné la plénitude des formes ni du bœuf, ni du cheval, ni de l'éléphant; mais, le bornant au plus étroit nécessaire, elle lui a placé une petite tête sans oreilles au bout d'un long cou sans chair. Elle a ôté à ses jambes et à ses cuisses tout muscle inutile à les mouvoir; enfin elle n'a accordé à son corps desséché que les vaisseaux et les tendons nécessaires pour en lier la charpente. Elle l'a muni d'une forte mâchoire pour broyer les plus durs aliments; mais, de peur qu'il n'en consommât trop, elle a rétréci son estomac, et l'a obligé à *ruminer*. Elle a garni son pied d'une masse de chair qui, glissant sur la boue, et n'étant pas propre à grimper, ne lui rend praticable qu'un sol sec, uni et sablonneux comme celui de l'Arabie. Enfin elle l'a destiné visiblement à l'esclavage, en lui refusant toutes défenses contre ses ennemis. Privé des cornes du taureau, du sabot du cheval, de la dent de l'éléphant et de la légèreté du cerf, que peut le Chameau contre les attaques du lion, du tigre ou même du loup? Aussi, pour en conserver l'espèce, la nature le cacha-t-elle au fond des vastes déserts, où la disette des végétaux n'attirait nul gibier, et d'où la disette du gibier repoussait les animaux voraces. Il a fallu que le sabre des tyrans chassât l'homme de la terre habitable pour que le Chameau perdît sa liberté. Passé à l'état domestique, il est devenu le moyen d'habitation de la terre la plus ingrate. Lui seul subvient à tous les besoins de ses maîtres. Son lait nourrit la famille arabe, sous les diverses formes de caillé, de fromage et de beurre; souvent même on mange sa chair. On fait des chaussures et des harnais de sa peau, des vêtements et des tentes de son poil. On transporte par son moyen de lourds fardeaux ; enfin, lorsque la terre refuse le fourrage au cheval si précieux au Bédouin, le Chameau subvient par son lait à la disette, sans qu'il en coûte pour tant d'avantages autre chose que quelques tiges de ronces ou d'absinthes, et des noyaux de dattes pilés. Telle est l'importance du Chameau pour le désert que, si on l'en retirait, on en soustrairait toute la population dont il est l'unique pivot. »

Description complète et parfaite d'après nature, qu'envierait Cuvier et qui laisse en arrière celle de Buffon! Ce terme et cette image de *pivot* qui la termine un peu brusquement m'a aussitôt rappelé un tableau que nous connaissons tous : *Joseph vendu par ses frères*, de Decamps. Dans cette composition originale et simple, quel est en effet le personnage, le motif principal selon la pensée du peintre? Ce n'est ni Joseph, ni ses frères, ni les divers groupes semés çà et là au second plan du tableau : la figure principale entre toutes celles de la caravane, et qui se détache en relief du milieu de ce ciel rougissant et enflammé du désert, c'est le Chameau, qui est le centre de l'ensemble et véritablement le *pivot*. Ce que Volney, dans sa description, n'avait rendu que d'une manière pour ainsi dire géométrique et graphique, Decamps l'a revêtu de couleur, l'a mis en action, et y a versé de toutes parts la splendeur de la nature, 'éclat de la vie.

C'est ce qui manque totalement au genre triste, aride, tour à tour médical ou topographique de Volney.

Il est bien de ne rien ajouter aux objets; mais faut-il mettre tant de soin à les dénuder toujours? Il déclame peu ou point dans son *Voyage*, et diffère honorablement en cela des auteurs de son moment. Il ne laisse pas d'être misanthropique pourtant, et le besoin d'aller toujours au fond des ressorts humains l'empêche de voir ce qui les recouvre souvent dans l'habitude, et ce qui en rend le jeu plus tolérable et plus doux. Il déplore les misères des gouvernements despotiques qu'il observe, il leur attribue tous les maux dont il est témoin; au fond de cette juste sévérité toutefois, on sent trop peu de sympathie pour ceux mêmes qu'il plaint, et en général pour les hommes. De même, quand il considère la nature, il ne se desserre point le cœur, il ne s'ouvre jamais avec plénitude à l'impression tranquille et sereine de ses grandeurs et de ses beautés. On lui voudrait un peu de ce sentiment qu'il simulait lorsqu'à un Arabe qui lui demandait pourquoi il était venu de si loin, il répondait : « Pour voir la terre et admirer les œuvres de Dieu. »

Volney monte au sommet du Liban, d'où il jouit du spectacle des hautes montagnes : « Là, de toutes parts, dit-il, s'étend un horizon sans bornes; là, par un temps clair, la vue s'égare et sur le désert qui confine au golfe Persique, et sur la mer qui baigne l'Europe : l'âme croit embrasser le monde. » Du haut de cette cime témoin de tant de grandes choses, et d'où l'esprit se porte en un clin d'œil d'Antioche à Jérusalem, quelles vont être ses pensées? Il semble, à la manière dont il débute, qu'il a senti toute la majesté du spectacle; que, lui aussi, il va prendre l'essor, qu'il va embrasser de l'aile le champ de la nature, de la poésie et de la tradition, dût-il s'y mêler pour lui quelques nuages. Mais cette velléité, s'il l'a eue, dure peu; écoutez la fin : « L'attention, dit-il, fixée par des objets distincts, examine avec détail les rochers, les bois, les torrents, les coteaux, les villages et les villes. *On prend un plaisir secret à trouver petits ces objets qu'on a vus si grands : on regarde avec complaisance la vallée couverte de nuées orageuses, et l'on sourit d'entendre sous ses pas ce tonnerre qui gronda si longtemps sur la tête; on aime à voir à ses pieds ces sommets jadis menaçants, devenus dans leur abaissement semblables aux sillons d'un champ ou aux gradins d'un amphithéâtre; on est flatté d'être devenu le point le plus élevé de tant de choses, et un sentiment d'orgueil les fait regarder avec plus de complaisance.* »

Pourquoi cette analyse au sommet du Liban? pourquoi cette explication par l'amour-propre, et à la manière de Condillac ou d'Helvétius, du plaisir sublime qu'on y conçoit? pourquoi se pencher au dedans et fouiller dans son esprit pour y noter du doigt avec satisfaction je ne sais quel ressort interne, et qui, dans tous les cas, disparaît et s'oublie à cette heure d'émotion puissante?

Je ne veux pas faire tort à Volney; je ne prétends point lui imposer la poésie : ce n'est point à Lamartine parcourant les mêmes lieux et les revêtant de ses couleurs trop vastes et de son luxe trop asiatique; ce n'est pas à Chateaubriand, plus sobre et plus déterminé de contours, mais pittoresque avant tout, que je le comparerai : c'est à un savant de son temps, à un observateur et à un physicien du premier ordre, à l'illustre Saussure visitant, le baromètre et le marteau du géologue à la main, les hautes cimes des Alpes qu'il a comme découvertes. Quelle différence d'impression morale, au milieu d'une précision scientifique semblable ou même supérieure! Saussure, on l'a dit, tout savant qu'il est, a de la candeur; il a, en présence de la nature et à travers ses études de tout genre, le sentiment calme et serein des primitives beautés; il se laisse faire à ces grands spectacles; pour les peindre ou du moins pour en donner idée, pour dire la limpidité de l'air dans les hautes cimes, le frais jaillissement des sources ou de la verdure au sortir des neiges, la pureté resplendissante des glaciers, il ne craindra point d'emprunter à la langue vulgaire les comparaisons qui se présentent naturellement à la pensée, et que Volney, dans son rigorisme d'expression, s'interdit toujours; il aura, au besoin, des images de *paradis terrestre*, de *fées* ou d'*Olympe;* après un danger dont il est échappé, lui et son guide, il remerciera la Providence. Décrivant la naissance de l'Orbe, le lieu d'où la source jaillit au pied du rocher, puis son cours à travers une vallée profonde, « couverte de sapins dont la noirceur est rendue plus frappante par la brillante verdure des hêtres qui croissent au milieu d'eux, » il dira : « On comprend, en voyant cette source, comment les poëtes ont pu déifier les fontaines ou en faire le séjour de leurs divinités. La pureté de ses eaux, les beaux ombrages qui l'entourent, les rochers escarpés et les épaisses forêts qui en défendent l'approche; ce mélange de beautés tout à la fois douces et imposantes cause un saisissement difficile à exprimer, et semble annoncer la secrète présence d'un Être supérieur à l'humanité. » Mais surtout, en regard du séjour de Volney à la cime du Liban, je voudrais opposer ce passage de Saussure, qui termine le tableau de son campement durant dix-sept jours sur le *Col du Géant*. Après bien des tourbillons affreux et des tempêtes, le ciel tout d'un coup se rassérène; la seizième et dernière soirée que passent les voyageurs en ce haut lieu est d'une beauté ravissante : « Il semblait que toutes ces hautes sommités voulussent que nous ne les quittassions pas sans regrets. » L'horizon en tout sens se colore, les cimes supérieures se nuancent, ainsi que les neiges qui les séparent :

« Tout l'horizon de l'Italie paraissait bordé d'une large ceinture, et la pleine lune vint s'élever au-dessus de cette ceinture avec la majesté d'une reine, et teinte du plus beau vermillon. L'air, autour de nous, avait cette pureté et cette limpidité parfaite qu'Homère attribue à celui de l'Olympe, tandis que les vallées, remplies des vapeurs qui s'y étaient condensées, semblaient un séjour d'épaisses ténèbres.

« Mais comment peindrai-je la nuit qui succéda à cette belle soirée, lorsqu'après le crépuscule la lune, brillant seule dans le ciel, versait les flots de sa lumière argentée sur la vaste enceinte des neiges et des rochers qui entouraient notre cabane? Combien ces neiges et ces glaces, dont l'aspect est insoutenable à la lumière du soleil, formaient un étonnant et délicieux spectacle à la douce clarté du flambeau de la nuit! Quel magnifique contraste ces rocs de granit, rembrunis et découpés avec tant de netteté et de hardiesse, formaient au milieu de ces neiges brillantes! Quel moment pour la méditation! De combien de peines et de privations de semblables moments ne dédommagent-ils pas! L'âme s'élève, les vues de l'esprit semblent s'agrandir, et au milieu de ce majestueux silence on croit entendre la voix de la nature, et devenir le confident de ses opérations les plus secrètes (1). »

Chez Saussure, selon l'éloge que lui accorde sir Humphrey Davy, on sent un dessin aussi animé que correct, et des traits qui, autant que le langage en est capable, éveillent les peintures dans l'esprit : il offre une alliance parfaite d'une imagination puissante associée avec le plus froid jugement, quelque chose des sentiments du poëte joints à l'exacte recherche et à la profonde sagacité du philosophe. Chez Volney, il n'y a qu'une partie de ces qualités, le dessin dénué de tout ce qui anime ou qui embellit; il n'a jamais la joie qui signale une conquête de l'esprit ou une jouissance de l'âme. Il n'aime pas ce qu'il montre et ne le fait point aimer. A part cela, excellent voyageur, bon guide à sa date, et n'induisant jamais en erreur par trop de complaisance et de facilité. Quand l'expédition d'Égypte se fit en 1798, les chefs de l'armée trouvèrent en lui l'indicateur sûr qu'il leur fallait, et son *Voyage* fut un manuel précieux

(1) Voir la *Partie pittoresque des Voyages dans les Alpes* de Saussure, publiée par M. Sayous (deuxième édition; Cherbulliez, 1852).

pour cet État-major illustre. Tous le saluèrent au retour avec respect.

La partie de Jérusalem et de la Palestine est singulièrement écourtée chez Volney, qui ne voulait point, à l'époque où parut son *Voyage*, se faire de querelles, et qui se contentait de laisser percer ses opinions méprisantes. Croirait-on qu'après s'être arrêté très au long sur les ruines de Balbek et de Palmyre, il continue en ces termes : « A deux journées au sud de *Nâblous*, en marchant par des montagnes qui, à chaque pas, deviennent plus rocailleuses et plus arides, l'on arrive à une ville qui, *comme tant d'autres que nous avons parcourues*, présente un grand exemple de la vicissitude des choses humaines. » Cette ville qui est, selon lui, comme tant d'autres, c'est Jérusalem. Eh! quoi, vous qui parlez et qui venez de si loin pour apprendre, dites-vous, la vérité et pour rapporter la sagesse, n'êtes vous point d'une famille, d'une patrie? N'est-ce point de la ville chère et sainte à vos pères et à vos aïeux que vous parlez? Pourquoi choisir froidement, et comme sans en avoir l'air, l'expression la plus faite pour blesser la foi de tout un monde et pour contrister son espérance? Bien des pèlerins et des voyageurs de tout genre ont visité Jérusalem, et il n'en est aucun qui, à quelque degré, n'ait été ému. On n'a pas besoin d'être un profond croyant pour cela ; « on pense à l'église de son village, a dit quelqu'un, et l'on redevient enfant, et l'on se met à genoux. »

Volney cite les prophéties sur Tyr, il n'en dit point les auteurs ; il parle d'un *écrivain* seulement, comme si ces noms des prophètes lui faisaient mal à prononcer. Presque nulle part (excepté une fois sous la tente de l'Arabe) il ne rend hommage à cette fidélité des tableaux et des scènes bibliques qu'ont sentie d'abord tous les voyageurs en Orient, et dont il est dit dans le récit de Napoléon sur la Campagne de Syrie : « En campant sur les ruines de ces anciennes villes, on lisait tous les soirs l'Écriture sainte à haute voix sous la tente du général en chef. L'analogie et la vérité des descriptions étaient frappantes ; elles conviennent encore à ce pays, après tant de siècles et de vicissitudes. » Là est le côté étroit, le côté fermé chez Volney. Jamais, avec lui, un grand mot de Job ne vient traverser l'âme humaine et faire parler ses douleurs ; jamais l'aigle du prophète ne s'élève à l'horizon et ne plane sur les ruines. A la manière dont il le nomme et dont il cherche à diminuer sa gloire partout où il la rencontre, on dirait qu'il jalouse Salomon.

Mais j'anticipe sur *les Ruines*, sur cet ouvrage qui, couvant peut-être dès lors dans la pensée de Volney, ne devait éclore que trois ou quatre ans plus tard, quand la Constitution de 91 eut fait table rase en France. La publication de son *Voyage* en 1787 rendit Volney célèbre. Quoique par la forme ce livre n'eût rien de séduisant, et qu'il rompît par le ton avec la mollesse des écrits en vogue sous Louis XVI, quoiqu'il ne fût pas possible, pour tout dire, de moins ressembler à Bernardin de Saint-Pierre que Volney, celui-ci trouvait, à certains égards, un public préparé : c'était l'heure où Laplace physicien, Lavoisier chimiste, Monge géomètre, et d'autres encore dans cet ordre supérieur, donnaient des témoignages de leur génie. Volney fut le voyageur avoué et estimé de cette école savante et positive. L'année suivante (1788), il publia un écrit de circonstance, des *Considérations sur la Guerre des Turcs*, dans lesquelles il parlait de ces peuples d'Orient en connaissance de cause et ne se montrait point défavorable aux projets de Catherine; il exposait les chances probables de la guerre comme étant tout à l'avantage de la Russie. L'impératrice reconnut le zèle de Volney en lui envoyant par les mains de Grimm une médaille d'or. Lorsque Catherine se déclara contre la France et pour les Émigrés en 1791, Volney renvoya cette médaille en y joignant une lettre publique à l'adresse de Grimm, lettre plus solennelle encore et plus ambitieuse que patriotique. Il en résulta une réponse sous le nom de Grimm, mais qui était sans doute de Rivarol, satire amère, piquante, et des plus désagréables pour Volney (1).

Sa renommée de voyageur et la confiance qu'inspiraient alors les hommes de lettres le portèrent aux États-Généraux en 1789 : il y fut nommé par ses compatriotes de l'Anjou, et, comme tant de philosophes et de littérateurs, il s'y montra au-dessous de sa réputation. Il y décela un fanatisme froid que son *Voyage* ne laissait qu'entrevoir, et dont sa justesse d'esprit sur bien des points aurait dû, ce semble, le préserver. Ce moraliste qui se piquait d'être sans illusion se trouva pris au dépourvu sur la nature humaine. Ayant vu en Orient les effets désastreux du despotisme, il crut qu'il suffisait de la pure et simple liberté pour que tout fût bien. Il suivit le mouvement constitutionnel et même démocratique, sans y apporter les réserves et les craintes que de bons esprits concevaient déjà. Dès les premiers jours de la discussion et du conflit entre les Ordres, lorsque arriva la lettre du roi aux députés du Tiers-État pour les engager à la réunion (28 mai 1789), comme Malouet demandait que les débats fussent à huis clos et qu'on fît retirer des galeries les étrangers : « Les étrangers !

---

(1) L'écrit de Volney, *Considérations sur la Guerre des Turcs*, avait peu réussi ; il avait été réfuté dans le principe par Peyssonel. Une note de Volney, qui se lit page 102 de la première édition des *Ruines* et qui n'a pas été reproduite dans les éditions dernières, donne quelques détails à ce sujet, et laisse voir l'esprit de système en même temps que le fonds d'âcreté de l'auteur.

s'écria Volney; en est-il parmi nous? l'honneur que vous avez reçu d'eux lorsqu'ils vous ont nommés députés vous fait-il oublier qu'ils sont vos frères et vos concitoyens? N'ont-ils pas le plus grand intérêt à avoir les yeux fixés sur vous?... Prétendez-vous vous soustraire à leurs regards lorsque vous leur devez un compte de toutes vos démarches, de toutes vos pensées? Je ne puis estimer quiconque cherche à se dérober dans les ténèbres... Je me fais gloire de penser comme ce philosophe qui disait qu'il voudrait que sa maison fût de verre. Nous sommes dans les conjonctures les plus difficiles; que nos concitoyens nous environnent de toutes parts, qu'ils nous pressent, que leur présence nous inspire et nous anime! Elle n'ajoutera rien au courage de l'homme qui aime sa patrie et qui veut la servir; mais elle fera rougir le perfide ou le lâche que le séjour de la Cour ou la pusillanimité auraient déjà pu corrompre. » La prudence de Malouet, ainsi taxée outrageusement, n'eut plus qu'à se taire. La première flatterie adressée aux tribunes vint donc de Volney, lequel d'ailleurs y semblait peu intéressé puisqu'il n'était pas orateur. « Vous étiez, lui disait Rivarol (ou l'auteur quelconque de la Lettre satirique dont j'ai parlé), vous étiez l'un des plus éloquents orateurs muets de l'Assemblée nationale. » Un jour, dans la discussion où il s'agissait de savoir si la religion catholique serait déclarée religion de l'État (13 avril 1790), Volney, fidèle à son animosité, se tenait, un discours à la main, près de la tribune. « Montrez-moi, lui dit Mirabeau qui y montait, ce que vous avez à dire. » Et jetant les yeux sur le discours, il y saisit une phrase dont il tira parti l'instant d'après, et qui est devenue le mouvement célèbre : « Je vois d'ici cette fenêtre..... d'où partit l'arquebuse fatale qui a donné le signal du massacre de la Saint-Barthélemy. » Il paraît que l'idée première était de Volney : Mirabeau, s'en emparant et la mettant en situation, en fit un foudre oratoire.

Dumont de Genève, cet homme d'esprit dont les *Souvenirs* ont beaucoup de valeur à titre d'exactitude et de finesse, a dit en signalant quelques-uns des membres de l'Assemblée constituante qu'il rencontrait assez habituellement :

> « Volney, grand homme sec et atrabilaire, était en grand commerce de flatterie avec Mirabeau; il avait de l'*exagération* et de la *sécheresse*; il n'était pas des travailleurs de l'Assemblée. On voulait un jour imposer silence aux galeries : « Comment! dit-il, ce sont nos maîtres « qui siègent là : nous ne sommes que leurs ouvriers, ils ont le droit « de nous censurer et de nous applaudir. »

On reconnaît dans ce dernier mot l'imprudente parole qui, au début, était échappée à Volney, et qui demeurait attachée à son nom; en la répétant, on la résumait avec plus de force encore qu'il n'en avait mis en la proférant. Cependant les soins publics ne détournaient point absolument Volney de ses intérêts personnels, et de bonne heure il essaya de les concilier. On a beaucoup parlé, à son sujet, de l'affaire de Corse, de la mission qu'il avait sollicitée du Gouvernement auprès du ministre M. de Montmorin dès le mois de décembre 1789, et on lui en a fait un crime. M. Necker a dit de cette affaire quelques mots qui la montrent sans exagération et sous son vrai jour : parlant des diverses tentatives qui furent faites par ses collègues pour adoucir et désarmer quelques députés : « On eut une fois l'idée, dit M. Necker, de donner une mission particulière en Corse à un membre des Communes qui en était digne par ses talents; cet *arrangement* se fit pendant le cours d'une maladie qui me retint chez moi : j'en témoignai mes regrets aux ministres, et je professai les mêmes sentiments en présence de Sa Majesté le premier jour de mon retour au Conseil. L'événement prouva que je n'avais pas mal jugé cette affaire, puisque l'Assemblée nationale, aussitôt qu'elle en fut instruite, interdit à tous ses membres d'accepter aucune fonction à la nomination du roi. » Ce membre des Communes qu'on voulait rattacher par cette mission était Volney. L'affaire une fois ébruitée lui attira beaucoup d'ennuis; il dut, après une assez longue résistance, renoncer à un emploi qui lui souriait (1). Ce ne fut qu'en 1792 que, redevenu simple particulier, il tenta en Corse son entreprise industrielle et agricole. Prévoyant que nos colonies allaient être perdues pour nous, il songeait à naturaliser dans la Méditerranée plusieurs productions des Tropiques. Il acheta à cet effet le domaine de *la Confina* près d'Ajaccio, qu'il jugea favorable à ses expériences et qu'il appelait ses *Petites-Indes*. L'affaire manqua, comme toute chose à cette date. Ce qui sortit de là fut bien différent. Bonaparte, simple officier d'artillerie, visita la Corse et sa famille à l'époque où Volney était près d'Ajaccio. Il vit le voyageur célèbre, le questionna, comme il savait faire, sur l'Orient, sur l'Égypte, sur les chances d'une expédition française que Volney avait déjà discutées dans ses *Considérations* politiques de 1788. En ces entretiens dont on aimerait à saisir quelques échos, l'esprit fin, sévère, et le moins épris de

(1) On peut voir dans *le Moniteur* du 28 et du 30 janvier 1790 ce qui se rapporte à cette affaire. Trois députés, dont était Volney, furent signalés à la tribune pour avoir obtenu des places à la nomination du roi : les deux autres s'exécutèrent de bonne grâce, et donnèrent une prompte démission qui fut accueillie par l'Assemblée avec des applaudissements (séance du 27 janvier). Ce fut le lendemain seulement que Volney, qui avait parlé d'abord de sacrifier de préférence sa position de député, écrivit une lettre par laquelle il se démettait à son tour de la commission qu'il avait reçue du Gouvernement. L'Assemblée ordonna la mention de la lettre au procès-verbal, mais sans marque d'approbation. La place, à laquelle il renonçait visiblement à contre-cœur, était la Direction générale de l'agriculture et du commerce en Corse.

la gloire des César, des Mahomet ou des Alexandre, jetait sans s'en douter les germes qui devaient si brillament éclore au souffle de l'avenir dans une imagination héroïque et féconde.

Il y avait chez Volney un côté pratique, économique et réel, qu'on ne s'attendrait pas à trouver chez un érudit si passionné pour l'étude et pour le travail du cabinet. Lors de la sécularisation et de la mise en vente des biens du Clergé, il indiquait dans *le Moniteur* du 2 mai 1790 un moyen simple et assez ingénieusement calculé de les vendre promptement et sans dépréciation ; il avait hâte de voir se subdiviser les grandes propriétés et se multiplier le nombre des petits propriétaires. Il jugeait que c'était le grand intérêt de l'État et la garantie de la société nouvelle. Par ces côtés positifs, Volney était un membre utile de l'émancipation de 1789 ; mais il y mêlait une passion philosophique singulière, et, entre toutes celles du même genre qui éclataient alors, la sienne se distinguait par un caractère aigu et ardent.

On le vit bientôt lors de la publication des *Ruines* en 1791. Ce livre, qui porte bien son nom, a eu longtemps une réputation exagérée. Dans notre jeunesse, sous la Restauration, lorsqu'on voulait, par tous les moyens, combattre l'invasion politique d'un parti religieux, on exhuma ces livres déjà oubliés, on en multiplia les éditions, on leur refit une vogue qui ne fut qu'artificielle et d'un moment. Mais la vraie date des *Ruines* est bien celle qui s'étend depuis la Constitution de 1791 jusqu'à la fête de l'Être suprême, et qui redescend de là à travers le Directoire : leur moment comprend tout l'interrègne social jusqu'au rétablissement des Cultes et au Concordat. Je ne crois nullement, comme l'a dit un esprit d'ailleurs judicieux, que *les Ruines* constituent un *type* dans notre littérature : mais c'est en effet un livre qui, par le ton, est bien le contemporain de certaines formes de David en peinture, de Marie-Joseph Chénier et de Le Brun en poésie. Dans son *Voyage*, Volney n'avait été qu'un observateur inflexible; il n'avait point déclamé, il n'avait point professé. La Révolution, en lui montrant le triomphe présent, exalta tout à coup sa passion mal contenue; elle mit cet esprit éminent et froid dans un état en quelque sorte pindarique, et le fit sortir de ses tons. Il voulut se guinder jusqu'à l'imagination qu'il n'avait pas, et il ne réussit qu'à produire, dans le genre sec, un livre fastueux, quelque chose comme du Raynal plus jeune, en turban et au clair de lune. Ou mieux, figurez-vous un traité de Condillac, de Tracy ou de Condorcet mis à l'orientale par un Génie qui n'en est pas un. Au moment où l'auteur veut détruire le surnaturel, il prétend l'évoquer, et le surnaturel lui fait défaut : il n'embrasse qu'un fantôme. Sans entrer le moins du monde dans la question astronomique et théologique, à ne prendre le livre que par le côté littéraire et moral, nous en saisirons aisément le faux, et cela en vaut la peine.

Lundi, 21 février 1853.

# VOLNEY

ÉTUDE SUR SA VIE ET SUR SES ŒUVRES

PAR M. EUGÈNE BERGER. 1852.

(FIN.)

*Les Ruines, ou Méditation sur les Révolutions des Empires,* parurent en août 1791. Cette publication coïncidait avec l'achèvement de la Constitution de 91 et avec le Rapport de Thouret. Volney, dans son voyage de Syrie et dans ses excursions au désert, avait été extrêmement frappé des ruines de Palmyre, qui avaient été comme découvertes trente ans auparavant, ou du moins annoncées pour la première fois à l'Europe, par des voyageurs anglais. Ces ruines, qui ne paraissent pas remonter à une très-haute antiquité, et qui datent surtout de l'époque romaine, étaient dans ce demi-état de conservation et de désordre qui plaît à la rêverie et qui prête à la perspective. C'est là, c'est devant cette enfilade de colonnes encore debout et de fûts renversés que Volney établit son voyageur ou plutôt s'établit lui-même comme une espèce d'Ossian arabe ou turc, méditant après le coucher du soleil sur les vicissitudes des empires : « Je m'assis sur le tronc d'une colonne; et là, le coude appuyé sur le genou, la tête soutenue sur la main, tantôt portant mes regards sur le désert, tantôt les fixant sur les ruines, je m'abandonnai à une rêverie profonde. » La gravure qui était en tête du volume, et qui a été souvent reproduite depuis, représente le voyageur dans cette pose un peu solennelle. Mais à quoi va-t-il penser? par quel chemin son esprit va-t-il passer en un instant de la ville de Zénobie à la nuit du 4 Août et à l'anniversaire du 14 Juillet? Un Génie l'y aidera.

Un Génie, ou plutôt « un Fantôme blanchâtre enveloppé d'une draperie immense, tel que l'on peint les spectres sortant des tombeaux. » Entendant le solitaire mélancolique accuser hautement la fatalité et le *sort* de tous les maux qui affligent tour à tour les diverses nations, il l'en reprendra au nom de ces ruines et lui dira d'y lire les leçons qu'elles présentent : « Et vous, témoins de vingt siècles divers, temples saints! tombeaux vénérables! murs jadis glorieux, paraissez dans la cause de *la nature même!* Venez au tribunal d'*un sain entendement* déposer contre une accusation injuste! » Franchement, on comprend peu, si le Génie ne l'expliquait ensuite, quelles peuvent être ces leçons qui sortent si visiblement des ruines, sinon une leçon d'humilité profonde : « A mon retour d'Asie, écrivait Servius Sulpicius à Cicéron qu'il voulait consoler de la mort de sa fille, *comme je faisais voile d'Égine vers Mégare, je me mis à considérer les contrées qui étaient de toutes parts à l'entour. Derrière moi était Égine; devant, Mégare; à droite le Pirée, à gauche Corinthe, toutes villes qui avaient été dans un temps si florissantes, et qui maintenant, renversées et détruites, sont gisantes devant nos yeux. Et je commençai alors à penser en moi-même :* Eh quoi! *nous autres, pauvres petits hommes (homunculi), nous nous révoltons si quelqu'un des nôtres nous est enlevé de mort naturelle ou violente, nous dont la* vie doit être si courte, tandis que les cadavres de tant de villes gisent à terre dans un si petit espace ! Ne sauras-tu donc pas te mettre à la raison, Servius, et te souvenir que tu es né homme ! » Voilà l'éternelle morale qui avant et depuis Salomon, jusqu'à Sophocle, jusqu'à Cicéron, jusqu'à nous tous, se peut tirer du spectacle changeant des choses humaines, et il semble que, sauf le rajeunissement de l'expression, toujours possible à une âme sincère, les ruines de la ville de Zénobie, dévastée à la suite d'une guerre par l'empereur Aurélien, n'étaient guère de nature à inspirer d'autres pensées. Mais le XVIII<sup>e</sup> siècle, dans son ambition, ne se contente point de si peu ; Sieyès, dans un de ses rares moments d'épanchement, disait : « La politique est une science que je crois avoir achevée. » Et quant à la morale, plus d'un philosophe du temps eût été plus loin et eût dit : « Je crois l'avoir à la fois achevée et inventée. »

Piqué par les reproches du Génie et enhardi par sa présence, le voyageur s'ouvre donc à lui ; il veut savoir « par quels mobiles s'élèvent et s'abaissent les empires ; de quelles causes naissent la prospérité et les malheurs des nations ; sur quels principes enfin doivent s'établir la paix des sociétés et le bonheur des hommes. » Ici les ruines de Palmyre s'oublient : le Génie enlève le voyageur dans les airs, lui montre la terre sous ses pieds, lui déroule l'immensité des lieux et des temps, et commence à sa manière toute une histoire de l'humanité et du principe des choses, de l'origine des sociétés, le tout sous forme abstraite et en style analytique, avec un mélange de versets dans le genre du Coran. Rien de plus fatigué, de plus monotone, de plus faux comme littérature et comme art. « Quand la *puissance secrète* qui *anime l'univers* forma le globe que l'homme habite, elle imprima aux êtres qui le composent des *propriétés essentielles* qui devinrent la *règle* de leurs mouvements individuels, le *lien* de leurs rapports réciproques... » C'est ainsi que s'exprime ce Génie, qui n'est pas un de ceux des *Mille et une Nuits*. Le Génie analyse l'*amour de soi* dans toutes ses transformations, découvre que les maux des sociétés viennent des *désirs effrénés*, de la *Cupidité*, fille et compagne de l'*Ignorance*, etc. Tous ces mots que je souligne et des milliers d'autres sont soulignés dans l'original, afin de contracter un sens profond que le lecteur pourrait oublier d'y découvrir. L'histoire entière des peuples est présentée comme un vaste quiproquo et une fausse route prolongée qui ne doit se rectifier que lorsque les hommes seront *éclairés* et *sages;* et comme le néophyte, effrayé de ce spectacle universel d'erreurs, se met à désespérer de nouveau et à se lamenter, le Génie le rassure une seconde fois et lui démontre que ce règne de la sagesse et de la raison va enfin venir; que, par *la loi de la sensibilité*, l'homme tend aussi invinciblement *à se rendre heureux* que *le feu à monter*, que *la pierre à graviter*, que *l'eau à se niveler;* qu'à force d'expérience, il s'éclairera; qu'à force d'erreurs, il se redressera ; qu'il deviendra sage et bon, *parce qu'il est de son intérêt de l'être;* que tout sera fait quand on comprendra que la *morale* est une *science physique*, etc. Et ici toute la Révolution de 89 et ses principales scènes apparaissent dans le lointain du panorama. L'Assemblée constituante y est saluée *la première assemblée d'hommes raisonnables :* on a la séance du Jeu de Paume, la nuit du 4 Août, résumées en manière d'allégorie, et vues dans une sorte de lanterne magique abstraite. Mais ce qui a donné à ce livre, qui n'est aujourd'hui qu'ennuyeux, sa réputation et son attrait auprès de quelques esprits, ce sont les derniers chapitres où, dans une assemblée générale des peuples, s'agite et se plaide contradictoirement la cause des diverses croyances religieuses. Volney, qui professe en bien des endroits qu'il n'y a rien de plus sage que le doute, va ici beaucoup plus loin; il explique, comme s'il le savait de science certaine, l'origine, selon lui astronomique, des religions; il raconte les mystères des temps primitifs comme s'il y avait assisté. Lui, ou son orateur du groupe des sages, dira sans rire après une explication théorique des plus hasardées : « Telle est la chaîne des idées que l'esprit humain avait déjà parcourue *à une époque antérieure aux récits positifs de l'histoire.* » Qu'en sait-il? et comment concilier tant de confiance avec tant d'incrédulité? Au point de vue de la composition littéraire, cette convocation générale des peuples, où ne manquent ni le Lapon, ni le Samoyède, ni le Tongouze, désignés chacun par des épithètes qui veulent être homériques, est bizarre et sans goût : on plaide et l'on dispute devant je ne sais quel autel de l'*union* et de la *paix;* il y a le groupe des amis de la vérité qui a son orateur, et un certain *groupe des hommes simples et sauvages* qui parle tout à la fois : c'est ce dernier groupe qui a les honneurs de la conclusion, et qui coupe court à la dispute universelle, en disant de ne croire qu'à ce qu'on *voit* et à ce qu'on *sent* par sensation directe. Ce livre, commencé par le spectacle des ruines de Palmyre, aboutit à un *Catéchisme de la Loi naturelle* annoncé dans le dernier chapitre, et publié ou promulgué deux ans plus tard, en 1793 : « Maintenant que le genre humain grandit, observe l'auteur, il est temps de lui parler raison. » La morale y est présentée comme « une science physique et géométrique, soumise aux règles et au calcul des autres sciences exactes. » Elle est toute déduite des mêmes principes que l'hygiène. Ce qu'il y avait de vrai dans Franklin est poussé ici au faux par la rigueur de la déduction, et ne se tempère par aucun attrait. Si Volney a voulu réaliser le contraire du persuasif, il a réussi.

Je n'ai point à discuter le fond des choses : il suffit que la majorité des hommes en ces matières sente autrement que Volney pour que sa manière de voir, qui tend à s'imposer, soit fausse moralement. Quant aux religions, sans aller plus avant, il n'a pas moins manqué à la vérité sociale. Il dit qu'il a vu les hommes sous les diverses religions rester les mêmes et obéir à leurs intérêts, à leurs passions : il ne se demande pas si les hommes ne s'y abandonneraient pas bien davantage en étant absolument destitués de cet ordre de lois. A ne considérer les religions qu'au moral et comme des vêtements nécessaires à la nudité humaine, comment croyait-il que l'homme pouvait subitement s'en passer? Dans la formation des religions Volney ne conçoit que l'imposture, l'hypocrisie; il ne voit, comme il l'a dit dans son *Histoire de Samuel*, qu'un homme plus subtil et plus *madré* que la multitude, et qui lui en impose. Il méconnaît la sainteté, la vénération qui fait partie de l'âme humaine, toute cette race d'hommes pieux qui se personnifie, même en dehors du Christianisme, dans les noms des Xénophon et des Numa. Il ne se dit jamais avec la douce sagesse que devrait avoir un homme qui a médité sur la montagne et qui a vécu au désert : « Les vieilles religions sont comme les vieux arbres : il y a des miliers de familles innocentes d'oiseaux qui y font leurs nids (1). »

Au reste, il y a dans tout ceci à faire la part du siècle et du moment; elle est immense. Il y a à faire aussi celle de l'esprit de l'homme et de sa nature. Ce respect

(1) En fait de Vision dans laquelle intervient un Génie, et comme correctif des *Ruines*, je recommande le chapitre du *Spectateur* d'Addison (n° 159), connu sous le nom de *Vision de Mirza*. On y trouvera une belle méditation, purement morale, et qui, en comprenant tout ce qu'il y a de triste dans la destinée humaine, ne se fixe pas aux images lugubres, mais s'en détache à temps : la consolation est au bout, et du côté seulement où elle peut être.

et cette intelligence qu'il n'a point de la chose religieuse et sacrée, Volney ne l'aura pas davantage dans l'ordre littéraire : il est savant, il est érudit, mais de ce côté non plus il n'a pas le culte, il n'a pas le sentiment respectueux et délicat. Dans le Cours d'histoire qu'il professa aux Écoles normales après la Terreur (1795), s'élevant avec raison contre l'abus qu'on a fait des études grecques et romaines, il va pourtant jusqu'à l'excès quand il dit : « Oui, plus j'ai étudié l'antiquité et ses gouvernements si vantés, plus j'ai conçu que celui des Mamelouks d'Égypte et du dey d'Alger ne différaient point essentiellement de ceux de Sparte et de Rome, et qu'il ne manque à ces Grecs et à ces Romains tant prônés que le nom de Huns et de Vandales pour nous en retracer tous les caractères. » Il méconnaît le côté héroïque et moral de l'antiquité, si bien compris par Montesquieu. Dans son voyage aux États-Unis, étudiant les Sauvages, il leur compare à tout instant les Grecs, ceux d'Homère, passe encore, mais aussi ceux de Sophocle et d'Euripide : « Les tragédies de Sophocle et d'Euripide me peignent presque littéralement, dit-il, les opinions des *hommes rouges* sur la nécessité, sur la fatalité, sur la misère de la condition humaine, et sur la dureté du Destin aveugle. » Volney, même quand il atteint la ligne juste, exagère toujours en la creusant trop ou en la dépouillant de ce qui l'accompagne. Il peut y avoir du rapport pour le fond du dogme entre le *Destin* des Grecs et celui des *peaux-rouges* d'Amérique ; mais, certes, de ces chœurs harmonieux de Sophocle il sort, il s'élève une moralité magnifique et sublime qui repousse tout rapprochement et qui ne permet une comparaison si étroite qu'à des esprits *athées* en littérature : j'appelle ainsi des esprits qui ôtent toujours à toutes choses la beauté intérieure, le *mens divinior*, le charme qui les revêt intimement et qui, en partie, les constitue.

Volney, parmi tous les auteurs de l'antiquité, a fait choix pour son auteur favori d'Hérodote ; c'est qu'il voit en lui « le plus consciencieux des voyageurs anciens. » D'ailleurs, il n'a aucun goût sensible pour les écrivains éloquents ou les poëtes ; il cite une fois, sur « la crainte qui serait la cause première des religions (*Primus in orbe Deos*, etc.) », un mot de Pétrone ou de Stace, qu'il attribue par mégarde à Lucrèce : jamais il ne lui arrive de citer Virgile, Horace, un vers d'Homère, ce qui fait la douceur habituelle de ceux qui ont pratiqué ces sentiers de l'antiquité ; il ne fleurit jamais son chemin d'un souvenir : avec des connaissances si approfondies et si particulières, il n'a pas plus la religion de la Grèce que celle de Sion.

Le talent qui se trouve au début dans quelques pages des *Ruines* se ressent de cette disposition fondamentale ; il y a du nombre, une certaine emphase grandiose, mais nulle légèreté et nul éclat, aucun regard de la Muse. C'est terne, fatigué, pompeux, monotone, sonore et sourd à la fois. Au moral, combien il y a plus de vérité, même pour le philosophe, dans deux mots de Pascal où éclate le cri du cœur! et, s'il s'agit d'art, combien plus de lumière et de mélancolique reflet en quelques pages de Chateaubriand !

« Je visitai d'abord, dit René, les peuples qui ne sont plus : je m'en allai m'asseyant sur les débris de Rome et de la Grèce, pays de forte et d'ingénieuse mémoire... Je méditai sur ces monuments dans tous les accidents et à toutes les heures de la journée. Tantôt ce même soleil qui avait vu jeter les fondements de ces cités se couchait majestueusement à mes yeux sur leurs ruines ; tantôt la lune se levant dans un ciel pur, entre deux urnes cinéraires à moitié brisées, me montrait les pâles tombeaux. Souvent, aux rayons de cet astre qui alimente les rêveries, j'ai cru voir le Génie des souvenirs, assis tout pensif à mes côtés. »

On peut remarquer de la coquetterie sans doute et de l'arrangement dans cette rêverie qui n'oublie rien, dans cette lune qui se lève tout exprès *entre deux urnes cinéraires;* ce n'est pas du grand art primitif, c'est de l'art moderne selon Canova. Mais il y a de la séduction, de l'éclat, et comme la caresse flatteuse du rayon. Dans ces études que je poursuis sur les écrivains du règne de Louis XVI (Barthélemy, Necker, Volney), j'aboutis souvent au nom de Chateaubriand, et je le fais avec intention : c'est, en effet, pour avoir repris plus tard avec bonheur ce que d'autres avaient pressenti et en partie manqué, c'est pour avoir trouvé et fondu sous ses pinceaux ce que des devanciers qui semblent quelquefois ses adversaires avaient cherché avec peine, que Chateaubriand a eu ce prompt succès. En même temps qu'il ouvrait sa voie propre, il a été pour eux tous, par plus d'un côté, l'héritier habile et brillant.

Pendant l'année 1792, Volney, je l'ai dit, tenta en Corse une entreprise industrielle et coloniale; il allait y chercher la paix agricole, il y rencontra des discordes, des haines et des guerres domestiques, exaspérées encore par le contre-coup de la Révolution française et fomentées par les intrigues de Paoli. Il revint en France dans les premiers mois de 1793. Ses principes ne lui permettaient point de dépasser la ligne d'opinion des Girondins; il marchait et il s'arrêta avec eux. N'étant pas engagé directement dans la lutte, il échappa à la mort commune, et en fut quitte pour dix mois de détention dont il fut délivré peu après le 9 Thermidor. Il était allé dans le midi et à Nice quand il reçut, à la fin de l'année 1794, sa nomination à l'une des places de professeur des Écoles normales. Il se rendit à l'instant à Paris et fit pendant deux mois des Leçons d'histoire, qui ont été recueillies.

Ces Leçons, très-ingénieuses et très-inattendues, ont cela de remarquable qu'elles sont plutôt contre que pour l'histoire. Elles en placent si haut les conditions de certitude qu'elles ne réussissent guère qu'à établir le doute. Volney porte jusque dans l'étude des faits un peu de ce dédain qu'ont les hommes qui *pensent* pour ceux qui *racontent*. Là encore il exagère à force de disséquer et d'analyser. Il voudrait une certitude comme 2 et 2 font 4 : il est clair qu'il ne l'obtiendra pas. De même qu'il diminue tant qu'il peut les probabilités de l'histoire, si on le laissait faire et s'il l'osait il en nierait l'utilité, ou du moins il soutiendrait que, telle qu'elle a été transmise jusqu'ici, elle a été plutôt nuisible qu'utile. Parlant des auteurs de Mémoires personnels, il a un morceau très-vif contre Jean-Jacques Rousseau et *les Confessions*, qu'il estime un livre dangereux et funeste :

« S'il existait, s'écrie-t-il, un livre où un homme regardé comme vertueux, et presque érigé en patron de secte, se fût peint comme très-malheureux ; si cet homme, confessant sa vie, citait de lui un grand nombre de traits d'avilissement, d'infidélité, d'ingratitude ; s'il nous donnait de lui l'idée d'un caractère chagrin, orgueilleux, jaloux ; si, non content de révéler ses fautes qui lui appartiennent, il révélait celles d'autrui qui ne lui appartiennent pas ; si cet homme, doué d'ailleurs de talent comme orateur et comme écrivain, avait acquis une autorité comme philosophe ; s'il n'avait usé de l'un et de l'autre que pour prêcher l'ignorance et ramener l'homme à l'état de brute, et si une secte renouvelée d'Omar ou du *Vieux de la Montagne* se fût saisie de son nom pour appuyer son nouveau Coran et jeter un manteau de vertu sur la personne du crime, peut-être serait-il difficile, dans cette trop véridique histoire, de trouver un coin d'utilité... »

Volney, en parlant de la sorte, obéissait à ses premières impressions contre Rousseau, prises dans le monde de d'Holbach ; il parlait aussi avec la conviction d'un homme qui venait de voir l'abus que des fanatiques avaient fait du nom et des doctrines de Rousseau pendant la Révolution, et tout récemment pendant la Terreur. Les événements dont il a été témoin et victime ont, en effet, modifié Volney ; ses opinions ne se sont point brisées, elles se sont émoussées cependant. Il est désormais plus humble, plus circonspect ; il se méfie de ce *désir de savoir* et de ce *besoin de croire*, lesquels, combinés dans la jeunesse avec le *besoin d'aimer*, peuvent se prendre à des idoles et à de faux prophètes : et Rousseau, selon lui, a été un faux prophète. Les Grecs et les Romains aussi le préoccupent beaucoup ; il leur en veut de l'imitation violente qu'on en a faite, de ce soudain fanatisme qui a saisi toute une génération et qui tend à reproduire les haines farouches des anciennes nationalités. Ici il redevient pacifique, modéré, disciple de Franklin, et un philosophe de la société d'Auteuil. Il a des paroles de tolérance et d'intelligence universelle qu'il n'a pas toujours pratiquées, et qu'il lui arrivera d'oublier encore : « C'est pour ne connaître, dit-il, que soi et les siens qu'on est opiniâtre ; c'est pour n'avoir vu que son clocher qu'on est intolérant, parce que l'opiniâtreté et l'intolérance ne sont que les fruits d'un égoïsme ignorant, et que quand on a vu beaucoup d'hommes, quand on a comparé beaucoup d'opinions, on s'aperçoit que chaque homme a son prix, que chaque opinion a ses raisons, et l'on émousse les angles tranchants d'une vanité neuve pour rouler doucement dans le torrent de la société. » Tout ceci redevient prudent et sage ; et, en terminant ses leçons, il a un beau mouvement contre la Terreur, une péroraison humaine et presque éloquente : « De modernes Lycurgues nous ont parlé de pain et de fer. Le fer des piques ne produit que du sang : le pain ne s'acquiert qu'avec la charrue... On a voulu nous éblouir de la gloire des combats : malheur aux peuples qui remplissent les pages de l'histoire ! tels que les héros dramatiques, ils payent leur célébrité du prix de leur bonheur. » Mais cet homme, en réalité très-peu classique, et qui est déjà de la société industrielle future, donne un peu dans son exagération habituelle quand il ajoute : « Ah ! cessons d'admirer les anciens qui nous ont peu appris en morale et rien en économie politique, seuls résultats vraiment utiles de l'histoire. » Il définit le Gouvernement « une banque d'assurance, à la conservation de laquelle chacun est intéressé, en raison des actions qu'il y possède, et que ceux qui n'y en ont aucune peuvent désirer naturellement de briser. » S'élevant contre les *Casca* et les *Brutus* de club ou de carrefour dont la race foisonnait alors, il dit énergiquement : « On tue les hommes, on ne tue point les choses, ni les circonstances dont ils sont le produit. » Il semble pressentir par avance que le moment approche où l'on aura besoin d'un César. Se reportant aux jours affreux de la veille et ne prévoyant guère de jours sereins pour le lendemain, il abjure en quelque sorte cette doctrine de perfectibilité dont il s'était fait un moment l'apôtre :

> « Ainsi, dit-il en terminant, ainsi, sous des noms divers, un même fanatisme ravage les nations : les acteurs changent sur la scène, les passions ne changent pas, et l'histoire n'est que la rotation d'un même cercle de calamités et d'erreurs. Plus on la lit, plus on la médite, et plus on s'aperçoit de la vérité de cette assertion ; en sorte que, considérant combien la conduite des nations et des gouvernements, dans des circonstances analogues, se ressemble, et combien la série de ces circonstances suit un ordre généalogique ressemblant, je suis de plus en plus porté à croire que les affaires humaines sont gouvernées par un mouvement automatique et machinal, dont le moteur réside dans l'organisation physique de l'espèce. »

Conclusion décourageante ! triste et sombre vue mécanique à laquelle il reviendra plus d'une fois, qui sera sa doctrine politique finale, et qui peut servir à nous faire mesurer le chemin qu'avait parcouru en deux années l'auteur des *Ruines*.

A cette heure pourtant, à cette date de l'an III, Volney était au sommet de la considération et du crédit. Le côté faux de certaines de ses opinions choquait peu alors ; son mérite réel et positif était dans tout son jour. Son *Voyage d'Égypte et de Syrie* avait rang d'un ouvrage classique, et l'auteur était consulté en toute question comme le type du voyageur par excellence. Le Gouvernement s'adressait à lui pour établir un ordre méthodique de questions à l'usage des autres voyageurs ou des agents qu'il entretenait dans les divers pays. Volney lui-même fut ressaisi du désir des voyages, et dans le courant de l'an III, prévoyant pour la France des secousses nouvelles, il s'embarqua au Havre pour aller visiter les États-Unis d'Amérique, c'est-à-dire ce qu'il y avait de plus opposé en tout aux peuples et aux pays d'Orient. Je le laisse parler lui-même le plus que je peux; c'est le meilleur moyen de le faire connaître, car on le lit bien peu aujourd'hui :

« Lorsqu'en 1783, écrit-il, je partais de Marseille, c'était de plein gré, avec cette alacrité, cette confiance en autrui et en soi qu'inspire la jeunesse : je quittais gaiement un pays d'abondance et de paix pour aller vivre dans un pays de barbarie et de misère, sans autre motif que d'employer le temps d'une jeunesse inquiète et active à me procurer des connaissances d'un genre neuf, et à embellir, par elles, le reste de ma vie d'une auréole de considération et d'estime.

« Dans l'an III, au contraire (en 1795), lorsque je m'embarquais au Havre, c'était avec le dégoût et l'indifférence que donnent le spectacle et l'expérience de l'injustice et de la persécution. Triste du passé, soucieux de l'avenir, j'allais avec défiance chez un peuple *libre*, voir si un ami sincère de cette liberté profanée trouverait pour sa vieillesse un asile de paix dont l'Europe ne lui offrait plus l'espérance. »

Pendant deux années, il visita successivement presque toutes les parties des États-Unis, appliquant sa méthode d'étude et de voyages, commençant par le climat et par les circonstances physiques pour base fixe, et n'arrivant qu'ensuite aux lois, aux habitants et aux mœurs. Bien qu'il ne se fît pas plus d'illusion comme observateur dans le nouveau monde que dans l'ancien, et qu'il vît les hommes tels qu'ils étaient, il songeait pourtant par moments à s'établir sur quelque point de cette contrée hospitalière, lorsque des difficultés imprévues l'avertirent que l'Europe était encore pour lui une patrie plus sûre et meilleure. Volney, ami de Jefferson et de l'école de Franklin, se trouva avoir contre lui John Adams, élu président en 1797; on le rendit suspect comme Français, comme agent supposé du Directoire; et, dans le même temps, un savant chimiste qui se mêlait ardemment de théologie, le docteur Priestley, le dénonçait, pour le livre des *Ruines*, comme coupable d'incrédulité. Volney, que ce délit des *Ruines* avait déjà fait noter en Corse comme entaché d'hérésie, répondit à Priestley par une lettre écrite de ce ton modéré et sage qui nous revient assez naturellement dès que nous sommes accusés. Il prétend (ce qui n'est pas) que le livre des *Ruines* « respire en général cet esprit de doute et d'incertitude qui lui paraît le plus convenable à la faiblesse de l'entendement humain. » Le livre des *Ruines*, au contraire, est plein d'un dogmatisme négatif et d'affirmations scientifiques de tout genre. Volney, dans sa défense, ajoute avec plus de raison, en faisant allusion aux variations de croyances dont le docteur Priestley savait quelque chose : « Si, comme il est vrai, l'expérience d'autrui et la nôtre nous apprennent chaque jour que ce qui nous a paru vrai dans un temps nous semble ensuite prouvé faux dans un autre, comment pouvons-nous attribuer à nos jugements cette confiance aveugle et présomptueuse qui poursuit de tant de haine ceux d'autrui? » De ces tracasseries de plus d'un genre qui menaçaient de devenir une persécution, Volney conclut que les États-Unis n'étaient pas un lieu privilégié de paix, et il s'en revint en France en 1798.

Il ne publia qu'en 1803 l'ouvrage intitulé *Tableau du Climat et du Sol des États-Unis d'Amérique*, ouvrage utile, et même réputé excellent en son genre, mais incomplet, où la partie morale, celle des institutions, est totalement mise de côté, et où il n'est question que de géographie physique. A l'époque où Volney publia cette première partie, restée la seule, il était malade, découragé, et il aurait eu peu de liberté pour discuter les questions politiques qui devaient fournir la seconde partie du tableau. Ce livre de Volney est de ceux qui se lisent moins qu'ils ne s'étudient : la partie intéressante pour le lecteur ordinaire se trouve rejetée dans les notes et les Éclaircissements. Il y donne de curieux renseignements sur la colonie française de *Gallipolis* et sur une autre dite du *Poste-Vincennes :* la différence de caractère du Colon américain et du Colon français y est tracée d'un manière frappante et sévère, et dans deux portraits caractéristiques qui seraient dignes d'Aristote. Je les citerais s'ils n'étaient trop à notre désavantage et sans compensation. Le trait distinctif du colon français qui, jusque sur les confins du désert, sent le besoin de *voisiner* et de *causer*, y est vivement saisi : « En plusieurs endroits, ayant demandé à quelle distance était le colon le plus écarté : Il est dans le désert, me répondait-on, avec les ours, à une lieue de toute habitation, *sans avoir personne avec qui causer.* »

Il y a aussi dans les Éclaircissements un chapitre curieux sur les Sauvages ; en nous décrivant leurs mœurs et leurs habitudes, Volney ne perd pas l'occasion de revenir à la charge contre Rousseau et contre son paradoxe de parti pris en faveur de la vie de nature ; il donne la preuve de ce parti pris par des anecdotes qu'il savait d'original, et notamment par celle de la fameuse conversation de Jean-Jacques avec Diderot à Vincennes : « Et cet homme aujourd'hui, ajoute-t-il, trouve des sectateurs tellement voisins du fanatisme, qu'ils enverraient volontiers à Vincennes ceux qui n'admirent pas *les Confessions !* » Volney, dans une note, lance également un trait à Chateaubriand, qu'il appelle un *auteur préconisé*, et il relève une invraisemblance dans

*Atala*. Pour suivre le procédé que j'ai déjà appliqué au premier *Voyage* de Volney, j'extrairai de son *Voyage aux États-Unis* une page, la plus marquante à mon gré, et qui rend bien le genre de mérite que j'ai précédemment signalé en lui, la rectitude et la perfection du dessin physique. Voici donc un tableau général et en raccourci de l'aspect et du sol des États-Unis à la date où Volney les a visités, en 1797 ; pas un mot n'est à perdre ni à négliger :

« Telle est, en résumé, dit-il, la physionomie générale du territoire des États-Unis : une forêt continentale presque universelle ; cinq grands lacs au nord ; à l'ouest, de vastes *prairies* ; dans le centre, une chaîne de montagnes dont les sillons courent parallèlement au rivage de la mer, à une distance de 20 à 50 lieues, versant à l'est et à l'ouest des fleuves d'un cours plus long, d'un lit plus large, d'un volume d'eau plus considérable que dans notre Europe ; la plupart de ces fleuves ayant des cascades ou chutes depuis 20 jusqu'à 140 pieds de hauteur, des embouchures spacieuses comme des golfes ; dans les plages du Sud, des marécages continus pendant plus de 100 lieues ; dans les parties du Nord, des neiges pendant quatre et cinq mois de l'année ; sur une côte de 300 lieues, dix à douze villes toutes construites en briques ou en planches peintes de diverses couleurs, contenant depuis 10 jusqu'à 60,000 âmes ; autour de ces villes, des fermes bâties de troncs d'arbres, environnées de quelques champs de blé, de tabac ou de maïs, couverts encore la plupart de troncs d'arbres debout, brûlés ou écorcés ; ces champs séparés par des barrières de branches d'arbres au lieu de haies ; ces maisons et ces champs encaissés, pour ainsi dire, dans les massifs de la forêt qui les englobe ; diminuant de nombre et d'étendue à mesure qu'ils s'y avancent, et finissant par n'y paraître du haut de quelques sommets que de petits carrés d'échiquier bruns ou jaunâtres, inscrits dans un fond de verdure : ajoutez un ciel capricieux et bourru, un air tour à tour très-humide ou très-sec, très-brumeux ou très-serein, très-chaud ou très-froid, si variable qu'un même jour offrira les frimas de Norvége, le soleil d'Afrique, les quatre saisons de l'année ; et vous aurez le tableau physique et sommaire des États-Unis. »

Cette page me paraît le beau idéal dans le genre de la statistique (1).

(1) On lit dans les *Souvenirs* de Stanislas Girardin (tome I, page 302)

C'est ici que la vie de Volney serait très-intéressante historiquement si nous la savions en détail et s'il avait songé à l'écrire. L'Expédition d'Égypte se fit, et, bien qu'il ne fût point au nombre des savants qui s'y joignirent, son nom se trouve inséparablement associé au leur. Ils étaient les premiers à le réclamer pour convive et à titre de confrère dans les réunions du retour. On raconte qu'un jour Marmont, gouverneur d'Alexandrie, eut l'idée d'envoyer quelque présent de fruits et de vivres à l'amiral anglais qui était en vue et qui bloquait la mer. Il voulait obtenir de lui de laisser arriver des journaux de France dont on était privé depuis longtemps. L'amiral y consentit, et, dans ces journaux qui

---

*une de ces impressions de lecture comme je les aime et qui ont pour moi du prix :* « Je viens de lire le nouvel ouvrage de Volney (*Tableau du Climat et du Sol des États-Unis d'Amérique*). Son premier *Voyage en Égypte* a commencé sa réputation ; il a eu un succès brillant et soutenu ; ce qui est bien plus rare, ce succès a augmenté depuis l'expédition d'Égypte : tous ceux qui en firent partie ont reconnu que l'auteur avait constamment dit la vérité. C'est l'éloge le moins commun, lorsque l'on parle d'un voyage ; et c'est celui que doit chercher à mériter celui qui publie le récit des siens. Volney se propose toujours ce but en écrivant, et ce but donne de l'intérêt à ce qu'il écrit. Il attache de l'importance à tout ce qu'il dit : cela fait que l'on trouve souvent qu'il en met trop aux petites choses ; mais on le lui pardonne, parce qu'il traite les grandes avec le soin qu'elles méritent. Son style est toujours soigné, quelquefois recherché, l'on pourrait même dire précieux. Je ne sais si je m'abuse, mais il me paraît être sa vivante image ; il rappelle son ton apprêté, sa manière sentencieuse et lente de s'exprimer. L'on a prétendu qu'un auteur se peignait dans ses écrits : on peut dire de Volney qu'il se peint dans la tournure de ses phrases. Ce que je viens de dire doit faire supposer que l'impression de ses œuvres est soignée, que le choix du papier et des caractères n'a point été l'affaire d'un instant. Tout ce qui tient à Volney, tout ce qu'il a produit doit avoir un caractère particulier, dont la recherche n'est jamais bannie. L'attention d'écrire les mots anglais avec la prononciation française en est certainement une bien caractérisée. Il s'est proposé, en prenant cette peine, de prouver qu'il prononçait parfaitement la langue anglaise : cette preuve n'est pas toujours bien établie. »

arrivèrent, on lut des articles de Volney qui étaient dans le sens prochain de l'avenir. Il serait curieux de retrouver ces articles qui apportèrent, dit-on, consolation et espérance. Après le retour d'Égypte, Volney se trouve un des plus actifs parmi ceux qui concoururent au 18 Brumaire; il fut quelque temps de l'intimité du général Bonaparte et du Premier Consul. J'ai autrefois entendu raconter à Lemercier que Volney poussait loin alors l'attention et la déférence pour le jeune général. Après le dîner, pendant que celui-ci causait vivement et tenait à la main sa tasse de café trop chaude, Volney, tout en l'écoutant, la lui prenait, la posait sur la cheminée, la touchait de temps en temps ou l'approchait de sa joue pour s'assurer du degré de chaleur, et la lui rendait quand elle était à point : Bonaparte, dans sa conversation rapide, ne s'était pas aperçu du manége, dont plus d'un assistant avait souri. Cette petite scène d'après-dîner, dont Lemercier avait été témoin à la Malmaison, eut plus tard, dans la scène de la rupture, une contre-partie bien différente. Les opinions religieuses furent le point d'achoppement. Les idées de Volney, en général, n'avaient pas changé, elles étaient seulement rentrées, mais sur ce point essentiel elles étaient fixes et incurables. A l'époque du Concordat, Volney sentit le vieil homme, l'homme des *Ruines*, se soulever en lui, et il le laissa voir avec aigreur. « La France veut une religion, » lui dit un jour le Consul : Volney ne comprit pas ce mot simple et vrai; il y répondit d'une manière irritante, faite pour enflammer la colère, et toute amitié cessa (1).

(1) Voici la réponse exacte de Volney. Au mot si vrai du Consul : « La France veut une religion, » il répondit par manière de défi : « La France veut les Bourbons! » parole blessante, fausse en elle-même, car la France, qui voulait en effet une religion, ne voulait pas pour cela les Bourbons; parole sans excuse d'ailleurs dans la bouche

Il était sénateur pendant le Consulat, et il continua de l'être avec l'Empire; une démission qu'il avait envoyée ne fut point acceptée, et il s'accommoda très-bien de garder son siége bientôt doté, blasonné et anobli. Pour parler de ces choses en toute précision, il nous faudrait des détails biographiques qui n'ont point été donnés. A partir de ces années, Volney, souffrant et affaibli de santé, légèrement intimidé et découragé d'esprit, se réfugie de plus en plus dans l'étude austère et dans la vie de cabinet. Il était de ce qu'on appelait la société d'Auteuil, avec Tracy et Cabanis, ses collègues au Sénat; il habitait, rue de La Rochefoucauld, une maison aujourd'hui possédée par M. Dureau de La Malle, et il y avait fait mettre cette inscription philosophique, qui semblait protester à demi contre ces honneurs que pourtant il ne répudiait pas :

EN 1802
LE VOYAGEUR VOLNEY DEVENU SÉNATEUR,
PEU CONFIANT DANS LA FORTUNE,
A BATI CETTE PETITE MAISON PLUS GRANDE QUE SES DÉSIRS.

Plus tard, quand il eut vendu cette maison à M. Dureau de La Malle, un jour qu'il allait se rendre à une séance du Sénat, faisant avec le nouveau possesseur le tour du jardin, il aperçut un vieux râteau qui avait été oublié par mégarde; il le prit sous son bras et l'emporta. Ces détails, s'ajoutant au reste, peignent l'homme.

Je parlerai peu de ses derniers travaux, consacrés

de Volney qui n'était nullement royaliste ni bourbonien. La colère du Consul fut soudaine et terrible : elle tomba comme la foudre. Bodin, au tome II de ses *Recherches sur l'Anjou*, a dit ce qu'il y a de moins inexact. Volney, sous le choc, épouvanté de l'effet qu'il avait produit, perdit connaissance : on dut le transporter chez son ami le minéralogiste La Métherie, chez qui il resta quelques jours.

presque uniquement à l'ancienne Chronologie, et à une méthode de simplification pour l'étude des langues orientales. Il y a une certaine éclipse, qui est célèbre sous le nom d'*éclipse de Thalès* parce qu'elle fut prédite par ce philosophe. Survenue au fort d'une bataille entre les Lydiens et les Mèdes, elle causa, au dire d'Hérodote, une obscurité si grande que les combattants, effrayés, mirent bas les armes, et que les deux rois aux prises se réconcilièrent. Il est clair (en prenant pour exactes au pied de la lettre les paroles d'Hérodote) que, si l'on pouvait fixer avec précision par l'astronomie la date de cette éclipse, on aurait un point fixe pour classer bien des événements de l'empire des Mèdes. Volney se consuma autour de cette éclipse, à laquelle il croyait pouvoir assigner une date que l'illustre géomètre Laplace n'admettait pas. Delambre regardait la question débattue comme insoluble. Le bibliothécaire de l'Empereur, M. Barbier, à qui Volney avait adressé son Mémoire, l'envoya à Napoléon, qui était alors à Schœnbrünn, après Wagram. Volney, dans une lettre écrite de sa campagne de Sarcelles-sous-Écouen (10 octobre 1809), s'inquiète un peu de l'effet de cet envoi qui tombait au milieu de si grandes choses (1).

Il poursuivit ces études de pure chronologie et trouvait évidemment plaisir à ces questions épineuses. Il ne cessa également, jusqu'à la fin de sa vie, de s'occuper d'une méthode qui avait pour objet d'écrire toutes les langues orientales au moyen d'un même alphabet, de l'alphabet européen. Au lieu de laisser ces langues ce qu'elles sont, de les prendre historiquement et par groupes, et de respecter leur génie, leur physionomie distincte, il veut les traiter un peu comme il a fait les

---

(1) La lettre de Volney se trouve à la page 670 du Recueil *le Spectateur militaire*, deuxième série, tome III (1852).

religions, et les faire passer sous le joug d'une unité artificielle qui les dépouille et les dénature. Cette simplification systématique de Volney est encore une idée de l'an III, et qui marque une vue exagérée et fausse. Elle est rejetée aujourd'hui par tous les savants, et le prix académique qu'il a fondé dans ce but doit être chaque fois interprété plus largement et détourné de son objet primitif pour pouvoir être décerné. L'homme positif, pour s'être opiniâtré à ses procédés mécaniques d'analyse, est allé cette fois manifestement jusqu'à la chimère.

Nous touchons, ce me semble, dans tous les sens la tendance prononcée et les limites de cet esprit net et vigoureux. Ses dernières années paraissent avoir été assez heureuses. La Restauration le maintint à la Chambre des pairs. Il s'était marié à une personne de sa famille, beaucoup plus jeune que lui, et qui entourait de soins sa vieillesse. Il mourut le 25 avril 1820, en son hôtel, rue de Vaugirard, à l'âge de soixante-trois ans (1). Son compatriote Bodin, qui, au tome II de ses *Recherches sur l'Anjou*, l'a jugé au moral bien sévèrement, cite de lui des lettres de vieillard assez agréables et assez souriantes. A quelqu'un qui, vivant à la campagne, regrettait la ville, Volney racontait une anecdote de Diderot, qui avait au château de Meudon une jolie chambre où il n'allait jamais, et qui répondait un jour à Delille en refusant de la lui céder : « Mon cher abbé, écoutez-moi; nous avons tous une chimère que

---

(1) Les papiers de Volney ont été confiés par lui et remis en dépôt, avant de mourir, à l'un de ses collègues d'un renom sévère et d'une probité proverbiale, le même à qui Fontanes a également remis les siens. Confiance bien honorable, venant de deux bords si différents ! Je souhaite que le double dépôt se conserve dans la famille illustre qui s'en trouve l'héritière. Qui sait? un jour peut-être, cela pourra sortir et se produire à la lumière avec utilité et profit pour la postérité.

nous plaçons loin de nous; si nous y mettons la main, elle se loge ailleurs; je ne vais point à Meudon, mais je me dis chaque jour : *J'irai demain ;* si je ne l'avais plus, je serais malheureux. »

« — Vous, Monsieur, qui vivez à la campagne, continue Volney, vous avez placé votre chimère à la ville ; mais que l'exemple de Diderot vous serve. D'après ce que vous me dites de votre vie si douce, de vos jours si pleins, si courts, même en hiver, de votre souci à l'idée du moindre voyage, prenez bien garde à ce que vous ferez. Pour un avenir chimérique, sacrifier un présent certain et doux ! La ville n'a-t-elle pas aussi ses inconvénients ? Aurez-vous toutes ces douceurs de chaque jour, de chaque heure, cet exercice réglé que vous avez ? Aurez-vous un seul domestique fidèle, attentif ? C'est ici la pierre philosophale ; tandis qu'à la campagne il reste de la moralité, et qu'en faisant un bon sort *de son vivant*, on peut trouver serviteur d'attache... »

On pourrait arrêter ici le philosophe et lui demander pourquoi il y a à la campagne un fonds restant de moralité plutôt qu'à la ville, et si cela ne tient pas précisément à ce qu'il a voulu détruire. Mais laissons-le poursuivre et nous raconter avec plus d'abandon que nous ne lui en avons jamais vu, qu'il n'est plus comme autrefois l'homme exact, esclave de ses projets une fois arrêtés :

« Ceci me rappelle encore un singulier Hollandais, jadis ambassadeur au Japon, et que j'ai connu à Paris, Titsing ; il me disait en février : « Je partirai le 6 septembre prochain, à sept heures du matin, pour aller voir ma sœur à Amsterdam ; j'arriverai le 12, à quatre heures. » Si cela manquait de demi-heure, il était malheureux. J'ai un peu été de cette étoffe, jadis ; j'étais un homme précis : j'en suis bien revenu. Les projets sont à mon ordre, je ne suis plus au leur. Chaque année, quand l'hiver m'attriste, je parle d'aller en Provence, et, quand je songe au départ, je m'enfonce dans mon grand fauteuil, et je fais plus grand feu pour remplacer le soleil. La bonne chose que d'être en un bon chez soi... Usons de chaque jour sans trop de prévoyance du lendemain. La prudence est bien quelque chose dans la vie ; mais combien le hasard n'y est-il pas davantage ! « Je suis le plus jeune du Sénat, me disait Fargue, je ferai, je ferai, etc., etc. ; » nous l'enterrions dix jours après. Moi, j'ai compté mourir chaque année de 1802 à 1805, et me voilà en 1819. A la Providence! prêt à tout. »

Volney, content de ne pas mourir et s'enfonçant dans son fauteuil, s'appliquait aussi le mot de Franklin, qui disait en les voyant, Cabanis et lui, tous deux jeunes alors et pleins d'ardeur : « A cet âge, l'âme est *en dehors;* au mien elle est *en dedans,* elle regarde par la fenêtre le bruit des passants sans prendre part à leurs querelles. »

Volney, qui n'était point orateur et qui avait l'organe assez faible, causait bien dans un salon; il parlait comme il écrivait, avec la même netteté, et cela coulait de source; on aimait à l'écouter. — Son honneur durable, si on le dégage de tout ce qui a mérité de périr en lui, sera d'avoir été un excellent voyageur, d'avoir bien vu tout ce qu'il a vu, de l'avoir souvent rendu avec une exactitude si parfaite que l'art d'écrire ne se distingue pas chez lui de l'art d'observer, et une fois au moins, dans son Tableau de la Syrie, d'avoir le premier offert un modèle de la manière dont chaque partie de la terre devrait être étudiée et décrite. C'est l'éloge que lui accorde le littérateur le plus judicieux et le plus fin de la même école, je veux dire Daunou.

Lundi, 28 février 1853.

# MARGUERITE, REINE DE NAVARRE

## SES NOUVELLES

PUBLIÉES PAR M. LE ROUX DE LINCY, 1853.

La reine de Navarre, sœur de François I<sup>er</sup>, a fort occupé depuis quelques années les littérateurs et les érudits. On a publié ses Lettres avec beaucoup de soin (1); dans l'édition qu'on a donnée des Poésies de François I<sup>er</sup> (2), elle s'est trouvée mêlée presqu'autant que son frère, et elle a contribué pour sa bonne part au volume. Aujourd'hui, la Société des Bibliophiles, considérant qu'il n'y avait jusqu'à présent aucune édition exacte des Contes et Nouvelles de cette princesse, que dès l'origine les premiers éditeurs en avaient usé avec le royal auteur très-librement, et qu'on ne savait où trouver le vrai texte de ce curieux ouvrage beaucoup plus célébré que lu, a pris à tâche de remplir cette lacune littéraire : elle a chargé un de ses membres les

---

(1) M. Génin a publié un volume de *Lettres* de Marguerite en 1841, et l'année suivante un nouveau volume de *Lettres* d'elle, adressées particulièrement à François I<sup>er</sup>.

(2) Les *Poésies* de François I<sup>er</sup>, jointes à d'autres pièces de vers de sa sœur et de sa mère, ont été publiées en 1847 par M. Aimé Champollion.

plus consciencieux, M. Le Roux de Lincy, d'en exécuter une édition d'après les manuscrits mêmes; voulant donner, de plus, à cette publication ce cachet de solidité, ce coin de bon et vieil aloi qui plaît aux amateurs, la Société a recherché d'anciens types d'imprimerie, et, s'en étant procuré qui viennent de Nuremberg et qui datent de la première moitié du dix-huitième siècle, elle a fait fondre exprès les caractères qui ont servi à imprimer le présent ouvrage et qui serviront désormais aux autres publications de la Société. Enfin, les Nouvelles de la Reine de Navarre se présentent avec un portrait de l'auteur et un fac-simile de miniature, le tout d'un style grave, net, élégant. Remercions donc cette Société, composée d'amateurs de beaux livres, d'appliquer si bien son goût et sa munificence : et venons-en à l'étude du personnage même qu'elle nous aide à mieux connaître.

Marguerite de Valois, la première des trois Marguerites du seizième siècle, ne ressemble pas tout à fait à la réputation qu'on lui a faite de loin. Née au château d'Angoulême le 11 avril 1492, deux ans avant son frère qui sera François I<sup>er</sup>, elle reçut auprès de sa mère Louise de Savoie, devenue veuve de bonne heure, une éducation vertueuse et sévère. Elle apprit l'espagnol et l'italien, le latin, plus tard de l'hébreu, du grec. Toutes ces études ne se firent point à la fois et dans sa première jeunesse. Contemporaine du grand mouvement de la Renaissance, elle y participa graduellement; elle s'efforça d'en tout comprendre et de le suivre dans toutes ses branches, ainsi qu'il séyait à une personne de haut et sérieux esprit, d'entendement plein et facile, et de plus de loisir que si elle fût née sur le trône. Brantôme nous la représente comme « une princesse de très-grand esprit et fort habile tant de son naturel que de son *acquisitif*. » Elle continua d'acquérir tant qu'elle vécut; elle protégea de tout son cœur et de tout son crédit les savants et les hommes de lettres de tout ordre et de tout genre, profitant d'eux et de leur commerce pour son propre usage, femme à tenir tête à Marot dans le jeu des vers comme à répondre à Érasme sur les plus nobles études.

Il ne faut rien exagérer pourtant, et les écrits de Marguerite sont assez nombreux pour permettre d'apprécier en elle avec justesse la part de l'originalité et celle de la simple intelligence. Comme poëte et comme écrivain, son originalité est peu de chose, ou, pour parler plus nettement, elle n'en a aucune : son intelligence, au contraire, est grande, active, avide, généreuse. Il y eut de son temps un immense mouvement dans l'esprit humain, une cause proprement littéraire et libérale, qui passionna les esprits et les cœurs, comme fit plus tard la politique. Marguerite jeune, ouverte à tous les bons et beaux sentiments, à la *vertu* sous toutes les formes, s'éprit de cette cause; et, quand son frère fut arrivé au trône, elle se dit que c'était à elle d'en être auprès de lui le bon génie et l'interprète, de se montrer la patronne et la protectrice de tous ces hommes qui excitaient contre eux, par leurs doctes innovations, bien des rancunes pédantesques et des colères. C'est même ainsi qu'elle se laissa prendre et gagner insensiblement aux doctrines des Réformés qui se présentèrent d'abord à elle sous la forme savante et littéraire : traducteurs des Écritures, ils ne voulaient, ce semble, qu'en propager l'esprit et en faire mieux entendre le sens aux âmes pieuses; elle les goûtait et les favorisait à titre de savants, les accueillait comme hommes aimant à la fois « les bonnes lettres et le Christ, » ne voulait croire chez eux à aucune arrière-pensée factieuse; et, lors même qu'elle parut détrompée sur l'ensemble, elle continua jusqu'à la fin de plaider pour les individus avec zèle et humanité auprès du roi son frère.

La passion que Marguerite avait pour ce frère dominait tout. Elle était son aînée d'environ deux ans et demi. Louise de Savoie, cette jeune veuve, n'avait que quinze ou seize ans de plus que sa fille. Ces deux femmes avaient, l'une pour son fils, l'autre pour son frère, une tendresse qui allait au culte ; elles voyaient en lui celui qui devait être l'honneur et la couronne de leur maison, un Dauphin qui bientôt, lorsqu'il aura inauguré à Marignan son règne, sera un César glorieux et triomphant :

« Le jour de la conversion de saint Paul (25 janvier 1515), dit Madame Louise en son Journal, mon fils fut oint et sacré en l'église de Reims. Pour ce suis-je bien tenue et obligée à la divine Miséricorde, par laquelle j'ai été amplement récompensée de toutes les adversités et inconvénients qui m'étaient advenus dans mes premiers ans et en la fleur de ma jeunesse. Humilité m'a tenu compagnie, et Patience ne m'a jamais abandonnée. »

Et quelques mois après, marquant avec orgueil le jour de Marignan, elle écrit dans le transport de son cœur :

« Le 13 de septembre, qui fut jeudi, 1515, mon fils vainquit et défit les Suisses auprès de Milan ; et commença le combat à cinq heures après midi, et dura toute la nuit, et le lendemain jusques à onze heures avant midi ; et, ce jour propre, je partis d'Amboise pour aller à pied à Notre-Dame-de-Fontaines, lui recommander *ce que j'aime plus que moi-même, c'est mon fils, glorieux et triomphant César, subjugateur des Helvétiens.*
Item, ce jour même 13 septembre 1515, entre sept et huit heures du soir, fut vu en plusieurs lieux en Flandres un flambeau de feu de la longueur d'une lance, et semblait qu'il dût tomber sur les maisons ; mais il était si clair que cent torches n'eussent rendu si grande lumière. »

Marguerite, toute savante et éclairée qu'elle était, a dû croire au même présage, et eût écrit les mêmes paroles que sa mère. Mariée à dix-sept ans au duc d'Alençon, prince insignifiant, elle gardait tout son dévouement et toute son âme pour son frère; aussi, lorsqu'à la dixième année du règne arriva le désastre de Pavie (25 février 1525), et que Marguerite et sa mère apprirent la destruction de l'armée française et la captivité de leur roi, on conçoit le coup qu'elles reçurent. Pendant que Madame Louise, nommée Régente du royaume, montrait de la force et du courage, on peut suivre les pensées de Marguerite dans la série des Lettres qu'elle écrit à son frère, et que M. Génin a publiées. Son premier mot est pour consoler le captif, pour le rassurer : « Madame (Louise de Savoie) a senti si grand redoublement de forces que, tant que le jour et soir dure, il n'y a minute perdue pour vos affaires; en sorte que de votre royaume et enfants ne devez avoir peine ou souci. » Elle se félicite de le savoir aux mains d'un aussi bon et généreux vainqueur que le vice-roi de Naples Charles de Lannoy; elle le supplie, au nom de sa mère, de songer à sa santé : « Elle a entendu que voulez entreprendre de faire ce carême sans manger chair ni œufs, et quelquefois jeûner pour l'honneur de Dieu. Monseigneur, autant que très-humble sœur vous peut supplier, je vous supplie ne le faire et considérer combien le poisson vous est contraire; et croyez que, si vous le faites, elle a juré qu'elle le fera; et, s'il est ainsi, je vous vois tous deux défaillir. » Marguerite, vers ce temps, voit mourir à Lyon son mari, l'un des fuyards de Pavie; elle le pleure, mais après les deux premiers jours où elle n'a pu surmonter sa douleur, elle prend sur elle de la dissimuler devant la Régente; car, ne pouvant rendre de services par elle-même, elle se tiendrait trop malheureuse, dit-elle, d'empêcher et d'ébranler l'esprit de celle qui en rend de si grands. Lorsque Marguerite est désignée pour aller trouver son frère en Espagne (septembre 1525) et pour travailler à sa délivrance, sa joie est grande. Enfin elle peut être utile à ce frère qu'elle considère « comme celui seul que Dieu lui a laissé en ce monde, père, frère et mari. » Elle mêle et varie mainte fois tous ces noms de maître, de frère et de roi, qu'elle accumule en lui, et qui ne suffisent qu'à peine à exprimer son affection si pleine et si sincère : « Quoi que ce puisse être, *jusques à mettre au vent la cendre de mes os pour vous faire service*, rien ne me sera ni étrange, ni difficile, ni pénible, mais consolation, repos et honneur. » Ces expressions, qui seraient exagérées chez d'autres, ne sont que vraies dans la bouche de Marguerite. Elle réussit peu dans sa mission d'Espagne : là où elle cherche à émouvoir des cœurs généreux et à faire vibrer une fibre d'honneur, elle ne rencontre que dissimulation et politique. Il ne lui est accordé de voir son frère que peu de temps; lui-même exige qu'elle abrége son séjour et qu'elle s'éloigne, la croyant plus utile à ses intérêts en France. Elle s'arrache d'auprès de lui avec douleur, surtout le voyant malade et aussi bas de santé que possible. Oh! combien elle ambitionnerait de revenir, de rester près de lui, et qu'il ne lui refusât point « place de laquais auprès de sa litière! » Elle est d'avis qu'il achète sa liberté à tout prix, qu'il revienne à n'importe quelles conditions; car le marché ne peut être mauvais, pourvu qu'on le revoie en France, et ne peut être bon, lui étant à Madrid. Dès qu'elle a pied en terre de France, elle est reçue comme un précurseur, « comme le Baptiste de Jésus-Christ. » Arrivée à Béziers, elle est entourée de tous, « vous assurant, Monseigneur, écrit-elle à son frère, que quand je cuide (*je crois*) parler de vous à deux ou trois, sitôt que je nomme le roi, tout le monde s'approche pour m'écouter; en sorte que je suis contrainte leur dire de vos nouvelles, dont je ne ferme le propos qu'il ne soit accompagné de larmes des gens de tous états. »

Telle était alors la douleur vraie de la France pour la perte de son roi. A mesure qu'elle avance dans le pays, elle s'aperçoit pourtant de l'absence du maître; ce royaume est « comme un corps sans chef, vivant pour vous recouvrer, et mourant pour vous sentir loin. » Et en ce qui est d'elle, voyant cela, il lui semblait que le travail des grandes journées d'Espagne lui était plus supportable que le repos de France, « où la fantaisie, dit-elle, me tourmente plus que la peine. » En général, toutes ces lettres de Marguerite font le plus grand honneur à son âme, à ses qualités généreuses, solides, pleines d'affection et de cordialité. Le roman et le drame se sont mainte fois exercés, comme c'était leur droit, sur cette captivité de Madrid et sur ces entrevues de François I$^{er}$ et de sa sœur qui prêtaient à l'imagination; mais la lecture de ces simples lettres si dévouées montre les sentiments à nu et en dit plus que tout. Voici un joli passage dans lequel elle sourit et essaie, au retour, d'égayer le captif en lui envoyant des nouvelles de ses enfants. François I$^{er}$, à cette date, en avait cinq, qui, à l'exception d'un seul, venaient tous d'avoir la rougeole :

« Et maintenant, dit Marguerite, sont tous entièrement guéris et bien sains : et fait merveille M. le Dauphin d'étudier, mêlant avec l'école cent mille autres métiers (*exercices*); et n'est plus question de colère, mais de toutes vertus. M. d'Orléans est cloué sur son livre et dit qu'il veut être sage ; mais M. d'Angoulême sait plus que les autres et fait des choses qui sont autant à estimer prophéties que enfances, dont, Monseigneur, vous seriez ébahi de les entendre. La petite Margot me ressemble, qui ne veut être malade ; mais ici, m'a-t-on assurée qu'elle a fort bonne grâce et devient plus belle que n'a été Mademoiselle d'Angoulême. »

Mademoiselle d'Angoulême, c'est elle; cette petite Marguerite qui promet d'être plus jolie que sa tante et marraine, c'est la seconde des Marguerites, qui sera duchesse de Savoie.

Puisqu'un mot vient d'être dit de la beauté de Marguerite de Navarre, qu'en faut-il penser? Le portrait qui est en tête du présent volume rabattra de l'idée exagérée qu'on s'en pourrait faire si l'on prenait à la lettre les éloges du temps. Marguerite ressemble beaucoup à son frère. Elle a le nez légèrement aquilin et très-long, l'œil long, doux et fin, la bouche également longue, fine et souriante. L'expression de sa physionomie, c'est la finesse sur un fond de bonté. Sa mise est simple : sa cotte ou robe monte assez haut, à plat, sans rien de galant, et s'accompagne de fourrures; sa cornette, basse sur sa tête, encadre le front et le haut du visage, et laisse à peine passer quelques cheveux. Elle tient un petit chien entre ses bras. La dernière des Marguerites, cette autre reine de Navarre, première femme de Henri IV, fut dans sa jeunesse la reine de la mode et des élégances : elle donnait le ton. Notre Marguerite ne fit rien de tel; elle laissait de son temps ce rôle aux duchesses d'Étampes. Marot lui-même, en la louant, insiste particulièrement sur son caractère de *douceur* qui efface la beauté des plus belles, sur son regard chaste, et ce *rond parler, sans fard, sans artifice.* Elle était sincère, « joyeuse et qui riait volontiers, » amie d'une gaieté honnête, et, quand elle voulait dire un mot plaisant trop risqué en français, elle s'aidait au besoin de l'italien ou de l'espagnol. Hors de là, pleine de religion, de moralité et de bons enseignements, et justifiant l'éloge magnifique que lui a donné Érasme. Ce sage monarque de la littérature, ce véritable empereur de la Latinité à son époque, choisissant pour consoler Marguerite le moment où elle était sous le coup du désastre de Pavie, lui écrivait : « Il y a longtemps que j'ai admiré et aimé en vous tant de dons éminents de Dieu, une prudence digne même d'un philosophe, la chasteté, la modération, la piété, une force d'âme invincible, et un merveilleux mépris de toutes les choses périssables. Et qui ne considérerait avec admiration dans la sœur d'un si grand roi des qualités qu'on a peine à trouver même chez les prêtres et chez les moines? » Dans ce dernier trait sur les moines, on saisit la pointe légèrement railleuse du Voltaire d'alors. Remarquez que dans cette lettre adressée à Marguerite en 1525, et dans une autre lettre qui suivit d'assez près, Érasme la remerciait et la félicitait pour les services qu'elle ne cessait de rendre à la cause commune de la littérature et de la tolérance.

Ces services rendus par Marguerite furent réels; mais ce qui est un sujet d'éloges de la part des uns lui devient une source de reproches de la part des autres. Son frère l'ayant mariée en secondes noces, en 1527, à Henri d'Albret, roi de Navarre, elle eut à Pau sa petite Cour, qui fut le lieu de refuge et le port de salut des persécutés et des novateurs : « Elle favorisa le Calvinisme, qu'elle abandonna dans la suite, dit le président Hénault, et fut cause des progrès rapides de cette secte naissante. » Ces paroles du président Hénault me paraissent trop absolues. Il est très-vrai que Marguerite, ouverte à tous les sentiments littéraires et généreux de son temps, se comporta comme une personne qui, aux abords de 89, aurait favorisé de toutes ses forces la liberté, sans vouloir ni prévoir la Révolution. Elle fit, à cette époque, comme toute la Cour de France, qui, à certain jour, et en n'obéissant qu'à la mode, au progrès des Lettres et au plaisir de comprendre la Sainte Écriture ou de chanter les Psaumes en français, faillit se trouver luthérienne ou calviniste sans le savoir. Le premier éveil fut lorsqu'un matin (19 octobre 1534) on lut affichés à tous les coins de Paris de sanglants placards contre la foi catholique. Les imprudents du parti avaient mis le feu aux poudres avant l'heure. La bonne et loyale Marguerite, qui ne connaissait rien aux partis, et qui n'en jugeait que par les honnêtes gens, par les hommes de lettres de sa connaissance, penchait à croire que ces vilains placards étaient du fait, non des protestants, mais de ceux qui cherchaient prétexte à les compromettre et à les persécuter. Charitable et humaine, elle ne cessa d'agir auprès de son frère dans le sens de la clémence. C'est ainsi qu'à deux ou trois reprises elle essaya de sauver le malheureux Berquin, gentilhomme artésien, qui se mêlait de dogmatiser, et qui, malgré tous les efforts de la princesse auprès du roi son frère, finit par être brûlé en Grève, le 24 avril 1529. A voir les passages des lettres dans lesquelles elle recommande Berquin, on dirait qu'elle épouse toutes ses opinions et sa créance; mais il ne faut point demander à Marguerite tant de rigueur dans les idées et dans l'expression. Il est des moments, sans doute, où, en lisant de ses vers ou de sa prose, on croirait qu'elle a complétement accepté la Réforme; elle en reproduit le langage, et même le jargon. Puis, tout à côté, vous la voyez redevenir, ou plutôt rester croyante à la manière des meilleurs catholiques de son âge, donner dans les moindres pratiques, et ne craindre même pas d'y associer des inconséquences. Montaigne, qui d'ailleurs fait grand cas d'elle, n'a pu s'empêcher de noter, par exemple, sa singulière réflexion au sujet d'un jeune et grand prince dont elle raconte l'histoire en ses *Nouvelles*, et qui a tout l'air d'être François Ier. Elle montre ce prince allant à un rendez-vous très-peu édifiant, et, pour abréger le chemin, ayant obtenu du portier d'un monastère qu'il le laisserait passer à travers l'enclos. Au retour, et n'étant plus si pressé, le prince ne manquait pas de s'arrêter en oraison dans l'église du cloître : Car, dit-elle, « néanmoins qu'il menât la vie que je vous dis, si était-il prince craignant et aimant Dieu. » Montaigne relève ce propos et se demande à quoi pouvait servir, en un tel moment, cette idée de protection et de faveur divine : « Ce n'est pas par cette preuve seulement, ajoute-t-il, qu'on pourrait vérifier que les femmes ne sont guère propres à traiter les matières de la théologie. »

Aussi n'était-ce pas une théologienne que Marguerite : c'était une personne de piété réelle et de cœur, de science et d'humanité, et qui mêlait à une vie grave un heureux enjouement d'humeur, faisant de tout cela un ensemble très-sincère et qui nous étonne un peu aujourd'hui. Brantôme a raconté d'elle une histoire qui nous la peint très-bien dans ce composé et dans cette mesure. Un frère de Brantôme, le capitaine Bourdeille, avait connu à Ferrare, chez la duchesse du pays (fille de Louis XII), une dame française, mademoiselle de La Roche, dont il s'était fait aimer; il l'avait ramenée en France, et elle était allée en la Cour de la reine de Navarre, où elle était morte : il n'y pensait plus. Un jour, trois mois après cette mort, le capitaine Bourdeille passant à Pau, et étant allé saluer la reine de Navarre comme elle revenait de vêpres, reçut d'elle un excellent accueil, et, de propos en propos, tout en se promenant, la princesse l'emmena doucement dans l'église, du côté où était la tombe de cette dame qu'il avait aimée : « Mon cousin, lui dit-elle, ne sentez-vous rien mouvoir sous vous et sous vos pieds? » — « Non, madame, » répondit-il. — « Mais songez-y bien, mon cousin, » lui répliqua-t-elle. — « Madame, j'y ai bien songé, mais je ne sens rien mouvoir, car je marche sur une pierre bien ferme. » — « Or je vous advise, dit alors la reine sans le tenir plus en suspens, que vous êtes sur la tombe et le corps de la pauvre mademoiselle de La Roche, qui est ici dessous vous enterrée, que vous avez tant aimée; et, puisque les âmes ont du sentiment après notre mort, il ne faut pas douter que cette honnête créature, morte de frais, ne se soit émue aussitôt que vous avez été sur elle ; et, si vous ne l'avez senti à cause de l'épaisseur de la tombe, ne faut douter qu'en soi ne se soit émue et ressentie ; et, d'autant que c'est un pieux office d'avoir souvenance des trépassés, et même de ceux que l'on a aimés, je vous prie lui donner un *Pater noster* et un *Ave Maria*, et un *De Profundis*, et l'arroser d'eau bénite ; et vous acquerrez le nom de très-fidèle amant et d'un bon chrétien. » Elle le laissa donc et partit, pour qu'il pût accomplir en tout recueillement ces pieuses cérémonies dues aux morts. Je ne sais pourquoi Brantôme ajoute qu'à son avis la princesse avait tenu tout ce propos plus par bonne grâce et par manière de conversation que par créance : il me semble, au contraire, qu'il y a ici croyance à la fois et bonne grâce, convenance de la femme délicate et de l'âme pieuse, et que tout y est concilié.

Du temps de Marguerite, il ne manqua point de gens qui l'accusèrent pour la protection qu'elle accordait aux lettrés amis de la Réforme ; elle trouva des dénonciateurs en Sorbonne ; elle en trouva également à la Cour. Le connétable de Montmorency, parlant au roi de la nécessité de purger d'hérétiques le royaume, ajouta qu'il lui faudrait commencer à la Cour même et par ses proches, et il nommait la reine de Navarre. « Ne parlons point de celle-là, dit le roi, elle m'aime trop : elle ne croira jamais que ce que je croirai, et ne prendra jamais de religion qui préjudicie à mon État. » Ce mot résume le vrai : Marguerite ne pouvait être d'une autre religion que son frère, et Bayle a très-bien remarqué, dans une très-belle page, que plus on refuse à Marguerite d'être unie de doctrine avec les protestants, plus on est forcé d'accorder à sa générosité, à son élévation d'âme et à son humanité pure. Par son instinct de femme, elle comprit à l'avance la tolérance comme L'Hôpital, comme

Henri IV, comme Bayle lui-même. Au point de vue de l'État, il peut y avoir quelquefois danger dans le sens de cette tolérance trop confiante et trop absolue : cela parut bien, du temps de Marguerite, à cette heure critique où la religion de l'État, et, partant, la constitution d'alors, faillit être renversée. Et pourtant il est bon qu'il y ait de telles âmes éprises avant tout de l'humanité, et qui insinuent à la longue la douceur dans les mœurs publiques et dans des lois restées jusque-là cruelles : car plus tard, aux époques même de sévérité recommençante, la répression, quand elle est commandée par des raisons supérieures de politique, se voit forcée de tenir compte de cette humanité introduite dans les mœurs, et de la tolérance acquise. Ces rigueurs des âges suivants, ainsi adoucies et tempérées comme elles le sont par les mœurs générales, eussent été les bienfaits des siècles passés : il y a des points gagnés au civil qui ne se perdent plus.

Les Contes et Nouvelles de la Reine de Navarre n'ont rien, comme on le pourrait croire, qui soit tant en désaccord et en contradiction avec sa vie et avec la nature habituelle de ses pensées. M. Génin a déjà fait cette judicieuse remarque, et une lecture attentive ne peut que la justifier. Ce ne sont pas des gaietés ni des péchés de jeunesse que ces Contes; elle les fit dans un âge très-mûr; elle les écrivit la plupart dans sa litière, en voyage, et par manière de délassement; mais le délassement avait du sérieux. La mort l'empêcha de les terminer : au lieu de sept Journées qu'on a, elle en voulait réellement faire dix à l'exemple de Boccace; elle voulait donner non un *Heptaméron*, mais bien un *Décaméron* français. Elle suppose, dans son Prologue, que plusieurs personnes de condition, tant de France que d'Espagne, s'étant réunies au mois de septembre aux bains de Cauterets, dans les Pyrénées, se séparèrent après quelques semaines ; que ceux d'Espagne s'en retournèrent le mieux qu'ils purent par les montagnes, mais que les Français furent empêchés dans leur chemin par la crue des eaux qu'avaient causée de grandes pluies. Un certain nombre de ces voyageurs, hommes ou femmes, après diverses aventures plutôt extraordinaires qu'agréables, se retrouvent réunis de nouveau à l'abbaye de Notre-Dame-de-Serrance, et là, comme la rivière du Gave n'était pas guéable, on décide d'établir un pont : « L'abbé, dit le conteur, fut bien aise qu'ils faisaient cette dépense, afin que le nombre des pèlerins et pèlerines augmentât, les fournit d'ouvriers, mais il n'y mit pas un denier, car son avarice ne le permettait. Et pour ce que les ouvriers dirent qu'ils ne sauraient avoir fait le pont de dix ou douze jours, la compagnie, tant d'hommes que de femmes, commença fort à s'ennuyer... » Il s'agit donc d'employer ces dix ou douze jours à quelque occupation « plaisante et vertueuse, » et l'on s'adresse pour cela à une dame Oisille, la plus ancienne de la compagnie. Cette dame Oisille répond de la manière la plus édifiante : « Mes enfants, vous me demandez une chose que je trouve fort difficile, de vous enseigner un passe-temps qui vous puisse délivrer de vos ennuis : car, ayant cherché le remède toute ma vie, n'en ai jamais trouvé qu'un, qui est la lecture des Saintes Lettres, en laquelle se trouve la vraie et parfaite joie de l'esprit, dont procède le repos et la santé du corps. » Pourtant cette joyeuse compagnie ne peut s'en tenir absolument à un si austère régime, et il est convenu qu'on fera un partage du temps entre le sacré et le profane. Dès le matin, la compagnie se rassemblera dans la chambre de madame Oisille pour assister à sa leçon morale, et de là ira entendre la messe ; puis on dînera à *dix* heures ; après quoi, s'étant retiré chacun en sa chambre pour ses affaires particulières, on se réunira sur le pré à midi : « Et s'il vous plaît que tous les jours, depuis midi jusques à quatre heures, nous allions dedans ce beau pré, le long de la rivière du Gave, où les arbres sont si feuillés que le soleil ne saurait percer l'ombre ni échauffer la fraîcheur; là, assis, à nos aises, dira chacun quelque histoire qu'il aura vue ou bien ouï dire à quelque homme digne de foi. » Car il est bien entendu qu'on ne dira que des histoires *vraies* et non inventées à plaisir : on se contentera, quand il le faudra, de déguiser les noms des pays et des gens. La compagnie étant au nombre de dix, tant hommes que femmes, et chacun faisant par jour son histoire, il s'ensuivra qu'au bout de dix jours on aura achevé la centaine. Chaque après-midi, vers la fin de la joyeuse séance, à quatre heures, la cloche sonne, qui avertit qu'il est temps d'aller aux vêpres; la compagnie s'y rend, non sans avoir fait attendre quelquefois les religieux qui s'y prêtent de bonne grâce. Ainsi s'écoule le temps sans que personne croie avoir passé la mesure de la gaieté permise ni avoir fait un péché.

Les Contes de la Reine de Navarre n'ont rien qui jure absolument avec ce cadre et avec ce dessein. Chaque histoire est l'objet d'une moralité, d'un précepte bien ou mal déduit; chacune est racontée à l'appui d'une certaine maxime, de quelque thèse en question sur la prééminence de l'un ou de l'autre sexe, sur la nature et l'essence de l'amour, et comme exemple ou preuve (souvent très-contestable) de ce qu'on avance. Pruderie à part, dans ces histoires, il n'y en a pas beaucoup de réellement jolies. Les sujets sont ceux du temps, et il y a un moment où l'on s'écrie avec dame Oisille : « Mon Dieu ! ne serons-nous jamais hors des contes de ces moines ? » On sent que même les honnêtes gens et les femmes comme il faut de ce temps-là sont, quoi qu'ils fassent, des contemporains de Rabelais. D'ailleurs, tout cela est à bonne fin. Il y a dans le détail de l'esprit, de la subtilité dans les discussions qui servent d'épilogue ou de prologue à chaque récit. La plupart des histoires, en tant que vraies, vont sans aucun art, sans composition, sans dénoûment. On a très-peu imité la reine de Navarre dans les Contes en vers qui se sont faits depuis, et elle n'y prête en effet que médiocrement. La Fontaine ne l'a mise à contribution qu'une fois et en ce qu'elle a, je crois, de plus piquant, dans le conte de *la Servante justifiée*. Il s'agit, chez Marguerite, d'un marchand, d'un tapissier de Tours qui s'émancipe auprès d'une autre que sa femme, et qui est aperçu par une voisine; craignant que celle-ci ne jase, ce tapissier, « qui savait, dit-on, donner couleur à toute tapisserie, » s'arrange de manière à ce que bientôt sa femme consente comme d'elle-même à faire une promenade au même endroit; si bien que, lorsque la voisine veut ensuite raconter à la femme ce qu'elle a cru voir, celle-ci lui répond : « Hé! ma commère, *c'était moi!* » Ce *c'était moi*, répété plusieurs fois et sur plus d'un ton, devient comique comme un mot de la farce de *Patelin* ou d'une scène de Regnard : mais il y a très-peu de ces mots-là dans les Contes de Marguerite.

Une question qui s'élève à la lecture de ces Contes, image et reproduction fidèle de la bonne compagnie d'alors, c'est combien il est singulier que le ton de la conversation ait tant varié aux différentes époques chez les honnêtes gens, avant de se fixer à la délicatesse véritable et à la décence. La conversation élégante date de plus loin qu'on ne suppose; la société polie a commencé plus tôt qu'on ne croit. Le caractère de la conversation comme nous l'entendons en société, et ce qui la distingue chez les modernes, c'est que les femmes y ont été admises; et c'est ce qui fait qu'au Moyen Age, aux beaux moments, dans certaines Cours du Midi, en

Normandie, en France ou en Angleterre, il a dû y avoir de la conversation charmante. Dans ces châteaux du Midi, où s'égayaient les troubadours et d'où il nous est venu de si doux chants, lorsque l'on composait d'exquises et ravissantes histoires comme celle d'*Aucassin et Nicolette*, il dut y avoir aussi toutes les délicatesses et toutes les grâces qu'on peut désirer en causant. Mais, à prendre les choses telles qu'elles nous apparaissent en France à la fin du quinzième siècle, on remarque un mélange, une lutte très-sensible entre le pédantisme et la licence, entre le raffinement et la grossièreté. Le joli petit roman de *Jehan de Saintré*, où l'idéal chevaleresque se peint encore au début dans ce qu'il a de plus mignon, et qui prétend offrir un petit code en action de la politesse, de la courtoisie, de la galanterie, en un mot de l'éducation complète d'un jeune écuyer du temps, ce joli roman est rempli aussi de préceptes pédantesques, d'articles d'un cérémonial minutieux, et, vers la fin, il tourne tout à coup à la grossièreté sensuelle et au triomphe du moine selon Rabelais. Cette veine de licence et de gaillardise qui n'avait cessé de courir dès l'origine, mais qui, aux heures brillantes et dans les belles compagnies, avait dû se recouvrir sous le chevaleresque, se démasqua au commencement du seizième siècle, et elle sembla emprunter de la Renaissance latine une audace de plus. C'est le temps où les honnêtes femmes disent et débitent hautement des contes à la Roquelaure. Tel est le ton de société que les Nouvelles de Marguerite de Navarre nous rendent d'autant plus naïvement que le but n'en est nullement déshonnête. Il faudra près d'un siècle pour réformer complétement ce vice de goût; il faudra que madame de Rambouillet et sa fille viennent morigéner la Cour, que des professeurs de bon ton et de politesse, tels que mademoiselle de Scudéry ou le chevalier de Méré, s'appliquent pendant des années à prêcher le décorum : et encore trouverait-on bien des retours et des vestiges de grossièreté tout au travers de leur raffinement et de leur formalisme. Le beau moment est celui où, par une inclinaison soudaine de la saison, les lumières et l'esprit se répandant tout d'un coup d'une manière plus riche et plus égale sur toute une génération d'esprits vigoureux, l'on revient vivement au naturel et où l'on peut s'y abandonner sans contrainte. Ce beau moment date du milieu du dix-septième siècle, et l'on ne se figure rien de comparable aux conversations de la jeunesse des Condé, des La Rochefoucauld, des Retz, des Saint-Évremond, des Sévigné, des Turenne. Quelles heures parfaites que celles où madame de La Fayette entretenait madame Henriette couchée après le dîner sur des carreaux ! On arrive ainsi, à travers le plus grand siècle, à madame de Caylus, la nièce aisée et souriante de madame de Maintenon, à cette perfection légère où, sans y songer, l'esprit ne se retranche rien et observe tout.

Dans la seconde moitié du dix-septième siècle, il n'y avait plus que madame Cornuel à qui l'on passât les grosses paroles à cause de l'esprit et du sel qu'elle y mettait. De tout temps, les honnêtes femmes ont dû écouter et entendre plus de choses qu'elles n'en disent; mais le moment décisif et qui est à noter, c'est celui où elles ont cessé de dire elles-mêmes ces choses inconvenantes, et de les dire au point de les fixer ensuite par écrit sans songer qu'elles manquaient à une vertu.

C'est à ce point précis de la société, et pour ce monde devenu plus chatouilleux, que La Fontaine a donné le précepte encore plus sûrement que l'exemple, en d'agréables vers souvent cités :

*Qui pense finement et s'exprime avec grâce*
*Fait tout passer, car tout passe;*

> Je l'ai cent fois éprouvé :
> Quand le mot est bien trouvé,
> Le sexe, en sa faveur, à la chose pardonne :
> Ce n'est plus elle alors, c'est elle encor pourtant.
> Vous ne faites rougir personne,
> Et tout le monde vous entend.

Voilà ce que la reine Marguerite, comme romancier et auteur de Nouvelles, n'eut point l'art de deviner. Comme poëte, elle n'a rien de remarquable que la facilité. Elle imite et reproduit les diverses formes de poëmes en usage à sa date. On raconte que bien souvent elle occupait à la fois deux secrétaires, l'un à écrire les vers français qu'elle composait impromptu, et l'autre à écrire des lettres. Il est peu de ses vers, en effet, qui n'aient pu être composés de cette façon. Ne lui demandez rien de ces éclairs de talent et de passion qu'on rencontre chez sa jeune contemporaine Louise Labé, la Belle Cordière. Voici pourtant d'elle un assez joli dizain inédit, que M. Le Roux de Lincy nous a donné; elle veut dire qu'il vaut mieux ne rien accorder à un amant que de lui octroyer la moindre petite faveur dont il va se prévaloir à l'instant pour vous faire faire du chemin :

> Baillez-lui tout ce qu'il veut maintenant,
> Soit le parler, soit l'œil, ou soit la main,
> Et vous verrez en lui incontinent
> Autre vouloir que de cousin germain.
> Voire s'il peut, sans attendre à demain,
> Il vous priera d'une grâce lui faire,
> Qu'une heure avant eût désiré de taire,
> Feignant de peu se vouloir contenter.
> A tels amis a toujours à refaire ;
> Le plus sûr est de ne point les hanter.

Ce dizain très-moral pourrait trouver place aussi bien dans les Contes de la Reine de Navarre, et la dame Oisille ou la dame Parlamante pourraient le citer en réponse à quelqu'un des cavaliers trop entreprenants.

Marguerite mourut au château d'Odos en Bigorre, le 21 décembre 1549, dans sa cinquante-huitième année; elle s'écria trois fois *Jésus!* en rendant le dernier soupir. Elle fut la mère de Jeanne d'Albret.

Telle que je viens de la montrer dans l'ensemble, en tâchant de ne pas forcer les traits et en évitant toute exagération, elle a mérité ce nom de *gentil esprit*, qui lui a été si universellement accordé; elle a été la digne sœur de François Ier, la digne patronne de la Renaissance, la digne aïeule de Henri IV par la clémence comme par l'enjouement, et, dans l'auréole qui l'entoure, on aime à lui adresser ce couplet que son souvenir appelle et qui se marie bien avec sa pensée :

« Esprits charmants et légers qui fûtes de tout temps la grâce et l'honneur de la terre de France; qui avez commencé de naître et de vous jouer dès les âges de fer, au sortir des horreurs sauvages; qui passiez à côté des cloîtres et qu'on y accueillait quelquefois; qui étiez l'âme joyeuse de la veillée bourgeoise, et la fête délicate des châteaux; qui fleurissiez souvent tout auprès du trône; qui dissipiez l'ennui dans les pompes, donniez de la politesse à la victoire, et qui rappreniez vite à sourire au lendemain des revers; qui avez pris bien des formes badines, railleuses, élégantes ou tendres, faciles toujours, et qui n'avez jamais manqué de renaître au moment où l'on vous disait disparus! les âges, pour nous, deviennent sévères; *le raisonner* de plus en plus *s'accrédite;* tout loisir a fui; il y a, jusque dans nos plaisirs, un acharnement qui les fait ressembler à des affaires; la paix elle-même est sans trêve, tant elle est occupée à l'utile; jusque dans les journées sereines, les arrière-pensées et les soins sont en bien des âmes :

c'est l'heure ou jamais du réveil, c'est l'heure encore une fois de surprendre le monde et de le réjouir ; vous en avez su de tout temps la manière, toujours nouvelle : n'abandonnez jamais la terre de France, Esprits charmants et légers (1) ! »

(1) Depuis que cet article a paru, Marguerite a été le sujet d'un intéressant volume et d'une Étude par le comte H. De La Ferrière-Percy. Ce curieux investigateur ayant recouvré le livre de dépenses, tenu par Frotté, le secrétaire de Marguerite, en a tiré tout le parti possible et en a fait aisément ressortir la preuve journalière de l'humeur bienfaisante et de la libéralité inépuisable de la bonne reine. C'est un document essentiel à joindre à tout ce qu'on savait déjà d'original sur son compte. (Voir *Marguerite d'Angoulême, sœur de François I*er, 1862, chez Aubry.)

Lundi, 7 mars 1853.

# ŒUVRES
## DE
# FRÉDÉRIC LE GRAND
### (1846-1853) (1)

A côté de l'Édition monumentale des Œuvres du grand Frédéric, ordonnée par le Gouvernement prussien et dirigée par M. Preuss, historiographe de Brandebourg, il s'en publie une à l'usage du public, toute pareille quant au contenu, et qui n'est, à vrai dire, que la même édition moins magnifique et sous un format différent. Cette Édition, qui en est maintenant au vingtième volume, mérite en France notre attention et revendique sa place dans nos bibliothèques. J'ai déjà parlé ailleurs (2) des *Œuvres historiques* de Frédéric qui sont justement classées à la tête des meilleures histoires modernes. L'Édition contient ensuite les *Mélanges* philosophiques et littéraires du roi ; ses *Poésies* qui sont pour nous son plus gros péché, mais qu'on ne pouvait omettre et qui ont leur valeur historiquement ; enfin

---

(1) A Berlin, chez Rodolphe Decker, imprimeur du roi, et à Paris chez Klincksieck, rue de Lille, 11.
(2) *Causeries du Lundi,* tome III.

l'on arrive à la *Correspondance* qui, avec les Histoires, forme la partie la plus intéressante de cette grande publication. On a déjà cinq volumes des *Lettres* de Frédéric, groupées par séries et rangées selon les personnes avec lesquelles il correspond et dont on publie également les lettres. Cette Correspondance bien lue fait pénétrer aussi avant qu'on peut le désirer dans l'âme et dans la pensée d'un roi qui fut véritablement grand, et qui, comme tous les grands hommes, inspire à ceux qui l'approchent de plus près une admiration plus réfléchie. Le savant historien et éditeur, M. Preuss, qui préside à la publication de cette œuvre royale et nationale tout ensemble, me faisait l'honneur de m'écrire, il y a quelque temps, « qu'il y travaille avec enthousiasme. » Plus j'ai lu Frédéric, et mieux j'ai compris ce mot.

Ce qui a fait tort à Frédéric en France et ce qui crée aujourd'hui encore une prévention contre lui, c'est précisément ce qui a d'abord été cause de sa vogue et de sa faveur, je veux parler de ses relations avec nos philosophes. Pour leur plaire, pour séduire ces princes et meneurs d'Athènes, il s'est mis à leur ton et a développé la veine railleuse, goguenarde, qui était en lui, mais qui n'y était pas aussi essentiellement qu'on le croirait. Qu'on relise dans leur suite ses Lettres à Voltaire, à d'Alembert, et, au milieu de quantité de choses qui font tache et qu'on regrette d'y trouver, on reconnaîtra dans le fond des sentiments un sage et un roi. Son irréligion même, qui éclate pour nous dans ses rapports avec nos philosophes, et qui est le côté par lequel il les a le plus regardés, cette irréligion qui jure si fort avec son rôle de roi fondateur et instituteur de peuple, n'était pas au fond ce qu'accusent ses Correspondances les plus connues. Un homme de mérite et d'un caractère respectable, M. le docteur Henry, pasteur de l'église française de Berlin, a examiné ce point dans un sentiment de patriotisme et de christianisme à la fois, et avec le désir de trouver Frédéric moins coupable qu'il ne paraît à travers Voltaire. Il a très-bien montré comment, du côté de la France, l'écho répétait et doublait en quelque sorte des paroles familières dites à huis clos à Berlin ou à Potsdam, et que l'Allemagne, en son temps, n'entendait pas. La gloire, la patrie, l'amitié, voilà des sujets sur lesquels Frédéric ne plaisantait jamais : M. Henry est allé plus loin, il voudrait y joindre certaines convictions intimes en fait de religion, et, nous présentant le roi par un aspect allemand et tout nouveau, il dit : « Frédéric voulait la loi et la religion avec toute la puissance de son génie ; c'était *à la surface de son âme* seulement qu'il plaisantait sur des sujets qui ne lui paraissaient pas tenir au fond des choses, et dans la pensée que ces plaisanteries n'arriveraient jamais à la connaissance du public. *Il s'abandonnait à un mauvais ton de société ; le fond de son âme était sérieux ; il aimait la solitude et la méditation.* » Je ne prends que ces derniers mots, et je les crois vrais. Aujourd'hui, en m'occupant de la Correspondance de Frédéric selon l'ordre où elle se déroule à nous dans les OEuvres complètes, je m'attacherai surtout à montrer en lui les sentiments du cœur et de l'âme, tels qu'il les avait dans la jeunesse et qu'il les garda jusque sur le trône, au moins tant que ses premiers amis vécurent. Si j'avais suivi toute ma pensée, j'aurais intitulé ce chapitre : *Frédéric ou l'Amitié d'un Roi*.

Frédéric avait vingt-huit ans lorsqu'il monta sur le trône en 1740. Sa jeunesse, avant ce temps, se partage en deux portions distinctes, l'une qui va jusqu'à sa tentative de fuite à dix-huit ans et jusqu'à son incarcération, et l'autre qui date de sa réconciliation avec son père. On sait les détails touchants de ses premières et atroces infortunes par les Mémoires de sa sœur, la margrave de Bareith. Pourtant Frédéric a gardé plus tard

le silence sur les faits de cette époque; il s'est honoré
comme roi et comme fils par sa réserve respectueuse; il
s'est même donné tort en quelques mots et a pris sur lui
la faute avec abnégation dans ses *Mémoires de Brandebourg.* Faisons comme lui et passons sur cette sombre
et funeste période de persécution domestique. On le
trouve en 1732, au sortir du fort de Custrin, âgé de
vingt ans, mûri déjà par le malheur, maître de lui-même
et de ses passions, avide de réparer par l'étude les dissipations premières. Même depuis sa rentrée en grâce
auprès de son père, il paraît peu à Berlin; marié par
pure obéissance, il vit comme s'il ne l'était pas; il habite le plus ordinairement à Ruppin dont il est gouverneur; il y exerce son régiment et passe de longues
heures à lire, à écrire, à faire de la musique, à disserter
avec des amis. Il s'est surtout fait une solitude très-
animée, très-conversante et selon ses goûts, à son château de Rheinsberg ou Remusberg qui est près de là :
« Nous sommes une quinzaine d'amis retirés ici, qui
goûtons les plaisirs de l'amitié et la douceur du repos. »
Les occupations y sont de deux sortes les agréables et
les utiles : « Je compte au rang des utiles l'étude de la
philosophie, de l'histoire et des langues; les agréables
sont la musique, les tragédies et les comédies que nous
représentons, les mascarades et les cadeaux que nous
donnons. Les occupations sérieuses ont cependant toujours la prérogative de passer devant les autres, et j'ose
vous dire que nous ne faisons qu'un usage raisonnable
des plaisirs. » Il écrivait cela à un de ses amis M. de
Suhm, envoyé de Saxe en Prusse, et l'une des figures
les plus aimables et les plus attachantes qui se dessi-
nent parmi ces premiers amis du grand Frédéric.

M. de Suhm s'était mis à traduire de l'allemand en
français à l'usage de Frédéric, pour qui une lecture
allemande était pénible, la *Métaphysique* de Wolff. Wolff

était le disciple et le divulgateur de Leibniz, et, quand il n'était pas lui-même assez clair, M. de Suhm se chargeait de l'expliquer au prince. L'esprit humain, pour sortir de la routine où il est sujet à s'endormir et à se rouiller, a de temps en temps besoin d'un précepteur philosophique nouveau : ce précepteur excitateur, qui doit quelque peu se mettre à la portée des gens du monde, varie beaucoup selon les pays et selon les temps : tantôt ce sera *la Sagesse* de Charron, tantôt *la Logique* de Port-Royal ou même Malebranche en ses *Entretiens*, tantôt Locke qui, pour la France, fut toujours trop long. Ici, à ce moment, en Allemagne, c'était Wolff qui remplissait cet office de maître à penser, et qui, à travers les systèmes très-contestables et le roman métaphysique dont il était l'interprète, faisait sentir du moins les avantages d'une raison plus libre et d'un bon sens plus dégagé : « C'est le bonheur des hommes quand ils pensent juste, disait Frédéric, et la Philosophie de Wolff ne leur est certainement pas de peu d'utilité en cela. » La reconnaissance de Frédéric envers M. de Suhm « qui lui a débrouillé le chaos de Leibniz, éclairci par Wolff, » est donc très-sincère et très-vive ; il a pour lui une de ces amitiés idéales, passionnées, enthousiastes, telles qu'en conçoivent les nobles jeunesses. Il lui doit d'avoir pénétré pour la première fois dans la vie de l'esprit. Il y a si peu d'hommes qui pensent ; « la plupart ne s'occupent que des objets présents, ne parlent que de ce qu'ils voient, sans penser à ce que c'est que les causes cachées et les premiers principes des choses. » Frédéric, après la manœuvre de chaque matin, après les conversations assommantes ou frivoles qu'il avait à essuyer, et dont il fait des tableaux piquants, avait des soifs de Tantale pour les sources spirituelles. Wolff alors était là, Wolff et ses cahiers, commentés surtout et vivifiés par la parole de M. de Suhm.

Celui-ci a été pour Frédéric un initiateur, et le royal disciple lui en sait un gré infini. On voit luire dans cette Correspondance mutuelle comme un éclair d'une de ces amitiés à la Platon, faites pour unir ceux qu'anime un même culte du beau et du vrai. On a sous les yeux un Frédéric sans impiété, sans rien de cette plaisanterie cynique qu'il croyait quelquefois de bon air d'afficher en s'adressant à ses correspondants de France.

Il a pour M. de Suhm une haute estime mêlée de sympathie et de tendresse, et, pour l'exprimer, il semble emprunter quelque chose aux dialogues des anciens : « Vous savez, sans que j'aie besoin de vous le répéter, que la connaissance des perfections est le premier mobile de notre plaisir dans l'amour et dans l'amitié qui est fondée sur l'estime. Et c'est cette représentation que se fait mon âme de vos perfections, qui est le fondement de la parfaite estime que j'ai pour vous. » Il nous définit, à d'autres jours, son ami en des termes moins métaphysiques et charmants de grâce; tremblant pour sa santé, au moment où il le voit s'éloigner pour aller en Russie : « Votre corps délicat, lui dit-il, est le dépositaire d'une âme fine, spirituelle et déliée. » Par allusion sans doute à cette frêle enveloppe que l'âme dévore, il l'appelle familièrement son cher *Diaphane*. Quand il le sait malade et qu'il le voit comme prêt à s'évanouir dans sa pure essence, il s'écrie : « La seule pensée de votre mort me sert d'argument pour prouver l'immortalité de l'âme; car serait-il possible que cet être qui vous meut et qui agit avec autant de clarté, de netteté et d'intelligence en vous, que cet être, dis-je, si différent de la matière et du corps, cette belle âme douée de tant de vertus solides et d'agréments, cette noble partie de vous-même qui fait les délices de notre société, ne fût pas immortelle? » La conversation de M. de Suhm avait un charme particulier qui nous arrive jusque dans ses lettres, quelque chose d'affectif et de pénétrant : Frédéric y était sensible autant qu'esprit peut l'être : « Si désormais vous alliez vous résoudre à ne parler et à n'écrire qu'en chinois, lui disait-il, je serais homme à l'apprendre pour profiter de votre conversation. » Quant à M. de Suhm, il a, dès les premiers instants, deviné et senti la grandeur de Frédéric; il lui a voué une admiration tendre, ardente, perspicace, qui lui révèle à l'avance la gloire du prochain règne, et qui déborde prophétiquement en toutes ses paroles. Il voit dans l'ami ce que sera le monarque, et mieux qu'il ne sera, parce que, tout en voyant juste, il y mêle les effusions et les ingénuités d'une nature aimante. Frédéric à tout moment l'apaise et le modère le plus qu'il peut : « La tendresse vous a mené la plume, et on sait qu'elle est aveugle comme la Fortune. » — « Je ne saurais finir cette lettre, lui écrit-il un jour, sans vous prier encore une fois bien sérieusement de ne me donner ni du grand ni du sublime dans vos lettres. En les lisant, je m'imagine qu'elles s'adressent à d'autres qu'à moi, et je ne me reconnais du tout point aux traits sous lesquels vous me dépeignez. Ne voyez en moi qu'un ami sincère, et vous ne vous tromperez jamais; mais n'exaltez pas des mérites que je n'ai pas, et qui me font rougir de ne les pas avoir. » Cette modestie chez Frédéric est sincère; on sent qu'il rougit, en effet, d'être si loué, si admiré par son ami; il se rabat toujours, en lui parlant, à n'être qu'un individu marqué au coin de la plus commune humanité, digne de lui pourtant par le cœur, et capable d'apprécier un ami « qui fait revivre les temps sacrés d'Oreste et de Pylade, du bon Pirithoüs, du tendre Nisus... » A la manière et à l'accent dont tout cela est dit, on ne peut supposer que ce soient des lieux communs.

Frédéric, en cette période de sa vie, n'a qu'un désir,

celui d'arriver à la sagesse, à la vérité, à la constance, et de se perfectionner, « de prendre pour modèle tout ce qu'il y eut jamais de grands hommes, et, tirant de leurs caractères tout ce qui peut entrer dans celui d'un seul, de travailler sincèrement à en former le sien. » Toutes ses lettres, toutes ses confidences respirent ce noble et vertueux effort; quelque carrière qu'il entreprenne, il n'est pas de ceux qui ne s'y portent qu'à demi; c'est dans ces années véritablement qu'on peut dire qu'il a jeté les fondements de son âme : « Pour ce qui me regarde, écrit-il (15 novembre 1737), j'étudie de toutes mes forces, je fais tout ce que je puis pour acquérir les connaissances qui me sont nécessaires pour m'acquitter dignement de toutes les choses qui peuvent devenir de mon ressort; enfin, je travaille à me rendre meilleur, et à me remplir l'esprit de tout ce que l'antiquité et les temps modernes nous fournissent de plus illustres exemples. » Et encore (21 mars 1738) : « Quant à mon esprit, je le cultive autant qu'il m'est possible. Je voudrais, s'il se peut, en faire une terre bien fertile et ensemencée de toutes sortes de bonnes choses, afin qu'elles puissent germer à temps et porter les fruits qu'on en peut attendre. » C'est à ce même moment enfin qu'il écrivait au respectable Duhan, son ancien précepteur et maître (10 février 1738) : « Je suis enseveli parmi les livres plus que jamais. Je cours après le temps que j'ai perdu si inconsidérément dans ma jeunesse, et j'amasse, autant que je le puis, une provision de connaissances et de vérités. » Plus tard, bientôt, au lendemain de son avénement au trône, la passion le saisira; l'amour de la gloire, l'idée de frapper un grand coup au début et de marquer sa place dans le monde le fera, coûte que coûte, guerrier et conquérant; il semblera oublier ses vœux et ses serments philosophiques de la veille; il oubliera qu'il vient justement de réfuter Machiavel, il distinguera entre la morale qui oblige les particuliers et celle qui doit diriger le souverain. Pourtant, quoi qu'il fasse, et malgré les transformations ou les échecs que subira sa nature morale première, malgré les démentis et les étonnements qu'elle pourra donner à ceux qui l'auraient jugée plus pacifique et plus pure, c'est sur ces premiers fondements que la force d'âme de Frédéric reposa toujours; c'est en vertu de l'éducation énergique et de la discipline de ces huit années qu'il demeura constamment l'homme du travail, du devoir et de la patrie.

J'ai parlé de philosophie et de métaphysique : même à cette date où Frédéric s'y laisse le plus initier, il ne faut pas croire qu'il sorte pour cela de son tour d'esprit pratique et de son caractère. Il rappelle plus d'une fois son généreux et plus confiant ami, M. de Suhm, à la réalité et à l'expérience : les Descartes, les Newton, les Leibniz peuvent venir et se succéder, sans qu'il y ait danger pour les passions humaines de perdre du terrain et de disparaître : « Selon toutes les apparences, on raisonnera toujours mieux dans le monde, mais la pratique n'en vaudra pas mieux pour cela. » Dans sa douce et studieuse retraite de Remusberg, regrettant l'ami absent : « Il me semble, lui écrit-il (16 novembre 1736), il me semble que je vous revois au coin de mon feu, que je vous entends m'entretenir agréablement sur des sujets que nous ne comprenons pas trop tous deux, et qui cependant prennent un air de vraisemblance dans votre bouche. Wolff dit sans contredit de belles et bonnes choses, mais on peut pourtant le combattre, et, dès que nous remontons aux premiers principes, il ne nous reste qu'à avouer notre ignorance. Nous vivons trop peu pour devenir fort habiles; de plus, nous n'avons pas assez de capacité pour approfondir les matières, et d'ailleurs il y a des objets qu'il semble que le Créateur ait reculés afin que nous ne puissions les connaître que faiblement. » Le Frédéric de Remusberg, même dans ses accès de métaphysique, ne se laissera donc pas emporter plus loin que ne lui permet le bon sens ; mais ce qui fait le cachet de cette Correspondance de jeunesse, c'est l'absence de toute ironie, et, même dans le doute, un sérieux digne de ces sujets graves.

Il y a un moment touchant, c'est celui où M. de Suhm, nommé par la Cour de Dresde envoyé extraordinaire en Russie, quitte Berlin pour Pétersbourg (novembre 1736). Frédéric s'en émeut : outre ce qu'il perd d'agrément et de ressources dans les entretiens de son ami, il craint pour sa santé dont la délicatesse est si fort en contraste avec la rigueur du climat de Moscovie. Il essaie de l'ébranler ; il voudrait le retenir ; il ose lui faire part de ses craintes : « J'avoue que plus j'y pense, et plus je crains que je ne sois obligé de prendre un congé éternel de vous. Vous savez et enseignez si bien ce que c'est que l'éternité ! Ne frémissez-vous pas à ce seul nom ? Mon cher Diaphane, faites bien vos réflexions, je vous en prie, et, pour une vaine ombre d'établissement, n'allez pas commettre un meurtre en votre propre personne. Que me servira votre âme immortelle après votre mort ? Les précieux débris d'un corps si chéri ne me seront d'aucune utilité. » Mais Frédéric n'est pas encore roi, il n'a rien à offrir à son ami que ses sentiments pour le retenir ; loin de disposer d'aucune position, d'aucune faveur, il est lui-même dans la gêne. On saisit ici un sentiment d'une grande délicatesse, et où il laisse percer avec une sorte de pudeur le désir de devenir roi ; il s'en repent aussitôt, car c'est la même chose que de désirer la mort d'un père : « Je me flatte de la douce espérance de vous voir à Berlin avant votre départ ; je n'aurai que des larmes pour vous reconduire, et des souhaits pour vous accompagner. Souffrez que je vous fasse un aveu de ma faiblesse ; je rougis en le faisant *l'amitié vient de me faire faire des vœux que l'ambition ne m'aurait jamais arrachés.* Mais je me rendrais indigne de votre estime si je ne les étouffais. »

La santé de M. de Suhm justifia trop les craintes de son ami : après plus de trois années de séjour en Russie, et au moment où Frédéric devenu roi lui écrivait : « Revenez et soyez à moi, » M. de Suhm, épuisé de forces, expirait dans le voyage. Les lettres que Frédéric lui écrit durant ces trois ans sont d'un grand intérêt, en ce que l'on continue d'y saisir les progrès et la marche de son esprit. Une circonstance piquante, c'est que le métaphysicien diplomate devient durant ce temps son agent d'affaire et de finances : M. de Suhm est chargé par Frédéric, à qui son père refuse le nécessaire, de négocier quelques emprunts d'argent auprès de l'impératrice Anne ou de son favori Biron, duc de Courlande. On a souvent cité (1) des passages de lettres de Frédéric qui se rapportent à ce point délicat : on voit qu'il hésitait à contracter une obligation de ce genre envers l'impératrice : la nécessité toutefois le força de passer sur toutes les considérations. Il parle en style figuré de ces sommes qu'il attendait pour payer ses créanciers ; il les désigne comme s'il s'agissait d'un livre sous le titre de la *Vie du Prince Eugène :* « Je suis à la fin de toutes mes lectures, et j'attends avec grande impatience la *Vie du Prince Eugène.* Quelqu'un, ces jours passés, m'a sommé de lui en donner un extrait ; je me suis fort excusé sur ce que l'original n'était pas entre mes mains, ce qui fit une scène semblable à celle qui se trouve dans *le Joueur,* où M. Galonnier (*le tail-*

---

(1) Voir au tome I*er*, page 202, de l'exacte et judicieuse *Histoire de Frédéric le Grand,* par M. Camille Paganel, 2ᵉ édition, 1847.

*leur*) et madame Adam (*la sellière*) viennent lui rendre visite... Enfin onze ou douze personnes sont entêtées de la *Vie du Prince Eugène,* ils la veulent avoir à quelque prix que ce soit; jugez de ma situation. Je me voue à tous les saints... » Ce qui est plus fait pour intéresser en ces lettres, c'est de voir déjà percer le roi dans Frédéric par certaines questions politiques précises qu'il adresse à son ami : une lettre de lui, datée de Berlin 27 juillet 1737, contient une série de ces questions telles à première vue, qu'aurait pu les adresser un Bonaparte à cet âge. N'allons pas pourtant nous y méprendre; sachons que c'est une note de Voltaire, alors occupé de son *Pierre le Grand,* que Frédéric se borne à transmettre à M. de Suhm. Seulement le roi a pris à son compte la curiosité de l'historien : « Je souhaiterais savoir : 1° si, au commencement du règne du Czar Pierre I<sup>er</sup>, les Moscovites étaient aussi brutes qu'on le dit ; 2° quels changements principaux et utiles le Czar a faits dans la religion ; 3° dans le gouvernement qui tient à la police générale; 4° dans l'art militaire; 5° dans le commerce; 6° quels ouvrages publics commencés, quels achevés, quels projetés, comme communications de mers, canaux, vaisseaux, édifices, villes, etc.; 7° quels progrès dans les sciences, quels établissements; quel fruit en a-t-on tiré? 8° quelles colonies a-t-on envoyées? et avec quels secours? 9° comment les habillements, les mœurs, les usages ont-ils changé? 10° la Moscovie est-elle plus peuplée qu'auparavant? 11° combien d'hommes à peu près, et combien de prêtres? 12° combien d'argent? » Il désire être instruit sur tous ces points à fond, en détail : « Vous aurez soin d'écarter toutes les nouvelles fausses ou incertaines, et de ne donner place qu'aux seules vérités que vous apprendrez. » De telles réponses précises sont difficiles partout, et en Russie plus qu'ailleurs. M. de

Suhm, avant de se croire en état d'y satisfaire, développe au prince quelques considérations générales, « dont sa pénétration, dit-il, saura d'elle-même tirer les conséquences particulières. » Ces considérations qu'il présente ont de l'étendue et de la portée; ne soupçonnant pas que Voltaire est derrière ces questions, il croit répondre à l'arrière-pensée dans laquelle Frédéric l'avait consulté, quand il insiste sur les fortes qualités du soldat russe et sur les circonstances militaires du pays : « Je tiens cet État invincible sur la défensive. » Le moment alors était glorieux pour la Russie; c'était l'heure des victoires du comte de Münnich, de la prise d'Oczakow; Frédéric, en sa retraite de Remusberg, en est ému; il a beau faire l'indifférent et le sage, on s'aperçoit que le sang des Alexandre et des César commence à bouillonner en lui :

« J'ai reçu, mon cher, votre belliqueuse lettre; je n'y vois que les triomphes du comte de Münnich et la défaite des Turcs et des Tartares. *Je vous avoue que je suis de ces personnes qui aiment à partager la gloire des autres*, et que, sans la philosophie, je verrais avec inquiétude tant de grandes actions sans y assister. Le comte de Münnich paraît vouloir faire l'Alexandre de ce siècle...

« Il y a un bonheur à venir à propos dans le monde, sans quoi on ne fait jamais rien. Le prince d'Anhalt, qui est peut-être le plus grand général du siècle, demeure dans une obscurité dont lui seul peut ressentir tout le poids; et d'autres, qui ne le valent pas de bien loin, sont les arbitres de la terre. Cela revient à ce que je viens de dire, qu'il ne suffit pas d'avoir simplement du mérite, mais qu'il faut encore être en passe de le pouvoir faire éclater.

« Les paisibles habitants de Remusberg ne sont pas si belliqueux; je me fais une plus grande affaire de défricher des terres que de faire massacrer des hommes, et je me trouve mille fois plus heureux de mériter une couronne civique que le triomphe.

« Nous allons représenter l'*Œdipe* de Voltaire, dans lequel je ferai le héros de théâtre; j'ai choisi le rôle de Philoctète; il faut bien se contenter de quelque chose... »

M. de Suhm, qui l'a compris, et qui lit, à travers cette indifférence soi-disant philosophique, le regret et le tourment d'une âme amoureuse des grandes choses, lui va toucher la fibre secrète et le rassure en lui disant :

« La réflexion que vous faites, Monseigneur, sur le bonheur qu'il y a à venir à propos dans le monde est des plus justes, et serait très-propre à consoler le héros (*le prince d'Anhalt*) dont Votre Altesse Royale a une si haute opinion, si à ses qualités guerrières il savait joindre votre philosophie, Monseigneur. Pour ce qui est de mon héros, je n'en suis pas en peine. Il aura l'avantage des génies supérieurs qui est de se rendre, pour ainsi dire, maître des conjonctures, de les faire naître et de les gouverner à son gré par sa sagesse ou par sa constance, par sa modération ou par sa bravoure, selon le cas et le besoin. J'espère bien, pour le coup, que Votre Altesse Royale ne me demandera pas de qui je parle; ou, si quelque chose pouvait encore la retenir en doute, ce ne pourrait être que sa modestie. »

Ce passage a cela de remarquable qu'il définit admirablement à l'avance les caractères du génie et de la destinée du grand Frédéric, lequel en effet a dû s'appliquer à faire naître les circonstances, ou à s'y approprier au fur et à mesure qu'elles naissaient; qui porte en tout et qui met à tout le cachet de la volonté, du travail et d'un certain effort, et qui ne le recouvre et ne le revêt point de splendeur, de spontanéité et de poésie, comme il arriva plus tard dans l'apparition étonnante et tout d'un jet de Napoléon.

Ce qui peut paraître singulier, c'est que Frédéric ne se tient point pour atteint et convaincu par l'explication pleine d'espérance et de grandeur que lui a donnée M. de Suhm. Il persiste à repousser toute comparaison, tout point de contact avec les héros, avec les conquérants; il en est presque là-dessus aux lieux communs de la philosophie : « Si les qualités du cœur peuvent entrer dans la composition d'un héros, si la fidélité et l'humanité peuvent tenir lieu de cette fureur brutale et souvent barbare des conquérants; si le discernement et le choix des honnêtes gens peut être préféré au vaste génie de ceux qui conçoivent les plus grands desseins;

si enfin les bonnes intentions et la douceur sont préférables à l'activité de ces *hommes remuants* qui semblent être nés pour bouleverser tout le monde; alors, et à ces conditions, je puis entrer en compromis avec eux. » Voilà qui est formel; hors de là, il ne veut et ne voit rien de commun entre eux et lui; à l'entendre, il n'aspire qu'à la bonté, à la douceur, à toutes ces qualités qui font le bon citoyen plutôt que le grand homme : « Je n'ai pas le vain orgueil de prétendre à ce titre, et je vous assure que j'y préférerai constamment ceux de fidèle ami, d'homme compatissant aux misères des hommes, et enfin d'homme qui ne croit être homme que pour faire du bien aux autres hommes, en quelque situation qu'il se trouve. »

On ne peut supposer que Frédéric, en parlant ainsi, dissimule, ni qu'il veuille donner le change à son ami, et il en faut conclure qu'à cette date M. de Suhm lisait plus nettement en lui que lui-même. Cependant le passage que j'indique, et vingt autres que je pourrais également citer, sont trop directs et trop expressifs pour ne pas ouvrir un jour vrai sur le fond premier de la nature de Frédéric, dussent-ils paraître en contradiction ouverte avec ce qui a suivi.

Il n'y a, je le répète, qu'une explication plausible, et que Frédéric lui-même a donnée plus d'une fois depuis : c'est qu'aussitôt à son arrivée au trône, il fut pris d'un ardent désir de s'illustrer aux yeux de l'Europe par quelque fait mémorable et utile à son pays; il fut comme transporté par un soudain démon de gloire et de renommée : de là la conquête de la Silésie. Après quoi, il n'eût pas mieux demandé que de redevenir le roi pacifique, humain et administrateur qu'il avait d'abord rêvé d'être et qu'il fut en définitive. Mais les autres ne le lui permirent pas de sitôt; et, après avoir commencé par être un envahisseur, force lui fut de rester pendant des années un infatigable donneur de batailles et de devenir le plus grand capitaine de son époque : mais, l'étoffe de l'esprit et du caractère y étant, on peut dire encore qu'il ne le devint que par la force des choses.

Cependant le roi Frédéric-Guillaume, son père, était au terme de sa vie et de son long règne ; atteint d'une hydropisie croissante, il ne pouvait plus aller que peu de temps ; chaque jour on attendait sa mort, et les regards, les ambitions se tournaient du côté du prince si longtemps écarté. Frédéric-Guillaume mourut le 31 mai 1740. Le 13 avril, c'est-à-dire six semaines auparavant, Frédéric écrivait à M. de Suhm ces belles paroles : « Vous pouvez bien juger que je suis assez tracassé dans la situation où je me trouve. On me laisse peu de repos, mais l'intérieur est tranquille, et je puis vous assurer que je n'ai jamais été plus philosophe qu'en cette occasion-ci. Je regarde avec des yeux d'indifférence tout ce qui m'attend, sans désirer la fortune ni la craindre, plein de compassion pour ceux qui souffrent (*son père à l'agonie*), d'estime pour les honnêtes gens et de tendresse pour mes amis. Vous que je compte au nombre de ces derniers, vous voudrez bien vous persuader de plus en plus que vous trouverez en moi tout ce qu'Oreste trouva jamais dans Pylade... » Par ces derniers mots, et à la veille de l'exécution, Frédéric se montrait fidèle à ce qu'il disait à son ami dès l'origine de leur liaison, et à ce qu'il n'avait cessé de lui répéter : « Si jamais je puis être le moteur de vos destinées, je vous garantis que je n'aurai d'autre soin que celui de vous rendre la vie aussi agréable qu'il me sera possible. Rendre quelqu'un heureux est une grande satisfaction ; mais faire le bonheur d'une personne qui nous est chère, c'est le plus haut point où puisse atteindre la félicité humaine. »

Enfin, Frédéric-Guillaume ayant succombé, et les premiers soins donnés aux affaires de l'État, Frédéric, quinze jours après son avénement, pouvait écrire à M. de Suhm : « Il ne dépend plus que de vous d'être à moi, et j'attends votre résolution pour savoir comment et sur quel pied vous voudrez l'être. » M. de Suhm, tel que nous le connaissons, n'avait qu'une réponse à faire, se démettre auprès de sa Cour des fonctions dont il était chargé, et voler dans les bras de son ami. C'est ce qu'il se hâta de faire, mais ses forces le trahirent. Obligé de s'arrêter à Memel, puis à Varsovie, il y mourut le 8 novembre 1740, à l'âge de quarante-neuf ans. Cinq jours avant sa mort, il adressa à Frédéric une admirable lettre qui peint l'une des plus belles âmes qui aient passé sur la terre, et qui couronne dignement cette idéale amitié. Je la donnerai ici presque en entier, car, parfaitement inconnue chez nous, cette lettre appartient à notre langue que maniait avec tant de facilité et de distinction cet esprit supérieur et cette âme chaleureuse de M. de Suhm. La beauté des sentiments qu'on y voit exprimés réfléchit en partie sur Frédéric, qui savait si bien les comprendre, et qui fut digne, à cet âge, de les inspirer :

« Varsovie, 3 novembre 1740.

« Sire,

« C'est en vain que l'on me berce encore d'espérances ; c'est en vain que l'amour de la vie et les puissants attraits qu'y ajoute encore la riante perspective qui m'était ouverte, cherchent à nourrir l'illusion de mon cœur par l'ardeur de ses désirs ; c'est en vain, en un mot, que je voudrais me le cacher à moi-même : chaque heure, chaque instant me le fait sentir plus profondément, et m'avertit que la fin de ma vie approche. Et quelque désir que j'eusse d'épargner à Votre Majesté la douleur de cette nouvelle, s'il était possible qu'elle ne lui parvînt jamais, et ne troublât ainsi aucun instant le repos de son grand et sensible cœur, un devoir trop important et trop sacré y est attaché pour que je pusse cependant la lui cacher.

« Oui, Sire, il n'est que trop certain, après bien des soins inutiles pour prolonger mes jours, je me vois enfin sur le bord de la tombe. *Hélas! je fais naufrage au port.* Le Ciel ne permet pas que vous ayez le temps d'exécuter vos bons desseins envers moi. Sans doute que le bonheur dont j'allais jouir était trop parfait pour pouvoir devenir ici-bas mon partage, et c'est (oui, je l'espère fermement, mourant en bon chrétien, et avec la tranquillité que m'inspire le témoignage de ma conscience), c'est pour m'en rendre participant dans une autre vie que le Maître suprême de nos destinées va me retirer de celle-ci.

« Encore peu de jours, peu d'heures peut-être, et je ne serai plus. Voilà pourquoi, Sire, je me fais un devoir et m'empresse à vous écrire encore une fois, afin de vous recommander ma pauvre famille... »

**Suivent les recommandations du plus tendre père en faveur de ses quatre enfants et de sa sœur qui leur sert de mère; après quoi il poursuit :**

« Il me suffit sans doute, Sire, de vous avoir témoigné ces derniers souhaits d'un cœur paternel pour pouvoir espérer avec confiance qu'ils seront exaucés. Aussi suis-je, après ce dernier et pénible acte de mes faibles et tremblantes mains, tout aussi tranquille sur le sort de ma famille que je le suis par rapport au mien propre, dans ce moment où je viens de remettre mon âme entre les mains de l'Être infiniment bon par qui elle existe, et qui ne l'a sans doute appelée à l'existence que pour la félicité.

« Maintenant il ne me reste plus qu'à détacher mon cœur de la terre pour le tourner vers la source éternelle de toute vie et de toute félicité. Ah! c'est dans ce moment que je sens toute la force du doux lien qui m'attache au plus aimable, au plus vertueux des mortels que la bonté du Ciel m'ait fait rencontrer sur la terre pendant le pèlerinage de mes jours. Ah! c'est dans ce moment que je sens tout ce qu'il m'en coûte à rompre ce lien. Toutefois ma fermeté triomphera, car une grande et consolante espérance me soutient, l'espérance inébranlable que tout ce qui fut créé pour aimer rentrera un jour dans la source inépuisable et éternelle de tout amour.

« L'heure approche, je sens déjà que mes forces m'abandonnent; il faut se quitter. Adieu! Encore une larme, elle mouille vos pieds : oh! daignez la regarder, grand roi, comme un gage du tendre et inaltérable attachement avec lequel votre fidèle Diaphane vous fut dévoué jusqu'à son dernier soupir. »

**On voudrait, en arrivant à la fin de cette Correspondance, rencontrer une dernière lettre de Frédéric roi; elle manque. Il attendait son ami; il comptait sur lui**

chaque jour; il apprit sa mort avant d'avoir pu lui répondre une parole émue. Versa-t-il des larmes? N'en doutons pas : nous le verrons pleurer bientôt à la mort d'autres amis, et il semble que, de tous, M. de Suhm lui ait été le plus cher. Une lettre à Algarotti, du 16 novembre, est toute remplie de sa douleur dans le premier instant, et elle supplée aux autres témoignages :

« Remusberg, 16 novembre 1740.

« Mon cher Algarotti, je suis fait pour les tristes événements. Je viens d'apprendre la mort de Suhm, mon ami intime, qui m'aimait aussi sincèrement que je l'aimais, et qui m'a témoigné jusqu'à sa mort la confiance qu'il avait en mon amitié et dans ma tendresse, dont il était persuadé. Je voudrais plutôt avoir perdu des millions. On ne retrouve guère des gens qui ont tant d'esprit joint avec tant de candeur et de sentiment. Mon cœur en portera le deuil, et cela, d'une façon plus profonde qu'on ne le porte pour la plupart des parents. Sa mémoire durera autant qu'une goutte de sang circulera dans mes veines, et sa famille sera la mienne. Adieu; je ne puis parler d'autre chose; le cœur me saigne, et la douleur en est trop vive pour penser à autre chose qu'à cette plaie. »

Frédéric exécuta fidèlement toute la partie testamentaire de la lettre suprême qu'il avait reçue. La famille de M. de Suhm, sa sœur et ses quatre enfants furent à l'instant mandés et accueillis à Berlin; ils y eurent pension, et les enfants y furent élevés aux frais du roi. Les garçons entrèrent au service, la fille fut honorablement établie. On lit à la suite de la Correspondance tous ces détails affectueux et même pieux, tristes pourtant en ce qu'on sent qu'à mesure que le temps marche et que le souvenir s'éloigne, le philosophe et le roi, tout en faisant son devoir, n'y mêle plus rien de la flamme première. Quarante-cinq ans s'étaient écoulés; l'aîné des fils de M. de Suhm qui, autrefois blessé au service, avait obtenu le titre de conseiller de guerre et la place de maître des postes à Dessau, allait mourir à son tour à l'âge de soixante-deux ans; il écrivit à Frédéric une lettre touchante pour lui recommander ses trois fils, tous trois sous les drapeaux et peu avancés. Le roi vieilli, et lui-même bien près de sa tombe, lui répond par cette lettre qui, dans sa sobriété, devra paraître bonne et digne encore, mais qui éveille une impression de contraste dans l'esprit du lecteur pour qui les quarante-cinq années d'intervalle n'existent pas, et qui les franchit en un coup d'œil d'une page à l'autre :

« *A mon conseiller de guerre et maître des postes de Suhm, à Dessau.*

« Postdam, 16 mai 1785.

« Ce n'est qu'avec bien de la peine que j'apprends, par votre lettre du 12, que vous touchez à votre dernier moment. Le nom de Suhm m'est effectivement cher. J'ai connu quelques-uns de cette famille qui se distinguaient par leur mérite, et qui s'étaient concilié mon estime. Votre père et vous-même y appartenez, et vos fils y auront également part, s'ils marchent sur leurs traces et imitent leurs exemples. Je suis bien aise de vous donner encore ce témoignage consolant avant de descendre du théâtre de ce monde, où vous avez joué le rôle d'un parfaitement honnête homme, qui est bien le plus glorieux pour les mortels. Sur ce, je prie Dieu qu'il vous rétablisse encore une fois, et vous ait en sa sainte et digne garde. »

Ainsi écrivait le roi honnête homme au fils de celui qui avait été son meilleur et son plus tendre ami. L'enthousiasme, hélas ! ne dure qu'un moment : c'est assez, pour honorer une âme, qu'il l'ait une fois embrasée purement dans les années fécondes. On se demande ce que serait devenue cette incomparable amitié si M. de Suhm avait vécu, ce qu'il aurait pensé de son ami le philosophe en le voyant devenu guerroyeur et conquérant, ce qu'il aurait dit des soupers de Potsdam, des entretiens de Sans-Souci, des licences philosophiques que certains convives y apportaient, et si l'idéal premier, au milieu de l'admiration persistante, n'aurait pas subi un déchet inévitable ? Je crois que cette amitié de M. de Suhm et de Frédéric, ainsi interceptée et brisée par la mort au moment même où celui-ci arrive au trône, a quelque chose de plus idéal et de plus pathétique : M. de Suhm est comme le Vauvenargues de Frédéric, qui n'eut plus ensuite d'ami aussi parfait ni aussi charmant. Toutefois ne calomnions point la réalité : Frédéric, quoi qu'en ait dit Voltaire et qu'il nous en ait donné à accroire, était un ami solide et sûr; on le retrouvait le même le lendemain d'une défaite ou le lendemain d'une victoire; ceux qu'il avait d'abord aimés, il les aima toujours, et ce n'est que quand cette première génération d'amis véritables lui manqua, qu'on le vit, faute d'avoir à qui parler, se complaire trop souvent à des sarcasmes piquants avec des parasites d'esprit. Je suis loin d'avoir épuisé l'ami en Frédéric : ses Correspondances avec Jordan, avec La Motte-Fouqué, sont des témoignages non moins réels, non moins touchants peut-être que sa Correspondance avec M. de Suhm; mais celle-ci a cet avantage qu'elle est constamment élevée et pure, qu'elle ne contient ni plaisanteries littéraires ou morales d'un goût équivoque, ni mauvais vers. La Correspondance de Frédéric est supérieure toutes les fois qu'il n'y mêle pas de vers. Elle mérite de nous arrêter encore; je n'ai fait que l'effleurer cette fois; je continuerai à la faire connaître par extraits et à y dégager les belles parties, celles surtout qui sont propres à caractériser en lui l'ami sincère.

# ŒUVRES
## DE
# FRÉDÉRIC LE GRAND
(1846-1853.)

(FIN.)

Je parlerai de quelques autres amitiés de Frédéric qui ont laissé un vivant témoignage d'elles-mêmes dans sa Correspondance, à commencer par son étroite et tendre liaison avec Jordan.

Qu'était-ce que Jordan pour s'être ainsi concilié l'estime et l'amitié du roi? Un pur homme de lettres, fils d'un réfugié français. Jordan, né à Berlin en 1700, avait douze ans de plus que le roi; sa grande passion était pour les livres et pour les miscellanées littéraires, pour ce genre d'érudition ou de critique qui était une continuation et comme un débris du seizième siècle, et qui, remplacé chez nous par une culture plus brillante au début du règne de Louis XIV, ne subsistait plus dans tout son honneur que hors de France, en Hollande, à Genève, à Berlin. Jordan, que sa famille avait engagé malgré son inclination dans le ministère et dans la profession théologique, avait un bon esprit, de la sagesse, du jugement : au loin, cela faisait l'effet d'être du goût.

D'une santé délicate, d'un cœur aimant, ayant perdu une épouse qui lui était chère, et au retour d'un voyage de consolation et d'étude qu'il avait fait en France, en Angleterre et en Hollande, il attira l'attention de Frédéric, alors prince royal, qui se l'attacha. Il fut, dès 1736, un des fidèles de ce petit monde de Remusberg, où l'on regrettait tant que M. de Suhm ne pût être plus souvent; où l'on espérait Gresset; où l'on possédait Algarotti pendant huit jours; où Voltaire ne fit qu'une première et rapide apparition au début du règne. L'*abbé* Jordan, comme l'appelait Frédéric, était là avec Keyserlingk, Fouqué et le major Stille. C'était un ami de fondation; Frédéric le consultait sur ses écrits et l'avait constitué son critique, son homme de lettres. Nous ne sommes plus ici à la hauteur où M. de Suhm nous a portés; nous n'avons plus affaire à un métaphysicien, homme du monde, homme d'affaires, et à la fois resté plein d'enthousiasme, de l'esprit le plus vif uni avec l'ingénuité du sentiment. Pourtant, vu dans son jour et à sa mesure, Jordan a son prix; c'est un disciple de La Mothe-le-Vayer, de Gabriel Naudé et de ces honnêtes gens qui mêlent des pensées assez libres et nullement pédantesques à des études innocentes. Sous son français un peu lourd et déjà dépaysé, Jordan a un coin de la philosophie d'Horace : « Ma bibliothèque, écrivait-il au roi, fait mes délices, parce que, en la feuilletant, je me persuade de plus en plus que tout est frivole dans le monde littéraire. La seule étude salutaire aux hommes est celle qui nous apprend à vivre avec eux, à les connaître, et celle qui contribue à notre conservation et à notre plaisir : je regarde les autres comme des jouets qui amusent les enfants. » On voit que Jordan était de ceux qui apportaient dans le monde l'érudition de leur bibliothèque, sans en apporter pour cela la poussière : c'est l'éloge qu'on lui a donné. L'amitié de Frédéric pour ce pur littérateur et cet honnête homme simple a quelque chose qui rentre tout à fait dans l'ordre des amitiés vraies entre particuliers.

A la mort de M. de Suhm, Frédéric avait eu un cri plein de douleur. Sa lettre à Algarotti au moment où il recevait cette nouvelle, nous l'a montré dans la première vivacité de sa plaie toute saignante. Mais l'impression peu à peu se déroba et s'ensevelit. Pour Jordan, quand le roi l'eut perdu, il y eut toujours un regret plus constant, plus avoué. D'Argens, dans je ne sais quel de ses ouvrages, avait fait des réflexions critiques sur l'amitié, et avait voulu prouver qu'on peut s'en passer et être heureux : « Je ne suis malheureusement point de votre sentiment sur l'amitié, lui répond Frédéric (31 août 1745) : je pense qu'un véritable ami est un don du ciel. Hélas! j'en ai perdu deux (*Jordan et Keyserlingk*) que je regretterai toute ma vie et dont le souvenir ne finira qu'avec ma durée... Selon ma façon de penser, l'amitié est indispensable à notre bonheur. Que l'on pense de la même manière ou différemment, que l'un soit vif, l'autre mélancolique, tout cela ne fait rien à l'amitié; mais l'honnête homme, c'est la première qualité qui unit les âmes et sans laquelle il n'y a point de société intime. » Pour mieux consacrer son tribut de regrets à ce mérite modeste et à cette chère habitude à laquelle il avait dû, pendant dix années, des jouissances d'esprit et de cœur et des utilités morales de tout genre, Frédéric composa lui-même l'Éloge de Jordan, pour être lu dans son Académie de Berlin.

La Correspondance de Frédéric et de Jordan commence en mai 1738, avant que Frédéric soit devenu roi : ce sont des vers que le prince lui envoie à corriger et à raturer, des plaisanteries de société, des riens. Du moment que Frédéric monte sur le trône, ces riens prennent de l'importance et du caractère : ainsi, dès les premiers jours du règne, à la fin d'un billet insignifiant : « Adieu, lui écrit Frédéric ; je vais écrire au roi de France, composer un solo, faire des vers à Voltaire, changer les règlements de l'armée, et faire encore cent autres choses de cette espèce. » Dans un court voyage au pays de Liége, Frédéric voit pour la première fois Voltaire qui vient le saluer au château de Meurs sur la Meuse ; le roi, avant d'arriver en Belgique, avait fait une pointe sur Strasbourg où le maréchal de Broglie l'avait reçu, l'avait reconnu à travers son incognito, et lui avait fait les honneurs de la place. A peine revenu à Potsdam, Frédéric écrit à Jordan : « Tu me trouveras bien bavard à mon retour ; mais souviens-toi que j'ai vu deux choses qui m'ont toujours beaucoup tenu à cœur, savoir : Voltaire et des troupes françaises. » Voilà, en effet, les deux passions de Frédéric, et qui se disputeront toute la première moitié de sa carrière de roi : la guerre et l'esprit ; être un grand poëte, devenir un grand capitaine !

Ce côté de poëte qui se dissimulait dans la Correspondance avec M. de Suhm, et qui disparaissait dans le philosophe amateur de la vérité, se déclare tout à fait et en toute naïveté dans les lettres à Jordan. La guerre elle-même ne vient qu'en second lieu, et être capitaine paraît à Frédéric quelque chose de plus étranger à sa nature que d'être poëte. Après la victoire de Chotusitz (17 mai 1742), Frédéric écrit à Jordan : « Voilà ton ami vainqueur pour la seconde fois dans l'espace de treize mois. Qui aurait dit, il y a quelques années, que ton écolier en philosophie, celui de Cicéron en rhétorique et de Bayle en raison, jouerait un rôle militaire dans le monde ? Qui aurait dit que la Providence eût choisi un poëte pour bouleverser le système de l'Europe et changer en entier les combinaisons politiques des rois qui y gouvernent? » Il ne se trompe que sur un point, sur la qualité de poëte qu'il s'attribue; mais il y a dans ce premier étonnement d'être devenu capitaine quelque chose d'imprévu et de piquant, et qui jette de la lumière sur le procédé de formation et sur la nature intérieure de Frédéric.

On voit poindre sa première pensée d'invasion en Silésie et son désir tout d'abord « de gagner la confiance du public par quelque entreprise hardie et heureuse. » A peine entré en campagne, Frédéric tient Jordan au courant de tout. Habitué à le voir chaque jour et à causer avec lui à chaque heure, il continue ce commerce de loin par de petits billets charmants d'intention et presque de bonhomie. Ce n'est pas la guerre pour la guerre qu'aime Frédéric, ce n'est pas même la guerre pour la conquête : « J'aime la guerre pour la gloire, dit-il ; mais si je n'étais pas prince, je ne serais que philosophe. Enfin il faut dans ce monde que chacun fasse son métier, et j'ai la fantaisie de ne vouloir rien faire à demi. » Jamais on n'a mieux vu le parti pris à l'avance d'être un grand prince, et le ferme propos de faire supérieurement tout ce qui concerne ce métier de roi. Il y a du novice dans ces premières confidences belliqueuses de Frédéric à Jordan; ce n'est pas, comme pour Napoléon, dès le premier jour, le grand géomètre militaire embrassant du haut des Alpes son échiquier et développant, avec une perfection inventive, des combinaisons profondes et savantes que l'héroïsme exécutera comme la foudre. Frédéric se forme lentement; il s'essaye, il entame, il échoue, il revient à la charge, il s'y prend et reprend maintes fois. Cela est sensible dans les deux premières guerres de Silésie; cela le sera jusqu'à la fin et au milieu des plus belles combinaisons de la guerre de Sept Ans : « Je ne mérite pas, écrivait-il à Algarotti (4 janvier 1759), toutes les louanges que vous me donnez : nous nous sommes tirés d'affaire par des *à-peu-près*. » Ainsi en pleine guerre, et si habilement qu'il la fasse, Frédéric n'est pas tout à fait dans son élément. Je sais que, tout en donnant, comme il dit, « ce métier à tous les diables, » il convient cependant qu'il le fait volontiers; mais, d'un autre côté, il est sincère, il n'est pas dans le faux quand il ajoute : « Si j'avais le choix, j'avoue que je préférerais d'être le spectateur de ces scènes dont je suis acteur bien malgré moi. » Pendant ces premières guerres de Silésie, ce n'est pas malgré lui qu'il est acteur, il ne l'est que parce qu'il l'a voulu. Pourtant les lettres à Jordan nous montrent qu'il ne l'a voulu que par point d'honneur, par amour pour un fantôme de réputation qu'il ne sait comment définir : « Tu me trouveras plus philosophe que tu ne l'as cru. Je l'ai toujours été, un peu plus, un peu moins. Mon âge, le feu des passions, le désir de la gloire, la curiosité même (pour ne te rien cacher), enfin un instinct secret m'ont arraché à la douceur du repos que je goûtais, et la satisfaction de voir mon nom dans les gazettes et ensuite dans l'histoire m'a séduit. » Les lettres de l'ami qui guerroie à l'ami casanier qui est resté dans sa bibliothèque sont pleines de ces piquants et humains aveux.

Quant à Jordan, il demeure fidèle à son rôle de savant, d'homme paisible et de philosophe ami de l'humanité. L'esprit est un peu masqué dans ces lettres de Jordan; en lisant bien, on le retrouve néanmoins, et l'on comprend quelques-unes de ces qualités réelles qui lui attachaient Frédéric : « M. de Brackel, écrit Jordan au roi (11 mars 1741), offre de parier contre qui voudra la somme de cent louis que la paix sera faite en trois mois de temps. Si je pouvais l'accélérer en sacrifiant toute ma bibliothèque, j'y mettrais le feu avec autant de zèle qu'Érostrate le mit au temple d'Éphèse. Mon Horace, mon bel Horace y passerait, je le jure. » Pour sentir le prix de ce vœu de Jordan, il faut savoir de quelle importance est à ses yeux sa chère bibliothèque, la seule rivale qu'ait le roi dans son cœur.

La veille de la première bataille de Frédéric, de la victoire de Mollwitz (10 avril 1741), qui tint à si peu de chose, Frédéric écrit à Jordan : « Mon cher Jordan, nous allons nous battre demain. Tu connais le sort des armes; la vie des rois n'est pas plus respectée que celle des particuliers. Je ne sais ce que je deviendrai. Si ma destinée est finie, souviens-toi d'un ami qui t'aime toujours tendrement; si le Ciel prolonge mes jours, je t'écrirai dès demain et tu apprendras notre victoire. — Adieu, cher ami, je t'aimerai jusqu'à la mort. » De même il fera l'année suivante à la bataille de Chotusitz; cette fois le roi écrit à son ami du champ de bataille même, le soir de la victoire (17 mai 1742) : « Cher Jordan, je te dirai gaiement que nous avons bien battu l'ennemi. Nous nous portons tous bien. Le pauvre Rottenbourg est blessé à la poitrine et au bras, mais sans danger, à ce que l'on croit. — Adieu; tu seras bien aise, je crois, de la bonne nouvelle que je t'apprends. Mes compliments à Césarion (*Keyserlingk*). » Ce jeune roi victorieux, et malgré tout, à cette date, plus philosophe et plus homme de lettres encore qu'autre chose, écrivant ses billets soigneux et attentifs, sa première pensée après la victoire, à un bon et digne bibliophile son ami, qui n'a rien de brillant et qui ne lui est utile que dans l'ordre de l'esprit et des jouissances morales, c'est touchant, c'est honorable pour la nature humaine et pour la nature même des héros.

Il y a tout à côté, dira-t-on, des railleries et des sarcasmes appelés jeux de prince, des coups de griffe du lion qui compensent bien des douceurs. Frédéric, dans les intervalles des combats, a essayé de faire venir Jordan à l'armée, au camp de Mollwitz, à celui de Strehlen; Jordan y est venu, mais, peu belliqueux de sa nature, il a eu quelque faiblesse et s'en est vite retourné. Frédéric le plaisante fort là-dessus et y mêle toutes sortes de contes où il fait intervenir les médecins de Breslau et les apothicaires. Jordan, qui a de la dignité et qui veut être respecté, lui répond : « Je n'ai quitté le camp que lorsque Votre Majesté m'a ordonné de le quitter; si j'ai fait connaître quelque sentiment de crainte, c'est une preuve que j'ai été plus naturel que prudent... L'histoire du médecin de Breslau, débitée à Votre Majesté, serait fort jolie, si elle ne regardait pas un homme qui n'a de maladie que celle d'aimer trop le genre humain et de penser tristement. » Frédéric gronde son ami de s'être formalisé et d'avoir pris au sérieux un badinage; il continue quelque temps encore ces plaisanteries qui, si elles ne sont pas de très-bon goût, ne sont point du tout d'un mauvais cœur; il essaye, tandis que la guerre se prolonge, de calmer les inquiétudes de son ami, d'adoucir son humeur noire et de lui insinuer de cette philosophie qui se sent déjà du voisinage de la politique : « Je vous prie, mettez-vous l'esprit en repos sur l'Europe. Si l'on voulait prendre à cœur toutes les infortunes des particuliers, la vie humaine entière ne serait qu'un tissu d'afflictions. Laissez à chacun le soin de démêler sa fusée comme il pourra, et bornez-vous à partager le sort de vos amis, c'est-à-dire d'un petit nombre de personnes. C'est, en honneur, tout ce que la nature a droit de demander d'un bon citoyen... » Jordan, tout en convenant que ce serait plus sage d'en agir ainsi, continue de s'affliger des maux qui frappent l'espèce en général, par la raison, dit-il, que « la société ne fait qu'un corps, » et que tous les membres sont solidaires.

Il ne faudrait pourtant pas s'imaginer, d'après ce que j'ai dit, que le grand guerrier ne se dénote point déjà en Frédéric. Il y a des éclairs d'Annibal qui percent à travers ce fatras de rimes et dans ces confidences presque toutes littéraires entre amis. Dès l'entrée en campagne, le roi a confiance en ses troupes ; il a su les animer de sa passion de gloire : « Mes troupes en ont le cœur enflé, et je te réponds du succès. » Au camp de la Neisse (15 septembre 1741), au moment où il espère encore amener M. de Neipperg à une bataille, le roi écrit : « Nous avons le plus beau camp du monde, et ces deux armées qu'on aperçoit d'un coup d'œil semblent deux furieux lions couchés tranquillement chacun dans leur repaire. » Un jour, trois ou quatre mille hommes de la garnison de Brünn, dans une sortie, attaquent un régiment de quatre cents Prussiens logés dans un village ; le village est brûlé, mais les ennemis sont repoussés et chassés sans avoir gagné le moindre avantage : « Truchsess (*le colonel*), Varenne et quelques officiers, écrit le roi, ont été légèrement blessés ; mais rien ne peut égaler la gloire que cette journée leur vaut. Jamais Spartiates n'ont surpassé mes troupes, ce qui me donne une telle confiance en elles, que je me crois dix fois plus puissant que je n'ai cru l'être par le passé. Nous avons fait de plus six cents prisonniers hongrois, et nos braves soldats, qui ne savent que vaincre ou mourir, ne me font rien redouter pour ma gloire. » L'orgueil du guerrier patriote perce dans tout cet endroit. En général, on voit nettement se dessiner les premiers élans de la valeur guerrière de Frédéric dans cette Correspondance avec Jordan.

Plus habituellement, il s'entretient avec lui de leurs goûts communs ; dans les intervalles de loisir, le roi continue d'étudier sous sa tente et d'appliquer son esprit à tous les sujets : mieux vaut, pense-t-il, dans cette courte vie, user soi-même de ses ressorts, « car ils s'usent sans cela inutilement et par le temps, sans que l'on en profite. » Il lit donc, il compose, il pense beaucoup, tout comme dans les journées de Ruppin et de Remusberg. Il essaye sa plume à des descriptions où l'on retrouve l'écrivain de talent. De Znaïm, par exemple, il écrira : « Les maisons ont toutes ici des toits plats à l'italienne; les rues sont fort malpropres, les montagnes âpres, les vignes fréquentes, les hommes sots, les femmes laides, et les ânons très-communs. C'est la Moravie en épigramme. » Dans ces répits que lui laisse l'ennemi, il demande à Jordan des nouvelles de Berlin, et de le tenir au courant de tous les propos et les raisonnements politiques du public, qui lui semblent, la plupart du temps, fort saugrenus. Jordan lui envoie donc le bulletin très-véridique des conversations et des commérages de Berlin, et dès le premier jour il en donne idée dans cet aperçu fidèle : « Le goût de la politique commence à s'introduire à Berlin. On commence toutes les conversations par se demander : Que font les armées? où sont elles? Les gens de lettres quittent leurs livres pour lire les gazettes, qui mentent, et qui ne nous sont jamais favorables, je ne sais pourquoi. » L'orgueil national pourtant finira par se décider à l'admiration, et la joie générale éclatera à la seconde victoire.

Un jour, en attendant cette seconde bataille qui tarde et qui doit bientôt se livrer, Frédéric écrit à Jordan : « Envoyez-moi un Boileau, que vous achèterez en ville; envoyez-moi encore les *Lettres* de Cicéron, depuis le tome III jusqu'à la fin de l'ouvrage, que vous achèterez de même; il vous plaira de plus d'y joindre les *Tusculanes*, les *Philippiques*, et les *Commentaires* de César. » Cette bibliothèque de campagne, envoyée par Jordan, et qui ne quitta plus le roi, fut pillée avec tous ses bagages dans la seconde guerre de Silésie, à la bataille de

Soor (30 septembre 1745) ; Frédéric alors écrivit à son autre ami et ancien précepteur Duhan, pour qu'il eût à lui racheter ces mêmes ouvrages et quelques autres. Jordan venait de mourir ; on vendait sa bibliothèque ; Frédéric indiquait à Duhan ce moyen de se procurer les ouvrages qu'il désirait et qui devaient se trouver parmi les livres du défunt. Duhan s'empressa de faire la commission, et envoya les volumes au roi. Frédéric, en les recevant, en y reconnaissant cette inscription que Jordan mettait en tête de tous ses livres : *Jordani et amicorum*, se sentit tout ému : « Je vous avoue que j'ai eu les larmes aux yeux lorsque j'ai ouvert les livres de mon pauvre défunt Jordan, et que cela m'a fait une véritable peine de penser que cet homme que j'ai tant aimé n'est plus. Je crains Berlin pour cette raison, et j'aurai bien de la peine à me sevrer des agréments que me procuraient autrefois dans cette ville l'amitié et la société de deux personnes que je regretterai toute ma vie (*Jordan et Keyserlingk*). »

A Berlin, lorsque Jordan n'était pas malade, il voyait le roi tous les jours, de sorte que celui-ci pouvait dire avec regret, après l'avoir perdu : « Nous avons vécu sans cesse ensemble. » La première guerre de Silésie terminée (juin 1742), Frédéric n'a plus qu'un désir, revenir administrer en bon et sage roi ses peuples : « J'ai fait ce que j'ai cru devoir à la gloire de ma nation ; je fais à présent ce que je dois à son bonheur. Le sang de mes troupes m'est précieux, j'arrête tous les canaux d'une plus grande effusion..., et je vais me livrer de nouveau à la volupté du corps et à la philosophie de l'esprit. » Telle était sa disposition sincère après sa première conquête, après ce premier beau morceau d'histoire ; il aspirait à en rester là, et, l'épisode terminé, à rentrer dans ses propres voies, c'est-à-dire une bonne administration, une libre et gaie philosophie, l'amitié et les beaux-arts. Il explique assez au long à Jordan les raisons qu'il a eues de faire sa paix séparément de la France, et il lui donne la clef de sa morale de souverain : chez un souverain, c'est l'avantage de la nation qui fait la règle et qui constitue le devoir : « pour y parvenir, il doit se sacrifier lui-même, à plus forte raison ses engagements, lorsqu'ils commencent à devenir contraires au bien-être de ses peuples. » Les années qui suivirent ne firent que resserrer l'intimité de Jordan et du roi. Frédéric était engagé dans sa seconde guerre, lorsque la maladie de poitrine de son ami s'aggrava au point de ne laisser aucun espoir. Jordan écrivit au roi une lettre dernière, dans laquelle, au milieu de l'expression d'une tendre reconnaissance, il touchait un mot de religion ; c'était comme une demi-rétractation de certaines plaisanteries qui avaient eu cours entre eux à ce sujet : « Sire, mon mal augmente d'une façon à me faire croire que je n'ai plus lieu d'espérer ma guérison. Je sens bien, dans la situation où je me trouve, la nécessité d'une religion éclairée et réfléchie. Sans elle, nous sommes les êtres de l'univers les plus à plaindre... Comme on ne connaît la nécessité de la valeur que dans le péril, on ne peut connaître l'avantage consolant qu'on retire de la religion que dans l'état de souffrance. » Frédéric répondit à son ami avec tendresse par deux billets consécutifs, dont voici le dernier : « Mon cher Jordan, ne me chagrine pas par ta maladie. Tu me rends mélancolique, car je t'aime de tout mon cœur. Ménage-toi, et ne t'embarrasse pas de moi ; je me porte bien. Tu apprendras par les nouvelles publiques que les affaires de l'État prospèrent. — Adieu ; aime-moi un peu, et guéris-toi, s'il y a moyen, pour ma consolation. » Frédéric arriva lui-même à Berlin ; il vit son ami au lit de mort (23 mai 1745). Quand le frère de Jordan vint, le lendemain matin, lui annoncer la triste nouvelle, la première chose qui frappa ses yeux, en entrant dans le cabinet du roi, fut le portrait de celui qu'ils avaient perdu. Pendant le récit des derniers moments, frère et roi ne purent, ni l'un ni l'autre, contenir la vive affliction qu'ils éprouvaient, et les derniers détails furent comme étouffés dans leurs sanglots.

Une autre amitié d'une autre nuance, mais également sincère et fidèle, est celle que Frédéric voua jusqu'à la fin à son vieux compagnon d'armes et général le baron de La Motte-Fouqué. De quatorze ans plus âgé que Frédéric, Fouqué était, comme Jordan, fils d'un réfugié français; il avait de bonne heure témoigné au prince royal beaucoup d'affection et de dévouement, avait obtenu la permission de l'aller visiter pendant sa détention au fort de Custrin, avait été de la société intime de Remusberg, et était devenu l'un des plus habiles lieutenants de Frédéric dans ses guerres de Silésie et dans celle de Sept Ans. Dangereusement blessé dans la victoire de Prague, blessé et pris par les Autrichiens dans la funeste mais honorable défaite de Landeshut (23 juin 1760), il fut, au retour de sa captivité, l'objet des soins constants et de l'amitié toute fraternelle du roi. On a comparé la série de billets que celui-ci adresse à son vieux général à la Correspondance de Trajan et de Pline; j'aime mieux ne comparer cette Correspondance gracieuse et unique en son genre qu'à elle-même. Il n'est sorte de présents, de faveurs, de coquetteries aimables, que Frédéric n'invente pour complaire à ce vieux militaire brisé de blessures, pour prolonger ses jours et lui réjouir le cœur. La prévôté de l'église cathédrale de Brandebourg se trouve vacante; il la lui donne et le fait bénéficier ecclésiastique malgré lui. Quand il passe à Brandebourg, il s'invite à dîner et à coucher sans façon sous son toit. Quand il le sait malade, il lui envoie son médecin Cothenius pour lui indiquer les vrais remèdes. Un jour, c'est un service d'argent, un autre jour, un service de porcelaine, ou bien un grand verre qu'il a trouvé à Berlin dans la succession de son père, tantôt c'est du quinquina, tantôt du chocolat qu'il lui envoie; vin du Rhin, vin de Hongrie, du café turc dont on vient de lui faire présent, que sais-je encore? mais toujours il lui envoie quelque chose. Primeurs et friandises ne cessent de pleuvoir de Sans-Souci à Brandebourg. Quand Frédéric a adopté quelqu'un, il est ingénieux à le combler; il y met une malice aimable. Il veut que, pour ce vieux général réduit à l'inaction, et en dédommagement des fatigues et privations de sa vie passée, la vie de chanoine désormais soit complète. Fouqué, à chaque présent dont il sent l'intention, est attendri; il ne sait comment reconnaître cette amitié qui, depuis plus de trente ans, le cherche et l'honore, mais qui se multiplie surtout depuis que lui n'est plus bon à rien et n'est plus propre à y répondre que par ses sentiments : « Ce qui vous distingue, Sire, des autres princes, c'est que vous faites tant de bien à un homme qui ne peut, par le moindre service, vous en témoigner sa reconnaissance. » Quand il le voit étonné d'être l'objet de tant de soins, Frédéric le rassure simplement et par des mots naturels, puisés dans la meilleure et commune humanité : « Vous vous étonnez que je vous aime : vous devriez plutôt vous étonner si je n'aimais pas un officier de réputation, honnête homme, et de plus mon ancien ami. » Quoique Frédéric n'ait que cinquante-quatre ans lorsque Fouqué en a soixante-huit, il se fait exprès vieillard comme lui; très-brisé lui-même par les fatigues, il se suppose du même âge que son vieux compagnon : « J'attends ici tranquillement dans mon trou le retour du printemps (9 février 1766); cette saison-ci n'est pas faite pour notre âge. Nous autres vieillards ne ressuscitons qu'au printemps, et végétons en été; mais l'hiver n'est bon que pour cette jeunesse bouillante et impétueuse qui se rafraîchit à des courses de traîneaux et à se peloter de neige. » Quelquefois il y a un retour vers les choses de guerre; Frédéric, au fort de ses grandes manœuvres, ne peut retenir un cri de satisfaction militaire : « Nous exerçons à présent de corps et d'âme (avril 1764), pour remettre nos affaires en bon train. Cela commence à reprendre, et je vous avoue que j'ai du plaisir à voir reformer de nouveau cette armée que j'ai connue si bonne autrefois, que j'ai vu ruiner par des guerres sanglantes, et qui, comme un phénix, renaît de ses cendres. » Mais le plus souvent il craint de donner à son ami des regrets en lui parlant des choses auxquelles celui-ci ne peut plus participer. Il se borne donc à l'entourer de soins, de petits présents, d'étrennes à la Noël, au jour de l'an, à chaque anniversaire : « Le 6 mai (1770), jour de la bataille de Prague. — Je vous envoie, mon cher ami, du vieux vin de Hongrie pour vous en délecter, le même jour que vous fûtes, il y a treize ans, si cruellement blessé par nos ennemis. » Il traite évidemment ce digne survivant des grandes guerres comme un vieillard perclus avant le temps; il veut lui donner des joies d'enfant jusqu'au dernier jour. En lisant ces détails auxquels on s'attendait si peu, on est heureux de sentir qu'on a affaire à des hommes, rien qu'à des hommes.

Les sentiments d'amitié dont Frédéric était si capable se trouvent épars encore dans beaucoup de ses Correspondances; ce n'est pourtant ni dans celle avec Algarotti, ni dans celle avec d'Argens, qu'il les faut chercher. Le goût plus ou moins vif que Frédéric eut pour ces gens d'esprit ne trouva point à s'appuyer sur une estime assez solide de leur caractère. Il faut distinguer des moments très-différents dans les amitiés et dans la société du grand Frédéric. Le premier moment, nous l'avons vu, tout idéal et pur, est celui de la société de Remusberg, qui s'étend jusqu'à l'avénement au trône. En 1740, un autre moment commence; Frédéric s'était dit de bonne heure : « Ne prenons que la fleur du genre humain. » Une fois maître des choses, il essaya de réaliser ce vœu et de réunir ce qu'il y avait de plus piquant, de plus vif et de plus sociable en gens d'esprit de toutes nations. L'entreprise était délicate et audacieuse; Frédéric sembla près d'y réussir; mais, après quelques années d'essai et de jouissance, cette seconde société où les Maupertuis, les Algarotti, les d'Argens n'avaient fait que préparer les voies et qui atteignit tout son éclat en se couronnant de Voltaire, se brisa à l'instant le plus agréable et par le jeu même des amours-propres en présence. Il y eut explosion, comme cela était inévitable dans une combinaison où entraient tant d'éléments combustibles et mobiles. Les uns furibonds et blessés, les autres chagrins et malades, d'autres plus ou moins dégoûtés et inconstants, quittèrent la partie; et, en 1754, Frédéric écrivant à Darget, l'un des absents, et lui parlant du mariage d'Algarotti à Venise, lui disait : « Voilà un grand dérangement dans la société, et vous autres me faites faire maison neuve malgré moi. » La guerre de Sept Ans survint alors, qui interrompit tout projet de reprise paisible et de réunion. Quand elle fut terminée, le roi, comme il dit, reconnut *les murailles de la patrie*, mais toutes les personnes de sa connaissance avaient disparu. Se tournant autour de lui et cherchant à qui parler, il trouvait à peine quelques débris fatigués de sa société première, ou des académiciens-grammairiens de Berlin qui pouvaient être de quelque utilité, mais de nul agrément. Dans cette disette réelle, ayant essayé vainement d'amener d'Alembert, il y eut un seul homme qui lui fut d'une cordiale ressource pendant de longues années encore, et qui continua de lui procurer le sentiment et l'exercice de cette amitié à laquelle il était destiné par la nature : je veux parler de Milord Maréchal, le noble Écossais, le frère du brave maréchal Keith, tué au service du roi, et le protecteur de Jean-Jacques dans la principauté de Neuchâtel.

Milord Maréchal était à la fois un caractère original, un cœur d'or et un esprit fin ; il avait le fonds d'esprit écossais, quelque chose de ce tour que Franklin a également porté dans le conte moral et dans l'apologue. La Correspondance de Milord Maréchal et du roi est des plus intéressantes ; elle appartient aux années les plus terribles de la guerre de Sept Ans. Milord Maréchal était durant ce temps gouverneur de Neuchâtel au nom du roi de Prusse, et il s'employa de plus au service du roi dans un voyage de négociation en Espagne. Les lettres que Frédéric lui écrit sont admirables de gravité, de tristesse et de fermeté stoïque. Aussi souvent battu que victorieux ; seul, ayant la moitié de l'Europe sur les bras ; forcé de tenir tête avec cent vingt mille hommes (quand il est au complet) à trois cent mille ; calomnié par d'odieux libelles dont sa mémoire n'a triomphé encore aujourd'hui qu'imparfaitement, il a bien des paroles simples et magnanimes. Et sur les libelles d'abord : « Vous m'apprenez que mes ennemis me calomnient jusqu'à l'Escurial. J'y suis accoutumé : je n'entends que mensonges répandus sur mon sujet ; je ne suis presque nourri que d'infâmes satires et que d'impostures grossières que la haine et l'animosité ne cessent de publier en Europe. Mais on s'accoutume à tout ; Louis XIV devait être à la fin aussi dégoûté et rassasié des flatteries dont il avait sans cesse les oreilles pleines, que je le suis de tout le mal qu'on dit de moi. Ce sont des armes indignes que les grands princes ne devraient jamais employer contre leurs égaux : c'est se dégrader mutuellement. » Après la bataille de Kolin, c'est à Milord Maréchal que Frédéric écrit ces paroles souvent citées (18 juin 1757) : « La fortune m'a tourné le dos. Je devais m'y attendre ; elle est femme, et je ne suis pas galant. » Après la mort d'un de ses frères, Auguste-Guillaume (20 juillet 1758) : « Mon cher Milord, je n'ai pas douté de la part que vous prendriez à la mort de mon pauvre frère. C'est un grand sujet d'affliction pour moi ; mais je n'ai pas seulement le temps de le pleurer. » Je ne fais qu'indiquer la lettre sur la mort du maréchal Keith, frère du Milord, tué d'un coup de feu à la bataille de Hochkirch. Au milieu de toutes ses pertes et de toutes ses défaites, Frédéric ne désespère jamais, il a le sang-froid et le caractère. Non pas qu'il ait, comme d'autres grands capitaines, espérance et foi dans son étoile ; son étoile, à lui, ne rayonne pas ; il compte simplement sur cette divinité obscure, le hasard : « J'ai trop d'ennemis ; cependant, avec un peu de fortune de notre côté et un peu de sottise du leur, on en peut venir à bout. Mais j'ai perdu tous mes amis, s'écrie-t-il, mes proches et mes plus intimes connaissances. A l'âge de cinquante ans, on forme difficilement de nouvelles liaisons ; et qu'est-ce que la vie sans les agréments de la société ? » A défaut de la religion ou de la poésie, dont on lui voudrait quelque lueur, tel est du moins le sentiment sociable et amical encore qui préoccupe Frédéric jusque dans les horreurs de cette lutte prolongée. Enfin la chance tourne et lui redevient favorable. L'impératrice de Russie meurt, et le nouvel empereur se déclare pour lui ; cela fait péripétie dans la situation : « *Je me reviens*, dit-il, comme un mauvais auteur qui, ayant fait une tragédie embrouillée, a recours à un dieu de machine pour trouver un dénoûment... ; — trop heureux, après sept actes, de trouver la fin d'une mauvaise pièce dont j'ai été acteur malgré moi. » Il ne place pas la gloire plus haut; il ne monte pas au Capitole plus fièrement que cela : — « Je soupire bien après la paix, mon cher Milord; ballotté par la fortune, vieux et décrépit comme je le suis, il n'y a plus qu'à cultiver mon jardin. » — Jean-Jacques Rousseau, sur ces entrefaites, poursuivi en France pour l'*Émile*, s'était réfugié dans la principauté de Neuchâtel. Frédéric recommande à Milord Maréchal de lui ménager un asile et de lui faire tenir des secours : « Je vois que nous pensons de même; il faut soulager ce pauvre malheureux, qui ne pèche que pour avoir des opinions singulières, mais qu'il croit bonnes. Je vous ferai remettre cent écus, dont vous aurez la bonté de lui faire donner ce qu'il lui faut pour ses besoins. Je crois, en lui donnant les choses en nature, qu'il les acceptera plutôt que de l'argent. Si nous n'avions pas la guerre, si nous n'étions pas ruinés, je lui ferais bâtir un ermitage avec un jardin, où il pourrait vivre comme il croit qu'ont vécu nos premiers pères. » C'est ainsi que Frédéric entend dans la pratique la tolérance. En retour du bienfait reçu, Rousseau lui adresse pour remercîment une lettre altière, pédantesque, dans laquelle il fait ses conditions : « Vous voulez me donner du pain; n'y a-t-il aucun de vos sujets qui en manque? Otez de devant mes yeux cette épée qui m'éblouit et me blesse..» Frédéric ne se choque point, et à l'étrange boutade du philosophe sauvage il n'oppose que ces mots : « Il veut que je fasse la paix; le bonhomme ne sait pas la difficulté qu'il y a d'y parvenir, et, s'il connaissait les politiques avec lesquels j'ai affaire, il les trouverait bien autrement intraitables que les philosophes avec lesquels il s'est brouillé. » Aussitôt la paix conclue, Frédéric se fait une joie de revoir son ami le Milord Maréchal, et, quand celui-ci l'a quitté pour retourner en Écosse, il essaye de le rappeler à Postdam par ces paroles où perce cette fois un sourire et un vrai parfum de poésie : « Je finis ma lettre en vous apprenant, mon cher Milord, que mon chèvrefeuille est sorti, que mon sureau va débourgeonner, et que les oies sauvages sont déjà de retour. Si je savais quelque chose de plus capable de vous attirer, je le dirais également. » Milord Maréchal se rendit à ce cordial rappel et s'en revint habiter à Potsdam une maison bâtie exprès pour lui dans le faubourg. Le roi y arrivait par le jardin de Sans-Souci, et ne passait pas un jour sans le voir. Ce vieil et dernier ami, objet de ses respects et de ses soins, ne mourut qu'à l'âge de quatre-vingt-douze ans, le 25 mai 1778.

Je me suis attaché à démontrer un côté que je crois bien vrai et bien essentiel en Frédéric; quiconque abordera sans prévention la lecture de ses lettres en sera frappé. A l'histoire seule appartient le devoir de l'apprécier dans son ensemble, de marquer avec impartialité les mérites, les grandeurs et les défauts du souverain, et de prendre toute sa mesure : c'est assez pour la critique littéraire, si elle a pu rendre sur un point un hommage et une justice bien dus au plus littéraire **des rois**.

Lundi, 21 mars 1853.

# M. ARNAULT

DE L'INSTITUT.

Parmi les littérateurs et les poëtes dits de l'Empire, M. Arnault est un de ceux qui ont une physionomie et un caractère ; il est bien de sa date, et il en est avec esprit, avec naturel et sans fadeur. Sa carrière honorable a de l'unité. Il fut véritablement attaché à la fortune de César, bien moins à son char qu'à sa personne. Jeune, il connut le général en chef de l'armée d'Italie ; il fut dans sa confiance et dans sa familiarité ; il le servit dans quelques missions transitoires qu'il n'eût tenu qu'à lui de pousser plus loin. Il accompagna l'expédition d'Égypte jusqu'à Malte. Il eut sa part dans la confidence et dans l'exécution du 18 Brumaire, et fut l'un des aides de camp civils les plus actifs de cette décisive journée. Puis en 1815, aux heures du désastre et de la ruine, on le retrouve. Ayant joui, sous l'Empire, d'une position justement acquise et d'une faveur modérée, il reste un des plus fidèles après la chute, et il est frappé à ce titre d'un ostracisme qui l'honore. On le rencontre aux deux extrémités d'une grande destinée. Bonaparte l'avait accueilli à son quartier général de Montebello ; Napoléon à Sainte-Hélène l'inscrit dans son testament.

Cette sincérité d'attache distingue Arnault entre les hommes de lettres de son temps. Écrivain, il se recommande encore aujourd'hui par de véritables mérites : ses quatre volumes de *Souvenirs* sont d'une très-agréable et instructive lecture; ses Tragédies, pour être appréciées, ont besoin de se revoir en idée et de se replacer à leur moment; mais ses Fables, ses Apologues, plaisent et parlent toujours; un matin, dans un instant d'émotion vraie et sous un rayon rapide, il a trouvé quelques-uns de ces vers légers, immortels, qui se sont mis à voler par le monde comme l'abeille d'Horace et qui ne mourront plus : c'est assez pour que, nous qui aimons à rechercher dans le passé tout ce qui a un cachet distinct et ce qui porte la marque d'une époque, nous revenions un instant sur lui et sur sa mémoire.

Il nous a raconté en détail ses premières années. Né à Paris, le 22 janvier 1766, d'une famille qui tenait à la riche bourgeoisie, il eut de bonne heure ce que de tout temps on trouve si aisément dans la bourgeoisie de Paris à tous les degrés, son franc parler, de la malice, de la gaieté et de l'indépendance. Il fut élevé au collége de Juilly chez les Oratoriens, et y fit de bonnes études, sans trop de docilité toutefois, et se permettant déjà de juger ses maîtres. Quelques traits d'enfant, qu'il nous cite, prouvent de sa part, à cet âge, de la chaleur, de la générosité (c'est tout simple), mais aussi du mordant. Un de ses maîtres, et qui était le moins spirituel de tous, le Père Herbert, connaissant le penchant du jeune Arnault à la raillerie, voulut un jour s'attaquer à lui et s'en mordit les doigts. Comme il le rencontra qui se promenait seul pendant la récréation, il l'interpella au milieu de ses camarades : « Eh bien, lui dit-il, vous cherchez un sujet d'épigramme ? » — « Je l'ai rencontré, » lui répondit l'enfant en le regardant. On n'avait qu'à toucher M. Arnault, et toute sa vie il eut de ces traits-là;

on n'avait qu'à frapper, et il rendait de ces étincelles.

Le père d'Arnault, qui avait vingt-cinq mille livres de rentes, avait aliéné une partie de sa fortune pour acheter dans la maison du comte de Provence et du comte d'Artois, frères de Louis XVI, des charges qui étaient alors réputées une source de faveur; de Paris, il était allé demeurer à Versailles et se faire homme de Cour. Étant mort avant que ses enfants fussent en âge de lui succéder, il leur laissa une succession embarrassée, une survivance lointaine et précaire. Sur ces entrefaites, on fit des réformes dans la maison des princes; les charges furent supprimées et non remboursées. Arrivé à l'âge de vingt ou vingt-deux ans, le jeune Arnault, que Madame (femme du comte de Provence) n'avait point perdu de vue, lui fut présenté, obtint sa protection et devint secrétaire de son cabinet; c'était un dédommagement, mais très-insuffisant, puisque les finances de cette bonne princesse étaient elles-mêmes atteintes dans la réforme. Pour réparer tous ces contre-temps, Arnault crut que le plus simple était de s'attacher définitivement à Monsieur et d'acheter près de lui une charge qui, dans le moment, était vacante. Le voilà donc officier dans la garde-robe du futur Louis XVIII; acheter ainsi une charge de Cour en 1788 et à la veille du 14 Juillet, c'était, remarque-t-il spirituellement, se faire poissonnier à la veille de Pâques. Mais Arnault jeune, amoureux et déjà marié, ami de la poésie, du théâtre, faisant de jolis vers de société, et aspirant dès lors à la muse tragique, n'avait pas de théorie ni de prévision politique bien longue. Il appartenait à cette classe élevée de la bourgeoisie qui avait trop bien su s'accommoder de l'ancien régime pour lui en vouloir beaucoup. Doué de bon sens et d'une certaine philosophie naturelle, il n'avait point de ces passions personnelles d'envie ou d'ambition qui transportent les âmes hors d'elles-mêmes et leur mettent l'aiguillon au dedans. Ses goûts étaient ceux d'un honnête homme qui avait du mouvement dans l'imagination, du trait dans l'esprit, et de bons sentiments dans le cœur. Poésie, famille et société, c'était assez pour l'occuper et le rendre heureux. Il assistera donc à toute la première moitié du grand drame révolutionnaire sans y prendre part ni action.

Placé d'abord auprès d'un prince lettré, il semblait naturel qu'Arnault fût admis à sa faveur ; il n'en fut rien pourtant. Le futur Louis XVIII resta assez longtemps avant de le distinguer, de lui adresser la parole ; après un an ou deux seulement, lorsqu'il sut que ce jeune homme qui était de sa maison allait avoir une tragédie représentée au Théâtre-Français, *Marius à Minturnes*, le comte de Provence y prit intérêt, se fit donner la pièce à la dérobée, porta son pronostic, fut presque fier du succès que cependant il n'avait point prédit, et honora dès lors le jeune poëte, à son lever, de quelques-unes de ces paroles perlées et de ces citations coquettes qu'il méditait toujours à l'avance et qu'il savait placer à propos. Arnault est assez piquant lorsqu'il parle de Monsieur, et il nous le définit bien dans sa nature et sa portée d'esprit littéraire ; pourtant il abuse un peu du droit que lui donne la proscription dont l'honora plus tard son ancien maître, lorsqu'il dit d'un ton cavalier : « Monsieur, à tout prendre, était un garçon d'esprit, mais il le prouvait moins par des mots qui lui fussent propres que par l'emploi qu'il faisait des mots d'autrui. » Est-ce de ma part une excessive délicatesse? mais je ne trouve pas que ce mot *un garçon d'esprit* soit de bon goût appliqué à un prince qu'on a aspiré à servir, même lorsque plus tard il vous aurait exilé.

Le comte de Provence a dit d'ailleurs, sur *Marius à*

*Minturnes,* un mot juste : « La pièce est d'un genre trop austère. » Ces trois actes représentés le 19 mai 1791, sans un rôle de femme, sans trop de déclamation, et avec les touches nues de l'histoire, font honneur à la simplicité sensée du jeune poëte ; il y résonne comme un mâle écho de Lucain et de Corneille : mais l'action s'y dessine à peine ; l'émotion manque, le pathétique fait défaut. On le chercherait vainement dans les sujets romains traités par l'auteur ; il l'a rencontré dans les derniers actes de ses *Vénitiens.*

Les premières tragédies d'Arnault, *Marius, Lucrèce, Cincinnatus,* sont bien les contemporaines de la réforme que David avait introduite dans le style romain, et que Talma, de son côté, transportait au théâtre ; ce genre aujourd'hui nous paraît nu, roide et abstrait ; n'oublions pas qu'il a été relativement simple, et qu'il ne nous arrive, à la lecture, que dépouillé de tout ce qui le personnifiait à la scène et qui l'animait. Arnault, rendu à une entière indépendance par le départ et l'émigration de Monsieur, s'abandonna avec feu à sa verve tragique et littéraire, durant ces années orageuses dont sa jeunesse trompait de son mieux le péril et les atrocités ; il nous a tracé de cette époque, en ses *Souvenirs,* un tableau vrai, presque amusant, sans passion et sans colère ; il en a peint à merveille quelques-uns des acteurs principaux qu'il eut occasion de rencontrer. Son cardinal Maury, son Cazalès, son d'Éprémesnil, entre autres, sont dessinés avec autant de vérité que de finesse. Maury surtout et son audace, son front d'airain, son attitude athlétique, son ton de conversation, trouvent dans Arnault un peintre vigoureux et plein de relief, qui ne recule devant aucun trait de la ressemblance. Cazalès y est touché avec distinction, et avec plus de légèreté que la plume d'Arnault n'en aura d'ordinaire : « Les cas exceptés, dit-il, où la conversation roulait sur des questions d'intérêt public, Cazalès ne commandait pas à beaucoup près, dans un salon, l'attention qu'on ne pouvait lui refuser à la tribune. Il avait mieux que de l'esprit; mais il ressemblait en cela à ces figures qui, pour paraître belles, veulent être placées à une certaine hauteur et vues en perspective; de près, l'œil qui ne peut en saisir l'ensemble leur accorde moins d'attention qu'à une miniature. Aussi Cazalès n'obtenait-il guère en société qu'*une faveur de souvenir…* » Les portraits qu'Arnault a donnés des personnages de sa connaissance, et qu'il s'est amusé à tracer dans les années de sa vieillesse, sont animés de ces traits heureux et vraiment spirituels, qui sortent tout à fait du commun. Dans ses tragédies, Arnault n'a qu'un demi-talent : dans ses apologues et dans sa prose, il a tout son esprit, et, par ce côté, il s'y est mis tout entier lui-même.

Je renvoie à ces récits, qui sont à lire dans leur variété et qui ne s'analysent pas. Arnault était donc légèrement aristocrate, comme on disait, ou plutôt il n'était nullement révolutionnaire durant ces années 1792, 1793 et 1794. Il retenait assez peu sa langue et sa plume, même sur Robespierre. Il aurait pu contribuer aux *Actes des Apôtres* par plus d'un de ses mots, comme plus tard il fit au *Nain jaune*. Un jour, au peintre David, qui lui faisait la grimace en voyant des fleurs de lis dessinées qu'il avait assez imprudemment sur son gilet, il répondit : « Que voulez-vous? nous autres, nous montrons ce que vous cachez. » Et le mot était accompagné d'une petite tape significative sur l'épaule. La Terreur passée, il fut, avec Lemercier, avec Legouvé, avec Picard, avec Méhul, de cette génération jeune et active qui, dans tous les sens, redonna de la nouveauté et de la vie au théâtre. Il a très-bien peint ces années confuses et à la fois brillantes. Il avait pour lui ces avantages de la jeunesse et de la nature qui ne sont pas inutiles pour assurer à l'esprit toute sa valeur aux yeux du monde. D'une haute taille élégante, d'une figure régulière, avec des yeux expressifs où riait la malice, avec la riposte prompte sur les lèvres, aimant franchement ceux qu'il aimait et se passant des autres, il payait de sa personne, il avait de l'esprit argent comptant et tenait sans effort son rang dans la société. Facile aux liaisons, camarade de bien des gens de lettres et de beaucoup de militaires, il dut à l'amitié du général Leclerc de faire son premier voyage d'Italie et d'être présenté à Bonaparte, général en chef, à Milan, au printemps de 1797.

Arnault avait trente et un ans; il était célèbre par des succès dramatiques; il était poëte, et de la jeune génération qui promettait à la France des auteurs illustres. Le général en chef fut charmant et même coquet avec lui. Dans une première conversation qu'il eut avec Arnault, Regnault de Saint-Jean-d'Angely présent, il le fit causer de Paris et de l'esprit qui y régnait, puis ne dédaigna point de causer lui-même et de parler de ses opérations de guerre, de sa tactique et de l'esprit qu'il y apportait. Il retint Arnault pendant deux heures, et ne le laissa partir qu'après l'avoir conquis.

Arnault était depuis quelque temps au quartier général en amateur, lorsque Bonaparte, selon son usage, l'essaya. Il lui donna une mission de confiance pour Corfou et les îles Ioniennes. Le général Gentili, Corse, avait ordre d'en aller prendre possession. Arnault fut chargé, de concert avec ce général, d'y organiser le gouvernement et l'administration. Il reçut ses instructions à cet effet et partit. On a les dépêches qu'il écrivit de là au général Bonaparte. Arnault fit ce qu'il avait ordre de faire, et le fit bien, mais rien de plus. Le gouvernement une fois organisé aux îles Ioniennes, le général Gentili passa sur le continent de la Grèce et se mit en rapport avec le fameux Ali, pacha de Janina, qui guerroyait alors contre la Porte; pendant son absence, il voulait laisser le gouvernement général de Corfou à Arnault qui refusa : « Chargé par vous, écrivait celui-ci à Bonaparte, d'organiser le gouvernement des îles Ioniennes, je l'ai fait le mieux que j'ai pu. La Constitution que je leur ai donnée n'est pas plus mauvaise qu'une autre, si elle n'est pas meilleure. Ma tâche est remplie. J'ai donc insisté pour que le général Gentili ne mît pas mon dévouement à une plus dangereuse épreuve, et me permît de retourner auprès de vous... Permettez-moi de suivre l'exemple de Lycurgue, homme de sens, qui aimait mieux donner des lois que de les faire exécuter. Dès qu'il faut gouverner, j'abdique. » Cependant Bonaparte aurait voulu qu'Arnault ne bornât point là sa mission, qu'il passât en Épire avec le général Gentili, qu'il traitât avec le pacha : « Cela était essentiellement dans vos attributions, » lui dit Bonaparte lorsqu'il le revit au retour. Mais Arnault, qui n'était qu'un gouvernant et un diplomate de circonstance, et un homme de lettres au fond, n'avait pas jugé à propos d'interpréter ses instructions dans ce sens étendu. Il s'était empressé de quitter Corfou dès qu'il s'était cru quitte de sa mission, et quand de nouveaux ordres de Bonaparte survinrent, il n'était plus à même de les exécuter. C'est ainsi que l'année suivante, après s'être associé d'abord à l'expédition d'Égypte, retenu à Malte par une fièvre de son ami et futur beau-frère Regnault de Saint-Jean-d'Angely; il profitera d'une première occasion pour s'en revenir en France sans pousser à bout sa fortune; il interrompra une seconde fois la chance qui est entre ses mains. Est-il téméraire de conjecturer d'après cela que Bonaparte, tout en comptant désormais avec raison Arnault parmi les gens de lettres qui lui étaient dévoués et qu'il préférait, ne lui reconnut point cette ardeur et cette trempe qu'il voulait dans les grands instruments de son Empire, et qu'il rencontra en d'autres hommes qui avaient également débuté par les lettres, dans les Maret, dans les Daru?

Arnault, que je ne m'attache point à suivre pas à pas, avait beaucoup causé avec le général en chef pendant la traversée de Toulon à Malte. Il avait été question d'Homère, de *l'Odyssée*, de la tragédie, de toutes sortes de choses littéraires. D'après ce qui nous est transmis de ces conversations, on sent combien l'instinct de Napoléon excédait et débordait le cadre de la littérature de son temps : soit qu'il causât avec Arnault, soit que plus tard il causât avec Fontanes, il demandait évidemment autre chose que ce qu'on lui offrait. Il provoquait des idées, un genre et un ordre de créations dont il cherchait vainement le poëte autour de lui. Ossian, qu'il invoquait souvent, n'était qu'un thème vague et comme musical qui lui permettait de rêver ce que nul ne réalisait à son gré ; ce n'était qu'un nom dont il saluait un genre et un génie inconnu. En ce qui est de la tragédie, par exemple, il aspirait à quelque chose qu'on peut se figurer entre Shakspeare et Corneille : « Les intérêts des nations, les passions appliquées à un but politique, le développement des projets de l'homme d'État, les révolutions qui changent la face des empires, voilà, disait-il, la matière tragique. Les autres intérêts qui s'y trouvent mêlés, les intérêts d'amour surtout, qui dominent dans les tragédies françaises, ne sont que de la comédie dans la tragédie. — Ce n'est qu'une comédie non plus, qu'un drame, si sérieux, si pathétique qu'il soit, tout y étant fondé sur les intérêts privés. » *Zaïre*, d'après son opinion, n'était qu'une comédie. — Un jour, à la suite d'une discussion sur la tragédie, il avait dit à Arnault : « Faisons une tragédie ensemble. » Le poëte avait répondu avec plus de fierté et de malice que de curiosité et de confiance : « Volontiers, général, mais quand nous aurons fait ensemble un plan de campagne. » Revenu en France avant que Bonaparte fût de retour d'Égypte, Arnault avait fait représenter sa tragédie des *Vénitiens* qui eut beaucoup de succès (16 octobre 1799) ; il la dédia « à Bonaparte, membre de l'Institut, » et reconnut dans la Dédicace que l'idée du cinquième acte était due au général. Dans cette pièce, en effet, les deux amants d'abord ne mouraient pas : Blanche, malgré sa désobéissance à son père, Montcassin, malgré son infraction à la loi de l'État, trouvaient grâce devant des inquisiteurs généreux ; il y avait assaut et rivalité de grandeur d'âme, et la pièce finissait bien. Bonaparte, qui en avait entendu un soir la lecture avant son départ pour l'Égypte, et qui avait pleuré un moment, dit à l'auteur : « Je regrette mes larmes. Ma douleur n'est qu'une émotion passagère, dont j'ai presque perdu le souvenir à l'aspect du bonheur des deux amants. Si leur malheur eût été irréparable, la profonde émotion qu'il eût excitée m'aurait poursuivi jusque dans mon lit. *Il faut que le héros meure.* » Ce conseil d'Aristote, et qui partait ici de la bouche d'Alexandre, fut suivi par le poëte qui s'en trouva bien ; sa pièce sortit ainsi du romanesque et atteignit à l'effet tragique. Cette pièce des *Vénitiens*, et surtout le cinquième acte, sont ce qu'Arnault a fait de mieux et de plus original au théâtre. Il y avait de l'innovation, à la date où cela parut, de la couleur historique, de la simplicité de dialogue et de composition. Certes, il ne faut pas trop penser à l'*Othello* et à la Venise de Shakspeare en lisant cette pièce. La simplicité chez Arnault ressemble trop souvent à de la nudité ; la veine, chez lui, même lorsqu'elle est juste, n'est pas fertile. Il y a des anachronismes de ton, comme lorsque Constance, la suivante et la nourrice de Blanche, lui dit en la voyant prête à

courir au secours de son amant : « *Crains la publicité,* »
et que celle-ci répond :

>  . . . . . . C'est mon unique espoir...
> *L'opinion publique* est mon dernier refuge.

Mais ces critiques, aujourd'hui faciles, ne doivent point
fermer les yeux sur les mérites auxquels les contemporains furent sensibles, et Talma, dans le rôle de *Montcassin*, jouant en face de madame Vanhove qui faisait
*Blanche* et qu'il aimait réellement lui-même versait et
faisait couler de vrais pleurs :

> CONTARINI.
> N'êtes-vous pas aimé ?
> MONTCASSIN.
>   Je suis aimé, mais j'aime ;
> Mais vers Blanche emporté par un attrait vainqueur,
> Je suis séduit comme elle et non pas séducteur.

Quand Bonaparte fut de retour d'Égypte, Arnault fut
des premiers à le saluer, et il redevint des plus assidus
au petit hôtel de la rue de la Victoire. La journée du
18 Brumaire était décidée ; Arnault, dans la confidence,
allait et venait entre le général et les principaux initiés.
Le coup d'État avait d'abord été fixé pour le 17. Dans
la soirée du 16, Arnault sortit du salon de M. de Talleyrand, rue Taitbout, où étaient réunis Regnault, Rœderer,
n'attendant plus que le mot d'ordre qui ne venait pas ;
il se rendit chez Bonaparte. En arrivant dans le salon,
il y trouva le président du Directoire Gohier ; survint le
ministre de la police Fouché ; on y plaisanta, et Fouché
tout le premier, de la conspiration dont le secret commençait à transpirer. Écoutons le récit d'Arnault :

« A quelle heure demain ? » dis-je à Bonaparte, dès que le départ
des deux témoins m'eut permis de lui parler librement. — « Rien
demain ; » me répondit-il. — « Rien ! » — « La partie est remise. »
— « Au point où en sont les choses ! » — « Après-demain tout sera

terminé. » — « Mais demain que n'arrivera-t-il pas? Vous le voyez, général, le secret transpire. » — « Ces Anciens sont gens timorés; ils demandent encore vingt-quatre heures de réflexion. » — « Et vous les leur avez accordées! » — « Où est l'inconvénient? Je leur laisse le temps de se convaincre que je puis faire sans eux ce que je veux faire avec eux. Au 18 donc! » ajouta-t-il avec cet air de sécurité qu'il conservait sur le champ de bataille, où il me semblait ne s'être jamais autant exposé qu'il s'exposait alors au milieu de tant de factions, par ce délai que rien ne put le déterminer à révoquer (1). »

Après le 18 Brumaire, Arnault fut attaché à Lucien, alors ministre de l'intérieur, et placé par lui à la direction des Beaux-Arts et de l'Instruction publique; bientôt il suivit ce frère du Consul dans son ambassade de Madrid, et revint après quelques mois reprendre sa place de directeur sous Chaptal, ministre. Dans cette position secondaire, mais essentielle, il se montra des plus serviables aux talents nouveaux et anciens, à Marie-Joseph Chénier disgracié et frappé, comme à Béranger inconnu et naissant. Je pourrais raconter là-dessus des anecdotes intéressantes qui prouveraient combien Arnault, cet homme d'esprit un peu caustique, était droit et bon. Lors de la création de l'Université, Arnault devint sous Fontanes conseiller secrétaire général. Rapproché ainsi de Fontanes par ses fonctions, Arnault ne put jamais se fondre avec lui. L'auteur de *la Feuille* était fait pourtant, ce semble, pour s'entendre avec le chantre du *Buste de Vénus*, avec l'auteur de plus d'une ode délicate et exquise. Mais il y avait dans l'écorce de tous deux, et, si l'on peut dire, dans leurs atomes extérieurs, je ne sais quoi qui ne permit point à leurs esprits de communiquer jamais entièrement et de se pénétrer. Fontanes, dans l'habitude de la vie, était tranchant;

(1) Je tire ce récit non des *Souvenirs* d'Arnault, mais de sa *Vie politique et militaire de Napoléon*, publiée en 2 vol. in-folio en 1822 : c'est une histoire en tableaux et faite pour les planches lithographiées ; mais le texte a de l'intérêt et un mérite de rapidité et de concision.

Arnault était peu endurant. Celui-ci était plus prompt à lâcher un bon mot que disposé à s'ouvrir à ce qui s'éloignait de ses idées habituelles. Tout ce côté élevé d'avenir ou de passé religieux et monarchique que Fontanes appréciait et admirait dans son ami Chateaubriand, n'allait point à Arnault qui prenait les choses de plus près, plus à bout portant, et en bourgeois de Paris qui gardait de la Fronde même sous l'Empire. Vers ce temps, Arnault, âgé de trente-cinq ans environ et devenu administrateur, renonça à peu près au théâtre (1). Une tragédie de lui, *Don Pèdre ou le Roi et le Laboureur*, représentée en 1802, réussit peu devant le public et n'agréa pas davantage à Saint-Cloud. Le Consul en entendit la lecture avec froideur et dit à Arnault pour tout compliment : « Arnault, votre Laboureur est un tribun. » La pièce avait retardé et venait à contre-temps. En se détournant de la muse tragique, Arnault, dans cette seconde moitié de sa vie, prit goût insensiblement à faire des fables; il trouva de ce côté à employer et à fixer, sous une forme courte et vive, les qualités de son esprit. Il lui arriva alors ce qui est arrivé à bien d'autres gens de talent : ce genre, qu'il n'adopta d'abord que comme diversion et comme un simple délassement sans importance, lui devint peu à peu essentiel et lui procura ses plus naturelles inspirations; il mit en œuvre et comme en jolie monnaie ses trésors de raison, d'expérience, de malice et de gaieté; et, si l'on voulait aujourd'hui prouver à quelque incrédule, à quelqu'un de ceux qui nient absolument la littérature de l'Empire, qu'Arnault était un homme de beaucoup d'esprit et un homme de talent, il faudrait

(1) Les affaires et le monde prirent la meilleure partie de la vie d'Arnault. Le vieux Tissot qui, au milieu de ses abaissements, avait des jugements de critique, disait de lui : « Il aurait eu du talent s'il avait aimé la retraite. »

laisser ses grands ouvrages et dire simplement : *Prenez ses Fables.*

Les Fables de M. Arnault ne ressemblent pas à d'autres; il les conçoit à sa manière et en invente les sujets; il ne songe point à imiter La Fontaine, il songe à se satisfaire et à rendre d'une manière vive un résultat de son observation propre; il obéit à son tour d'esprit, à son jet d'expression, et on ne peut s'étonner si, comme lui-même l'avoue, « l'apologue a pris peut-être sous sa plume un caractère épigrammatique. » Très-souvent, en effet, la fable chez M. Arnault n'est qu'une épigramme mise en action ou traduite en emblème. De même que le talent principal et le plus naturel d'Andrieux, quoi qu'il fasse, est d'être un conteur, on peut dire que le talent le plus marqué d'Arnault est d'être un épigrammatiste. Pour être juste, je prendrai le mot *épigramme* dans le sens un peu étendu où le prenaient les anciens. Mais, dans quelque sens qu'on le prenne, ce sont des épigrammes excellentes que *le Riche et le Pauvre*, que *les Cygnes et les Dindons*, que *le Chien enragé*, que *le Coup de fusil*, que *les Taches et les Paillettes*, et surtout *le Colimaçon*. Je ne citerai que la première et la dernière de ces pièces que je viens d'énumérer; la dernière d'abord, qui est parfaite :

### LE COLIMAÇON.

Sans amis, comme sans famille,
Ici-bas vivre en étranger ;
Se retirer dans sa coquille
Au signal du moindre danger ;
S'aimer d'une amitié sans bornes ;
De soi seul emplir sa maison ;
En sortir, suivant la saison,
Pour faire à son prochain les cornes ;
Signaler ses pas destructeurs
Par les traces les plus impures ;
Outrager les plus tendres fleurs
Par ses baisers ou ses morsures ;

Enfin, chez soi, comme en prison,
Vieillir de jour en jour plus triste,
C'est l'histoire de l'égoïste
Et celle du Colimaçon.

Comme cela est bien frappé et tout d'une venue !
Même en si courte composition, on sent de la verve.
Voici l'autre fable ou épigramme, d'un ton tout différent, mais également excellente :

### LE RICHE ET LE PAUVRE.

— « Penses-y deux fois, je t'en prie :
A jeun, mal chaussé, mal vêtu,
Pauvre diable, comment peux-tu
Sur un billet de loterie
Mettre ainsi ton dernier écu ?
C'est par trop manquer de prudence ;
Dans l'eau c'est jeter ton argent ;
C'est vouloir... » — « Non, dit l'indigent,
C'est acheter de l'espérance. »

Ce ton légèrement attendri n'est pas le plus habituel chez Arnault. Dans bien des cas le trait final part à la manière d'un ressort un peu brusque, mais joliment tourné. Beaucoup de ses fables semblent être faites exprès pour ce trait qui les termine : elles sont données à l'auteur par le bon mot et pour le bon mot. On a remarqué qu'en général il y a peu d'action, peu de drame, point de caractères dessinés, et que l'auteur n'a pas le détail fertile. Il ne prend ses personnages ou acteurs que pour amener le trait piquant et acéré, et tout est dit. Dussault qui, dans un très-bon article, a rendu justice au mérite des Fables d'Arnault à leur naissance (17 janvier 1813), remarque « que l'auteur semble n'avoir acheté l'avantage de l'originalité qui distingue ses fables qu'aux dépens d'une certaine douceur, d'une certaine aménité, qui forme un des caractères les plus aimables de l'apologue, et qu'on regrette de ne pas trouver dans un certain nombre de ses compositions :

cette physionomie nouvelle qu'il a su donner à la fable a parfois quelque chose de passionné, de brusque et même de violent; quelquefois le ton du nouveau moraliste paraît âpre... » Tout cela est très-juste, mais M. Arnault en a su faire un mérite et une distinction même de son Recueil; il est maître dans la fable serrée et laconique (1). J'ai été très-frappé, en le lisant, de voir combien ces espèces de moralités ou de mots incisifs qui terminent chaque pièce, ressemblent souvent à certains traits également aiguisés et limés qui brillent dans les Chansons de Béranger : celui-ci, à ses débuts, a profité évidemment du voisinage de M. Arnault, et c'est un honneur pour ce dernier (2). Il ne faudrait point croire toutefois, d'après ces éloges, que M. Arnault n'a point composé quelques fables véritables et de la meilleure sorte; je me bornerai à en indiquer deux : *le Secret de Polichinelle*, et surtout *le Chêne et les Buissons*.

(1) Ce genre de mérite d'Arnault fabuliste est très-bien observé et défini dans un chapitre de l'*Histoire de la Poésie française à l'Époque impériale*, par M. B. Jullien, tome II, page 183 et suiv.

(2) On ne serait pas étonné, par exemple, de trouver chez Béranger de ces petits mots d'Arnault :

> Il ne faut pas casser les vitres,
> Mais il faut bien les nettoyer.

> La tache est tout juste à l'endroit
> Où l'on voit briller la paillette.

> Un bruit accru par des échos
> Ressemble beaucoup à la gloire.

> ...Au milieu du discours le plus sot...
> On peut rencontrer un bon mot
> Comme une perle dans une huitre.

Et dans la fable, *la Pierre à fusil* :

> Si quelque étincelle m'échappe,
> La faute n'en est pas à moi,
> Elle est à celui qui me frappe, etc., etc.

En un mot, une remarque ou une pensée morale condensée dans une image.

Marie-Joseph Chénier a proclamé celle-ci une des plus belles fables proprement dites qu'on ait composées depuis La Fontaine. Voici le début qui est plein de grandeur et de poésie :

> Le vent s'élève : un gland tombe dans la poussière ;
> Un Chêne en sort. Un Chêne ! Osez-vous appeler
> Chêne cet avorton qu'un souffle fait trembler ?
> Ce fétu, près de qui la plus humble bruyère
> Serait un arbre ?. . . . . . . . . . . . , .

C'est ce que commencent par dire tous les Buissons du voisinage, jaloux et envieux de leur métier, et qui nient que cet avorton puisse jamais devenir leur égal. Pourtant le germe tant méprisé,

> Le germe, au fond du cœur Chêne dès sa naissance,

demande grâce et indulgence pour sa jeunesse ; il demande du temps pour croître et grandir ; le temps lui vient en aide :

> Les Buissons, indignés qu'en une année ou deux
>   Un Chêne devînt grand comme eux,
>   Se récriaient contre l'audace
> De cet aventurier qui, comme un champignon,
> Né d'hier, et de quoi ? sans gêne ici se place,
> Et prétend nous traiter de pair à compagnon !
> L'égal qu'ils dédaignaient cependant les surpasse ;
> D'arbuste il devient arbre, et, les sucs généreux
>   Qui fermentent sous son écorce
> De son robuste tronc à ses rameaux nombreux
> Renouvelant sans cesse et la vie et la force,
> Il grandit, il grossit, il s'allonge, il s'étend,
>   Il se développe, il s'élance ;
>   Et l'arbre, comme on en voit tant,
>   Finit par être un arbre immense.
> De protégé qu'il fut le voilà protecteur,
> Abritant, nourrissant des peuplades sans nombre ;
>   Les troupeaux, le chien, le pasteur
>   Vont dormir en paix sous son ombre ;
> L'abeille dans son sein vient déposer son miel,
>   Et l'aigle suspendre son aire
> A l'un des mille bras dont il perce le ciel,
> Tandis que mille pieds l'attachent à terre.

Ainsi se poursuit cette fable vraiment magnifique et digne d'un poëte que la Muse tragique n'a point dédaigné. Voyant désormais ce Chêne devenu leur supérieur, les Buissons, qui l'avaient repoussé d'abord, invoquent à présent l'égalité, mais trop tard :

> L'orgueilleux ! disent-ils, il ne se souvient guère
> De notre ancienne égalité;
> Enflé de sa prospérité,
> A-t-il donc oublié que les arbres sont frères?...

Le Chêne n'a pas de peine à leur répondre. On comprend la haute moralité sociale qui ressort de cette fable grandiose et tout à fait classique entre celles du Recueil d'Arnault.

Arnault, dans cette partie de sa vie, prit donc l'habitude de mettre sous titre et sous enseigne de fable ce qu'il aurait pu appeler aussi bien d'un tout autre nom. Au milieu d'une vie occupée de devoirs administratifs ou mêlée au monde, c'était sa forme favorite de poésie morale ou légère. Cependant la chute de l'Empire atteignit Arnault dans sa fortune d'abord, et bientôt dans sa sécurité. Destitué en février 1815, il rentra pendant les Cent-Jours au ministère de l'Instruction publique, dont il tint même le portefeuille en attendant qu'on eût trouvé un dignitaire pour grand-maître. Il y ménagea toutes les situations et les existences : c'est une justice que M. de Fontanes lui a rendue depuis. Il fut en même temps député de Paris à la Chambre des représentants, seule législature dont il ait jamais fait partie. Mais la seconde abdication de 1815 laissa Arnault exposé à toutes les vivacités de la réaction politique. Louis XVIII se donna le plaisir de laisser mettre cet ancien officier de sa maison sur la liste des exilés; sans doute quelque propos malin, quelque épigramme attribuée plus ou moins exactement à Arnault, aura excité cette rancune d'un roi trop littéraire (1). Quoi qu'il en soit de la cause qu'on n'a jamais bien sue, Arnault dut se préparer au départ. Peu de jours auparavant, se trouvant au Val, près de l'Ile-Adam, chez Regnault de Saint-Jean-d'Angely, par une pâle matinée de janvier de 1816, par un de ces ciels d'hiver qui ressemblent à l'extrême automne et qui ne laissent point encore deviner le printemps, il sortit du salon où sa famille était réunie et y rentra après une demi-heure de promenade pour y réciter comme un adieu cette épigramme vraiment digne de l'antique, cette légère et douce élégie :

### LA FEUILLE.

— « De ta tige détachée,
Pauvre Feuille desséchée,
Où vas-tu? » — « Je n'en sais rien.
L'orage a frappé le chêne
Qui seul était mon soutien.
De son inconstante haleine
Le Zéphyre ou l'Aquilon
Depuis ce jour me promène
De la forêt à la plaine,
De la montagne au vallon.
Je vais où le vent me mène
Sans me plaindre ou m'effrayer ;
Je vais où va toute chose,
Où va la Feuille de rose
Et la Feuille de laurier. »

Comme Millevoye, Arnault avait rencontré là une de ces feuilles qui surnagent, un parfum qui devait à jamais s'attacher à son nom. Il avait eu, une fois, de la mélancolie et de la mollesse.

Sa vie littéraire, pour moi, finit à ce moment : non

---

(1) Et peut-être il ne fallut que cette épigramme qui courut sous le nom d'Arnault :

Quoi qu'on pense et qu'on puisse dire,
Le règne des Bourbons me cause de l'effroi.
J'ai vu le roi : le pauvre Sire !
J'ai vu Monsieur : *Vive le Roi !*

qu'il n'ait encore écrit, causé, raillé, ou même risqué des tragédies et comédies (1); mais, si l'on excepte ses agréables *Souvenirs*, il n'a plus rien fait qui accroisse réellement cet héritage de choix, le seul dont la postérité se soucie. Accueilli en Belgique avec une hospitalité cordiale, il y écrivit des articles de journaux vifs, mordants, satiriques, qui étaient, dans la presse libérale, le pendant de ce que Michaud faisait ailleurs dans la presse royaliste. Il contribua aux journaux de Bruxelles, comme plus tard, après sa rentrée en France, au *Miroir*, et distribua des coups de lancette en s'amusant. L'inconvénient de ce genre facile est, pour les gens d'esprit, de les trop livrer à leur penchant et de trop marquer leur humeur : le talent demande à être plus gêné et plus contrarié que cela. Pendant l'absence de M. Arnault et son exil, on donnait au Théâtre-Français son *Germanicus* (mars 1817), composé depuis plusieurs années, et dont les circonstances d'alors faisaient une allusion continuelle : les partis s'y donnèrent rendez-vous comme

(1) Il ne fut pas toujours heureux dans ses dernières tentatives au théâtre. Voici une anecdote vraie que je m'étais retranchée d'abord : on y verra le contraste de deux humeurs et de deux caractères. Lemercier était le plus philosophe des hommes et des auteurs dramatiques, les jours de première représentation. On le sifflait souvent; il s'y attendait, il ne s'en étonnait ni ne s'en émouvait. Un jour, causant avec un de ses amis, dans les coulisses, pendant qu'on jouait la première fois une de ses tragédies, il vit que cet ami n'était plus à la conversation et paraissait inquiet; on venait d'entendre les sifflets du parterre. « Qu'est-ce qui vous trouble? lui dit-il; est-ce parce qu'ils sifflent? Bah! ils siffleront bien plus fort tout à l'heure. » Et comme on s'étonnait de ce calme, il offrit de donner son pouls à tâter à un médecin qui s'assurerait s'il battait d'un degré de plus. En revanche, madame Lemercier disait qu'elle ne mourrait jamais que d'une première représentation. — Arnault n'était pas, tant s'en faut, de l'humeur patiente de Lemercier. Un jour qu'on sifflait, pendant la représentation de sa pièce, *la Rançon de Du Guesclin*, il sortit de sa loge furieux, en s'écriant : « Sacréd...! j'aime bien à me f...... du monde, mais je n'aime pas que les autres se f...... comme ça de moi. » Il avait le fin mot, mais il ne se refusait pas le gros mot.

à un combat. La littérature n'a rien à voir là où les passions politiques sont à ce point exaspérées. La France devait pourtant à M. Arnault des réparations; elle les lui donna. Il y était rentré en 1819. Membre de l'Institut dès 1799, puis rayé en 1816, il fut de nouveau nommé à l'Académie française en 1829. Il y succédait à Picard, et y fut reçu par M. Villemain. Cet ingénieux et charmant panégyriste loua M. Arnault de tout ce qui était à louer en lui, et, jouant avec les mêmes armes, lui fit sentir la pointe de l'épigramme, même en le chatouillant. Parlant de ses Fables et rappelant le nom inévitable de La Fontaine : « Vous avez trouvé à cueillir, lui disait-il, dans ce champ moissonné. Là où nulle comparaison n'est possible, une part d'originalité vous est acquise. Vos Fables ont un caractère à vous. Elles sont, j'en conviens, quelque peu satiriques; en les lisant, on ne s'écriera pas à chaque page : *Le bonhomme!* » — Et ici, une suspension avec sourire, une pause malicieuse laissa place à de longs applaudissements : « Mais on dira, reprit le panégyriste d'un ton sérieux et convaincu, on dira toujours : *L'honnête homme*, dont l'âme est généreuse et droite, lors même que son esprit se blesse et s'irrite! » Et l'éloge continuait, d'autant plus délicat qu'il avait été assaisonné d'un grain piquant.

Pour moi, qui n'ai pas eu l'honneur de connaître personnellement M. Arnault et qui servais alors sous des drapeaux littéraires tout différents, j'ai pu me convaincre de la réalité de l'éloge en ce qui touche le caractère. Plus je me suis approché de la source en interrogeant ceux qui l'ont connu et aimé, mieux j'ai pu m'assurer des qualités morales et des vertus de famille dont il a laissé en eux le vivant souvenir. Il mourut en septembre 1834, à l'âge de soixante-huit ans, plein de force et sans vieillesse. J'ai dû à son digne fils, M. Lucien Arnault, plus de renseignements biographiques intéressants qu'il ne m'a été possible d'en employer ici. J'aurais eu à ajouter bien des détails sur la conversation d'Arnault et sur le genre de traits dont elle était remplie. On ferait de ses bons mots et de ses ripostes tout un petit chapitre. Parlant de l'honorable historien Lémontey qui, en petit comité, sous la Restauration, avait tout son courage libéral et tout son trait, mais qui, à la seule vue d'un étranger, rentrait aussitôt dans sa circonspection et s'y renfermait : « Une goutte d'eau, disait Arnault, suffisait pour mouiller toute sa poudre. » Pour lui, c'était tout le contraire ; sa poudre partait par tous les temps. La présence de plusieurs ne faisait que le mettre en train et l'exciter. Quand ses amis rédigeaient le *Nain jaune*, en 1814, ils le venaient voir le soir dans le salon de madame Davillier ; ils le faisaient causer et pétiller, et, profitant de ses mots, ils se le donnaient à son insu pour collaborateur involontaire ; ils appelaient cela *battre le briquet*. Un ami, un inconnu, tout lui était bon à riposte. Un jour, dans un salon, son ami le général Leclerc l'aborde en disant : « Te voilà donc, toi qui te crois un poëte après Racine et Corneille! » — « Te voilà donc, lui réplique Arnault, toi qui te crois un général après Turenne et Condé! » — Un jour, au coin d'une rue, heurté par un cavalier maladroit, Arnault se retourne et parle haut ; une altercation s'ensuit ; les passants regardent, et le cavalier, se piquant d'honneur, lui dit en lui présentant sa carte : « Au reste, voilà mon adresse. » — « Votre adresse, reprend Arnault, gardez-la pour conduire votre cheval. » Et chacun de rire. *A bon chat bon rat*, était sa devise. Mais, encore une fois, je renvoie aux Fables et Apologues où ce côté de son esprit revit tout entier.

# LA FONTAINE[1]

Parler de La Fontaine n'est jamais un ennui, même quand on serait bien sûr de n'y rien apporter de nouveau : c'est parler de l'expérience même, du résultat moral de la vie, du bon sens pratique, fin et profond, universel et divers, égayé de raillerie, animé de charme et d'imagination, corrigé encore et embelli par les meilleurs sentiments, consolé surtout par l'amitié ; c'est parler enfin de toutes ces choses qu'on ne sent jamais mieux que lorsqu'on a mûri soi-même. Ce La Fontaine qu'on donne à lire aux enfants ne se goûte jamais si bien qu'après la quarantaine ; c'est ce vin vieux dont parle Voltaire et auquel il a comparé la poésie d'Horace : il gagne à vieillir, et, de même que chacun en prenant de l'âge sent mieux La Fontaine, de même aussi la littérature française, à mesure qu'elle avance et qu'elle se prolonge, semble lui accorder une plus belle place et le reconnaître plus grand. Longtemps on n'a osé le

[1] Pour clore ce VIIe volume des *Causeries* selon la division que j'ai adoptée dans les volumes précédents, je devrais y faire entrer encore un article appartenant au semestre ; mais cet article étant le premier des trois que j'ai faits sur Bernis, j'ai dû le réserver pour le VIIIe volume ; et je donnerai ici, pour en tenir lieu, quelques pages sur La Fontaine dans lesquelles j'ai examiné une opinion singulière de M. de Lamartine.

me tire tout à fait au même rang que les autres grands hommes, que les autres grands poëtes qui ont illustré son siècle : « *Le Savetier et le Financier*, disait Voltaire, *les Animaux malades de la peste*, *le Meunier, son Fils et l'Ane*, etc., etc., tout excellents qu'ils sont dans leur genre, ne seront jamais mis par moi au même rang que la scène d'Horace et de Curiace, ou que les pièces inimitables de Racine, ou que le parfait *Art poétique* de Boileau, ou que *le Misanthrope* ou le *Tartufe* de Molière. » Voltaire peut-être a raison, et pourtant la postérité, qui n'a pas à opter entre ces chefs-d'œuvre divers ni à se décider pour l'un au détriment des autres, la postérité, qui n'est pas homme de lettres, ne se pose point la question de la sorte; elle ne recherche pas ce qui est plus ou moins difficile ou élevé comme art, comme composition; elle oublie les genres, elle ne voit plus que le trésor moral de sagesse, de vérité humaine, d'observation éternelle qui lui est transmis sous une forme si parlante et si vive. Elle jouit de ces charmants tableaux encore plus qu'elle ne songe à les mesurer ou à les classer; elle en aime l'auteur, elle le reconnaît pour celui qui a le plus reproduit en lui et dans sa poésie toute réelle les traits de la race et du génie de nos pères; et, si un critique plus hardi que Voltaire vient à dire : « Notre véritable Homère, l'Homère des Français, qui le croirait? c'est La Fontaine, » cette postérité y réfléchit un moment, et elle finit par répondre : *C'est vrai.*

La vie de La Fontaine a été écrite avec détail par M. Walckenaer, dont c'est le meilleur ouvrage littéraire; on n'a plus qu'à lui emprunter les principaux faits qui donnent à connaître le caractère de l'homme. Né le 8 juillet 1621, à Château-Thierry, en Champagne, d'un père maître des eaux et forêts, Jean de La Fontaine paraît n'avoir reçu d'abord qu'une éducation assez négligée; jeune, il étudiait selon les rencontres et lisait à l'aventure ce qui lui tombait sous la main. Quelques livres de piété que lui prêta un chanoine de Soissons lui firent croire d'abord qu'il avait du goût pour l'état ecclésiastique et pour la retraite : il fut reçu à l'institution de l'Oratoire le 27 avril 1641 et envoyé à Paris au séminaire de Saint-Magloire. Il avait un frère cadet qu'il y attira également; ils n'y restèrent ni l'un ni l'autre. Il paraît que le même chanoine qui avait prêté à notre La Fontaine des livres de piété, le voyant peu propre à cette profession, l'aida à en sortir et lui fit épouser une de ses parentes. Autre erreur. La Fontaine est célèbre comme mari par ses oublis et ses inadvertances; son père, à l'époque de ce mariage, lui avait transmis sa charge de maître des eaux et forêts, et La Fontaine n'y porta pas moins de négligence qu'à ses autres devoirs. Il était l'homme de l'instinct, du génie naturel, des penchants divers et abandonnés; on le pourrait définir le plus naturel des hommes, et qui n'avait toute sa réflexion que quand il rêvait. Grand, bien fait et d'une belle taille s'il s'était mieux tenu, avec une figure à longs traits expressifs et fortement marqués, laquelle exprimait la bonhomie, et qui aux clairvoyants eût permis, par éclairs, de deviner de la force ou de la grandeur, il se laissa aller, durant cette première partie de sa vie en province, au hasard des compagnies et des camaraderies qu'il rencontrait. Une ode de Malherbe qu'il entendit réciter lui révéla, dit-on, son talent poétique; il lut nos vieux auteurs, il exprima le suc de Rabelais, il emprunta de Marot son tour, il aima dans Racan un maître ou plutôt un frère en rêverie, et y apprit les élévations de pensée mêlées aux nonchalances. Le premier ouvrage qu'il publia fut la traduction en vers de *l'Eunuque* de Térence en 1654; il avait trente-trois ans; cette traduction est contemporaine des premières pièces de Molière. Un parent de madame de La

Fontaine, Jannart, qui était substitut de Fouquet dans la charge de procureur général au Parlement de Paris, eut occasion de recommander le poëte à ce surintendant spirituel et ami généreux des Lettres. La Fontaine vint à Paris, plut à Fouquet, bon juge de l'esprit, et le voilà transporté tout d'un coup au milieu de la société la plus brillante, devenu le poëte ordinaire des merveilles et des magnificences de Vaux.

On a paru s'étonner de ce succès si prompt de La Fontaine dans ce monde de Cour. Ceux qui, sur la foi de quelques anecdotes exagérées, se font de lui une sorte de rêveur toujours absent, ont raison de n'y rien comprendre : mais c'est que l'aimable poëte n'était point ce qu'ils se figurent. Il avait, certes, ses distractions, ses ravissements intérieurs, son doux enthousiasme qui l'enlevait souvent loin des humains ; le jour où il faisait parler *dame Belette* et où il suivait *Jeannot Lapin* dans la rosée, ils lui semblaient plus intéressants tous deux à écouter qu'un cercle de beau monde ou même de brillants esprits. Mais quand La Fontaine n'était pas dans sa veine de composition, quand il était arrêté sous le charme auprès de quelqu'une de ces femmes spirituelles et belles qu'il a célébrées et qui savaient l'agacer avec grâce, quand il voulait plaire enfin, tenez pour assuré qu'il avait tout ce qu'il faut pour y réussir, au moins en causant. Et qui donc a mieux défini que lui la conversation parfaite, et tout ce qu'elle demande de sérieux ou de léger ?

. . . . . . . . . . . . . . . .
Jusque-là qu'en votre entretien
La bagatelle a part : le monde n'en croit rien.
Laissons le monde et sa croyance.
La bagatelle, la science,
Les chimères, le rien, tout est bon ; je soutiens
Qu'il faut de tout aux entretiens :
C'est un parterre où Flore épand ses biens ;

> Sur différentes fleurs l'abeille s'y repose,
> Et fait du miel de toute chose.

Ce qu'il disait là à madame de La Sablière, il dut le pratiquer souvent, mais avec ceux qui lui plaisaient, et à ses heures. Voltaire, dans une lettre à Vauvenargues, rapportant le talent de La Fontaine à l'instinct, à condition que ce mot *instinct* fût synonyme de *génie*, ajoutait : « Le caractère de ce bonhomme était si simple, que dans la conversation il n'était guère au-dessus des animaux qu'il faisait parler... L'abeille est admirable, mais c'est dans sa ruche; hors de là l'abeille n'est qu'une mouche. » On vient de voir, au contraire, que La Fontaine voulait qu'on fût abeille, même dans l'entretien.

Dans ce monde de Fouquet, La Fontaine composa *le Songe de Vaux* et des Épîtres, Ballades, Sizains et Dizains; le surintendant lui avait donné une pension, sous cette clause gracieuse qu'il en acquitterait chaque quartier par une pièce de vers. Ces premières poésies légères de La Fontaine sont dans le goût de Voiture et de Sarrasin et ne s'élèvent guère au-dessus des agréables productions de ces deux beaux esprits; on sent seulement que chez lui le flot est plus abondant et plus naturel. Il fut bon pour La Fontaine que la faveur de Fouquet l'initiât à la vie du monde, et lui donnât toute sa politesse; mais il lui fut bon aussi que ce cercle trop libre ne le retînt pas trop longtemps, et qu'après la chute de Fouquet il fût averti que l'époque devenait plus sérieuse et qu'il avait à s'observer davantage. Le danger, du côté de La Fontaine, ne sera jamais dans le trop de régularité et de décorum. Si le règne de Fouquet avait duré, il eût été à craindre que le poëte ne s'y relâchât et ne se laissât aller en tous sens aux pentes, aux fuites trop faciles de sa veine. Les *Contes* lui seraient aisément venus dans ce lieu-là, non pas les *Fables;* les belles fables de La Fontaine, très-probablement, ne seraient jamais écloses dans les jardins de Vaux et au milieu de ces molles délices : il fallut, pour qu'elles pussent naître avec toute leur morale agréable et forte, que le bonhomme eût senti élever son génie dans la compagnie de Boileau, de Racine, de Molière, et que, sans se laisser éblouir par Louis XIV, il eût pourtant subi insensiblement l'ascendant glorieux de cette grandeur. Un des caractères propres, en effet, du talent de La Fontaine, c'est de recéler d'instinct toutes les variétés et tous les tons, mais de ne les produire que si quelque chose au dehors l'excite et l'avertit. Autrement et de lui seul, que fera-t-il donc? Il y aura toujours deux choses qu'il aimera mieux encore que de rimer, et, par ces deux choses, j'entends rêver et dormir.

Si vous voulez exprimer sous forme toute littéraire cette distinction que je fais entre le ton du poëte à ses débuts et sa manière ensuite perfectionnée, je dirai qu'il y a deux La Fontaine, l'un avant et l'autre après Boileau.

La chute de Fouquet fit toutefois éclater le génie et le cœur de La Fontaine. On sait sa touchante Élégie :

> Remplissez l'air de cris en vos grottes profondes,
> Pleurez, Nymphes de Vaux, faites croître vos ondes!
> . . . . . . . . . . . . . . . . . . . . . . . . .
> Les Destins sont contents : Oronte est malheureux!

Dans cette pièce, comme dans le Discours en vers à madame de La Sablière sur l'idée finale de conversion, comme dans le début de *Philémon et Baucis,* comme dans *le Songe d'un Habitant du Mogol,* La Fontaine a trouvé pour l'expression de ses vœux, de ses regrets et de ses goûts, un alexandrin plein et facile qui sait rendre coulamment le naturel, la tendresse, la hauteur de l'âme et l'indulgence, et qui se loge de lui-même dans la mémoire. C'est là un alexandrin qui est bien à lui autant que ceux de Corneille et de Racine leur appartiennent. Tout ce qu'ont dit certains critiques contre les vers inégaux et boiteux du Fabuliste ne saurait s'appliquer à cette partie large de son courant et de sa veine.

Je me détourne de ses *Contes* qu'il entreprit d'abord (1665) pour plaire à la duchesse de Bouillon, une des nièces de Mazarin, et qu'il continua de tout temps pour se complaire à lui-même, et j'en viens aux *Fables* qui lui avaient été demandées pour Monseigneur le Dauphin. Les *Fables* de La Fontaine, dans leur ensemble, parurent successivement en trois Recueils : le premier Recueil contenant les six premiers livres fut publié en 1668; le second Recueil contenant les cinq livres suivants jusqu'au onzième inclusivement fut publié en 1678; le douzième et dernier livre, qu'on a appelé le chant du cygne, et où tout n'est pas d'égale force, fut composé presque en entier à l'intention du jeune duc de Bourgogne et ne fut recueilli qu'en 1694. C'est dans le second Recueil, dans celui de 1678, que La Fontaine me paraît avoir atteint à toute la plénitude et la variété de son génie sous la forme à la fois la plus animée, la plus légère et la plus sévère.

Le fond de ses Fables est emprunté de toutes parts; la vieille littérature française en fournissait en abondance et plus même que La Fontaine de son temps n'en connaissait. Un des poëmes les plus curieux du Moyen-Age, et qui constitue une véritable épopée satirique, est le *Roman de Renart* avec ses diverses branches; les animaux divers y figurent comme des personnages distincts, ayant un caractère soutenu, et engageant entre eux une série d'aventures, de conflits et de revanches qui, jusqu'à un certain point, s'enchaînent. Quand on a lu le *Roman de Renart* et les Fabliaux du Moyen-Age, on comprend que déjà La Fontaine est là tout entier, et en quel sens on peut dire qu'il est notre Homère. Le piquant, c'est que La Fontaine ne connaissait pas ces poëmes gaulois à leur source, qu'il n'était pas remonté à tous ces petits Ésopes restés en manuscrits, à ces *Ysopets*, comme on les appelait, et que, s'il les reproduisait et les rassemblait en lui, c'était à son insu : il n'en est que plus naturel et n'en obéit que mieux à la même séve. Il avait lu çà et là tous ces apologues et toutes ces fables dans les livres de seconde main où les sujets avaient passé, dans les auteurs du seizième siècle, chez les Italiens ou ailleurs; car il en lisait de tous bords. Son originalité est toute dans la *manière*, et non dans la *matière*. Comme Montaigne, comme madame de Sévigné, et mieux encore, La Fontaine a au plus haut degré l'invention du détail. Eux, ils ne l'ont que dans le style, et lui, il l'a dans le style à la fois et dans le jeu des petites scènes. En France, où les grandes conceptions poétiques fatiguent aisément, et où elles dépassent la mesure de notre attention, si vite déjouée ou moqueuse, on demande surtout aux poëtes ce genre d'imagination et de fertilité qui n'occupe que peu d'instants; et il y excelle.

La Fontaine, en s'appliquant à mettre en vers des sujets de fables qui lui étaient fournis par la tradition, ne sort pas d'abord des limites du genre. Son premier livre est un essai; on y voit la Fable pure et simple, dans ce qu'elle a de nu, *la Cigale et la Fourmi*, *le Corbeau et le Renard*, etc.; il cherche à mettre sa moralité bien en rapport avec le sujet. Ainsi conçue, le dirai-je? la Fable me paraît un petit genre, et assez insipide. Chez les Orientaux, à l'origine, quand la sagesse primitive s'y déguisait sous d'heureuses paraboles pour parler aux rois, elle pouvait avoir son élévation et sa grandeur; mais, transplantée dans notre Occident et réduite à n'être qu'un récit tout court qui amène après lui son distique ou son quatrain moral, je n'y vois qu'une forme d'instruction véritablement à l'usage des enfants.

Ésope, Babrius ou Phèdre ont pu y exceller; ce n'est pas moi qui, les ayant lus, irai les relire. Ce Phèdre que d'habiles gens ne veulent nullement reconnaître pour être du siècle d'Auguste, mais qui est classique du moins par son exacte pratique du genre conçu dans toute sa simplicité et son élégance, est un auteur qu'il est permis de ne pas rouvrir quand on a une fois fini sa quatrième. Pourquoi donc La Fontaine a-t-il su être un grand poëte dans ce même genre de la Fable? C'est qu'il en est sorti, c'est qu'il se l'est approprié et n'y a vu, à partir d'un certain moment, qu'un prétexte à son génie inventif et à son talent d'observation universelle (1).

Dans sa première manière pourtant, à la fin du premier livre, dans *le Chêne et le Roseau*, il a atteint la perfection de la Fable proprement dite; il a trouvé moyen d'y introduire de la grandeur, de la haute poésie, sans excéder d'un seul point le cadre; il est maître déjà. Dans *le Meunier, son Fils et l'Ane*, il se joue, il cause, il fait causer les maîtres, Malherbe et Racan, et l'apologue n'est plus qu'un ornement de l'entretien. Mais sa seconde manière commence plus distinctement et se déclare, ce me semble, avec son second Recueil, au VII° livre qui s'ouvre par la fable des *Animaux malades de la peste*. Le poëte, dans sa préface, reconnaît lui-même qu'il est un peu sorti ici du pur genre d'Ésope, « qu'il a cherché d'autres enrichissements, et étendu davantage les circonstances de ses récits. » Quand on prend le volume des Fables à ce VII° livre et qu'on se met à le relire de suite, on est ravi; *c'est proprement un charme*, comme le dit le poëte dans la Dédicace; ce ne sont presque que petits chefs-d'œuvre qui se succèdent, *le Coche et la Mouche, la Laitière et le Pot au lait, le Curé et le Mort*, et toutes celles qui suivent; à peine s'il s'en glisse, parmi,

(1) « La Fable n'était, chez La Fontaine, que la forme préférée d'un génie bien plus vaste que ce genre de poésie, » a dit M. Vinet.

quelqu'une de médiocre, telle que *la Tête et la Queue du Serpent*. La fable qui clôt le livre VII<sup>e</sup>, *un Animal dans la Lune*, nous révèle chez La Fontaine une faculté philosophique que son ingénuité première ne laisserait pas soupçonner : cet homme simple qu'on croirait crédule quand on raisonne avec lui, parce qu'il a l'air d'écouter vos raisons plutôt que de songer à vous donner les siennes, est un émule de Lucrèce et de cette élite des grands poëtes qui ont pensé. Il traite des choses de la nature avec élévation et fermeté. Dans le monde physique pas plus que dans le monde moral, l'apparence ne le déçoit. A-t-il à parler du soleil, il dira en un langage que Copernic et Galilée ne désavoueraient pas :

> J'aperçois le soleil : quelle en est la figure ?
> Ici-bas ce grand corps n'a que trois pieds de tour ;
> Mais, si je le voyais là-haut dans son séjour,
> Que serait-ce à mes yeux que l'œil de la nature ?
> Sa distance me fait juger de sa grandeur :
> Sur l'angle et les côtés ma main la détermine.
> L'ignorant le croit plat ; j'épaissis sa rondeur,
> *Je le rends immobile, et la terre chemine.*

En voilà plus que Pascal lui-même n'osait dire sur le mouvement de la terre, tout géomètre qu'il était. Ainsi, dans sa fable de *Démocrite et les Abdéritains*, il placera sa pensée plus haut que les préjugés du vulgaire. Nul en son temps n'a plus spirituellement que lui réfuté Descartes et les Cartésiens sur l'âme des bêtes, et sur ces prétendues machines que ce philosophe altier ne connaissait pas mieux que l'homme qu'il se flattait d'expliquer aussi. Dans la fable, *les Deux Rats, le Renard et l'Œuf*, adressée à madame de La Sablière, La Fontaine discute, il raisonne sur ces matières subtiles, il propose même son explication, et, en sage qu'il est, il se garde d'oser conclure. Dans *les Souris et le Chat-Huant*, il revient sur ce sujet philosophique ; dans *les Lapins*, adressés à M. de La Rochefoucauld, il y revient et en raisonne encore; mais il égaye vite son raisonnement, selon son usage, et fait passer au travers comme un parfum de bruyère et de thym.

A la fin de cette fable d'*un Animal dans la Lune*, La Fontaine célèbre le bonheur de l'Angleterre qui échappait alors aux chances de la guerre, et, dans cette première et pleine gloire de Louis XIV, il fait entendre des paroles de paix; il le fait avec délicatesse et en saluant les exploits du monarque, en reconnaissant que cette paix si désirée n'est point nécessaire :

> La paix fait nos souhaits, et non point nos soupirs.

Toutes les fois qu'il a eu à parler des maîtres de la terre et du *Lion* qui les représente en ses Fables, La Fontaine a marqué qu'il n'était point séduit ni ébloui, et l'on a raconté à ce sujet une anecdote que je veux mettre ici parce qu'elle est moins connue que d'autres; elle est, d'ailleurs, très-authentique et vient de Brossette, qui la tenait de la bouche de Boileau :

« M. Racine, racontait celui-ci, s'entretenait un jour avec La Fontaine sur la puissance absolue des rois. La Fontaine, qui aimait l'indépendance et la liberté, ne pouvait s'accommoder de l'idée que M. Racine lui voulait donner de cette puissance absolue et indéfinie. M. Racine s'appuyait sur l'Écriture qui parle du choix que le peuple juif voulut faire d'un roi en la personne de Saül, et de l'autorité que ce roi avait sur son peuple. Mais, répliqua La Fontaine, si les rois sont maîtres de nos biens, de nos vies et de tout, il faut qu'ils aient droit de nous regarder comme des fourmis à leur égard, et je me rends si vous me faites voir que cela soit autorisé par l'Écriture. — Hé quoi! dit M. Racine, vous ne savez donc pas ce passage de l'Écriture : *Tanquam formicæ deambulabitis coram rege vestro?* — Ce passage était de son invention, car il n'est point dans l'Écriture; mais il le fit pour se moquer de La Fontaine, qui le crut bonnement (1). »

Cette anecdote nous peint assez bien, d'une part, les sentiments naturels de La Fontaine, et de l'autre, sa facilité dans la discussion; quand il avait exprimé en poésie ce qu'il pensait, ce qu'il avait de plus cher, il se souciait assez peu de le maintenir en prose devant les gens qui voulaient le contredire. De tout ce qu'il a mis dans ses vers contre les monarques et les lions, on aurait bien tort d'ailleurs de conclure que La Fontaine eût un parti pris et qu'il fût hostile à rien. Cette manière de l'entendre est étroite et bien peu poétique; et si, parlant auprès des grands et des puissants, il ne retenait pas la leçon qui lui échappait sur eux, il songeait certes encore moins à flatter le peuple, ce peuple d'Athènes qu'il appelle quelque part *l'animal aux têtes frivoles*.

Je n'ai pas ici la prétention de classer les Fables de La Fontaine; ce serait en méconnaître l'esprit et attenter à leur diversité. Mais au premier rang dans l'ordre de la beauté, il faut placer ces grandes fables morales *le Berger et le Roi*, *le Paysan du Danube*, où il entre un sentiment éloquent de l'histoire et presque de la politique; puis ces autres fables qui, dans leur ensemble, sont un tableau complet, d'un tour plus terminé, et pleines également de philosophie, *le Vieillard et les trois Jeunes Hommes*, *le Savetier et le Financier*, cette dernière parfaite en soi comme une grande scène, comme une comédie resserrée de Molière. Il y a des élégies proprement dites : *Tircis et Amarante*, et d'autres élégies sous forme moins directe et plus enchanteresse, telles que *les Deux Pigeons*. Si la nature humaine a paru souvent traitée avec sévérité par La Fontaine, s'il ne flatte en rien l'espèce, s'il a dit que l'enfance est *sans pitié* et que la

---

(1) *Récréations littéraires*, par Cizeron-Rival, page 111.

vieillesse est *impitoyable* (l'âge mûr s'en tirant chez lui comme il peut), il suffit, pour qu'il n'ait point calomnié l'homme et qu'il reste un de nos grands consolateurs, que l'amitié ait trouvé en lui un interprète si habituel et si touchant. Ses *Deux Amis* sont le chef-d'œuvre en ce genre; mais, toutes les autres fois qu'il a eu à parler de l'amitié, son cœur s'entr'ouvre, son observation railleuse expire; il a des mots sentis, des accents ou tendres ou généreux, comme lorsqu'il célèbre dans une de ses dernières fables, en madame Harvey,

> Une noblesse d'âme, un talent pour conduire
> Et les affaires et les gens,
> Une humeur franche et libre, et *le don d'être amie*
> *Malgré Jupiter même et les temps orageux.*

C'est quand on a lu ainsi dans une journée cette quantité choisie des meilleures Fables de La Fontaine, qu'on sent son admiration pour lui renouvelée et afraîchie, et qu'on se prend à dire avec un critique éminent : « Il y a dans La Fontaine une plénitude de poésie qu'on ne trouve nulle part dans les autres auteurs français (1). »

De sa vie nonchalante et trop déréglée, de ses dernières années trop rabaissées par des habitudes vulgaires, de sa fin ennoblie du moins et relevée par une vive et sincère pénitence, qu'ai-je à dire que tout le monde ne sache? Car la vie de La Fontaine est devenue comme une légende, et il suffit de commencer à raconter de lui une anecdote pour que tout lecteur l'achève aussitôt. Il mourut le 13 avril 1695, à l'âge de près de soixante-quatorze ans, dans l'hôtel de son ami M. d'Hervart, et assisté des soins pieux de Racine. Mais, laissant de côté ces choses connues, j'ai à cœur aujourd'hui de revenir sur la plus grande attaque qui ait été portée à

---

(1) *Pensées* de M. Joubert.

la réputation de La Fontaine, et de discuter un moment l'opinion de M. de Lamartine.

C'est dans une page détachée de ses *Mémoires* que le célèbre poëte moderne, parlant des premiers livres qu'on lui donnait à lire dans son enfance, s'est exprimé ainsi : « On me faisait bien apprendre aussi par cœur quelques Fables de La Fontaine; mais ces vers boiteux, disloqués, inégaux, sans symétrie ni dans l'oreille ni sur la page, me rebutaient. D'ailleurs, ces histoires d'animaux qui parlent, qui se font des leçons, qui se moquent les uns des autres, qui sont égoïstes, railleurs, avares, sans pitié, sans amitié, plus méchants que nous, me soulevaient le cœur. Les Fables de La Fontaine sont plutôt la philosophie dure, froide et égoïste d'un vieillard que la philosophie aimante, généreuse, naïve et bonne d'un enfant : c'est du fiel... » J'abrége cette page injurieuse (1), et je n'y veux voir que ce qui y est en effet, l'antipathie des deux natures et le conflit des deux poésies. Réduisant l'opinion de M. de Lamartine à son véritable sens, j'y cherche moins encore une erreur de son jugement qu'une conséquence de sa manière d'être et de sentir.

Voltaire, voulant expliquer le peu de goût de Louis XIV pour La Fontaine, a dit : « Vous me demandez pourquoi Louis XIV ne fit pas tomber ses bienfaits sur La Fontaine comme sur les autres gens de lettres qui firent honneur au grand siècle. Je vous répondrai d'abord qu'il ne goûtait pas assez le genre dans lequel ce conteur charmant excella. Il traitait les Fables de La Fontaine comme les tableaux de Teniers, dont il ne voulait voir aucun dans ses appartements. » C'est à une

---

(1) On peut la lire en entier dans le 1er numéro du journal *le Conseiller du Peuple*, janvier 1850, page 27, ou dans la première Préface des *Méditations* (1849), de l'édition commentée par M. de Lamartine; la même opinion est reproduite dans les *Confidences*.

antipathie de ce genre qu'il faut rapporter l'anathème lancé par M. de Lamartine contre La Fontaine. Lui aussi, il a naturellement le goût noble, celui de l'harmonie régulière et des grandes lignes en tout genre. Et de plus M. de Lamartine représente une poésie sentimentale, élevée, un peu métaphysique, qui était nouvelle en France au moment où il parut, et qui se trouvait opposée à l'esprit français en ce que celui-ci a toujours eu de positif, de malin, de moqueur.

Qu'on veuille bien se retracer avec netteté la différence des deux races : d'une part, nos vieux Gaulois, nos auteurs de Contes et de Fabliaux, Villon, Rabelais, Regnier, et tous ceux, plus ou moins connus, dont l'esprit vient se résumer et se personnifier en La Fontaine comme en un héritier qui les couronne et les rajeunit, si bien qu'on le peut définir le dernier et le plus grand des vieux poëtes français, l'Homère en qui ils s'assemblent une dernière fois librement, et se confondent. D'une autre part, il y a eu en France, à divers moments, des tentatives pour introduire et naturaliser le genre élevé, romanesque, sentimental; mais toujours ce genre, après une vogue passagère, a plus ou moins échoué et a été sacrifié en définitive : l'esprit de la race gauloise première a prévalu. On a eu, du temps de d'Urfé, un essai de roman qui rappelle à quelques égards le genre métaphysique et analytique moderne. Cet essai a continué jusque dans les grands romans si chers à l'hôtel de Rambouillet. Au temps de Jean-Jacques Rousseau, la tentative a été reprise par une plume ardente, avec un talent supérieur et une appropriation directe à l'état des âmes. A partir seulement de cette date, on peut dire que le sentimental, aidé de l'éloquence et secondé du pittoresque, a fait invasion dans notre littérature. La philosophie du dix-huitième siècle, en attaquant le Christianisme, en avait, par contre-coup, ravivé le sentiment dans quelques âmes. Madame de Staël et M. de Chateaubriand, en survenant à l'heure propice, éveillèrent, chacun à sa manière, le goût du mystérieux ou de l'infini; il y eut une génération où plus d'un esprit ressentit de ces malaises et de ces désirs inconnus à nos pères. Le Christianisme, quand il se retire des âmes, y fait, a-t-on dit, un vide et un désert qu'elles ne connaissaient point avant lui. C'est alors que Lamartine paraissant trouva en poésie des accents nouveaux qui répondirent à ce vague état moral des imaginations et des cœurs. Toute sa première tentative poétique, la seule qui compte véritablement pour l'originalité, la tentative des *Méditations*, a consisté à vouloir doter la France d'une poésie sentimentale, métaphysique et un peu mystique, lyrique et musicale, religieuse et pourtant humaine, prenant les affections au sérieux et ne souriant pas. Il est tout simple que le grand représentant de cette poésie qui avait toujours manqué à la France, s'en prenne à La Fontaine qui est l'Homère de la vieille race gauloise. C'est après tout, et sous une forme assez naturelle, le combat des dieux nouveaux contre les dieux anciens.

Et notez bien que, s'il n'y avait pas de La Fontaine dans le passé, ou que si l'on cessait de le goûter et de l'aimer dans l'avenir, il n'y aurait pas ce coin d'esprit français mêlé jusque dans la poésie, qui ne se contente pas de la sensibilité pure, qui raille le vague du sentiment, et, pour tout dire, qui sourit souvent même aux beaux endroits de Lamartine. En deux mots, Lamartine vise habituellement à l'ange, et La Fontaine, s'il semble élever les bêtes jusqu'à l'homme, n'oublie jamais non plus que l'homme n'est que le premier des animaux.

On opposera peut-être à mon explication que Bernardin de Saint-Pierre, de qui Lamartine procède à bien des égards si évidemment, et qui est un des maîtres de l'école idéale et harmonieuse, goûte pourtant et chérit La Fontaine autant que personne, et qu'il ne perd aucune occasion de le citer et de le louer. Mais je ferai remarquer que Bernardin de Saint-Pierre, en adoptant ainsi la morale du Fabuliste, n'est point, autant qu'on pourrait croire, en contradiction avec lui-même; car, si Bernardin est optimiste, c'est pour les hommes tels qu'il les rêve, et nullement pour ceux qu'il a rencontrés et connus; il juge ces derniers avec sévérité bien plus qu'avec indulgence. Je ferai remarquer encore qu'il y a sous l'idéal de Bernardin de Saint-Pierre un arrière-fond de réalité, comme il convient à un homme qui a beaucoup vécu de la vie pauvre et naturelle. On n'aurait même pas de peine à découvrir chez lui un certain goût sensuel que l'on pourrait dire innocent et primitif, contemporain des patriarches, mais qui l'empêche de se perdre dans le raffiné des sentiments. Il avait beaucoup observé les animaux, et il s'était accoutumé à ne voir en eux qu'une sorte d'étage très-développé de l'édifice humain, une sorte de démembrement varié de l'harmonie humaine dans ses parties simples. Il disait de La Fontaine : « Si ses Fables n'étaient pas l'histoire des hommes, elles seraient encore pour moi un supplément à celle des animaux. » Lamartine, tout en tenant beaucoup de Bernardin, n'a pas également ce côté naturel; il échappe à la matière dès qu'il le peut, il n'a point de racines en terre, et il ramène volontiers en chaque rencontre son idéal séraphique et céleste : ce qui est l'opposé de La Fontaine.

Voilà, ce me semble, le point du débat bien défini et dégagé de tout ce qui serait trop personnel et injurieux. Maintenant La Fontaine sera-t-il vaincu? Sortira-t-il de la lutte amoindri et tant soit peu diminué en définitive, et cette belle poésie première de Lamartine, qui a excité tant d'émotions, fera-t-elle baisser d'un cran la sienne, si naturelle, si précise et si parlante? Je ne le crois pas, et l'on peut déjà s'en apercevoir : la poésie des *Méditations* est noble, volontiers sublime, éthérée et harmonieuse, mais vague; quand les sentiments généraux et flottants auxquels elle s'adressait dans les générations auront fait place à un autre souffle et à d'autres courants, quand la maladie morale qu'elle exprimait à la fois et qu'elle charmait, qu'elle caressait avec complaisance, aura complétement cessé, cette poésie sera moins sentie et moins comprise, car elle n'a pas pris soin de s'encadrer et de se personnifier sous des images réelles et visibles, telles que les aime la race française, peu idéale et peu mystique de sa nature. Nous ne savons pas bien, personne, quelle est cette figure vaporeuse et à demi angélique d'*Elvire*. Le poëte a essayé depuis de nous la montrer en prose, mais ses vers ne le disaient pas. *Le Lac*, si admirable d'inspiration et de souffle, n'est pas lui-même si bien dessiné que *les Deux Pigeons;* et, quand j'entends réciter aujourd'hui, à quelques années de distance, quelqu'une de ces belles pièces lyriques qui sont de Lamartine ou de son école, j'ai besoin, moi-même qui ai été malade en mon temps de ce mal-là, d'y appliquer toute mon attention pour la saisir, tandis que La Fontaine me parle et me rit dès l'abord dans ses peintures :

> Du palais d'un jeune Lapin
> Dame Belette, un beau matin,
> S'empara : c'est une rusée.
> Le maître étant absent, ce lui fut chose aisée.
> Elle porta chez lui ses pénates, un jour
> Qu'il était allé faire à l'Aurore sa cour
> Parmi le thym et la rosée...

Et le début de *Perrette* au pot au lait, et celui des *Deux Chèvres*, et celui de *la Perdrix :*

> Quand la Perdrix
> Voit ses petits
> En danger, et n'ayant qu'une plume nouvelle...

et cent autres débuts brillants de vie et de fraîcheur, comme ils nous prennent aujourd'hui aussi vivement qu'au premier jour! comme ils ne vieillissent ni ne pâlissent pas! Ici rien ne s'évanouit. Évidemment, La Fontaine ne se met à conter et à peindre que quand il a vu. Son tableau lui échappe pour ainsi dire, et nous saute aux yeux; et, dès les quatre premiers vers, il nous a fait tout voir. — Je laisse à chacun de poursuivre la comparaison, et de conclure, s'il y a lieu. Ma conviction bien paisible, c'est que La Fontaine, comme Molière, n'a rien qu'à gagner du temps; le bon sens, si profondément mêlé à son talent unique et naïf, lui assure de plus en plus l'avenir.

FIN DU TOME SEPTIÈME.

Je cherche, à chaque réimpression, à corriger quelques inexactitudes qui ont pu d'abord m'échapper. J'indiquerai ici deux corrections à faire qui ne se rapportent point au présent volume, mais l'une à un tome antérieur, et l'autre à un volume subséquent qu'il ne me sera peut-être pas donné de voir réimprimer.

Au tome V de cette troisième édition, page 169, à l'article de *Madame de Motteville*, à propos de sa sœur cadette qu'on appelait *Socratine* à cause de sa sévérité, au lieu de ces mots : « et qui finit par se faire *carmélite*, » il faut mettre : « et qui finit par se faire religieuse de la Visitation. »

Au tome XV (1re édition), à la page 452, à l'article sur les *Mémoires* de Saint-Simon, dans cette phrase : « Après sa retraite de la Cour, il venait quelquefois à Paris et allait en visite chez la duchesse de La Vallière ou la duchesse de Mancini (toutes deux Noailles)..., » au lieu de : « la *duchesse* de Mancini, » il faut lire : « la marquise de Mancini. »

# TABLE DES MATIERES

| | |
|---|---:|
| Regnard | 1 |
| M. Michaud, de l'Académie française | 20 |
| Montesquieu — I | 41 |
| II | 63 |
| Le Président de Brosses, sa Vie, ses Lettres sur l'Italie | 85 |
| Voltaire et le Président de Brosses, ou *Une Intrigue académique au dix-huitième siècle* | 105 |
| Franklin — I | 127 |
| II | 149 |
| III | 167 |
| L'abbé Barthélemy — I | 186 |
| II | 206 |
| Le cardinal de Richelieu, ses *Lettres et Papiers d'État* — I | 224 |
| II | 246 |
| Saint François de Sales | 266 |
| Grimm — I | 287 |
| II | 308 |
| M. Necker — I | 329 |
| II | 350 |
| Les faux Démétrius, par M. Mérimée | 371 |
| Volney — I | 389 |
| II | 411 |
| Marguerite, reine de Navarre, ses *Nouvelles* | 434 |
| Frédéric le Grand, sa *Correspondance* — I | 455 |
| II | 476 |
| M. Arnault, de l'Institut | 496 |
| La Fontaine | 518 |

**FIN DE LA TABLE.**

Paris. — Imp. E. Capiomont et Cⁱᵉ, rue des Poitevins, 6.

www.ingramcontent.com/pod-product-compliance
Lightning Source LLC
Chambersburg PA
CBHW071415230426
43669CB00010B/1558